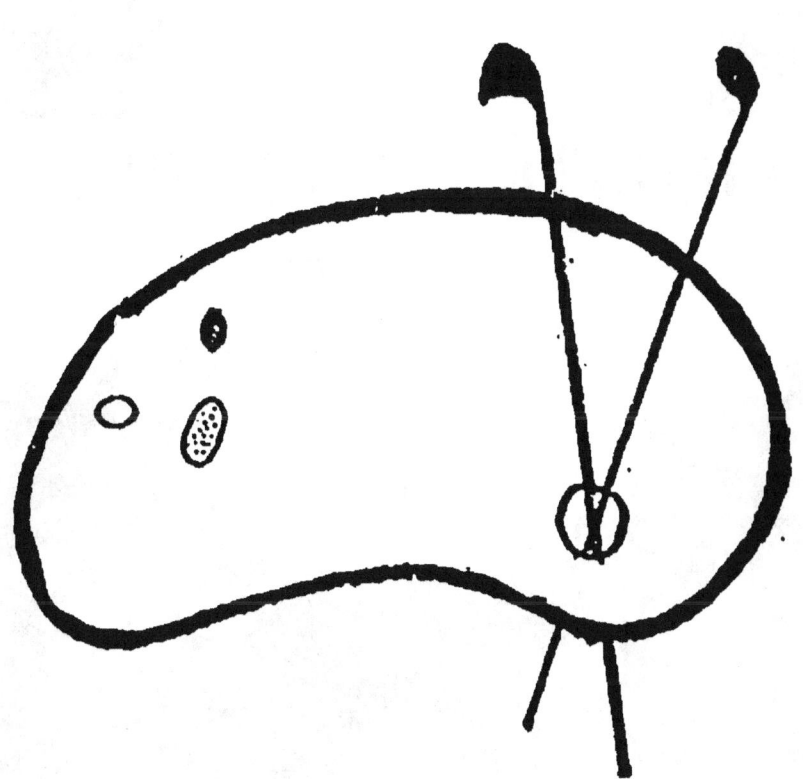

DEBUT D'UNE SERIE DE DOCUMENTS EN COULEUR

LA CHARITÉ CATHOLIQUE EN FRANCE,

AVANT LA RÉVOLUTION

PAR ARTHUR LOTH

ALFRED MAME ET FILS
ÉDITEURS À TOURS

NOUVELLE SÉRIE GRAND IN-8°

POUR LES CLASSES SUPÉRIEURES

Caractères de La Bruyère. Illustrations de V. Foulquier.

Chanson de Roland (LA). Traduction précédée d'une introduction et accompagnée d'un commentaire, par Léon Gautier, membre de l'Institut, professeur à l'École des Chartes. Ouvrage couronné par l'Académie des inscriptions et belles-lettres.

Charité catholique en France avant la Révolution (LA), par A. Loth.

Indo-Chine. Souvenirs de voyage et de campagne, par le colonel de Ponchalon.

Légendes révolutionnaires, par Edmond Biré.

Oraisons funèbres de Bossuet (LES), suivies du Sermon pour la profession de Mme de La Vallière, du Panégyrique de saint Paul et du Sermon sur la vocation des Gentils; avec des notices par M. Poujoulat. Illustrations de V. Foulquier.

Petits chefs-d'œuvre des conteurs français, par E. Ragon.

Un homme d'œuvres. — Ferdinand-Jacques HERVÉ-BAZIN (1847-1889).

Vie charitable de M. de Melun, fondateur de l'Œuvre des apprentis et des jeunes ouvrières, par Alexis Chevalier.

Vie de saint Martin, évêque de Tours, apôtre des Gaules, par A. Lecoy de La Marche.

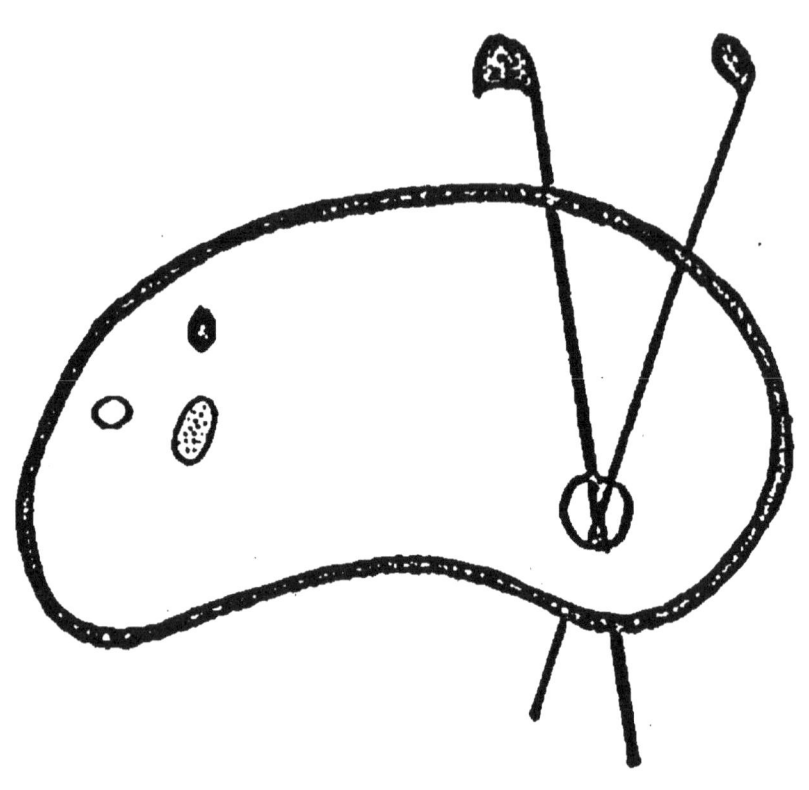

FIN D'UNE SERIE DE DOCUMENTS
EN COULEUR

LA
CHARITÉ CATHOLIQUE
EN FRANCE
AVANT LA RÉVOLUTION

PROPRIÉTÉ DES ÉDITEURS

Saint Vincent de Paul.

LA
CHARITÉ CATHOLIQUE
EN FRANCE
AVANT LA RÉVOLUTION

PAR

ARTHUR LOTH

TOURS

ALFRED MAME ET FILS, ÉDITEURS

—

M DCCC XCVI

LA CHARITÉ CATHOLIQUE

EN FRANCE
AVANT LA RÉVOLUTION

PREMIÈRE PARTIE
LES AGENTS DE LA CHARITÉ

I

L'ACTION SOCIALE DE LA CHARITÉ

La pauvreté dans le monde. — L'Évangile et les pauvres. — La charité chrétienne. — Les pauvres dans le paganisme. — Pas d'assistance publique chez les Romains. — L'ère de la charité commence avec le christianisme. — La fraternité chrétienne. — Économie politique nouvelle. — Changement de société par le changement de doctrine. La loi de charité d'après l'Évangile. — Le pauvre dans la société chrétienne. — Théorie chrétienne de la pauvreté. — Le pauvre dans l'ancienne France. — Sa place sociale. — Union des classes. — Pas de question sociale dans le passé. — Admirable épanouissement de la charité en France. — Ses transformations et ses diverses applications. — L'histoire de la charité se confond avec celle de la civilisation. — Les grandes époques de la charité.

« Vous aurez toujours des pauvres parmi vous, » a dit Jésus. Des hommes qui ne comprennent rien à la divine économie de l'Évangile ont vu dans ces paroles une sorte de condamnation perpétuelle à la misère, et comme la dernière expression du fatalisme chrétien. A la parole du Fils de Dieu, ils opposent les promesses décevantes du progrès et ces rêves de transformation du monde par un accroissement indéfini de richesse, qui serait la fin de tous les maux, la suppression de toutes les misères.

L'Église est plus sage : elle a compté avec la pauvreté. Il n'est que trop vrai qu'il y aura toujours des pauvres. La pauvreté est un des faits douloureux de l'humanité déchue. Comme la mort, elle est entrée dans le monde, à la suite du péché, et elle ne finira qu'au terme des choses humaines. Ceux qui parlent pompeusement de l'abolir ne savent même pas la soulager. Que font-ils ou qu'auraient-ils fait pour les malheureux, s'ils n'avaient eu que les maximes de leur économie politique, qui leur apprend à supprimer la mendicité, mais non à nourrir le mendiant ?

Mais Celui qui a dit : « Vous aurez toujours des pauvres parmi vous, » a dit aussi : « Aimez-vous les uns les autres, comme je vous ai aimés. — Faites à votre prochain le bien que vous voudriez qui vous fût fait à vous-même. — Donnez à qui vous demande. — Tout ce que vous ferez au plus petit d'entre vos frères, c'est à moi que vous le ferez. »

C'était bien un précepte nouveau, comme l'a dit le divin Maître, que celui de s'aimer les uns les autres et d'aimer son prochain comme soi-même. Le paganisme l'ignorait. Ni Minos ni Platon ne l'avaient enseigné au monde civilisé. Cette superbe philosophie antique n'avait que du mépris, et cette législation tant vantée ne recélait que des duretés pour les malheureux et les faibles. Socrate ne pouvait voir dans l'homme obscur du peuple un être semblable à lui. Hésiode disait, à l'encontre de l'Évangile : « Sois généreux avec ton ami ; aime qui t'aime ; donne à qui t'a donné ; sois parcimonieux envers celui qui l'a été avec toi. » Pour le pauvre, pour le malheureux, pas de pitié dans le monde païen. L'Égypte et la Grèce punissaient de mort les mendiants. Rome épuisait l'esprit de ses jurisconsultes à légiférer sur l'esclavage. Voués fatalement au malheur, le pauvre dans son délaissement, l'esclave enchaîné au travail, n'avaient d'autre soulagement à leurs maux qu'une résignation morne et stupide, suprême vertu du malheureux sans espoir.

Mais voici que Jésus-Christ paraît. Le Sauveur donne pour signe spécial de sa divinité l'évangélisation des pauvres, il fait un commandement d'aimer les petits et les misérables. L'esprit de charité entre dans le monde : tout change. Des institutions s'établissent, les mœurs se transforment sous l'action bienfaisante du christianisme ; la vieille société s'effondre avec tous les abus et tous les vices qui la soutenaient ; des vertus inconnues refont le monde, les lois suivent, et la charité proclamée par l'Évangile devient aussi la règle des législations humaines.

Le pauvre, que le poète antique nous montre nu, chassé de partout, ne trouvant nulle part ni un abri ni un morceau de pain[1],

---

[1] Juv., *Sat.*, III, 208.

est maintenant recueilli et nourri. Toutes les maisons chrétiennes s'ouvrent à lui; le misérable, c'est l'hôte de prédilection. « Lorsque vous donnez à manger, disait le divin Maître, n'invitez pas vos amis, ni vos parents, ni les riches vos voisins, mais invitez les pauvres et les infirmes, et vous serez heureux de ce qu'ils n'auront pas le moyen de vous rendre, car cela vous sera rendu au jour de la résurrection des justes. » Et sur ces paroles du Maître, voici que tout chrétien se fait l'hôtelier du pauvre. Il n'y a plus d'étrangers ni de vagabonds : chacun est le serviteur de ses frères; les plus riches, les plus illustres sont les premiers à ce service. Toute misère est soulagée; chaque âge, chaque infirmité a son secours particulier. Voici l'asile de l'enfant abandonné et l'hospice du vieillard, voici la maison de refuge de l'orphelin et de la veuve.

Le pauvre n'est plus maudit; l'esclave, qui n'était pour Aristote qu'un outil animé, redevient homme, et, en attendant la liberté, il reçoit un rang d'enfant dans la famille chrétienne. L'amour du prochain a fait ces merveilles. Peu à peu les inventions de la fraternité chrétienne sont devenues des lois. Le vieux Code romain est refait. Constantin et Théodose ne sont plus ces tyrans du genre humain assis sur le trône des Césars; leurs lois respirent la charité, on y sent un empereur père du pauvre et de l'orphelin, un protecteur de la veuve, un défenseur de l'opprimé. La loi d'amour règne parmi les hommes : la société chrétienne commence. L'esprit de charité ne cessera plus de souffler dans l'Église et d'y multiplier les bienfaits de l'Évangile. Le monde est sous la loi de grâce; le Père du ciel prend soin lui-même de ses enfants.

Cette nouvelle et miséricordieuse action de la Providence se manifeste dans la suite des siècles par la plus admirable histoire qu'il serait donné à l'homme d'écrire : celle de la charité. C'est l'histoire même de l'Église dans ses rapports avec les hommes, c'est le christianisme en action. Ici, plus de révolutions d'empires, plus de rivalités de rois, plus de guerres de peuple à peuple : tout est amour de Dieu et du prochain. Les hommes ne sont occupés qu'à faire du bien à leurs semblables; les riches ne sont riches que pour les pauvres; il n'y a de génie, de force et d'activité que dans le dévouement aux malheureux. Que n'a pas fait l'Église pour le soulagement des misères corporelles de l'humanité ? Quelle souffrance n'a-t-elle pas adoucie, quelle pauvreté n'a-t-elle pas assistée ? A quelle infortune ne s'est-elle pas montrée sensible ? Malades, orphelins, pauvres, vagabonds, prisonniers, esclaves : elle est venue en aide à tous. Autant elle s'est bâtie de temples, autant elle a ouvert d'asiles à la misère; chaque ordre religieux qu'elle enfantait était une nouvelle institution de bienfaisance. Tous ses saints ont été des ministres de la charité; tous ses grands hommes, des bienfaiteurs des pauvres. A chaque siècle, on voit Dieu entretenir d'une manière admirable l'ardeur de la charité en elle. S'il y a des besoins nouveaux, il inspire de nouvelles œuvres; s'il faut ranimer le zèle, il suscite des hommes de plus d'action; enfin, si des circonstances extraordinaires appellent un homme extraordinaire aussi, il donnera au monde un Vincent de Paul.

C'est une chose admirable que ce contraste entre les temps qui ont précédé l'avènement du Messie et les âges chrétiens, entre cette sombre période d'égoïsme et d'indifférence pour les malheureux et le règne éclatant de la charité.

Ce serait faire injure à Dieu que de méconnaître dans l'homme le sentiment inné de bonté qu'il y a lui-même mis, une certaine vertu naturelle de pitié et de bienveillance pour les autres. Les païens eux-mêmes ont eu ces qualités du cœur, mais le plus souvent obscurcies et comme étouffées par l'égoïsme de la vie. On trouve chez les Gentils le sentiment de commisération [1], mais combien affaibli et rare en réalité, par suite des vices dominants des sociétés païennes! D'ailleurs, ce sentiment, resté étranger à la foule, ne se traduisit par aucune institution de bienfaisance.

S'il est possible de rencontrer parfois chez les anciens cette belle expression d' « ami du pauvre [2] », qui semble empruntée au langage biblique, c'est aux chrétiens surtout que convient cet éloge que le patriarche Job fait de lui-même : « J'étais les yeux de l'aveugle et les pieds du boiteux, j'étais le père des pauvres. » (XXIX, 15, 16.) Pour eux, c'était un titre d'honneur que d'être appelé le « père des pauvres ».

Les œuvres de charité sont inconnues au monde antique. Les Romains élevaient hypocritement des autels à la pitié, mais on ne trouve chez eux aucun monument dédié à la pauvreté; nulle part on ne lit une devise analogue à la dédicace si souvent inscrite sur les Maisons-Dieu du moyen âge en France : « Au Christ dans la personne des pauvres, » *Christo in pauperibus*. Il existe des milliers de documents épigraphiques mentionnant des dons ou legs faits par de riches particuliers pour élever ou réparer des monuments publics, qui devaient conserver le souvenir de leur nom; on ne cite qu'une inscription douteuse contenant un legs en faveur des malades indigents [3].

Il n'existait pas chez les Romains de système d'assistance publique,

---

[1] Voir Egger, *Journal de l'Instruct. publique*, 1853, et *Mémoires d'Hist. anc. et de philol.*, p. 351.
[2] Orelli-Henzen, *Inscr. latin. collect.*, n° 7244.
[3] Orelli, 114.

pas d'institutions de secours, en dehors du régime des distributions de blé, établi d'après des considérations de sécurité politique. D'ailleurs l'administration de l'*annone* ne fonctionnait qu'à Rome. L'institution alimentaire de Trajan en faveur des enfants est le seul essai de charité publique. La charité privée était étrangère aux habitudes générales. Quelques exemples de pitié et de libéralité pour les enfants, les infirmes, les vieillards, seraient une exception en dehors des contrées et des époques qui ont pu se ressentir des influences chrétiennes.

Avec le christianisme commence l'ère du bien. C'est une époque nouvelle pour l'humanité. Jusque-là les hommes étaient ennemis ou indifférents les uns pour les autres; maintenant ils se considèrent comme de la même famille, de la même maison, ils sont devenus frères. Des sentiments nouveaux se produisent. Les hommes commencent à s'aimer, à se vouloir du bien: des enseignements de l'Évangile sort la charité.

Cette transformation est l'œuvre propre du christianisme. Il y fallait du temps; mais dès l'origine l'action de l'Église se fait sentir; elle s'accroît, elle s'étend à mesure que son influence sur la société augmente. On la constate dans la vieille France gallo-romaine, comme en Syrie, en Italie, en Illyrie, en Germanie, en Afrique, en Espagne.

L'histoire du christianisme dans ces divers pays, c'est l'histoire même de la charité. Car c'est par les œuvres de la charité, autant que par les miracles, qu'il s'est établi et qu'il a conquis les peuples; c'est par la charité surtout qu'il est apparu aux hommes. La charité en Jésus-Christ est la forme la plus sensible de l'action de l'Église dans le monde, et en même temps la marque incontestable de sa divinité. Elle seule a pu faire ce qui n'existait pas avant elle.

En rappelant sans cesse aux hommes qu'ils sont frères, l'Église leur apprenait aussi qu'ils devaient se traiter comme des frères. C'est l'enseignement chrétien qu'exprimait en termes si éloquents un grand évêque d'Orléans du viiie siècle, Théodulphe, lorsqu'il disait: « O toi, qui que tu sois, qui as des pauvres sous ta garde, sois plein de douceur envers eux; sache que par nature ils sont tes égaux. Que l'homme ne soit pas pour l'homme ce que la bête fauve est pour les autres animaux. Ne sois pas violent, sois doux pour les malheureux : ils valent peut-être mieux que toi. Ne tiens pas compte de leurs fautes, pardonne-les; personne en cette vie ne peut s'en dire exempt. O mortel ! sois miséricordieux pour les mortels : la nature nous a soumis à la même loi. Quelque différentes que soient vos conditions, vous êtes semblables par la naissance et par la mort. La même loi sacrée vous a bénis, vous avez été oints de la même huile, la chair et le sang de l'Agneau vous rassasient tous également. »

De la doctrine de l'Évangile découlait une économie politique nouvelle, qui fait la différence profonde entre les sociétés anciennes et la société chrétienne. Une nouvelle conception de la richesse, tirée des données de la foi, changea les rapports des hommes entre eux.

Dans la théorie catholique, Dieu est le souverain maître de toutes choses : en plaçant l'homme sur la terre, il en a gardé pour lui le haut domaine. Ses créatures ne jouissent des biens terrestres qu'à titre de concession et conformément à l'ordre de sa providence. L'inégalité des conditions résulte du trouble apporté par le péché à l'ordre primitif. Dans l'état de déchéance de l'humanité, désormais vouée au travail, elle est devenue la loi nécessaire de la société. Dieu maintient donc dans le monde la pauvreté à côté de la richesse, et Jésus-Christ a mis la première au-dessus de la seconde.

Le pauvre et le riche, nécessaires entre eux pour l'entretien des principales conditions de la vie temporelle, le sont devenus bien autrement pour l'accomplissement des conditions d'où dépend l'acquisition de la vie éternelle. L'un est établi pour donner, l'autre pour recevoir. « Dieu, dit saint Augustin, les a faits l'un et l'autre. Il se sert de celui qui possède pour soulager celui qui n'a rien, et de celui qui n'a rien pour éprouver celui qui possède[1]. »

« Sous ce rapport, les biens de la terre constituent un fonds commun, puisqu'ils doivent servir à la satisfaction de besoins communs, aux besoins de tous. Aussi, ceux qui disposent de ce fonds n'en sont devant Dieu que les usufruitiers. Une des clauses de la concession qui leur en est faite est l'obligation d'en répartir eux-mêmes une certaine portion à ceux qui en manquent : l'aumône est une des charges dont Dieu a grevé la richesse[2]. »

Telle était la théorie catholique sur la richesse. Elle allait plus avant encore en déduisant l'obligation de l'aumône de la commune fraternité des hommes en Jésus-Christ. C'est ce que montre un économiste chrétien d'une haute intelligence, M. Claudio-Jannet, en faisant la genèse des œuvres de miséricorde spirituelle et corporelle inconnues au paganisme. « Les devoirs de la richesse prêchés par l'Église ne sont si impérieux et si étendus que parce qu'ils découlent des profondeurs même du dogme. Les chrétiens sont les frères de Jésus-Christ par adoption : en secourant les pauvres et les affligés, ce sont les membres souffrants de Jésus-Christ qu'ils soulagent. L'amour du prochain découle de l'amour de Dieu, comme sa

---
[1] *Serm.*, 88, 7.
[2] Tollemer, *Des origines de la charité catholique*, p. 468.

source, et un mot nouveau, la charité, exprimera cet ordre tout nouveau de pensées et de sentiments. La foi qui n'agit point n'est pas une foi sincère. Les bonnes œuvres sont nécessaires au salut ; l'aumône jointe à la pénitence rachètera les péchés, et même, chez les pécheurs, amènera des grâces de conversion. Grâce à la réversibilité des mérites, les vivants peuvent appliquer leurs œuvres, leurs prières au soulagement de ceux qui sont morts dans la foi, mais qui, suivant la loi générale, ont sans doute à satisfaire dans le purgatoire à la justice divine. L'infinie variété des œuvres chrétiennes que l'on a classées dans les sept œuvres de miséricorde sortiront de ces dogmes et porteront un secours, inconnu jusque-là, à toutes les infirmités intellectuelles, morales et matérielles [1]. »

A aucun autre pays, ces observations ne conviennent mieux qu'à la France ; car dans aucune autre histoire que la sienne on ne voit mieux s'opérer, sous l'influence du christianisme, ce changement de société qui eut pour principe le changement de doctrine. Nulle part on n'assiste avec plus d'édification à la naissance des œuvres de charité prêchées d'abord par les fondateurs de la foi, réalisées ensuite par le développement des institutions chrétiennes, avec le concours des évêques, du clergé, des ordres religieux, soutenues et encouragées par la piété et la munificence des rois et des grands. Il n'y a point de pays, en effet, si ce n'est l'Orient et l'Italie, où la foi soit plus ancienne, où la charité soit plus anciennement et plus abondamment épanouie.

Dès le premier jour, l'Église avait formulé d'une manière admirable le code de la charité : « Recherchez sans cesse, disent les constitutions apostoliques, recherchez avec une active sollicitude les moyens de procurer aux pauvres ce dont ils ont besoin ; aux orphelins, donnez ce que leurs parents leur donneraient ; aux veuves, donnez ce que leur donneraient leurs maris, à ceux qui ont atteint l'âge du mariage, des époux ; aux ouvriers, de l'ouvrage ; aux infirmes, une miséricordieuse pitié ; aux étrangers, un asile ; à ceux qui ont faim, de la nourriture ; à boire à ceux qui ont soif ; à ceux qui sont nus, des vêtements ; des secours aux prisonniers ; aux malades, des visites. »

C'était l'application de ce divin précepte de l'Évangile, de faire aux autres ce que l'on voudrait qu'il fût fait à soi-même ; car que peuvent désirer de mieux les orphelins que de trouver chez d'autres les mêmes soins, le même dévouement qu'ils auraient eus de leur père et de leur mère ? Et le vœu de la veuve délaissée, n'est-ce pas

---

[1] Claudio-Jannet, *la Réforme de la société ancienne par le Christianisme* (*Revue des Institutions catholiques et du droit*, février 1893), p. 158.

d'obtenir d'un autre les mêmes secours que de son mari? Que demandent les ouvriers sans travail, sinon de l'ouvrage? N'est-ce pas d'un asile qu'ont besoin les étrangers? Et ceux qui ont faim et qui ont soif, ne cherchent-ils pas à manger et à boire? Ceux qui sont nus ne souhaitent-ils pas des vêtements? Les captifs, les prisonniers, n'appellent-ils pas un ami? Les malades n'attendent-ils pas la visite charitable?

De toutes les œuvres de miséricorde l'Église fit un devoir aux fidèles.

Les chrétiens avaient sans cesse présente à l'esprit cette parole du divin Maître : « Tout ce que vous ferez au plus petit d'entre vous, c'est à moi-même que vous le ferez. » A cette loi d'amour du prochain, Jésus a donné la plus haute sanction. L'Évangile fait de la mesure de la charité envers le prochain la mesure même du mérite de l'homme et celle de la justice de Dieu. Tout le monde se rappelait cette scène, à la fois si rassurante et si terrible du jugement dernier, où il devait être rendu à chacun selon ses œuvres. « Prenant en lui la personne de tous les pauvres, le juge dira : « J'ai eu
« faim, et vous m'avez donné à manger; j'ai eu soif, et vous m'avez
« donné à boire; j'étais nu, et vous m'avez couvert; j'étais étranger,
« et vous m'avez donné l'hospitalité : venez, les bénis de mon Père,
« entrez dans le royaume qui vous a été préparé de toute éter-
« nité. »

De telles leçons se gravaient profondément dans les esprits et devenaient la règle de conduite de tous ceux qui voulaient trouver grâce devant Dieu, au jour suprême du jugement. Et en un temps où la préoccupation du salut éternel dominait toute la vie du chrétien, les enseignements évangéliques produisaient un essor universel de charité parmi les hommes.

En faisant aux hommes une obligation d'aider et de secourir leurs semblables, le christianisme a créé le devoir de charité. Mais on peut dire aussi qu'il a rendu ce devoir plus facile en créant le pauvre.

Avant lui il y avait des misérables, des indigents, des hommes dénués de tout et rebutés par les autres : ils pouvaient exciter parfois une certaine pitié, mais ils provoquaient surtout l'aversion. Ces malheureux, voués à la faim, à la soif, sans vêtements, sans abri, sans moyens d'existence, étaient un objet de dégoût dans les sociétés païennes. On en repoussait la vue, ils étaient une image rebutante de la fatalité. Coupables ou victimes, ils faisaient horreur : loin de les secourir, on s'éloignait d'eux, on les chassait.

Ce fut un des grands miracles de l'Évangile de changer les sentiments des hommes envers les malheureux, de leur inspirer de la compassion pour des maux qui ne sont pas les leurs, et plus que cela, du respect pour la misère, du dévouement pour la souffrance.

Le pauvre, le bon pauvre, le pauvre qu'on respecte, qu'on plaint, qu'on aime, qu'on est heureux et honoré à la fois de secourir, le pauvre qu'on appelle son frère, auquel on tend la main et les bras, auquel on ouvre sa porte, qui a sa place au foyer, ce pauvre est une création du christianisme.

Il a fallu la sublime doctrine de l'Évangile pour le faire.

La pitié plus ou moins naturelle au cœur de l'homme, quand il n'est pas endurci par la passion, peut le porter à assister parfois le prochain ; ce n'est pas là un sentiment assez fort pour lui inspirer de l'amour pour les pauvres, encore moins pour l'engager à vouer sa vie et ses biens au service des malheureux. La foi seule a pu produire la charité. C'est la foi qui est le principe de tout ce que le christianisme a fondé en faveur des pauvres et des souffrants.

La foi a transformé le pauvre aux yeux du chrétien en lui montrant dans cet être misérable, non seulement un homme semblable à lui, digne de compassion et d'intérêt pour son malheur, mais un ami de Dieu, un représentant de Jésus-Christ lui-même. Et, en effet, Jésus-Christ n'est-il pas venu enseigner la miséricorde envers les malheureux et par son exemple et par ses paroles ? N'a-t-il pas voulu naître parmi les pauvres, se faire pauvre lui-même ? N'a-t-il pas caché sa divinité sous les dehors de la pauvreté, en n'en donnant pas de preuve plus éclatante que de déclarer qu'il était venu pour évangéliser les pauvres ? Voilà ce que disait la foi et ce qui produisait des sentiments nouveaux.

Le point de départ des grandes œuvres de saint Vincent de Paul, le grand saint de la charité, le saint français par excellence, fut une pensée de foi : « Il s'avisa un jour, dit son premier historien, de prendre une résolution ferme et inviolable, pour honorer davantage Jésus-Christ et pour l'imiter plus parfaitement qu'il n'avait encore fait, qui fut de s'adonner toute sa vie pour son amour au service des pauvres[1]. » A ses yeux, le pauvre n'était pas seulement une créature humaine digne de compassion, c'était la figure même du divin Sauveur.

« Je ne dois pas, disait-il à ses disciples, considérer les pauvres selon leur extérieur ni selon ce qui paraît à la portée de l'esprit. Tournez la médaille, et vous verrez, par les lumières de la foi, que le Fils de Dieu, qui a voulu être pauvre, nous est représenté par les pauvres. O Dieu ! qu'il fait beau voir les pauvres considérés en Dieu et dans l'estime que Jésus-Christ en a faite ! »

---

[1] Abély, *Vie de saint Vincent de Paul*, l. 1, c. vi.

Ainsi le pauvre apparaissait aux yeux de tous les vrais chrétiens. Ainsi leur était-il montré par la foi et par les enseignements de l'Église.

Pour voir sous cet aspect divin le pauvre, la charité s'éleva aux sommets de la doctrine évangélique.

L'œuvre de la rédemption, qui doit, selon le mot de saint Paul, se compléter par les chrétiens, se continue par la souffrance et le sacrifice sur la terre. C'est la raison supérieure de la persistance de la pauvreté dans le monde. « Vous aurez toujours des pauvres, c'est-à-dire des souffrants, parmi vous, » a dit le Rédempteur. A côté des victimes volontaires d'expiation, il y a les pauvres, victimes providentielles, qui méritent par leur expiation.

Ainsi les pauvres, en union avec Jésus-Christ, sont de vrais prêtres du Calvaire, de vrais ministres de la rédemption; à ce titre, comme les prêtres, ils ont droit de vivre de l'autel, de leur fonction de coopérateurs de la Rédemption, par leur sacrifice continuel. De là l'obligation de la charité envers eux, de là le devoir pour les chrétiens de les révérer, de les aimer et de les servir.

Ces pensées ont créé la personnalité du pauvre, un des plus admirables produits de la société chrétienne. Elles éclairent toute l'histoire de la charité en France.

L'image du pauvre est une des plus touchantes évocations de la vieille France chrétienne. A côté de l'évêque et du moine, du chevalier, du bourgeois et du paysan, qui personnifient, chacun à leur manière, l'ancienne société, se détache la figure du pauvre, cet être nouveau, qui ne comptait dans le paganisme que comme esclave et qui n'existait que pour les travaux de bête domestique auxquels il était assujetti. En France, le pauvre a son individualité et son histoire; il est un des personnages principaux de nos annales religieuses et civiles.

Conformément à l'esprit de l'Évangile, dans les siècles de foi, on estimait, on honorait le pauvre. On voyait en lui un membre souffrant du Christ, une âme rachetée par le sang divin, un frère par le baptême.

Peut-être ne devait-il qu'à lui-même son pitoyable sort, peut-être n'était-il pas digne personnellement d'intérêt. N'importe, c'était le pauvre, et à ce titre il était sacré.

Le pauvre avait sa place dans la société. C'était un personnage qualifié, classé, comme le seigneur, le clerc, le bourgeois. Il avait son rang dans la hiérarchie sociale : le dernier sans doute, mais un rang reconnu et estimé. Il était quelqu'un.

Dans les maisons, il y avait le logis du pauvre; à la table, la place du pauvre ; dans les repas de fête, comme au jour des rois, la part du pauvre.

Touchants usages du passé! Quand parents et amis étaient réunis autour de la table de fête, buvant et chantant joyeusement en l'honneur des rois mages, le pauvre pouvait venir frapper à la porte, demander sa part de la fête : ce n'était pas un importun. Il mêlait sa voix à celle des convives ; lui aussi chantait son couplet :

> Hâtez-vous, monsieur le maître,
> De couper votre gâteau !
> Par la porte ou la fenêtre
> Donnez-nous-en un morceau.
>
> Plus notre part sera bonne,
> Plus la vôtre le sera ;
> Dieu là-haut voit qui la donne,
> Un jour il vous la rendra.

A l'église, le pauvre avait sa place. Si ce n'était pas une place honorifique comme il y en avait pour le seigneur, le patron, les marguilliers, c'était néanmoins une place réservée. On quêtait pour lui comme pour l'église, avec cette simple et touchante formule consacrée de nos jours : « Pour les pauvres, s'il vous plaît. » Il était constamment question de lui dans les sermons. Il servait à la leçon du prédicateur, soit pour confondre le riche sur le mauvais emploi de sa fortune, soit pour lui servir d'exemple de patience et de résignation dans l'adversité. Partout le pauvre était considéré et aimé, partout on l'accueillait avec distinction.

C'est que le christianisme avait changé les idées du monde à l'égard de ceux que le monde méprisait avant lui et qu'il rejetait avec horreur de son sein ; c'est que l'Évangile avait appris à comprendre le pauvre, que Jésus avait élevé jusqu'à lui en disant : « Tout ce que vous ferez au plus petit d'entre vous, c'est à moi que vous le ferez. »

Cette parole était devenue la règle de conduite des vrais disciples de Jésus-Christ à l'égard des pauvres. Elle suscita la multitude d'œuvres de miséricorde spirituelle et corporelle que le moyen âge vit naître. Elle développa dans le monde les sentiments nouveaux de charité. Elle inspira pour les pauvres ce respect et cet amour qui faisait d'eux non seulement des égaux, mais aussi, au point de vue de la foi, des supérieurs.

Dans le langage chrétien, on disait : « Nos seigneurs les pauvres. » Ainsi parlait d'eux saint Vincent de Paul. Il les traitait même avec un honneur singulier.

Un jour, étant en affaires à la maison de Saint-Lazare, il fut prévenu que des pauvres l'attendaient à la porte. Ses occupations le retenant, il tarda un peu à venir. Bientôt il s'aperçoit qu'il avait oublié ses visiteurs; il court à eux, se jette à leurs pieds et leur demande pardon de les avoir fait attendre.

Telle était l'estime que le grand saint français de la charité avait des pauvres.

Ce respect du pauvre, cette considération pour son saint état donnaient à l'ancienne société un caractère chrétien que la société moderne a perdu en perdant la foi. Il y avait là, en outre, un élément d'ordre et de paix sociale qui manque profondément à notre siècle incrédule et qui peut-être manquera toujours aux sociétés de l'avenir, car l'inévitable solution des difficultés et même des crises publiques que peut faire naître l'inégalité des conditions, ce n'est pas de chercher à détruire la pauvreté, comme le veulent les utopistes révolutionnaires, mais de l'élever à ses propres yeux, de la faire accepter et de lui venir en aide. Ce fut la solution des âges de foi : en France elle eut une telle efficacité, que, à part certains soulèvements populaires, où la politique avait autant de part que la misère, la nation a vécu en paix pendant de longs siècles, sans connaître ce que l'on a appelé la question sociale. L'union existait entre les différentes classes, et l'ordre public se maintenait dans le pays par la résignation des moins fortunés et des plus humbles à leur sort. C'est que la pauvreté y était honorée et largement secourue. Elle avait rang social, elle constituait un état parfaitement accepté, et en même temps elle jouissait de tous les privilèges que l'esprit chrétien y avait attachés, elle était pourvue de tous les secours et de tous les adoucissements qu'une véritable fraternité en Jésus-Christ s'efforçait de multiplier.

La France est peut-être le pays où la charité a le plus fait. Comme l'aînée des nations chrétiennes, ce n'est pas seulement la plus longue histoire qu'elle a, c'est aussi la plus abondamment pourvue en œuvres de toute sorte. Aucune nation n'a été plus imprégnée de l'esprit de l'Évangile, aucune n'a eu sa vie plus intimement liée à celle de l'Église. Durant sa longue existence, elle a subi toutes les vicissitudes politiques, traversé toutes les épreuves sociales, enduré tous les maux de la guerre, de la famine et des maladies. La charité a eu de quoi s'y exercer à toutes les époques et de toutes les manières. Son histoire y est aussi longue que celle de la nation française elle-même.

En France, le christianisme a réalisé, autant qu'il était possible avec les passions humaines et les difficultés politiques, les conditions d'une société chrétienne. Chez elle, la prépondérance de l'élément religieux dans la formation du pays, et depuis, l'union constante de l'Église et de l'État, quoique traversée par des épreuves qui venaient plus ou moins la troubler, ont permis d'établir des lois chrétiennes, des mœurs chrétiennes, un gouvernement chrétien. Cette union a favorisé toutes les créations de la charité. Grâce à elle, le clergé, les ordres religieux, les particuliers ont pu vaquer librement aux œuvres de bienfaisance, et les diverses autorités publiques y ont largement concouru. Tout a été agent de la charité en France sous le règne de la foi catholique. La charité elle-même y a adopté successivement divers modes d'action, suivant les différents états et les différents besoins. On peut compter autant d'institutions d'assistance publique qu'il y a eu de misères à secourir, de douleurs à consoler, de faiblesses à protéger. Cette admirable variété d'œuvres ne se montre nulle part avec plus d'éclat que dans ce pays privilégié, qui a mérité de résumer en un de ses saints, universellement populaire, saint Vincent de Paul, tous les genres de charité. C'est là un titre particulier dont la France tire plus d'honneur que de toutes ses gloires guerrières et intellectuelles.

Aux siècles passés, la charité était à la fois dans les mœurs et dans les institutions. Elle est le partage de toutes les classes, la marque de toutes les époques. On peut dire qu'elle fait partie de la vie française, qu'elle est un des éléments de l'histoire nationale; toujours la même dans son principe, elle a varié dans sa forme, mais elle a toujours été en se développant et en se perfectionnant jusqu'à ce que la Révolution, qui a tout détruit, eût détruit son ancienne organisation. C'est la plus intéressante des histoires que celle de ses transformations et de ses progrès.

La charité a été un des principaux facteurs de la civilisation française. Plus qu'aucune autre force sociale, elle influa sur le développement de la société. Avec la religion, dont elle était la manifestation la plus sensible, la plus bienfaisante, elle contribua à ce progrès continu qui éleva la nation française au premier rang parmi les peuples.

Ce n'est même pas assez dire; en France, l'histoire de la charité se confond avec celle de la civilisation. Pour cette nation, qui a mérité d'être appelée la Fille aînée de l'Église, comme pour l'Italie, si profondément imprégnée de christianisme, on peut constater une relation intime entre la charité et les diverses phases du progrès social; on pourrait même diviser notre histoire intérieure en périodes correspondantes aux œuvres et aux transformations de la charité, tant l'action de cette vertu bienfaisante a pénétré toutes les manifestations de la vie publique et a exercé d'influence sur les mœurs et les faits.

Dans l'histoire intime de la France « la gradation ascendante de la richesse et des libertés populaires trouve ses étapes marquées, comme autant de monuments historiques, par les institutions de bienfaisance qui se succèdent partout ».

L'histoire de l'Hôtel-Dieu de Paris, fondé par l'évêque saint Landry et par le comte Archambaud, maire de la cité, cette histoire seule, avec ses mille ans et plus de durée, serait l'honneur d'un pays. Mais d'autres villes, Lyon, Dijon, Rouen, Lille, Montpellier, Toulouse, en ont presque d'aussi anciennes et aussi illustres à raconter. A côté de nos vieilles et puissantes cités, les moindres villages auraient à s'inscrire dans ces annales, à la fois glorieuses et touchantes, de la charité, et notre histoire nationale en recevrait le plus grand éclat. Tous les genres de misères, toutes les infortunes, la pauvreté et la maladie, la peste et la famine, l'enfance abandonnée et la vieillesse impuissante, ont chacune leur tradition écrite dans les milliers d'établissements de secours élevés en France, dans les innombrables œuvres du clergé séculier et régulier, dans les mœurs charitables de la nation tout entière, dans les édits de nos rois et les statuts municipaux de nos villes.

La charité a suivi les développements de la société et s'est adaptée aux besoins des temps. Elle a ses grandes phases correspondantes aux diverses transformations sociales. Les moments caractéristiques de l'histoire glorieuse de la France coïncident avec les explosions de la charité; et même la charité dans les diverses classes de la nation est le signe et la mesure de la vigueur ou de la dépression de la vie sociale en France.

A l'époque primitive, durant laquelle l'exercice de la charité consiste surtout dans la visite des pauvres et des malades à domicile, succède l'époque des grands établissements hospitaliers, dont saint Basile, en Orient, avait donné le modèle.

Il y en eut tout de suite quelques-uns de ce genre en Gaule dans les plus grandes villes.

Cette période va du IVe au VIIe siècle. L'influence des grands évêques qui ont fait la France, des Martin, des Hilaire, des Remi, des Waast, des Germain, y domine.

Alors commence l'époque des Maisons-Dieu, qui s'établissent surtout près des églises épiscopales et des monastères bénédictins. Elle dure du VIIe siècle jusqu'à la fin du XIIe. C'est le temps des grandes institutions monastiques, qui de saint Benoît à saint Bernard ont pénétré la société et tout rempli de leur esprit et de leurs bienfaits.

A partir de ce moment, les hospices et hôpitaux de tout genre apparaissent sur tous les points de la France. Ils sont desservis, depuis le xiii° siècle, par ces milliers de petites congrégations de frères et de sœurs qui suivent la règle de saint Augustin ou dérivent du tiers ordre franciscain. C'est la phase la plus originale, la plus vivante de l'histoire de la charité, celle où l'action individuelle a le plus de part.

A cette époque, il y a comme une explosion universelle de charité qui sort des entrailles mêmes du peuple.

A côté du clergé et des ordres religieux, l'action individuelle s'exerce avec une magnifique exubérance.

Ces innombrables corporations d'arts et métiers, par lesquelles s'affirme l'émancipation des classes inférieures, se transforment d'elles-mêmes en confréries de secours mutuel et de bienfaisance, associant l'usage des libertés populaires aux pratiques pacifiques de la charité.

Cette bourgeoisie des villes, fière de ses franchises municipales, atteste son indépendance et sa vie par sa généreuse participation à l'assistance publique. Elle répand abondamment ses aumônes dans le sein des pauvres; elle donne son argent, elle se donne elle-même, elle peuple ces confréries de charité qui s'occupent de secourir les indigents, d'assister les malades, de pourvoir à la sépulture des pauvres; elle dote les établissements hospitaliers, elle alimente les bureaux de charité.

La prospérité industrielle et commerciale des villes se manifeste par le nombre des hôpitaux qu'elles entretiennent. C'est à la vue de ces milliers et milliers d'établissements et de congrégations charitables, d'institutions de bienfaisance de toute sorte à l'usage des pauvres, qu'un chroniqueur allemand disait : « Ce bon pays de France est l'auberge du bon Dieu ! »

Le xvi° siècle, avec les guerres de religion offre une certaine décadence des œuvres de charité ; c'est aussi une période de transition, pendant laquelle s'opère une transformation du régime politique, qui influe sur les institutions charitables.

Au xvii° siècle commence l'époque moderne, inaugurée par saint Vincent de Paul, et qui coïncide avec la concentration du pouvoir civil sous l'ère de la monarchie absolue. « Elle a pour caractère l'établissement et la permanence au milieu des populations de grandes communautés religieuses qui desservent à la fois un grand nombre de maisons, avec les mêmes statuts, les mêmes traditions et le même esprit. » Un autre caractère, c'est la fusion des petits établissements charitables avec les grands, la tendance à l'unification du système d'assistance publique.

Un changement profond se produit à partir de la Révolution. Tout commence par être renversé. Le régime de la bienfaisance fut réorganisé théoriquement, et on détruisit de la vieille charité jusqu'au nom [1].

Les gouvernements qui vinrent ensuite lui substituèrent la bienfaisance. Au XIXe siècle, la charité a été officiellement remplacée par l'assistance publique, mais elle n'a point cessé de fonctionner en privé, et jamais, on peut le dire, elle n'a produit plus d'œuvres et suscité plus de dévouements. L'esprit de saint Vincent de Paul est resté vivant : il continue d'agir.

« Pour faire connaître ce que fut la charité catholique dans le passé, disait Léon Gautier, il faudrait faire l'histoire de chacune de ses œuvres de miséricorde, tant spirituelle que corporelle. » Pour un seul pays comme la France, cette histoire serait déjà extrêmement étendue. Il faut se borner ici à la présenter dans ses traits essentiels en montrant successivement les divers agents et les œuvres multiples de cette merveilleuse charité. Ce sera moins une histoire qu'un court exposé qui permettra d'apprécier ce qui a été fait de bien et d'utile dans la nation très chrétienne pour le soulagement des maux de l'humanité.

[1] C'est ainsi que, pendant la Terreur, la ville de la Charité-sur-Loire s'appela Égalité-sur-Loire.

II

LE CLERGÉ

Organisation de l'Église pour la charité. — Les évêques et les diacres. — Premières communautés chrétiennes. — Extension du christianisme en Gaule. — Le patrimoine des Églises. — La part des pauvres. — La charité des premiers évêques. — Leur rôle social pendant et après les invasions des Barbares. — L'organisation de l'assistance publique. — Les Conciles. — Les premières institutions ecclésiastiques de charité. — Le ministère épiscopal et ses œuvres. — Établissement et développement des paroisses sous le régime féodal. — Constitution du revenu des églises. — Le clergé principal agent de la charité à l'époque féodale et dans les temps modernes. — Le budget du culte dans le paganisme et à l'époque chrétienne. — Exemples de charité chez les évêques. — Les Chapitres. — Les testaments du clergé. — La prédication, source de charité. — Les sermons. — La décoration des églises. — L'influence de la confession. — L'exercice de la médecine gratuite par le clergé. — Les études médicales encouragées dans l'Église. — Le concours du clergé pour les mesures d'hygiène et de santé. — Les biens ecclésiastiques. — Leur emploi charitable. — Services publics à la charge du clergé. — La spoliation par la Révolution. — Le clergé est resté le grand agent de la charité. — Le curé, père des pauvres.

L'Église, avec sa hiérarchie, était merveilleusement organisée pour l'exercice de la charité. Dans ses diverses institutions de culte et de vie chrétienne, toutes pénétrées de l'esprit de l'Évangile, elle avait autant d'institutions publiques de bienfaisance, et dans chacun de ses ministres, autant d'agents nés des œuvres de miséricorde spirituelle et corporelle.

Comme l'Église était partout la même, l'histoire de son action bienfaisante est la même partout. Dans chaque pays où elle règne, on trouve les mêmes œuvres, le même esprit, avec les différences de temps.

Voici ce que nous voyons pour la Gaule. Dès que le christianisme y eut été fondé, il s'y organisa avec l'esprit et les institutions qu'il apportait avec lui. Peu à peu les principales cités gallo-romaines étaient devenues le siège d'autant d'Églises présidées par un évêque et constituées selon le modèle des fondations apostoliques.

Au IVe siècle, le christianisme s'étendait sur tout le pays. Chaque province civile avait formé une province ecclésiastique comprenant plusieurs diocèses.

L'Église, ainsi établie dans les premiers siècles en Gaule, s'y montre ce qu'elle était à Rome à la même époque. Elle était comme concentrée dans la personne de l'évêque, qui réunissait en lui la plénitude du pouvoir et des fonctions. A des degrés inférieurs, la hiérarchie ecclésiastique comprenait les prêtres et les diacres.

Comme toutes les Églises d'Orient et d'Occident, celles des Gaules nous montrent la communauté chrétienne groupée autour de son chef et se réunissant dans la basilique pour le culte et la prière. La maison épiscopale était le centre de l'apostolat, dont le rayonnement s'étendait sur tout le territoire de la cité gallo-romaine. Elle était le foyer de toutes les œuvres de bien qui s'exerçaient parmi les fidèles et les païens.

Les ministres principaux de la charité c'étaient les diacres; ils avaient été créés à l'origine pour les fonctions actives du dehors, et notamment pour la visite des pauvres et la distribution des aumônes. A côté de l'ordre des diacres, plus spécialement destiné à l'assistance temporelle, les Apôtres avaient institué les diaconesses, veuves ou vierges, qui remplissaient avec eux les divers emplois du ministère actif.

Ce fut un des premiers soins des évêques, en organisant la vie chrétienne dans leur église, de pourvoir à l'assistance des pauvres et des malades, de régler la distribution des secours.

En vertu de sa mission divine, l'Église se trouva investie dès le début d'un ministère général de charité. Mère spirituelle des hommes, elle eut à subvenir tout de suite aux souffrances et aux nécessités humaines. A l'exemple de son divin instituteur, elle devait paraître sur la terre en faisant le bien. Embrassant dans son sein toutes les misères, toutes les infirmités, elle devait s'efforcer de les soulager, pour faire sentir au monde sa miséricorde et sa bonté, et par là attester publiquement qu'elle venait vraiment de Dieu, et qu'elle avait été donnée aux hommes pour leur salut.

C'était là, dans cette vallée de larmes, où s'agite depuis des milliers d'années la vie des humains, la meilleure recommandation pour elle auprès des peuples, le signe le plus certain, le plus sensible de sa mission dans le monde.

A l'époque où les premières communautés chrétiennes formaient comme autant de grandes familles, dont tous les membres se connaissaient et s'aimaient entre eux comme des frères, la charité des fidèles les plus riches subvenait aux besoins des nécessiteux. Les biens, mis en quelque sorte en commun, servaient à l'entretien de tous. Il n'y avait ni riches ni pauvres parmi les frères. Ceux qui possédaient les biens en plus grande abondance, donnaient de leur superflu aux autres. L'aumône passait par les mains de l'évêque, qui la faisait distribuer par ses diacres et plus tard par des économes.

Ces dons constituaient des contributions régulières dont le produit servait à l'entretien de la communauté.

Il fallait pourvoir aux besoins du clergé et du culte en même temps qu'à ceux des pauvres. Les églises faisaient face à ces dépenses au moyen des oblations faites par les fidèles pour le saint sacrifice, et des cotisations périodiques versées par les membres de la communauté, à l'exemple de ce qui se passait dans les collèges et corporations de toute sorte, si nombreux dans l'empire romain. Plus tard, les pieuses libéralités individuelles prirent le caractère d'une institution permanente. Les fidèles aimaient à doter, de leur vivant ou après leur mort, les églises auxquelles ils appartenaient. On faisait des dons ou des legs de biens meubles et immeubles affectés, les uns à l'entretien du culte, les autres au soulagement des pauvres. Il se forma ainsi, dans chaque église épiscopale ou paroissiale, un patrimoine qui s'accroissait à chaque génération et dont les revenus étaient employés selon la pieuse destination du donateur.

En dehors des offrandes et aumônes plus ou moins abondantes qui constituaient un fonds permanent de ressources, chaque église en était arrivée à posséder des biens que l'évêque administrait comme chef de la communauté. Ces biens eurent tout de suite une affectation régulière. Plusieurs parts en étaient faites. Les canons des conciles en déterminent trois ou quatre. Une d'elles était toujours réservée aux pauvres. Cette part-là était en quelque sorte plus sacrée que les autres. Le zèle de la charité la grossissait encore; car souvent la part du clergé et celle du culte servaient à subvenir aux besoins des nécessiteux. C'était là l'emploi le plus ordinaire qui était fait des revenus des églises. On pourrait même dire que cette affectation spéciale des biens ecclésiastiques à l'assistance des pauvres était la règle générale, et que les autres usages ne formaient que l'accessoire.

L'Église ne possédait point pour elle-même. Elle n'avait de biens qu'en raison des charges qui lui incombaient, et en vue des services qu'elle était appelée à rendre.

« Tout ce que possède l'Église, disait un ancien auteur, elle le possède en commun avec tous ceux qui n'ont rien[1]. » C'était le principe dominant de la propriété ecclésiastique. Il reçut dès l'origine la plus féconde application.

---

[1] Julianus Pomerius, lib. II. *De vita contemplativa*, c. IX.

Dans chaque diocèse, l'évêque était le haut dispensateur des biens ecclésiastiques. Pauvre par vocation et par son état de perfection, il ne lui était permis d'en prendre pour lui-même, et pour ceux qui demeuraient avec lui, que ce qui était nécessaire à ses besoins; tout le superflu, il devait le donner aux indigents.

« L'évêque, disait ce même auteur, comme pauvre volontaire, prend pour lui-même et pour ses besoins dans le même fonds dont il tire les secours nécessaires aux autres pauvres; il en est l'économe et le dispensateur, mais non le maître; et, excepté ce qui est nécessaire à sa vie, tout le reste lui est interdit [1]. »

Cette règle, religieusement observée par les évêques dignes de ce nom, faisait que les maisons épiscopales étaient de véritables établissements de charité où les enfants recevaient l'instruction, les pauvres l'aumône, les pèlerins l'hospitalité.

Les premiers siècles nous offrent fréquemment le type de ces évêques apostoliques qui pratiquaient si excellemment la charité. A côté de prélats indignes, menant une vie dissolue, ou ayant acheté leur siège par la simonie, il s'en trouvait beaucoup qui méritaient pleinement les louanges données à Avit de Clermont : « Après avoir reçu l'épiscopat, il se montra toujours grand aux yeux des hommes, juste envers les peuples; il fut le bienfaiteur des pauvres, le consolateur des cœurs, le plus ferme appui des orphelins. »

A ces époques de mœurs souvent vicieuses et grossières, les plus saints, les plus illustres évêques des Gaules, saint Aignan, d'Orléans, saint Loup, de Troyes, saint Germain, d'Auxerre, saint Hilaire, d'Arles, joignaient les austérités de la vie monacale aux travaux de l'épiscopat. Ils étaient riches de tout ce qu'ils retranchaient à leur dépense, et avaient de quoi largement donner avec ce qu'ils se refusaient à eux-mêmes.

Quelques-uns allaient jusqu'au plus héroïque dénuement, se réduisant même au-dessous du nécessaire, et ne gardant pour leurs besoins que ce qu'ils n'auraient pu se retirer sans mourir, comme saint Jérôme le marque de saint Exupère, évêque de Toulouse : « Il souffre la faim, écrivait-il, pour nourrir les autres; et avec un visage dont la pâleur annonce le jeûne, il est tourmenté par la faim des autres et insensible à la sienne [2]. »

Saint Paulin de Nole, si riche autrefois et devenu si pauvre par son détachement, selon le mot de saint Augustin, aimait à n'employer pour son usage que de la vaisselle de bois et de terre, et il se plaisait, disait-il, à se rappeler le souvenir de son origine, en préférant l'argile aux métaux, et à s'instruire, par cette leçon, qu'il

---

[1] Julianus Pomerius, lib. II. *De vita contemplativa*, cap. xi.
[2] *Epist. ad Rustic.*

portait lui-même le précieux trésor de la foi dans un vase de terre.

Ce saint évêque était lié d'amitié avec l'historien ecclésiastique Sulpice Sévère, qui, à l'exemple de tant de charitables prélats et de pieux fidèles de son temps, n'usait de son bien que pour les pauvres; il crut lui faire un présent digne de l'un et de l'autre en lui envoyant une écuelle de buis, pour lui montrer de quelle vaisselle il se servait lui-même, et pour l'inviter à imiter son exemple.

« Les libéralités de saint Exupère, lit-on dans une de ses biographies, n'étaient pas enfermées dans les limites de son diocèse ni même du midi de la Gaule. Comme s'il n'avait pas rencontré dans son pays assez d'infortunes à soulager, le saint prélat étendit ses bienfaits et ses secours jusque dans l'Égypte et la Palestine. Ayant été informé de l'extrême pauvreté des vierges et des solitaires qui vivaient dans ces saints lieux, il y envoya de si abondantes aumônes, que saint Jérôme s'écriait : « Si ces terres désertes et arides de « l'Égypte ne sont pas arrosées par les eaux du Nil, elles le sont « très abondamment par les eaux fécondes de la Gaule. »

Et que de traits d'humilité dans l'exercice de cette charité!

Nommé malgré lui archevêque de Rouen, saint Ansbert, abbé de Fontenelle, marqua son entrée dans sa ville épiscopale par un acte de touchante paternité pour les pauvres. Après la messe, il voulut traiter tous les assistants, aussi bien les pauvres que les riches. Le saint archevêque avait fait dresser deux grandes tables, l'une pour les personnages nobles, l'autre pour les vilains et les pauvres. Ayant fait asseoir à la première chacun des convives selon son rang, il alla se placer lui-même à la table des pauvres, pour imiter celui qui, étant riche, s'est fait pauvre pour les hommes.

Après la délivrance d'Arles, que Clovis, conjointement avec Gondebaud, roi des Bourguignons, était venu assiéger pour l'enlever à Alaric, roi des Goths, Césaire, archevêque de la ville, eut à soulager la misère d'une multitude d'habitants et d'étrangers. Il vendit ses meubles et fit fondre les vases d'or et d'argent de l'église. Aux prêtres et aux clercs qui trouvaient à redire à cette charité, le saint archevêque répondit : « Si vous étiez dans le même malheur que ces pauvres gens, vous approuveriez sans doute ma conduite, et votre misère vous ferait paraître juste ce que vous blâmez maintenant. Pourquoi voulez-vous que j'abandonne les membres de Jésus-Christ et que je les laisse mourir de disette tandis que j'ai en main l'or et l'argent que l'on a donnés au même Jésus-Christ, avec lesquels je puis leur sauver la vie? Ne sera-ce pas une chose plus agréable à son cœur et à ses yeux, de voir dans des vases de moindre prix son précieux sang et son corps sacré, qu'il a bien voulu laisser attacher au bois de la croix pour notre salut, que de voir périr de misère un si grand nombre de ses enfants, qui sont les objets de son amour et de ses tendresses ? »

Dans les inscriptions sépulcrales qui nous restent des chrétiens et des chrétiennes des premiers siècles de la France, on trouve fréquemment, à l'éloge des défunts, des mentions comme celles-ci : *Père des pauvres, aimé des pauvres, cher à tous les pauvres.* Avec le christianisme, la charité était devenue une vertu dont on aimait à faire honneur après leur mort à ceux qui l'avaient pratiquée. Entre tous se distinguaient les évêques et les prêtres. C'est à eux surtout que s'appliquent ces belles épithètes qui témoignent du changement opéré dans les mœurs par la pratique de l'Évangile. L'épitaphe d'un prêtre de Viviers, du nom de Pascasius, qui vivait à l'époque mérovingienne, loue en lui un disciple et un fidèle imitateur de la charité du saint évêque et martyr Venantius. On le proclame le premier par la charité. Il avait élevé les orphelins, vêtu ceux qui étaient nus; aussi y avait-il eu à ses funérailles un immense concours de clergé et de peuple, et les pauvres l'avaient pleuré comme un père.

Souvent, dans les premiers siècles, les évêques et les prêtres ajoutaient au revenu des églises le produit de leur travail.

A l'exemple de saint Paul, les premiers apôtres de l'Évangile, les premiers fondateurs des églises se livraient aux travaux manuels. « Nous-mêmes, écrivait l'auteur des Constitutions apostoliques, tout en nous adonnant à la prédication de l'Évangile, nous ne négligeons pas les œuvres secondaires. Parmi nous les uns sont pêcheurs, d'autres faiseurs de tentes, d'autres laboureurs[1]. » Cette humble pratique, fondée sur la tradition apostolique, subsista longtemps. Ce fut un usage commun dans le clergé, durant plusieurs siècles, de joindre au saint ministère l'exercice de quelque profession ou métier compatible avec les occupations et la dignité sacerdotales. Un grand nombre de prêtres, des évêques même, travaillaient ainsi de leurs mains. « Ils n'y sont point forcés, observait saint Épiphane, puisque l'église est obligée de pourvoir à leur entretien; mais ils préfèrent, par amour pour le Dieu qu'ils servent, abandonner aux pauvres tout le produit de l'autel, et les aider même du produit de leurs travaux[2]. »

Il en était ainsi en Gaule. Au milieu des occupations de sa charge épiscopale, saint Hilaire, évêque d'Arles au Vᵉ siècle, trouvait encore du temps pour filer au profit des pauvres et pour cultiver les champs de son église. Et, quoique d'origine illustre, le saint évêque ne

---

[1] S. Clément, *Constit.*, lib. II, c. LXVII.
[2] *Hæres.*, 80.

croyait pas déroger à sa naissance et à sa dignité en se livrant à des travaux qui avaient pour objet la charité.

Saint Remi, le célèbre évêque de Reims au v⁰ siècle, atteste l'usage de son temps dans ce passage de son testament : « Je lègue à mon neveu Genebaud, évêque de Laon, une vigne que *j'ai plantée de mes mains* pour donner un exemple qui a été suivi d'un grand nombre[1]. »

Rien que par sa constitution propre et avec son esprit de charité, l'Église avait trouvé le moyen, dès les premiers temps, d'assurer le service des pauvres, de se rendre utile aux hommes de toutes manières. Les évêques remplirent tout de suite le rôle de pères et de bienfaiteurs. C'est celui qu'ils ont dans la Gaule romaine, surtout à partir de la conversion de Constantin au christianisme, et sous le régime de paix et de liberté qui suivit ce grand événement.

La décadence du gouvernement impérial accroîtra en Gaule l'importance et l'autorité des évêques. « L'évêque est alors une puissance religieuse et civile tout à la fois. Il a hérité, moralement du moins, pour le bonheur de ces populations exposées à tant de fléaux extérieurs et intérieurs, des attributions des derniers magistrats romains disparus dans la tourmente des invasions[2]. »

Le suffrage populaire, autant que l'institution légale, le prestige du sacerdoce et souvent celui de la race avaient concouru, en ces temps de troubles, à lui conférer le gouvernement local, et comme dans l'effondrement progressif de l'empire romain il n'y avait plus de gouvernement central, l'évêque était à peu près tout. Par le double effet de la juridiction civile attachée aux fonctions de « défenseur de la cité » et de la confiance populaire qui investissait l'évêque de ces fonctions, le pouvoir était allé naturellement à lui. Selon le mot de M. Mignet : « Le chef respecté de l'Église était le chef accepté du peuple. »

Cette haute magistrature de défenseur de la cité servit à l'évêque, pendant la période des invasions et après, à en atténuer, puis à en réparer les maux.

Les grandes invasions des Barbares avaient amené en Gaule des peuples nouveaux. La fusion fut longtemps à se faire entre les anciens habitants du sol et les conquérants. Longtemps subsistèrent les divisions de race, les haines de vaincus à vainqueurs. Le clergé eut à jouer un rôle de médiateur. Ce fut alors sa grande mission publique de charité de s'interposer entre l'ancienne population gallo-romaine et les races nouvelles de Francs, d'Alains, de Bourguignons, pour

---

[1] Guizot, *Hist. de la Civilisation en France*, t. I, 3ᵉ leçon.
[2] Lecoy de la Marche, *la Fondation de la France*, p. 76.

empêcher les violences, calmer les passions, apaiser les dissentiments et préparer ainsi le mélange des divers peuples en contact. Cette œuvre de pacification, plus morale encore que politique, qui exigeait, outre les grandes vertus et les services publics, les mille petits soins, les mille petits dévouements de la vie journalière, l'Église la remplit de manière à mériter à jamais la reconnaissance de tous ceux qui aiment la patrie française. Les conseils individuels, les exhortations publiques, la confession surtout, qui faisait du prêtre le juge de la conduite des uns et des autres, y contribuèrent puissamment.

Cette autorité, acquise par l'ascendant de leur caractère et de leurs vertus, ils la conservèrent longtemps pour le bien de tous et surtout des faibles et des pauvres. Nombre de faits attestent la noble liberté dont ils usaient vis-à-vis des princes mérovingiens et l'énergie avec laquelle ils continuaient à défendre contre eux, à l'occasion, les intérêts de leur cité et les droits des petits. S'il y eut parfois des exemples de faiblesse et de courtisanerie, ils n'en firent que mieux ressortir le courage et l'indépendance des bons évêques.

Grégoire de Tours rapporte à l'honneur d'un de ses prédécesseurs, le trait suivant : « Un jour le roi Clotaire, voulant battre monnaie, trouva bon d'ordonner par un édit que toutes les églises de son royaume payassent au fisc le tiers de leurs revenus. Beaucoup d'évêques y consentirent, quoique à regret, et souscrivirent l'ordonnance. Mais Injuriosus, évêque de Tours, la rejeta avec indignation et reprocha vivement au roi de ravir le bien des pauvres, auxquels retournaient la plus grande partie de ces revenus. Alors Clotaire, craignant la puissance de saint Martin, envoya après l'évêque avec des présents, le pria d'intercéder en sa faveur auprès de l'illustre patron de son église, et retira son projet [1]. »

La vie de saint Bertrand, évêque du Mans à la fin du VIe siècle, offre un exemple de l'action du clergé à l'époque qui suivit les invasions barbares. Il était d'une des principales familles des conquérants de la Gaule, alliée aux rois francs. Son influence, ses relations, ses biens, il mit tout au service de son église et des pauvres. Voulant faire des fondations durables en leur faveur, il s'occupa avec une pieuse activité à faire valoir les immenses domaines qu'il possédait ou qu'il avait reçus en don de la libéralité des princes et des fidèles, et il en appliqua les revenus à la dotation de son église cathédrale et des abbayes de son diocèse, à charge pour elles d'avoir soin des pauvres. Il constitua ainsi un budget permanent de la charité, qui assurait l'hospitalité aux étrangers et aux infirmes, et des secours

---

[1] *Histoire des Francs,* liv. IV, ch. II.

réguliers aux indigents. C'étaient là des institutions durables d'assistance publique.

A cette époque de réorganisation sociale, la charité fut un stimulant de progrès et de civilisation. La vie de saint Bertrand le montre tout occupé de défrichements de terres et d'améliorations de culture dans ses vastes domaines, changeant les forêts en moissons, les terrains sauvages en vignobles, accroissant ses revenus par l'augmentation de valeur de ses biens-fonds, et servant ainsi à la fois les intérêts de l'agriculture et ceux des pauvres. Ainsi faisaient les bons évêques, les chefs d'abbaye. En étant les bienfaiteurs de l'indigence, ils furent aussi les auxiliaires de la civilisation en France.

Les évêques apparaissent comme les premiers législateurs et les premiers administrateurs des établissements hospitaliers. A l'origine de la monarchie française, le roi Childebert et la reine Ultrogothe, sa femme, fondèrent un hôpital à Lyon pour loger les étrangers et soigner les malades. Avec les idées religieuses du temps, ils crurent n'avoir rien fait s'ils n'avaient obtenu la sanction de l'Église. En conséquence, ils demandèrent aux évêques assemblés, pour la cinquième fois, en concile à Orléans, en 549, d'autoriser de leur souscription cet établissement et les règlements qui lui avaient été donnés. Le concile le fit. Il statua, dans son XVe canon, que l'évêque de Lyon et ses successeurs ne pourraient rien attribuer à leur église des biens qui avaient été donnés ou pourraient être donnés dans la suite à cet hôpital, ni rien changer dans les règlements qui y avaient été établis; qu'ils auraient seulement inspection sur la maison, pour qu'il y eût toujours des supérieurs et des administrateurs probes et craignant Dieu. Il ordonna que le même nombre de malades serait toujours admis et soigné dans l'hôpital; que les pauvres pèlerins et les voyageurs y seraient toujours bien traités, conformément aux statuts de sa fondation. Ceux qui contreviendraient à ce canon, ou qui usurperaient les biens de l'hôpital, étaient excommuniés comme homicides et meurtriers des pauvres [1].

Un canon d'un concile d'Auvergne de l'an 535, reproduit postérieurement dans un capitulaire de Carloman, prescrit au clergé de campagne d'exercer l'hospitalité envers tout le monde, et de veiller à ce que les passants ne soient point lésés dans leurs achats par les habitants de la paroisse.

Les conciles nationaux, qui furent les grands législateurs pendant la période primitive de formation de la France, s'occupèrent de réglementer la charité.

---

[1] *Conc. Gall.*, t. I, p. 277.

Ils formulèrent les règles du partage des offrandes et des biens d'église entre le clergé d'une part, et les pauvres, les prisonniers, les infirmes de l'autre.

Suivant le premier concile d'Orléans (511), les revenus des héritages que le roi avait donnés ou pourrait donner à l'avenir aux églises durent être employés à la réparation des temples, à la nourriture des prêtres, des pauvres, et au rachat des prisonniers.

Le canon XVe du cinquième concile, tenu dans la même ville en 549, confirme la fondation d'un hôpital établi à Lyon par le roi Childebert. Cet établissement était destiné à recevoir les malades et les étrangers. Les Pères ordonnèrent en outre (canon XX), que l'archidiacre ou le prévôt de l'église visitât tous les dimanches les prisonniers, afin que leur misère fût, selon le commandement de Dieu, adoucie par la miséricorde [1].

Le deuxième concile de Tours, tenu en 566 ou 567, statue dans son canon V^e que chaque ville, chaque communauté d'habitants doit nourrir ses pauvres ; il étend cette obligation aux prêtres et aux habitants des campagnes, afin d'empêcher les mendiants ou vagabonds de courir les villes et les provinces [2]. Le même concile prononce l'excommunication contre les spoliateurs des biens des pauvres et les oppresseurs de leurs personnes, si après les avertissements qu'ils auront reçus de leurs évêques ils ne cessent pas leurs vexations et leurs violences (can. XXVI).

Et ce n'étaient point là de vaines menaces. Grégoire de Tours rapporte un terrible exemple d'exécution des anathèmes spirituels. Il y avait à Agde, sous la domination des Goths, un évêque zélé pour la défense des droits de l'Église et des pauvres. Le comte Gomachaire, arien, ayant envahi une terre qui dépendait du domaine ecclésiastique, l'évêque Léon alla le trouver et lui dit : « Mon fils, laissez là le bien des pauvres, de peur que leurs larmes ne vous fassent mourir. » Le comte se moqua de ses remontrances, mais il ne s'en moqua pas impunément, car il périt peu de temps après terriblement. Une vengeance de Dieu si marquée intimida les héritiers du comte, et les porta à rendre à l'église la terre qu'il avait usurpée.

L'exemple de l'évêque d'Agde n'est point isolé. « On voit, dans les circonstances les plus graves, des évêques résister aux rois, leur arracher des exemptions d'impôts, s'opposer à maintes mesures iniques, et faire revivre par leur intrépide courage la tradition des saints et des martyrs qui, morts, protégeaient encore par le seul sou-

---

[1] Lallemand, pp. 97, 98 ; cf. Héfélé, *Histoire des Conciles*, t. III.
[2] Labbe, *Concilia*, t. XI, col. 1239, ou *Conc. Gall.*, t. I, p. 329 et suiv.

venir de leurs vertus et de leur puissance miraculeuse les villes gardiennes de leurs tombeaux [1]. »

De leur côté, les conciles continuaient à favoriser le mouvement charitable qui suivait partout les progrès du christianisme. Le concile d'Aix-la-Chapelle, tenu en 794, en présence de Charlemagne, sanctionnant un usage déjà établi, ordonne de bâtir des hospices près des cathédrales, pour que les chanoines puissent servir eux-mêmes les malades, les pauvres, les étrangers.

Le quatrième concile d'Arles, tenu au IXe siècle, renouvelle les prescriptions du deuxième concile de Tours, en enjoignant par son XIVe canon, aux habitants de chaque ville, de nourrir leurs pauvres et de prendre soin d'eux en temps de famine et de calamité.

Un troisième concile de Tours, tenu la même année, met au nombre des obligations de l'évêque, dans la visite qu'il doit faire chaque année de son diocèse, celle de protéger et de défendre les populations et de soulager les pauvres. Dans le XVIIe canon il lui est prescrit, lorsqu'il voit des juges ou des puissants opprimer les petits et les pauvres, de les reprendre d'abord avec toute la charité de son ministère pastoral; mais, s'ils n'écoutent pas ses avis, il doit informer le roi, pour obtenir de l'autorité royale la répression de leur insolence et de leurs injustices.

Dès la fin du Xe siècle, se tiennent des conciles provinciaux qui prennent énergiquement la défense des petits, des laboureurs, notamment le concile réuni à Poitiers, et où les prélats déclarent excommuniés les chevaliers qui raviront au cultivateur sa vache ou sa chèvre. A Limoges, en 1031, un concile se réunit dans la cathédrale de Saint-Étienne, et décide que les honneurs de la sépulture ecclésiastique seront refusés à tout homme tué en commettant des actes de pillage ou d'exaction.

L'action de l'Église ne se fait pas moins sentir dans l'abolition de l'esclavage. Elle intervient dans les législations barbares pour les adoucir et les améliorer. Grâce à elle surtout, l'esclave, qui n'était considéré que comme une chose, devient une personne civile, jouissant à ce titre de prérogatives qui protègent sa vie et ses droits, et pouvant les faire reconnaître en justice. Les conciles les sanctionnent. Parmi ceux qui se sont le plus préoccupés de l'adoucissement et de l'abolition de l'esclavage, le concile d'Agde de 506 tient, par ses décrets, une place particulière. La constitution de 614, promulguée dans un champ de Mars, en présence d'un grand nombre d'évêques, statue que l'esclave ne peut être mis à mort sans jugement. Le concile d'Epone, de 517, avait déjà excommunié le maître coupable de meurtre envers son esclave.

[1] Lallemand, *Histoire des enfants abandonnés.*

L'Église élève le mariage entre esclaves à la dignité d'union légitime et indissoluble. Au concile de Paris, en 614, elle prend les affranchis sous sa protection. Au concile de Reims, en 625, elle prescrit aux fidèles le rachat des captifs. Par ses lois comme par son influence, elle travaille à l'œuvre d'émancipation sociale, qui doit finir par faire arriver tous les hommes à la sainte égalité de l'Évangile et à la juste liberté des enfants de Dieu.

On pourrait extraire des conciles français un code de la charité.

Le moyen âge a vécu sur cette législation charitable sanctionnée par le pouvoir civil et étendue à tous les besoins de la misère et de la souffrance.

Dès les premiers temps, le service de la charité était bien organisé auprès de l'église cathédrale. Il y avait des boulangeries pour la cuisson du pain, des bâtiments pour la réception des dîmes et revenus du chapitre en blé, vin, fromage, lard, légumes et œufs, et pour la distribution régulière que l'on en faisait aux indigents. Les évêques dotaient largement leur église à cet effet. Saint Bertrand, évêque du Mans, qui avait fondé un hospice près de sa cathédrale, parle de cet établissement dans son testament avec la plus touchante sollicitude; et de peur que, dans la suite, ses fondations charitables ne fussent détournées de leur destination, il conjura ses successeurs de remplir ses intentions envers les pauvres, en raison des biens dont il avait richement pourvu son église.

Pendant toute la durée du moyen âge, on voit les évêques remplir avec une paternelle miséricorde leur ministère à l'égard des pauvres. Beaucoup s'illustrèrent par leur charité autant que par leur piété.

Il y avait beaucoup d'évêques, comme le bienheureux Philippe Berruyer, archevêque de Bourges, vers la fin du XIIIe siècle, qui n'étaient pas moins préoccupés de pourvoir aux besoins des pauvres et des affligés, que de procurer le salut des âmes. Les maisons épiscopales de ce saint prélat étaient des aumôneries toujours ouvertes, et quoique les revenus de son évêché ne fussent pas très considérables, il ne voulait pas qu'aucun pauvre fût éconduit de chez lui.

L'évêque était le père des pauvres. Cette qualité découlait de sa consécration. En devenant le pasteur du troupeau, il assumait l'obligation de donner la nourriture corporelle comme la nourriture spirituelle à ses brebis. Il devait veiller à leur vie, pourvoir à leurs besoins, prendre soin de leur instruction, remédier à leurs maux, soulager leurs souffrances.

Cette tâche fut bien remplie, à chaque siècle, par le plus grand nombre des évêques. L'histoire de chaque diocèse est remplie du souvenir de leur charité; elle nous montre leur nom attaché à la fondation des établissements charitables et à l'organisation des œuvres pies. Elle témoigne de leur sollicitude à l'égard de toutes les misères et de toutes les nécessités du temps. Beaucoup de prélats, parmi les plus vertueux, se firent volontairement pauvres pour soulager la pauvreté. La plupart usèrent généreusement de leurs ressources au profit des indigents et des institutions de bienfaisance.

On voit les bons évêques veiller partout à l'observation de cette règle qui faisait considérer les revenus des évêchés, et autres bénéfices ecclésiastiques, comme les biens du pauvre en même temps que de l'Église.

Ainsi le bienheureux Pierre de Luxembourg, de famille princière, élu tout jeune évêque de Metz, à la fin du XIVe siècle, commença par diviser ses revenus en trois parties égales, dont la seconde fut consacrée à l'entretien des pauvres et des orphelins; et sur la troisième même, qui était réservée pour lui et sa maison, ses biographes racontent, à l'éloge de sa charité et de son austérité, qu'il prélevait encore quelque chose pour augmenter la portion des nécessiteux. Et combien comme celui-là dont on pourrait citer d'innombrables traits de charité !

Tous les évêques ne remplissaient pas parfaitement le devoir de leur charge. Il y en eut, à toutes les époques, qui dissipèrent en dépenses de luxe, et sous des prétextes plus ou moins fondés, une partie du patrimoine sacré des pauvres. Mais il y eut toujours aussi des hommes apostoliques, des saints, pour leur rappeler qu'ils n'étaient que les économes des biens de l'Église, et qu'ils devaient aux nécessiteux tout ce superflu qu'ils employaient à leur usage.

A ces dissipateurs du patrimoine des pauvres, comme il s'en rencontra quelques-uns au siècle de saint Bernard, le grand abbé de Clairvaux disait avec une liberté tout apostolique :

« Les pauvres, qui souffrent la nudité et la faim, poussent des cris vers le ciel contre les évêques qui leur ravissent ce qui leur est nécessaire pour le répandre en profusion et en excès. Le bien que vous prodiguez, leur disent-ils, est à nous; vous nous enlevez avec cruauté ce que vous dissipez sans discernement [1]. Vous refusez à nos pressants besoins ce que vous sacrifiez à votre vanité et à votre luxe; et vous commettez tout à la fois deux grandes injustices en nous refusant le pain qui est à nous et en convertissant ce qui devait en être le prix en des dépenses superflues dont le seul motif est l'orgueil. »

S'il fallait renouveler les avertissements, un saint Bernard insistait avec une sainte et véhémente éloquence :

---

[1] *Ad Henricum Senonensem archiepiscopum*, c. II.

« Vous me fermerez la bouche, écrivait-il, en disant que ce n'est pas à un moine de juger des évêques. Plaise à Dieu que vous me fermiez aussi les yeux, afin que je ne puisse pas voir ce que vous me défendez de condamner. Mais quand je me tairais, les pauvres, les nus, les faméliques se lèveraient pour vous crier avec un poète païen : « Dites-moi, pontifes, que fait l'or au frein de vos chevaux? » Pendant que nous souffrons misérablement du froid et de la faim, pourquoi tant d'habits de rechange, étendus sur vos perches ou ployés dans vos armoires? Nous sommes vos frères, et c'est de la portion de vos frères que vous repaissez ainsi vos yeux. C'est notre vie qui forme votre superflu. Tout ce qui s'ajoute à vos vanités est un vol fait à nos besoins; vos chevaux marchent chargés de pierres précieuses, et vous, n'avez cure de nos membres nus. Des anneaux, des chaînettes, des clochettes, des courroies clouées d'or et d'argent, et tant d'autres choses aussi brillantes que précieuses, pendent au cou de vos mules; et vous n'avez pas assez de pitié au cœur pour procurer à vos frères un misérable ceinturon qui recouvre leurs flancs [1]. »

Il semble que cette éloquente et terrible leçon ait retenti dans tous les âges. Elle était dans la tradition apostolique.

Pour beaucoup de bons évêques, la visite des paroisses, qu'ils faisaient régulièrement dans l'année, leur fournissait l'occasion d'exercer de plus près leur charité envers les pauvres.

Elle leur permettait aussi de s'assurer que les règles ecclésiastiques étaient bien observées dans les paroisses, au sujet du service des pauvres, et de stimuler, s'il en était besoin, le zèle des curés.

L'établissement des paroisses urbaines et rurales avait servi à accroître considérablement les bienfaits de la charité du clergé.

Sous le régime de la liberté religieuse établi par Constantin, la multiplication des chrétiens, en dehors des centres primitifs de christianisation, obligea à scinder la communauté des fidèles qui étaient réunis originairement autour de l'évêque. Des groupes distincts se constituèrent. Il y eut d'abord un délégué du chef de la communauté qui se rendait régulièrement au sein des agglomérations nouvelles, au lieu de réunion des chrétiens du dehors, et remplissait auprès d'eux les fonctions du ministère ecclésiastique. Peu à peu ces petits groupes de fidèles devinrent plus nombreux; un représentant de l'évêque fut établi chez eux à demeure. Ainsi se fondèrent, dès le IV⁰ siècle, les paroisses rurales.

En Gaule surtout, à cause des circonstances locales particulières,

---

[1] *De officio episcop.*, cap. XI, n⁰⁰ 4, 6, 7.

les paroisses durent s'organiser plus promptement. « Il s'y rencontrait, en effet, des villes considérables, d'importance politiquement secondaire, où l'on n'érigea pas de siège épiscopal, et où néanmoins l'éloignement d'un centre religieux nécessita la construction ou l'adaptation d'une église; par conséquent la désignation d'un prêtre chargé de régir la communauté des fidèles qui venaient s'y assembler [1]. »

En principe, l'ancienne cité gallo-romaine, où était établi le siège épiscopal, resta le centre religieux de la contrée; mais ce centre se dilata. Les circonscriptions ecclésiastiques secondaires tendirent à se modeler sur les divisions civiles du territoire de la cité. Le clergé essaima avec la population.

Les prédications de saint Martin contribuèrent extraordinairement à cette diffusion du christianisme dans les campagnes. Elles achevèrent de faire disparaître le vieux paganisme indigène, et d'étendre jusque dans les villages l'organisation du culte chrétien. L'apostolat était l'œuvre de charité par excellence. En propageant la foi, il multiplia les bienfaits de l'action chrétienne.

A l'époque mérovingienne on voit, disséminés à travers la campagne, des prêtres chargés du soin spirituel des serfs et des colons. Plus tard les paroisses se resserrent, à mesure que les agglomérations rurales se concentrent et s'organisent.

Peu à peu, en effet, à la suite des invasions barbares, les domaines privés, que les grands propriétaires gallo-romains et francs possédaient à la campagne, s'étaient transformés en centres de population agricole. Les *villas* devinrent des villages et des bourgs. En même temps, avec l'extension du christianisme, de nouveaux groupes de fidèles s'étaient formés peu après hors de la ville où siégeait l'évêque. Ces groupes se constituèrent en paroisses au fur et à mesure des besoins religieux de la population. C'étaient souvent les riches propriétaires qui les fondaient et les dotaient, soit pour la plus grande commodité de leur personnel, soit pour la satisfaction de leurs vassaux.

Le plus souvent, c'est l'évêque qui fonde lui-même des églises succursales dans les principaux centres de population. Ainsi Grégoire de Tours montre des évêques, ses prédécesseurs, créant successivement des paroisses dans les bourgs les plus importants de leur diocèse. Ces églises particulières des petites villes et des campagnes avaient leur administration et leurs revenus propres.

Elles se multiplient au vi[e] siècle. Après se fondent les oratoires ruraux, que desservent des prêtres ou des diacres subordonnés au chef de la paroisse.

---

[1] G. Périer, *Des paroisses et des curés*, dans *Journal du Droit canon*, 1893, p. 31.

A mesure que la population des campagnes s'accrut, le nombre des paroisses augmenta. A l'époque carlovingienne, les églises de campagne sont déjà très nombreuses. Dans la ville épiscopale même, par suite de l'augmentation des habitants et de l'accroissement des ressources pies, il se forme, à côté de l'église cathédrale, d'autres paroisses. Aux paroisses furent préposés des curés, qui eux-mêmes eurent ensuite des vicaires. Le chiffre croissant des dotations et des dîmes subvenait aux nouvelles fondations.

Partout l'organisation paroissiale se substitua aux anciennes divisions territoriales des villes en quartiers, et de la campagne en domaines privés. La féodalité favorisa cette évolution. Les églises étaient devenues les vrais centres de population et de vie sociale. Dès le xie siècle, les plus petites agglomérations rurales forment des paroisses.

Cette multiplication des petits organismes religieux étendit jusqu'aux moindres bourgs et villages l'action bienfaisante de l'Église. Chaque paroisse nouvelle, créée à la ville ou à la campagne, formait comme une nouvelle grande famille, dont tous les chrétiens étaient membres, et où chacun avait droit à l'assistance et aux secours que lui assurait sa qualité d'enfant spirituel du père commun préposé à la paroisse. Et ainsi, par l'extension de l'organisation ecclésiastique, s'étendit le service public de la charité.

Primitivement, les revenus de chaque église étaient centralisés entre les mains de l'évêque, qui les répartissait entre les différents groupes religieux relevant de sa juridiction. Par suite de la formation des paroisses sur tous les points du diocèse, les évêques abandonnent, dès le commencement du vi^e siècle, une portion des offrandes aux prêtres de paroisse, ou leur permettent de prélever, sur le produit de terres appartenant à l'évêché, leur quote-part de revenus du fonds commun. De là on en vint à l'usage d'attacher pour toujours à chaque église paroissiale des terres dont les revenus servissent aux besoins du culte dans chaque localité.

L'usage passa en règle. D'après les prescriptions du droit canonique et civil, on ne fondait pas une église sans la doter d'une certaine étendue de terre, à proportion du nombre de ceux qui y étaient attachés : prêtres, diacres, diaconesses, sous-diacres, chantres, lecteurs, portiers, et sans avoir assuré les dépenses du culte et l'entretien de l'édifice. Ce petit domaine terrier, appelé *manse*, forma la base de la propriété ecclésiastique.

A cela s'ajoutèrent les dîmes ou redevances en nature, que les fidèles prirent l'habitude d'acquitter entre les mains des prêtres, pour les besoins de l'église paroissiale et les siens. « La dîme, considérée primitivement comme une oblation volontaire et une œuvre de piété, est mentionnée comme obligatoire à partir du concile de Mâcon (585), et son payement fut sanctionné par la législation civile sous Pépin le Bref et Charlemagne. »

Les offrandes, les legs des pieux fidèles, les fondations de toutes sortes, les subsides fournis par les seigneurs et les villes, formèrent la troisième source du revenu des églises[1]. Toutes les églises, urbaines et rurales, se trouvèrent ainsi en possession d'un budget régulièrement approvisionné, qui leur permettait de suffire à toutes les dépenses. Chacune avait la jouissance propre de ses biens et revenus. L'assistance des pauvres comptait parmi les services à la charge des églises, auxquels s'appliquaient les fondations pieuses; elle absorbait une portion déterminée des revenus. Les ressources budgétaires des églises étaient, en effet, comme à l'origine, divisées en quatre parts, ayant chacune leur affectation : l'entretien de l'église, les pauvres, le prêtre et les clercs, et enfin l'évêque.

Mais de bonne heure les évêques renoncèrent, au profit des pauvres, à leur part de revenus. « Les évêques, dit Thomassin, avaient relâché ce droit aux curés, et les laissaient pleinement jouir de toutes les dîmes et de tout le casuel de leur église, afin qu'ils pussent plus libéralement secourir les pauvres de la campagne[1]. » Les ressources disponibles de la charité n'en furent que plus abondantes.

La part des pauvres était aussi sacrée que celle du clergé et du culte. Les lois religieuses et civiles la protégeaient également. Elle avait son emploi rigoureux.

A l'établissement des paroisses correspond une organisation générale de la charité. Partout le clergé en devient le principal agent. Le curé avait l'administration de la part de biens qui revenaient de droit aux pauvres, d'après les canons ecclésiastiques. C'est lui qui apparaît au moyen âge comme le grand fonctionnaire de l'assistance publique. A la ville, à la campagne surtout, il est l'intendant ordinaire des pauvres, le principal distributeur des aumônes. C'est par ses mains que passent les revenus des biens de l'église affectés aux indigents, les dons quotidiens de la charité des fidèles.

Il y avait, en général, de l'ordre dans la répartition des secours; chaque paroisse avait sa liste des pauvres de la localité. Ceux-ci étaient inscrits sur un rôle spécial, et une fois immatriculés ils devenaient comme de petits rentiers, ayant droit à une portion des dîmes et revenus de l'église.

Hincmar, archevêque de Reims au IXe siècle, donne à ses curés les instructions suivantes au sujet du partage en trois ou quatre parties des revenus de l'église : « Je vous ai déjà souvent avertis,

---

[1] Prévost, *l'Église et les campagnes au moyen âge*, p. 70; Nollet, t. I, p. 376.
[2] Thomassin, *Ancienne et nouvelle discipline de l'Église*, t. VI, p. 574.

au sujet des pauvres, que vous êtes tenus d'inscrire, comment vous devez leur dispenser leur part de dîmes. J'ai défendu, au nom de l'autorité de Dieu, qu'aucun prêtre, à l'occasion de l'inscription sur la matricule, n'exige de redevance ni de service pour la moisson, ou ne requière ni n'accepte d'eux aucun service pour lui. » Il leur dit aussi à quels pauvres ces biens doivent être distribués; ce n'est pas à ceux qui peuvent gagner leur vie, comme les bouviers, les porchers, mais aux infirmes, aux indigents, et à ceux du lieu [1].

Ces règles de sagesse et de justice avaient prévalu dans l'usage. Elles présidaient partout à la distribution des secours. Les aumônes, que les curés partageaient périodiquement, ou selon les besoins du moment, allaient aux plus nécessiteux et aux pauvres de la paroisse. Le passant, le vagabond, n'étaient pas repoussés, mais ils ne venaient qu'après les autres.

Grâce aux dispositions de la loi ecclésiastique sur l'emploi des biens des églises, grâce à l'esprit de charité du sacerdoce catholique, grâce aux pieuses fondations et à la bonne organisation de l'aumône dans les paroisses, la pauvreté fut universellement secourue dans le passé sur les fonds et par le moyen du clergé.

Il faut admirer ici la vertu de la charité catholique. Dans l'antiquité païenne, le culte des faux dieux avait aussi son budget, et un budget très largement pourvu. Les sanctuaires célèbres de Delphes, d'Olympie, d'Éleusis, de Délos, d'Éphèse, en Grèce et en Asie Mineure, possédaient des richesses immenses. A Rome, les temples de Mars, de Janus, de Jupiter, de Vénus, étaient aussi richement dotés, et leurs prêtres jouissaient de larges revenus. Et cependant, aucune institution sociale, aucune œuvre de charité n'est sortie du riche budget des cultes dans l'ancienne Grèce et dans l'empire romain. Rien ne montre mieux la distance du paganisme au christianisme. Tandis que l'Église catholique n'a cessé, depuis son origine, d'employer ses revenus et ses biens à secourir les pauvres, à fonder une multitude d'institutions d'assistance pour tous les malheureux, les représentants des cultes officiels de l'antiquité n'ont fait servir leurs richesses qu'à l'usage de leurs dieux et à leurs propres jouissances. C'est que la charité n'existait pas avant l'Évangile.

Jusqu'au milieu du luxe épiscopal des xviie et xviiie siècles, que l'usage et l'esprit du temps autorisaient, on voit les prélats, grands seigneurs, employer une partie de leurs riches revenus en charités. Plusieurs même continuaient de donner l'exemple d'une simplicité de vie qui leur permettait de retrancher autant à leurs dépenses en faveur des pauvres.

---

[1] Thomassin, *Ancienne et nouvelle discipline de l'Église*, t. VII, p. 370.

Si quelques-uns des évêques des siècles derniers ont pu causer du scandale par leur genre de vie peu apostolique, ceux-là même n'ont pas manqué ordinairement de le réparer en faisant servir au bien, après eux, une fortune qu'ils auraient pu mieux employer de leur vivant.

A leur mort, ils ont soin souvent de laisser une grande partie de leur avoir aux bonnes œuvres. Ces legs constituaient parfois des dotations extrêmement riches. Mgr de Langle, évêque de Saint-Papoul au xviie siècle, qui s'était souvent attiré les accusations du parti janséniste pour son luxe excessif, lègue à l'hôpital de sa ville épiscopale cinq cent mille livres.

Dans tous les testaments des évêques, on trouve des dispositions spéciales pour les pauvres. Souvent elles sont la manifestation des sentiments de charité qui avaient animé le défunt pendant sa vie et réglé ses aumônes, sans acception des personnes et avec l'unique pensée de procurer du soulagement aux plus nécessiteux. Tel est le testament de Mgr de la Vieuxville, évêque de Bayonne au xviie siècle. Il donne et lègue aux Dames de la charité, établies à Bayonne pour le soulagement des pauvres honteux, un contrat de dix mille livres en principal, dont la rente devra être, tous les ans, distribuée par lesdites dames aux plus nécessiteux. Il leur prescrit de n'avoir point d'égard aux recommandations, ni aux personnes qu'elles pourraient protéger davantage, « mais de donner toujours la préférence aux pauvres malades qui ont le plus de besoin, et qui sont dans la plus grande nécessité. »

Il donne et lègue aussi à la personne qui a soin des pauvres prisonniers une somme de deux cents livres, qu'elle aura soin de leur distribuer pour leurs besoins les plus pressants.

Ainsi fait Jean-Baptiste de Surian, évêque de Vence, de 1727 à 1754. Dans son testament, en dehors de quelques dons aux membres de sa famille et à ses domestiques, tout est laissé à l'hôpital de sa petite ville épiscopale, qui devra recevoir un plus grand nombre de malades, réparer ou rebâtir les maisons ruinées, afin « de rendre la ville plus populeuse et plus en état de cultiver les terres », et, en outre, fournir des dots aux jeunes filles pauvres.

C'était là le langage du temps. Il exprime les sentiments d'ordre et de prévoyance qui accompagnaient alors l'esprit de charité. La sollicitude des évêques, qui avaient été les pères de leur peuple, s'étendait au delà de la tombe, sur la partie la plus misérable de leur troupeau. Ils voulaient, par leurs dispositions testamentaires, ou compléter le bien qu'ils n'avaient pu faire, ou continuer celui qu'ils avaient fait.

Dans tous les diocèses, les membres des chapitres cathédraux et des collégiales rivalisaient ordinairement de charité avec les évêques.

Les cartulaires des chapitres parvenus jusqu'à nous contiennent les documents de la sollicitude de ces vénérables prêtres pour les indigents. Dans un des plus anciens, celui de Reims, on constate que tous les ans, depuis le xiiie siècle, on distribuait, le jour des morts, aux pauvres, quatre cent cinquante aunes de toile neuve, par suite de fondation d'un chanoine chantre de l'église. Un autre chanoine, du nom de Mathieu, trésorier de l'église de Reims, avait fait une fondation pour assurer tous les ans, le premier jour de Carême, une distribution de vivres aux pauvres; et un autre, J. Blanchet, avait donné, au témoignage d'une charte de 1220, cinquante sous de rente à l'hôpital Notre-Dame pour augmenter la pitance qui revenait à chacun[1]. Ces exemples pourraient être multipliés pour tous les diocèses. Assez souvent, les ressources personnelles des chanoines leur permettaient de contribuer directement à la création des hôpitaux ou autres établissements charitables. La pharmacie de l'Hôtel-Dieu d'Orléans est fondée, en 1492, par un sous-doyen du chapitre de la cathédrale.

« Rien ne prouve mieux, dit M. l'abbé Julien Loth, la piété et la charité des anciens chanoines de Rouen, que leurs testaments, conservés en grand nombre dans nos archives départementales[2]. Et, en effet, on n'en trouverait presque pas un qui ne contienne quelque disposition charitable en faveur des pauvres et des hôpitaux. » Il en était ainsi dans tous les diocèses. Partout les chapitres, composés en général de prêtres distingués par leurs mérites et leur vertus, et le plus souvent pourvus d'une certaine aisance, étaient des sources perpétuellement renouvelées d'aumônes et de dons. Les chanoines donnaient, selon leur fortune, de leur vivant; mais ils léguaient surtout après leur mort. C'était comme une pieuse émulation entre eux à qui ferait le plus de bien par son testament. Comme c'était un honneur d'appartenir à ces vénérables compagnies, chacun tenait à cœur d'entretenir le renom de charité dont elles jouissaient. Presque toujours les chanoines disposaient largement en faveur de l'Hôtel-Dieu de la ville épiscopale ou de l'hôpital de leur lieu de naissance. Là où les archives hospitalières ont été conservées, elles ont gardé la trace de ces incessantes munificences. Les dispositions testamentaires de ces bons chanoines portaient souvent la trace des préoccupations les plus touchantes et les plus pratiques. Voici, par exemple, Claude Vuaflard, prêtre, chanoine théologal de l'église Notre-Dame de Laon, au xviie siècle, qui fait différents legs, entre autres de terres labou-

---

[1] *Cartulaire B* du chapitre de Reims, folio 306, verso.
[2] *Semaine religieuse* de Rouen, 14 juillet 1894.

rables et de prairies pour employer les redevances à l'entretien d'une *mission solennelle* tous les trois ans à Marle, et ce pour donner tous les trois ans, ensuite de ladite mission, à trois pauvres garçons, chacun soixante livres pour leur faire apprendre un métier honnête. En outre, il fait de ses meubles plusieurs parts : « Les grains et le vin seront vendus, à la réserve de deux asnées (charge d'un âne) de bled, qui seront données à l'association établie (par saint Vincent de Paul) pour les pauvres de la ville de Laon, avec une pièce de vin. »

Que l'on calcule les ressources qui résultaient, dans chaque ville épiscopale, pour les pauvres, de ces pieux testaments sans cesse renouvelés par la mort des vénérables membres des chapitres !

Ces prêtres, arrivés aux honneurs, très considérés autrefois, du canonicat, aimaient souvent à laisser un souvenir d'eux dans leur pays natal, et c'était toujours sous forme de fondation pieuse et charitable. Beaucoup de nos églises de petite ville et de village ont conservé le souvenir de ces libéralités. Un petit monument, une pierre murale, perpétuaient la mémoire du généreux bienfaiteur. On y lisait des mentions de ce genre : *L'an de grâce 1748, 26 de novembre, décédé messire Adam Hurel, prêtre, docteur en théologie, chanoine de la métropole de Rouen, cy-devant curé d'Heudicourt, âgé d'environ quatre-vingt-cinq ans, lequel, par son testament, dûment contrôlé et insinué, a aumôné aux plus pauvres de cette paroisse la somme de deux cents livres, pour leur être distribuée tous les ans, le dimanche d'après la fête de saint Sulpice.*

Jusqu'à la Révolution, qui confisqua les biens des églises, ces distributions, provenant de dons et de legs des membres des chapitres et du clergé, eurent lieu régulièrement ; elles constituaient un revenu assuré pour les pauvres d'un grand nombre de paroisses. Les chapitres étaient ainsi de véritables bienfaiteurs de leurs cités. Dans presque tous les diocèses, on ferait une histoire des fondations charitables et d'utilité publique, disparues au milieu de la tourmente révolutionnaire, auxquelles les membres de ces vénérables compagnies avaient mis la main ou attaché leur nom. Pendant des siècles, les villes cathédrales furent comblées de leurs bienfaits.

Pour le XVIIIe siècle seulement, où déjà la charité s'était refroidie au contact de l'esprit philosophique et révolutionnaire, et pour une seule ville, on relève sur la liste, probablement incomplète, des dons et legs faits à Langres par les chanoines de Saint-Mammès : en 1698, un don à l'hôpital de la Charité, par M. Gaillard, doyen de l'église de Langres, d'un principal de *dix-huit mille livres* « pour, du revenu, faire mettre à métier chez de bons maîtres six pauvres enfants » ; en 1714, un don à l'hôpital de la Charité, par M. Filzjan, chanoine, de la somme de *trois mille livres* « pour être employée à mettre à métier deux pauvres enfants »; en 1728, un don par M. Lambert de Rivières, curé de Saint-Pierre (la paroisse du chapitre), de *quatre mille livres* à la Grande-Marmite, *mille livres* à la Petite-Marmite, *mille livres* pour les prisonniers, *deux mille livres* à l'hôpital de la Charité, et *deux mille livres* pour « l'œuvre de l'aumône générale pour les mendiants, si elle est établie »; en 1759, une fondation par M. Joly, doyen du chapitre, de deux places d'incurables à l'hôpital du Saint-Esprit de Dijon, en faveur des pauvres de la ville de Langres. En 1784-86, à l'occasion de l'établissement des Écoles chrétiennes, pour les enfants de Langres, et « par préférence ceux des pauvres », M. Néret, doyen du chapitre, le « tuteur de la ville », comme l'appelait, en signe de gratitude, une délibération municipale, donne *soixante-quinze mille livres*; M. de Beauval, chanoine, *dix mille livres*; M. Leclerc, autre chanoine, *cinq mille livres*; M. Diderot, enfin, *treize mille livres* et le prix de l'usufruit de sa maison canoniale.

En même temps que les membres du chapitre se signalaient individuellement par des actes de générosité, le chapitre lui-même se mettait à contribution pour rebâtir, avec l'évêque, les deux tours de la cathédrale, et pour fonder, avec ses seules ressources, l'hôpital Saint-Laurent, devenu aujourd'hui hôpital militaire [1].

Ce qui se faisait à Langres se faisait presque partout. De là ce proverbe devenu populaire d'un bout à l'autre de la France, qu' « il fait également bon vivre et sous l'aumusse et sous la crosse ».

Le clergé paroissial suivait l'exemple des évêques et des chanoines. Lui aussi, après avoir vaqué activement aux soins de la charité, dans l'exercice des fonctions du ministère, avait l'habitude de suivre les pauvres de ses aumônes dans l'autre vie. A part les curés de ville, ses ressources étaient ordinairement plus limitées que celles des membres des chapitres. Il trouvait néanmoins à faire la part des bonnes œuvres dans la disposition de ses modiques biens. On le constate dans nombre de testaments de simples prêtres qui se sont retrouvés. Quelle fortune, toutes ces libéralités, que n'entravait aucune législation, que ne confisquait aucun gouvernement, assurait aux pauvres !

Le clergé prêchait la charité autant qu'il la pratiquait. A toutes les époques du passé, le devoir de l'aumône était un des thèmes ordinaires de la prédication. Par là, les prêtres et les religieux ne cessaient d'exciter et d'entretenir dans les âmes chrétiennes les sentiments de pitié et de dévouement qui inspiraient toutes les œuvres

---

[1] Voir *Semaine religieuse* de Langres, 17 décembre 1892, pp. 805-8.

charitables. Le XIII⁰ siècle se distingua entre tous par le zèle des prédicateurs. C'était le siècle des grands ordres mendiants, dont les membres, après s'être fait eux-mêmes pauvres volontaires, avaient tant d'autorité pour prêcher les riches. Le clergé séculier s'animait de l'exemple qui lui était donné par les fils de saint François et de saint Dominique. Il s'ensuivait aussi une généreuse émulation parmi les fidèles, que tant d'exemples, tant de paroles apostoliques, exhortaient à pratiquer la sainte charité envers leurs frères.

« C'est, dit M. Lecoy de la Marche en parlant du XIII⁰ siècle, un des caractères les plus saillants de l'esprit du siècle, que cet empressement universel à soulager la misère d'autrui, ce détachement sublime des richesses, dont l'exemple était donné à la fois par saint Louis et par les nouveaux ordres mendiants. Les prédicateurs, de leur côté, en donnaient le conseil dans toutes les occasions [1]. » Jamais ils n'étaient plus éloquents et plus vifs qu'en prêchant ce devoir de la charité. C'est au nom de Jésus-Christ, au nom de la sainte égalité de ses enfants, au nom du salut éternel commun à tous, qu'ils parlaient :
« Nous sommes tous les serviteurs du même maître, disait un prédicateur anonyme de ce temps; nous avons été rachetés au même prix, nous sommes entrés dans le monde par la même porte, et nous en sortirons par la même issue, pour parvenir, si nous l'avons de même mérité, à la même béatitude. Pourquoi donc le pauvre ne recevrait-il pas de vous un vieil habit, lui qui doit partager avec vous la robe d'immortalité? Pourquoi ne lui donneriez-vous pas la nourriture, lui qu'un trône attend à côté du vôtre, dans le royaume de Dieu? Pourquoi le pauvre ne mériterait-il pas de recevoir votre pain, lui qui a mérité, comme vous, de recevoir le sacrement du baptême? Pourquoi serait-il indigne de recevoir les restes de vos repas, celui qui, comme vous, sera invité au festin des Anges [2]? »

Un autre avait imaginé cette comparaison originale et bien appropriée au goût du temps : « Saint Martin, du tranchant de son épée, fit deux parts de sa chlamyde, pour en donner une à un pauvre d'Amiens, sachant ce qu'un jour Dieu devait lui rendre en échange. Ah! ce fut un beau coup. Non, jamais il n'a été parlé d'un aussi beau coup d'épée! Assez et trop de chansons où l'on chante sur Roland et sur Olivier. On dit que Roland fendit la tête d'un homme jusqu'à la mâchoire; on dit qu'Olivier trancha le corps d'un autre tout entier. Mais tout cela n'est rien! Ni Roland, ni Olivier, ni Charlemagne, ni Ogier le Danois, n'ont eu l'honneur de frapper un tel coup, et l'on n'en verra pas frapper un pareil jusqu'à la fin du

---

[1] Lecoy de la Marche, *la Chaire chrétienne au moyen âge*, 2ᵉ édit., p. 488.
[2] *Ibid.*, p. 344.

monde. Dieu ! combien de pauvres errants à vau la ville, tout nus, et nul autre Martin n'est là pour les couvrir[1]. »

A chaque siècle, dit M. Lecoy de la Marche, on retrouverait dans la bouche de l'Église cet éloquent plaidoyer en faveur des pauvres.

Le luxe, le plaisir, tarissaient trop souvent la source des aumônes de la noblesse féodale. Il se trouvait toujours des saints, des prédicateurs, un saint Bernard, un Odon de Cluny, un Pierre le Vénérable, un saint Norbert et bien d'autres, pour dénoncer l'abus des équipages et des costumes chez les chevaliers et les barons, les recherches excessives de toilette chez les grandes dames. Ces hommes de Dieu s'efforçaient de supprimer le luxe au profit du soulagement de la misère. Par l'abolition du luxe, il était plus facile d'arriver à faire comprendre et pratiquer aux riches les devoirs de la justice et de la charité.

Rien n'égalait la sainte liberté de la chaire, au moyen âge, lorsqu'il s'agissait de rappeler aux riches le précepte de l'aumône. Ce fougueux Menot, qui passait de la trivialité la plus vulgaire à la plus haute éloquence pour censurer le luxe, trouvait aussi de beaux accents pour reprocher aux grands et aux riches l'abus de leurs richesses et leur cupidité sans pitié pour les pauvres. « Messieurs du Parlement, s'écriait-il, en faisant allusion à la grande rosace empourprée du palais, ont la plus belle rose de France; mais cette rose a été teinte du sang des pauvres criant et pleurant. » Et ailleurs, dans une véhémente sortie contre ces mêmes magistrats, enrichis aux dépens des pauvres et des petits, il atteint d'un coup le sublime de l'invective : « Aujourd'hui, messieurs de la justice portent de longues robes, et leurs femmes sont vêtues comme des princesses. Si leurs vêtements étaient mis sous le pressoir le sang des pauvres en découlerait. »

Ce sujet est de ceux qui échauffent le plus le zèle des prédicateurs. Tous, au moyen âge, font ressortir avec la même véhémence le contraste poignant de la misère et du faste, et en prennent occasion d'exciter les riches à la compassion et à la miséricorde envers les indigents. « Les pauvres meurent de froid, s'écrie l'un d'eux dans un mouvement d'indignation familière; toi, madame la pompeuse, madame la braguarde, tu as sept ou huit robes en ton coffre que tu ne portes pas trois fois l'an. »

Bossuet ne sera ni plus hardi ni plus pathétique, lorsque, dans son sermon sur l'*Éminente dignité des pauvres dans l'Église,* il s'écriera, devant la brillante société de son siècle :

« Quelle injustice, que les pauvres portent tout le fardeau, et que tout le poids des misères aille fondre sur leurs épaules! S'ils s'en

---

[1] Lecoy de la Marche, *op. cit.,* p. 311.

plaignent et s'ils en murmurent contre la Providence divine, Seigneur, permettez-moi de le dire, c'est avec quelque couleur de justice; car, étant tous pétris d'une même masse et ne pouvant pas y avoir grande différence entre de la boue et de la boue, pourquoi verrons-nous d'un côté la joie, la faveur, l'affluence, et de l'autre la tristesse, le désespoir et l'extrême nécessité, et encore le mépris et la servitude? Pourquoi cet homme si fortuné vivra-t-il dans une telle abondance, et pourra-t-il contenter jusqu'aux désirs les plus inutiles d'une curiosité étudiée, pendant que ce misérable, homme toutefois aussi bien que lui, ne pourra soutenir sa pauvre famille, ni soulager la faim qui le presse? Dans cette étrange inégalité, pourrait-on justifier la Providence de mal ménager les trésors que Dieu met entre des égaux, si par un autre moyen elle n'avait pourvu aux besoins des pauvres, et remis quelque égalité entre les hommes? C'est pour cela, chrétiens, qu'il a établi son Église, où il reçoit les riches, mais à la condition de servir les pauvres; où il ordonne que l'abondance supplée au défaut, et donne des assignations aux nécessiteux sur le superflu des opulents. »

Bossuet, en qui l'on entend tous les autres prédicateurs, résume ici la tradition de la chaire catholique.

Aux époques de foi, le clergé, si ardent à dénoncer le mauvais usage de la richesse, ne s'épargnait pas lui-même. Il était le premier à se reprocher publiquement ses fautes et ses abus. « Messieurs les curés et les chanoines, s'écrie l'un de ces prédicateurs à la voix apostolique, vous qui avez cinq ou six clochers sur vos têtes, pensez-vous qu'on vous donne ces bénéfices pour entretenir tant de cuisines? Je l'ai dit, et je le dirai encore : tout ce que l'homme d'église retient au delà de la nécessité et des convenances, ce sont des vols faits à Dieu et aux pauvres, et leur gourmandise crie vengeance. »

L'Église enseignait la nécessité des œuvres pour le salut. Cet enseignement s'appliquait aussi à la charité envers le prochain. Que de prédicateurs de la parole de Dieu redisaient avec l'apôtre saint Jacques : « Que sert-il, mes frères, à un homme de dire qu'il a la foi, s'il n'a pas les œuvres? Est-ce que cette foi pourra le sauver? Si un frère et une sœur sont dans la nudité et manquent de la nourriture de chaque jour, et que l'un de vous leur dise : « Allez, « mon ami, chauffez-vous bien et rassasiez-vous, » sans leur donner les choses nécessaires au corps, à quoi cela sert-il? Il en est de même de la foi : si elle n'a pas les œuvres, elle est morte en elle-même [1]. » La charité sans les œuvres, comme la foi sans les œuvres, est vide et inutile. Cette doctrine apostolique, sans cesse rappelée

---

[1] *Epist.*, c. II.

dans la chaire, excitait les chrétiens à la pratique effective de la charité.

Quels salutaires effets ne produisait pas dans l'âme des riches la parole de Dieu, lorsque le prédicateur, se tournant vers eux, après avoir enseigné aux pauvres la patience et la résignation, leur adressait, avec l'apôtre saint Jacques, cette véhémente apostrophe : « A vous maintenant, riches! Pleurez et lamentez-vous à cause des malheurs qui vont fondre sur vous. Vos richesses sont tombées en pourriture, vos vêtements sont devenus la pâture des vers. Votre or et votre argent se sont rouillés (dans vos coffres), et leur rouille témoignera contre vous, et comme un feu dévorera votre chair. Vous vous êtes amassé un trésor de colère pour les derniers jours. Voici qu'il crie vers le ciel le salaire dont vous avez frustré les ouvriers qui ont moissonné vos champs, et les cris des moissonneurs sont parvenus aux oreilles du Seigneur des armées célestes. Vous avez vécu sur la terre dans les délices et les festins; vous avez repu vos cœurs de luxures au milieu de tous vos meurtres. Vous avez fait captif, et vous avez tué le juste, qui ne vous a point résisté. Prenez donc patience, mes frères, jusqu'à l'avènement du Seigneur [1]. »

Tout concourait non seulement dans la liturgie, mais aussi dans la décoration des églises, au même enseignement.

Les inscriptions composées en l'honneur des saints, et pour l'ornement des temples que la munificence et la piété des fidèles leur avaient élevés, les épitaphes gravées sur les tombeaux, à l'éloge des défunts rappelaient sans cesse aux fidèles les préceptes et les exemples de la charité. C'était une prédication permanente.

Une des inscriptions décoratives de la célèbre basilique de Saint-Martin de Tours retraçait à l'esprit des fidèles le souvenir du denier de la veuve, comme un enseignement aux petits et aux humbles eux-mêmes sur l'excellence de l'aumône. Les sujets des sculptures et des vitraux qui décoraient les murs des églises s'inspiraient, d'une manière plus sensible encore pour les yeux et les cœurs, des plus beaux traits de charité de la vie des saints. L'image de saint Martin, coupant en deux son manteau pour couvrir la nudité du mendiant de la porte d'Amiens, se voyait partout. On voyait communément aussi l'effigie de saint Crépin raccommodant la chaussure d'un pauvre. La parabole du mauvais riche était souvent représentée. Les plus somptueuses comme les plus humbles verrières la reproduisaient. Ainsi se gravait dans les cœurs le tableau du riche précipité dans les enfers, pendant que le séjour des bienheureux

[1] Saint Jacques, *Ep.*, c. v.

s'ouvrait pour le pauvre Lazare. D'autres épisodes empruntés à la vie des saints les plus populaires complétaient cette leçon de choses accessible à tous les yeux et à toutes les intelligences.

Quand la voix des prêtres et des religieux se taisait, les murs des églises eux-mêmes prêchaient encore.

La confession achevait l'œuvre de la prédication. Cette sainte institution mettait le riche en présence du prêtre, dans l'intimité de la vie privée. Là il fallait rendre compte du bon ou du mauvais usage de la fortune, avouer les injustices commises, reconnaître les duretés du cœur, dévoiler tous les égoïsmes, et promettre, pour obtenir la rémission de ses péchés, d'être bon et compatissant envers les petits et les pauvres. La sanction du pardon obtenu au saint tribunal de la pénitence, c'était souvent une aumône à distribuer aux malheureux, un don pieux à faire à un établissement charitable. C'était la parole des Livres saints mise en œuvre: « Rachetez vos péchés par l'aumône. »

Ainsi le péché lui-même, les fautes commises contre la justice et la charité, les iniquités publiques et les désordres de la vie privée devenaient, grâce à la confession, une source incessante d'aumônes et de libéralités qui se versaient, par l'entremise du prêtre, dans le sein des pauvres. Le sacrement de pénitence, spécialement institué pour la rémission des péchés personnels, était en même temps comme une sorte d'approvisionnement permanent du trésor de la charité.

Un des moyens les plus habituels que possédait le clergé de pratiquer la charité, c'était l'exercice de la médecine auprès des pauvres. Dans les siècles anciens, les prohibitions qui régissent aujourd'hui l'art de guérir n'existaient pas. Chacun avait le droit de soigner son prochain, sans s'exposer comme de nos jours, à être condamné pour exercice illégal de la médecine. « Le clergé, dit un docte praticien, ne se bornait pas, dans ces temps, à faciliter par ses institutions pieuses les applications de l'art médical, mais il cultivait aussi la science avec distinction[1]. »

Longtemps il en eut, en quelque sorte, le monopole. A l'époque où il n'y avait, pour ainsi dire, de savoir que dans les églises et les abbayes, où les clercs étaient les lettrés, et les laïques les ignorants, tellement que le secrétaire de saint Bernard, Nicolas de Clairvaux, pouvait dire avec raison, pour exprimer l'ignorance de toute la classe civile : « Il y a autant de différence entre l'homme et la bête qu'entre les lettrés et les laïques; » à cette époque, l'étude de la

---

[1] Francis Devoy, *Discours du 10 janvier* 1843, à la Société médicale d'émulation de Lyon.

4

médecine, comme celle de toutes les autres sciences, était le privilège des clercs.

Il n'est pas difficile de comprendre le rôle que remplit le clergé, par rapport à l'art médical. Il fut à peu près seul pendant les premiers siècles à apprendre et à pratiquer la médecine. L'éloge funèbre d'Evemerus, évêque de Nantes, vers 515, par Fortunat, mentionne les connaissances du pieux pontife en médecine ; il y est qualifié de *médecin* [1]. Dans les écoles épiscopales où s'étudiaient les sciences sacrées et profanes, on enseignait la médecine.

L'histoire des anciennes Universités témoigne du zèle de l'Église pour la culture de la science médicale, et de son influence sur le développement de l'art de guérir. L'étude de la thérapeutique allait souvent de pair avec celle de la théologie.

Les premiers Hôtels-Dieu furent bâtis près des cathédrales, non seulement dans une pensée de piété, qui faisait rapprocher la maison des malades de la maison de Dieu, mais aussi pour la commodité des médecins, qui étaient en même temps chanoines de l'église. Tel était le célèbre Hôtel-Dieu de Paris, fondé par l'évêque saint Landry.

Jusqu'aux xiv° et xv° siècles, les professeurs de médecine étaient des clercs. Les praticiens laïques n'apparaissent guère avant l'époque de Philippe-le-Bel. « A Paris, dit l'auteur déjà cité, les fondateurs des principaux collèges étaient tout à la fois prêtres et médecins. Gervais Chrétien, chanoine de Notre-Dame de Paris, premier médecin de Charles V, fonda le collège appelé de « maître Gervais ». En 1434, l'université de médecine de Paris était régie par ses chanoines-médecins. Ceux-ci faisaient leurs leçons, tantôt à l'église Notre-Dame, tantôt à Sainte-Geneviève-des-Ardents ; ils les firent ensuite à la chapelle de Saint-Yves. Quelques années plus tard, Thibout, pénitencier, chanoine de Notre-Dame et doyen de la Faculté de médecine, faisait faire les leçons chez lui ».

On voit par un canon du synode de Valladolid, de 1322, quelles étaient les préoccupations générales du temps à l'égard de l'étude de la médecine. Le XX° canon de ce synode, après avoir décidé que dans chaque ville il y aurait des professeurs de grammaire pour instruire les enfants, et dans les villes plus importantes des professeurs de hautes études, entretenus par les églises de la contrée, statue en ces termes : « Sur dix chanoines d'une église cathédrale ou collégiale, l'évêque, le prévôt, le chapitre devront en envoyer au moins un à une université de théologie, de droit canonique et des arts libéraux. Ceux-là pourront même étudier la médecine, à qui la loi ne le défend pas [2]. »

[1] Fortunat, *Miscell.*, IV, 1.
[2] Mansi, t. XXV, p. 695-723.

Des clercs, des chanoines qui avaient étudié la thérapeutique dans les Universités de France, sans aller jusqu'à Salerne, se sont rendus célèbres par leur savoir. Le grand Gerbert d'Aurillac, devenu pape sous le nom de Sylvestre II, était tout à la fois théologien, astronome, géomètre et médecin. Deux évêques, en particulier, se sont fait un nom dans la pratique de l'art de guérir : l'un est de Pignac, archevêque de Lyon; l'autre, Geoffroy, évêque d'Amiens. « L'épitaphe de ce dernier, que l'on voit encore sur le mausolée qui décore la belle cathédrale qu'il avait lui-même embellie, ne laisse point ignorer qu'il s'était acquis avec distinction le double titre de docteur en théologie et de docteur en médecine. »

Avec le haut monopole qu'elle exerçait en quelque sorte dans l'enseignement médical, l'Église veillait à ce que l'art de guérir ne fût pas abandonné en des mains incapables.

Le CXII⁰ canon du synode de Trèves de 1310 décrète : « Comme on a constaté l'ignorance de beaucoup de médecins, à l'avenir nul ne pourra exercer et enseigner la médecine et la chirurgie sans la permission de l'évêque, et le candidat sera examiné sur sa science et sur ses mœurs[1]. »

Cette science de la médecine, que le clergé fut longtemps seul à posséder, lui servit beaucoup dans la pratique de la charité. Des écoles et des universités un certain savoir général, complété par l'expérience et la pratique, s'était répandu dans tout le corps ecclésiastique. Le prêtre était à peu près le seul, dans les premiers temps du moyen âge, à savoir un peu de médecine; le curé, surtout à la campagne, était souvent l'unique médecin. L'exercice de la médecine devint un des actes ordinaires de charité du clergé. Le ministre de Dieu donnait gratuitement ses soins aux pauvres; il était leur ami, leur Providence. S'il ne guérissait pas toujours, toujours il consolait, et le bien qu'il ne dépendait pas de lui de faire au corps, il le faisait à l'âme.

A partir du XVIᵉ siècle, le rôle du clergé dans la médecine s'amoindrit. A mesure que cette science, plus laïque en soi qu'ecclésiastique, tendit à devenir l'apanage d'hommes spéciaux qui s'y adonnaient exclusivement, l'action de l'Église s'effaça. La médecine finit par devenir une science séparée et indépendante, et la propriété exclusive des disciples d'Hippocrate et de Galien.

Même en ce siècle, où il n'est plus permis de soigner et de guérir sans une permission de l'État, constatée par un diplôme en règle de docteur, le clergé, et surtout le clergé rural, n'a point perdu toute occasion de secourir les pauvres malades, d'exercer envers eux une

---

[1] Mansi, t. XXV, p. 247-294.

des plus touchantes œuvres de miséricorde corporelle. A la campagne, le prêtre a des petits remèdes que n'enseigne pas toujours la Faculté ; il connaît des petites recettes qui ne sont pas toutes inscrites au *codex* de la pharmacie, mais que l'expérience a suffisamment éprouvées. A défaut du médecin, il donne un conseil, il propose un moyen ; et pour suppléer à la science qui lui manque, il prie Dieu de donner au remède l'efficacité. Avec cela il soulage souvent bien des souffrances, il tempère efficacement le mal, et s'il lui arrive de guérir le malade, il profite de la réputation d'habileté qui s'attache bien vite à lui pour faire de la pratique de la charité un moyen d'apostolat auprès des malades éloignés de la religion.

Aussi longtemps que le clergé a joui de l'influence que lui assuraient à la fois son rang social et l'esprit chrétien du temps, il s'en est servi pour le bien général. Il ne cherchait pas moins, quand il le pouvait, à favoriser la conservation de la vie, qu'à assurer la subsistance des indigents. C'était encore un exercice de charité auquel il s'employait avec zèle, surtout à la campagne. « A mesure que les médecins faisaient quelque découverte, dit M. Sicard, les évêques aimaient à être dans leurs diocèses les promoteurs du progrès. Le vaccin de la petite vérole, connu vers 1713, introduit en France en 1754, rencontrait bien des résistances. Mgr de Barral, évêque de Castres, s'en fit le propagateur. Il se faisait accompagner, dans ses visites pastorales, par le médecin Icart, et exigeait que les enfants fussent soumis à l'inoculation ; il demandait aux curés le bulletin sanitaire de leur paroisse. En moins de dix ans la pratique du vaccin se répandit dans le pays castrais.

« Mgr de Barral porta sur un autre point sa sollicitude. Il était reconnu qu'il mourait chaque année, dans son diocèse, de vingt-cinq à trente femmes en couche, et de cent quarante à cent cinquante enfants « victimes de la pratique vicieuse et meurtrière des matrones ». Le prélat fit faire à ses frais un cours d'accouchement par le chirurgien Icart. Cinquante élèves s'y rendirent de tous les points du diocèse. Pour vaincre le mépris où le préjugé avait fait tomber le métier de sage-femme, l'évêque se proposait de donner à celles qui auraient suivi le cours pendant trois ans le droit de banc à l'église et autres privilèges de nature à relever leurs fonctions. Les curés constatèrent rapidement les heureux résultats de ces instructions.

« Cette intervention épiscopale était utile à une époque où la rareté relative des médecins livrait à des mains inexpérimentées le sort de la mère et de l'enfant. Aussi voyons-nous partout comme une émulation à multiplier les cours d'accouchement. Les états du Languedoc s'en occupent. Celui que Mgr de Bernis fonde à Albi voit quarante-trois femmes assister régulièrement aux leçons. M⁰ʳ Dulau établit à Arles un cours de ce genre en 1784 ; M⁰ʳ de Champorcin à Toul ; M⁰ʳ de Fontanges à Nancy, en 1786[1]. »

En 1789 les revenus ecclésiastiques étaient considérables. Suivant diverses appréciations, ils représentaient le sixième, le cinquième ou même le quart de la fortune totale du pays, en y comprenant les biens des évêchés, des cures, des abbayes et des couvents. Cette richesse était l'effet du temps, le résultat des services rendus depuis l'origine par le clergé. Taine, parlant des évêques et des moines, dit avec raison : « Ils étaient les fondateurs de la France. A ce titre ils avaient beaucoup de biens et beaucoup de droits[2]. »

Mais ces biens ne leur étaient, pour ainsi dire, pas personnels. Une grande partie, la plus considérable des richesses du clergé, allait à des œuvres d'intérêt général. « Elles ne servaient pas seulement à l'entretien du culte, qui ne coûtait rien à l'État. Elles étaient encore mises largement à contribution pour l'instruction publique. Fondées par le clergé, les écoles primaires, secondaires, supérieures, recevaient presque exclusivement de lui leurs subsides. La bienfaisance publique était à peu près partout à la charge de l'Église.

« A ces grands services publics, l'Église ajoutait encore des libéralités qui venaient à point remédier à la détresse du trésor royal. On n'a pas assez remarqué ce budget extraordinaire qui permettait, dans les circonstances critiques, de rétablir sans nouveaux impôts et sans emprunts l'équilibre entre les recettes et les dépenses. En 1563, l'assemblée du clergé met à la disposition du roi deux millions cinq cent mille livres; de 1570 à 1700, il est alloué plus de deux cents millions de livres ; de 1700 à 1760, encore plus de deux cents millions ; de 1760 à 1775, plus de quatre-vingts millions. En 1780, allocation de trente millions ; en 1782, encore seize millions ; en 1785, dix-huit millions ; en 1788, trois millions six cent mille livres. »

Ces riches subventions au trésor royal, renouvelées à chaque besoin pressant du royaume, étaient encore une des formes de la charité du clergé; elles allégeaient d'autant les charges publiques et profitaient à tous.

Jusqu'à la fin de l'ancien régime, la bienfaisance publique resta à peu près partout à la charge de l'Église, qui continua à l'exercer avec intelligence et dévouement par son clergé, par ses congrégations religieuses, par les pieuses confréries placées sous sa direction.

---

[1] Sicard, *l'Ancien clergé de France*, p. 481-3.
[2] *Origines de la France contemporaine*, I, 47.

Elle avait perdu l'espèce de monopole administratif qu'une longue possession d'état lui avait créé, elle n'était plus l'autorité souveraine en matière de charité; mais il lui restait la participation effective aux œuvres. Malgré l'immixtion croissante du pouvoir civil dans le domaine de l'assistance publique, le clergé continua jusqu'à la fin d'être intimement associé aux œuvres et institutions de charité qu'il avait créées. La situation dans les derniers siècles peut se résumer ainsi : « Les Ordinaires, archevêques et évêques, ont tenu leur place, et, à raison de leur caractère, ont occupé la place d'honneur dans l'administration de la charité publique jusqu'en 1789. Jusque-là ils ont fait partie du conseil supérieur à Paris; ils ont partagé, dans les provinces, la haute direction des hôpitaux et hospices avec les divers pouvoirs civils, sous la direction souveraine des Parlements, sous la domination suprême de la royauté[1]. »

De tout temps il y a eu des abus, des désordres même dans le clergé. L'Église a été la première à les dénoncer et à vouloir les réformer. Aux derniers siècles, ils sont plus apparents, sinon plus étendus. On n'a pas manqué de signaler ces prélats fastueux et jouisseurs, qui dépensaient de gros revenus en bonne chère ou en folles prodigalités. C'était heureusement le petit nombre. Là même où il y avait à constater des désordres, les institutions valaient mieux que les hommes. L'esprit de charité continuait à dominer l'Église et à inspirer des œuvres toujours les mêmes. Pendant tout le xviiie siècle, on voit, comme aux époques précédentes, s'élever par les soins et avec l'argent du clergé des hôpitaux, des maisons de charité de tout genre. On voit les secours distribués largement à toutes les misères, les fondations pieuses fidèlement employées à leur objet. Aux mains de l'Église l'assistance des pauvres resta efficace jusqu'au dernier jour. Cette misère étendue, incurable, que l'on a appelée le paupérisme, et qui sévit si terriblement sur notre société moderne, ne date que de la Révolution. En France, depuis la Révolution, l'Église a perdu ses biens.

Après cette époque néfaste de destruction, tout était à refaire pour la charité. Partout le clergé et les instituts religieux se sont remis à l'œuvre. Mais, dépouillés de leurs biens, privés de leurs anciens droits, ils n'avaient plus les mêmes moyens d'action. Le zèle a dû suppléer au manque de ressources. Aujourd'hui, comme dans les siècles passés, le clergé est le grand agent de la charité. C'est par lui et avec lui principalement que se font les bonnes œuvres. C'est par lui que s'entretient l'esprit de pitié et de fraternité chrétiennes,

---

[1] Martin-Doisy, *Dictionnaire d'économie charitable*, t. I.

d'où découle abondamment et sous toutes les formes l'aumône qui a remplacé aujourd'hui les anciennes fondations.

Le clergé n'est plus propriétaire, mais il est quêteur. Non content de distribuer aux indigents, aux malades le produit des collectes de l'église, il sollicite directement pour eux la générosité des fidèles; il tend la main pour demander et pour recevoir; il intéresse aux besoins des nécessiteux la compassion et quelquefois même la vanité des riches.

Dans sa paroisse, le curé est le père des pauvres. Son presbytère ouvert à tous voit arriver l'indigent sans pain, le passant sans gîte, le mendiant déguenillé que tout le monde repousse. Pour toutes les misères le bon curé a un secours, une parole de consolation. Personne de ceux qui ont faim et soif ne s'adresse à lui en vain. Qui n'a vu, surtout au village, quelqu'une de ces scènes touchantes à la porte du presbytère, quand le prêtre vient au-devant du pauvre qui le demande? A l'un, c'est une grosse miche de pain qu'il donne, à l'autre un fruit de son jardin; à celui-ci un grand verre à boire, à celui-là quelque menue monnaie, et à tous un mot de pitié et d'encouragement, un sourire du cœur. Il ne refuse même pas d'accueillir la nuit le vagabond craintif, le voyageur attardé. On sait que la maison du prêtre est aussi celle de la bonté et de la miséricorde. Toutes les douleurs qui ont besoin de consolation, toutes les misères qui demandent un soulagement viennent à lui avec confiance. Ainsi le curé est la providence du pays. Il donne à tous de son bien et il se donne lui-même. Celui qui ne fait pas ainsi n'est pas le bon pasteur; c'est le mercenaire dont parle l'Évangile, qui ne connaît pas ses brebis et que ses brebis ne connaissent pas.

A la ville, l'action du clergé s'étend. Le curé et ses vicaires sont de toutes les œuvres de bienfaisance de la paroisse; ils les président, les aident, les encouragent. C'est autour d'eux que se groupent tous les dévouements, que s'organisent tous les secours paroissiaux. Leur zèle s'ingénie pour multiplier les ressources. Ils font sur leur casuel la part des pauvres, cette part déterminée par les conciles et les règles canoniques, qui a été, dans le passé, la première source du patrimoine national de la charité, et qui est encore le principal aliment de l'aumône publique.

Tel on voit le clergé aujourd'hui, tel il a toujours été.

A travers les vicissitudes politiques, le prêtre est toujours le représentant par excellence de la charité dans la société chrétienne. Il n'est pas seulement l'homme de la prière chargé de la fonction publique du culte, il est aussi l'homme de l'amour, qui a mission de secourir et de consoler les malheureux. Lui en moins, il resterait peut-être l'assistance administrative, mais il n'y aurait plus de vraie charité.

Les siècles ont montré ce qu'a fait le clergé pour les pauvres. L'expérience de la période révolutionnaire a montré aussi ce qu'ils deviendraient sans lui, même avec les théories de la philanthropie.

On peut tout résumer d'un mot : laissée à l'Église l'assistance des pauvres était efficace ; depuis que l'Église, en France, a été privée de ses moyens d'action, le paupérisme est né, et ce fléau des sociétés modernes défie tristement toutes les ressources de l'État.

III

LES INSTITUTS RELIGIEUX

Les deux clergés. — Origine du monachisme en France. — Les premiers ordres religieux. — Les monastères sont les premières maisons de charité. — Les moines auxiliaires des évêques. — Les paroisses monastiques. — Bienfaits des moines. — La charité était une des règles de tous les ordres religieux. — Pratique de cette vertu. — L'hospitalité dans les abbayes. — L'assistance des pauvres. — La propriété monastique. — Le travail manuel dans les monastères. — Services rendus aux campagnes et à l'agriculture par les moines. — Emploi charitable des biens des ordres religieux. Distributions régulières de secours aux pauvres. — Les chefs d'ordres et les seigneurs. — Les monastères remplissent le rôle d'institutions de prévoyance dans les campagnes. — L'exercice de la médecine dans les abbayes. — Instituts religieux voués aux œuvres particulières de charité. — L'ordre des Trinitaires et l'ordre de la Merci, pour le rachat des captifs. — Les ordres mendiants au xiiie siècle. — Saint Dominique, saint François d'Assise et les tiers ordres. — L'ordre hospitalier du Saint-Esprit. — Petites communautés hospitalières. — Les frères et les sœurs des Hôtels-Dieu. — Les béguines. — Saint Vincent de Paul et les Filles de la charité. — Les grandes congrégations charitables de femmes. — Disparition des petites associations du moyen âge. — Les religieux hospitaliers de saint Jean de Dieu et de saint Camille de Lellis. — Les Frères des Écoles chrétiennes et les congrégations similaires.

A côté des évêques et des prêtres chargés du ministère pastoral se placent les ordres religieux, plus spécialement voués à la vie de prière et de contemplation. Il y eut, dès les premiers siècles, deux clergés, l'un séculier, l'autre régulier ; le premier répandu au dehors, le second vivant dans le cloître. Le caractère et les emplois de chacun étaient différents, mais ils avaient de commun l'exercice de la charité.

C'était comme l'armée de l'Église dédoublée en deux grands corps qui opéraient différemment, mais dans le même but. Avec le temps, l'Église, établie d'abord dans quelques centres principaux, s'était constituée régulièrement en diocèses, et ceux-ci s'étaient formés en paroisses. De même l'Ordre monacal se divisa en différentes familles religieuses qui eurent leur règle propre, tout en gardant le même esprit et le même fond de vie.

Deux grandes fonctions ont été communes à tous les ordres religieux : la prière et l'aumône.

C'est par la seconde que l'histoire de chacun des instituts religieux appartient à l'histoire générale de la charité.

Moins d'un demi-siècle après la paix de l'Église, saint Martin inaugurait la vie monastique en Gaule, à Ligugé, dans la vallée du Clain, et à Marmoutier, près de Tours. Peut-être même les monastères établis à l'Ile-Barbe près de Lyon, à Trèves, à Agaune, existaient-ils déjà. Bientôt Jean Cassien élève à Marseille un couvent en l'honneur du prince des apôtres et du martyr saint Victor. Presque en même temps, avec saint Honorat, avec les saints Romain et Lupicin, saint Sever, saint Maixent, se forment les grands centres monastiques de Lérins, sur les rives de la Méditerranée, de Condat, de Leuconne et de Baume-les-Dames dans le Jura, de Saint-André-d'Agde, de Maixent dans le Poitou ; et à la même époque, saint Euphrone institue l'abbaye de Saint-Symphorien à Autun, saint Guénolé celle de Landévennec, en Bretagne.

Partout, aux IVe et Ve siècles, la Gaule commence à se couvrir de monastères qu'illustraient les vertus de saints moines.

Au VIe siècle, le grand patriarche de la vie monastique en Occident, saint Benoît, envoyait, à la demande de saint Innocent, évêque du Mans, un de ses disciples, saint Maur, à Glanfeuil, dans l'Anjou, pour y fonder une abbaye. Le rameau bénédictin implanté dans le pays des Francs devient à son tour un grand arbre, dont les branches commencent à s'étendre de tous les côtés. Un grand nombre de monastères de l'ordre de Saint-Benoît s'établissent sous Clovis et ses successeurs.

D'autres fondations se font encore à côté de celles-là. La règle de saint Césaire d'Arles préside à la création de nombreux couvents de femmes, dont ceux de Chelles et de Sainte-Croix de Poitiers, établis l'un par sainte Clotilde, l'autre par sainte Radegonde, sont les plus célèbres. Saint Aurélien, successeur de saint Césaire sur le siège d'Arles, ouvre dans cette ville deux nouveaux asiles monastiques. Son contemporain, saint Germain d'Auxerre, évêque de Paris, érige sur les rives de la Seine une abbaye destinée à devenir célèbre sous le nom de Saint-Germain-des-Prés. Saint Evroul fonde le monastère d'Ouche en Normandie. Et il en faudrait citer bien d'autres.

A partir du VIe siècle, avec saint Benoît et ses disciples, les fondations monastiques ne se comptent plus. Rois, reines, évêques, seigneurs érigent à l'envi des abbayes où domine la règle de saint Benoît, qui tend, au siècle suivant, à supprimer les observances de saint Columban et les règles particulières en usage jusque-là.

Les invasions des Sarrasins au VIIIe siècle arrêtent pour cinquante ans l'admirable développement du monachisme dans le royaume des Francs. Une quantité d'abbayes sont ruinées par les nouveaux barbares en Provence, en Dauphiné, dans le Rouergue, dans le Poitou, en Bourgogne, dans les Vosges ; un grand nombre de moines tués. Enfin l'Ordre monastique se relève avec Charles Martel et Pépin le Bref ; tous deux restaurent ou fondent nombre de monastères, parmi lesquels ceux de Figeac, de Conques, de Marillac dans le Rouergue ; de Cormery, au diocèse de Tours, de Flavigny et de Corbigny, au diocèse d'Autun.

Sous la haute influence de Charlemagne, l'Ordre monastique prend une expansion nouvelle. Les abbés et les évêques sortis des cloîtres, saint Adalhard, abbé de Corbie, saint Angilbert, abbé de Riquier, le bienheureux Alcuin, abbé de Saint-Martin de Tours, saint Benoît d'Aniane et beaucoup d'autres lui sont d'actifs coopérateurs dans le gouvernement de son vaste empire et dans sa mission civilisatrice parmi les peuples. Le grand empereur favorise la fondation de plusieurs abbayes et en rebâtit d'autres, comme celles de Notre-Dame d'Arles dans le Roussillon, de Charroux en Poitou, de Saint-Riquier dans le Ponthieu.

Tous ces monastères, fondés en si grand nombre dans les premiers âges de la nation française, sont autant d'asiles de charité qui s'ouvrent sur tout le territoire.

A partir du viiie siècle, la règle de saint Benoît, plus ou moins modifiée et appropriée aux fondations nouvelles, devient celle de tous les instituts religieux. Elle préside, au commencement du ixe siècle, à la réforme monastique par les soins de Charlemagne, qui la fait adopter au concile d'Aix-la-Chapelle. En France, elle enfante, au siècle suivant, le grand ordre de Cluny. Celui-ci se dédouble ensuite et se multiplie avec les grandes abbayes mères de Clairvaux et de Cîteaux, devenues chefs d'ordre à leur tour ; elle donne naissance à l'ordre de Grandmont, à celui de Savigny ; elle suscite les grandes familles des Chartreux et des Prémontrés. Du xe au xiiie siècle, elle couvre l'Europe, et la France en particulier, d'une multitude innombrable de monastères.

Pendant les premiers siècles, les moines ont été les principaux instruments des évêques dans la mission d'apostolat et de charité que ceux-ci avaient à remplir, non seulement auprès des fidèles de leur Église, mais auprès des populations des villes et des campagnes étrangères au christianisme. C'est grâce à eux surtout que, au milieu des invasions et des guerres, parmi tant de calamités publiques, « les évêques ont pu tout à la fois gagner à l'Église les envahisseurs et achever la conversion des anciens habitants, dont un si grand nombre étaient encore païens, et qui, pour la plupart, gardaient dans les habitudes de leur vie quotidienne des restes profonds des superstitions idolâtriques[1]. »

Les monastères établis sur tous les points du territoire étaient pour les évêques de vrais séminaires qui leur fournissaient en abondance des prêtres et des coopérateurs. « Du VIe au XIIe siècle, les monastères donnent tous des pasteurs aux paroisses[2]. »

On a vu dans le chapitre précédent que l'organisation paroissiale avait été favorable au développement de la charité dans les campagnes. Au moyen âge, un grand nombre de paroisses rurales étaient unies à des monastères ou à des chapitres et en dépendaient. Les grandes abbayes de Marmoutier, de Ligugé, de Cluny, de Saint-Claude, de Jumièges, du Bec, de Saint-Waast, etc., en possédaient chacune des centaines. C'étaient elles qui pourvoyaient ces églises de leurs pasteurs. Jusqu'au XIIe siècle, les curés étaient le plus souvent des moines; plus tard, ce furent en grande partie des prêtres élevés dans les écoles monastiques, qui avaient été choisis parmi les enfants les plus intelligents et les plus vertueux, spécialement des orphelins, et préparés longuement par leur éducation à l'exercice de la charge pastorale.

Ainsi le bien qui se faisait aux pauvres dans une multitude de paroisses venait des couvents. La paroisse desservie par des religieux ou des prêtres formés par eux était comme un prolongement du monastère. Elle participait de sa vie et de ses vertus; elle étendait ses œuvres de bienfaisance jusque dans les plus petites campagnes. Si la paroisse contribuait à l'entretien des moines par les dîmes et autres revenus ecclésiastiques perçus à leur profit, elle recevait du monastère beaucoup plus qu'elle ne lui donnait. Associée aux prières et aux pénitences des pieux serviteurs de Dieu par la communauté spirituelle des mérites, elle tenait d'eux, dans l'ordre temporel, un grand nombre d'avantages et de bienfaits.

Plusieurs raisons avaient fait rattacher par les évêques les paroisses rurales aux monastères, entre autres l'intérêt des petites gens de la campagne, ordinairement privées des secours de toute sorte que l'on trouvait dans les villes. Pour eux l'abbaye, de qui relevait la paroisse, était une ressource et une protection.

A toutes les époques, même dans les meilleurs siècles du moyen âge, il y eut des abus de la puissance séculière. Les usurpations de biens ecclésiastiques étaient fréquentes. Pressés d'argent, soit par les nécessités de la guerre, soit par leurs prodigalités personnelles, les

---

[1] Dom Benoît, *les Anciennes paroisses monastiques*, dans *Revue du monde catholique*, 4e série, t. XXIV, p. 190.
[2] *Ibid.*

seigneurs se laissaient aller trop facilement à convoiter les biens des églises, c'est-à-dire le patrimoine des pauvres. « Or la paroisse, dit dom Benoît, se trouvait bien faible contre un seigneur cupide et ambitieux ; il fallait lui donner l'appui d'une institution plus forte. On le faisait en unissant la paroisse à un monastère. Le monastère possédant souvent le droit de haute et basse justice, maître quelquefois d'une vaste principauté territoriale, ordinairement protégé par des bulles apostoliques et des chartes impériales ou royales, opposait plus de résistance aux entreprises de la cupidité. La paroisse unie au monastère était sous la sauvegarde de toute sa puissance[1]. »

Par le fait même de l'organisation paroissiale, les ordres religieux se trouvaient à même, dans un grand nombre d'endroits, d'exercer la charité au milieu des populations pauvres de la campagne, non seulement en appliquant au soulagement des malheureux et à l'instruction des enfants les revenus des églises, mais en couvrant les faibles et les petits de leur protection, en leur assurant la justice et la paisible possession de leur petit bien.

Il y avait encore d'autres avantages. Les monastères contribuaient souvent eux-mêmes à la fondation des paroisses. Dans les campagnes désertes, ils établissaient des granges, des fermes, qui y attiraient des colons et donnaient naissance à des hameaux et à des villages. Dans les villages déjà formés ils fondaient de petits prieurés chargés du ministère pastoral, et concouraient ainsi au développement des centres de population et du bien-être général. Chaque monastère avait créé et tenait sous sa dépendance « un grand nombre de petites communautés, semblables à la communauté mère, vivant de la même vie, entretenues par elle, portant les secours de la religion avec l'ascendant de leur vie plus austère partout où il y a un groupe d'habitations séculières[2]. »

Avec cette organisation, l'action des ordres religieux s'étendait jusqu'aux plus petites localités. Partout les monastères ont été la Providence du pays. De là s'exerçait abondamment sur tous ce ministère de miséricorde spirituelle et corporelle que toutes les institutions administratives modernes ne parviendront jamais à remplacer. Au milieu des saintes occupations de la prière et du travail, s'alimentait cet esprit de charité, puisé dans l'observance des conseils de perfection et vivifié par la règle générale des ordres religieux.

Cette règle si féconde faisait de la pratique de la charité envers les pauvres et les étrangers un des principaux devoirs de la vie monas-

[1] *Les Anciennes paroisses monastiques*, dans *Revue du monde catholique*, 1ᵉ série, t. XXIV, p. 192.
[2] Dom Benoît, *l. c.*, p. 197.

tique. Elle disait au moine : « Tu dois être empressé, bienveillant, zélé pour les pauvres comme pour tes parents et tes amis. Car, ainsi qu'il est dit dans la sainte Écriture, « leur nom est honorable aux yeux de Dieu. » (Ps. LXXI, 14.)

Et, en effet, ils jouissent de l'autorité du Roi suprême, dont ils portent en eux la dignité et tiennent la place, puisque lui-même a dit : « En vérité je vous le déclare, tout ce que vous avez fait aux plus petits de mes frères, c'est à moi-même que vous l'avez fait. » (Matth., XXV, 40.) Vois donc ton céleste époux lui-même caché sous les apparences grossières et difformes des pauvres ; traite-les et aime-les en conséquence avec respect, bienveillance et affection. Qu'ils t'entrent, pour ainsi dire, jusqu'aux moelles et dans les entrailles et qu'ils te soient chers par-dessus tout, pour que tu ne laisses plus amoindrir cet éloge unanime, et le plus précieux de tous, que les moines ont mérité, depuis le commencement, d'être appelés les pères, les protecteurs et les patrons les plus aimants des pauvres. C'est là pour les monastères, la source la plus abondante des bénédictions spirituelles et temporelles. Car, ainsi qu'il est dit : « C'est prêter à Dieu que de donner au pauvre. » (Prov., XIX, 17.) Et encore : « Tends ta main au pauvre, pour obtenir pleine miséricorde et bénédiction. » (Eccl., VII, 36.) Car « l'aumône de l'homme est comme sa marque spéciale aux yeux de Dieu, et elle lui conservera sa grâce, comme la paupière conserve la pupille de l'œil ». Ainsi parlait la règle monastique [1].

Dans ces milliers et milliers de moines qui peuplaient les innombrables monastères dont la vieille France était couverte, les pauvres avaient donc un aussi grand nombre d'amis généreux et dévoués.

C'étaient des amis qui s'étaient montrés tels dès le commencement, qui avaient toujours été constants avec eux-mêmes, toujours fidèles à leur vocation. Et c'est avec raison que la règle bénédictine développée et commentée par les fils du grand Patriarche, attestait l'antique réputation de bonté et de charité des moines. En dehors des écrits des premiers hagiographes, il nous en est resté quelques témoignages authentiques inscrits sur la pierre.

Ce fut dès l'origine un des principaux emplois de la vie religieuse que le soulagement des pauvres et des malheureux.

L'épitaphe d'une abbesse Marie, de la fin du Vᵉ siècle, conservée jusqu'à nous, relate que cette pieuse moniale vaquait continuellement aux bonnes œuvres et à l'aumône [2]. Grégoire de Tours dit également du saint abbé Martin, contemporain de cette pieuse abbesse, qu'il était aussi généreux dans ses aumônes que dévot

---

[1] *Præcipua Ordinis monastici elementa*, p. 620-1.
[2] Le Blant, *Inscr. chrét. de la Gaule*, II, 615.

dans ses prières[1]. Une autre vénérable inscription gravée sur le tombeau d'une moniale du vi^e siècle, à Vienne, la pieuse servante de Dieu Dulcitia, loue son généreux dévouement, sa large charité[2].

Une épitaphe du ve siècle, conservée au musée de Vienne en Dauphiné, fait ce double éloge d'une pieuse moniale du nom d'Anathailda : *Devota sanctis, pauperibus larga* : « dévote envers les saints, généreuse pour les pauvres[3]. »

La règle monastique prescrivait la compassion et la sollicitude pour toutes les souffrances et pour tous les besoins. « Que le moine ait soin avec une entière sollicitude des infirmes, des enfants, des hôtes et des pauvres sachant, en toute assurance qu'il rendra compte sur chacun de ces points au jour du jugement. » Cette règle inspira l'admirable organisation de la charité, qui fut un des grands bienfaits de la vie religieuse au moyen âge. Elle résume en partie l'histoire de « ces monastères qui furent, pendant dix siècles et plus, selon l'expression de Montalembert, les écoles, les archives, les bibliothèques, les hôtelleries, les ateliers, les pénitenciers et les hôpitaux de la société chrétienne ».

Près des abbayes, comme près des églises épiscopales, s'élevaient partout des Maisons-Dieu, entretenues en grande partie par les subventions des moines. Mais les monastères étaient eux-mêmes des hôpitaux. Ils avaient leur hôtellerie plus ou moins grande (*cella hospitum, hospitale, hospitium*) où l'on recevait les voyageurs, les pèlerins et les malades. Dans beaucoup de monastères de Cluny et de Cîteaux, on voit une infirmerie des pauvres, à laquelle était préposé un religieux infirmier qui portait le nom de son emploi, *infirmarius pauperum*. L'infirmerie était annexée à l'hôtellerie. A Cluny, la grande abbaye mère de tant d'autres abbayes, « un dignitaire particulier, appelé *Eleemosynarius*, avait pour mission le soin des pauvres. Il allait même visiter les malades à domicile une fois la semaine, entrant dans la maison quand c'était un homme, restant à la porte et faisant remettre les secours par son domestique quand il s'agissait d'une femme[4]. »

La charitable prévoyance des législateurs monastiques avait placé à la porte des couvents « un vieillard sage, capable de répondre convenablement à ceux qui se présentaient, et que son expérience empêchât de se livrer à de vains discours. Ce frère portier devait avoir sa cellule près de la porte, afin que les arrivants le trouvassent toujours là pour leur répondre. Dès que quelqu'un avait

---

[1] *Vitæ Patrum*, XLVI, 1.
[2] Le Blant, II, 400.
[3] *Revue épigr. du midi de la France*, janvier-juin 1891, p. 274.
[4] D'Arbois de Jubainville, *Abbayes cisterciennes*, p. 203.

frappé ou qu'un pauvre s'était annoncé par un appel, le frère portier devait répondre *Deo gratias*, et, une fois en sa présence, il devait s'empresser de lui répondre avec toute la mansuétude de la crainte de Dieu et tout le zèle de la charité [1]. »

Le frère portier était l'intermédiaire entre les pauvres de passage et le monastère. Aussi la bienveillance et la charité lui étaient-elles particulièrement recommandées.

« Que les supérieurs, disaient les règles de la Congrégation bénédictine de Strasbourg, veillent instamment à ce qu'une aumône convenable soit faite aux pauvres ; et qu'ils ne permettent pas que les frères portiers repoussent qui que ce soit de leur propre mouvement et autorité, à moins que ce ne soit un individu manifestement suspect. Qu'ils les avertissent, en outre, de se montrer faciles avec ceux qui se présentent, d'écouter leur requête et l'exposé de leurs besoins, et s'ils ont des certificats à produire de les recevoir et de les apporter à l'examen de l'économe. »

A Cîteaux, la distribution des aumônes incombait au frère portier, qu'assistait dans ses fonctions le sous-portier. « Le porche du cloître était le rendez-vous des indigents et l'endroit où la distribution avait lieu. Cette mesure avait été prise pour que le silence et l'ordre ne fussent point troublés dans l'établissement.

« Le quatrième prieur de Cîteaux fit même construire un enclos séparé afin de mettre à l'abri la foule des pauvres. Le portier y tint demeure, et sa cellule devait toujours être pourvue du pain auquel tout passant avait droit. Les restes des repas y étaient apportés dans le même but à certaines heures. Une coutume à la fois naïve et touchante était venue se greffer sur le règlement : un peu avant la distribution, ces restes, contenus dans des récipients *ad hoc*, étaient transportés au réfectoire dit des morts, où ils séjournaient quelques instants, comme signe que la charité devait se poursuivre au delà du tombeau. Ceci n'était sans doute qu'un simulacre, mais les Cisterciens se faisaient encore un devoir de suivre les convois funèbres des pauvres et priaient pour leurs âmes. Ces pieux moines menaient de front les pratiques charitables et les exercices religieux, sans que l'une des vertus empiétât sur l'autre. Aussi lorsque l'heure de la distribution venait à coïncider avec celle de la messe, on doublait les postes à l'entrée du cloître, afin que chacun des pauvres eût sa part, et qu'aucun membre de l'ordre ne fût privé d'assister au service divin [2]. »

Les biens que possédaient les ordres religieux leur permettaient

---

[1] D'Arbois de Jubainville, *Abbayes cisterciennes*, p. 633-4.
[2] Dolberg, dans *Revue catholique des Revues*, I, 2ᵉ s., p. 93.

d'exercer abondamment la charité. A cet égard, la propriété monastique était une véritable institution d'utilité publique. Grâce à elle, les moines ont pu rendre à toutes les époques du passé des services auxquels ne suffisent pas aujourd'hui plusieurs administrations, largement dotées sur les fonds de l'État.

La propriété monastique provenait, pour la plus grande partie, de la générosité des princes et des fidèles, fécondée par le travail des moines. Elle était bienfaisante autant que légitime. Par piété, par amour du prochain et pour le salut de leur âme, rois, seigneurs, simples particuliers, dotaient les monastères, comme les églises, de biens qui, avec le temps, étaient devenus considérables. C'était la même raison de charité, la même considération des services rendus par les couvents qui inspirait ces généreuses donations.

« En donnant aux moines, dit Montalembert, les chrétiens d'autrefois donnaient à Dieu d'abord et aux pauvres ensuite ; car chacun savait que les moines étaient les aumôniers de la chrétienté. Ils se dépouillaient de leur superflu et quelquefois de leur nécessaire, afin de satisfaire aux deux mobiles les plus élevés de la vie : le salut de l'âme et le soulagement des pauvres, l'amour de Dieu et l'amour des hommes. »

Dans tous les grands ordres religieux, la règle prescrivait le travail manuel. Cette obligation fut le principe de l'action féconde et bienfaisante des monastères et leur première source de richesse.

Les anciens auteurs ecclésiastiques nous représentent les premiers moines travaillant pour les pauvres. Saint Épiphane dit de ceux de son temps : « Ils travaillent eux-mêmes de leurs mains pour pouvoir donner aux pauvres ; et c'est ainsi que dans tous les monastères, et non seulement en Égypte, mais dans toutes les autres contrées, tous travaillent selon la justice comme des abeilles[1]. »

Cette habitude était devenue loi. L'obligation du travail manuel quotidien est inscrite dans toutes les constitutions monastiques. Elle fait essentiellement partie de la règle de saint Benoît. « L'oisiveté, y est-il dit, est l'ennemie de l'âme. C'est pourquoi les frères doivent être occupés à certains moments au travail des mains ; à d'autres heures, à la lecture des Livres saints. » Et la règle déterminait le temps de chaque occupation suivant les saisons. Pour exciter les frères à l'ouvrage, elle leur disait qu'ils étaient de vrais moines en vivant du travail de leurs mains, comme leurs pères et les apôtres.

Le moine avait deux fonctions principales : prier et travailler. D'après la règle cistercienne, chaque moine doit vaquer sept heures par jour aux emplois et exercices manuels, à l'exception des jours

---

[1] *Hæres.*, 80.

fériés. Les convers exerçaient les divers métiers de maçons, de tisserands, de foulons, de cordonniers, de forgerons, de boulangers. Mais tous les religieux devaient prendre leur part du travail des champs. L'agriculture demeura l'occupation principale des Bénédictins et des Cisterciens. Jusqu'au XIII° siècle, les moines sont avant tout des agriculteurs attachés au défrichement du sol national. C'est ainsi que se firent les grands travaux, les grandes cultures, si utiles aux populations des campagnes.

La loi du travail dominait la vie religieuse. La part des labeurs corporels y était plus grande que celle de l'étude. Chaque monastère établi loin des villes, dans les solitudes les plus sauvages, était en réalité une colonie agricole occupée à l'exploitation des champs, à l'entretien des routes. Il pouvait faire vivre ainsi une quantité de pauvres gens qui y trouvaient du travail et du pain.

Les monastères s'étaient enrichis ainsi, non seulement par les dons qu'ils recevaient, mais par leur propre travail. Une grande part de leurs biens provenaient des défrichements et des travaux de culture. A la place des forêts ils avaient fait venir des moissons; ils avaient converti des marais insalubres en gras pâturages; au milieu de terrains pierreux ils avaient planté des vignes.

Ce rôle des moines est tout à fait remarquable. A plusieurs reprises les terres tombèrent en friche par suite des invasions qui avaient tout ravagé et dépeuplé les campagnes. Chaque fois, ce furent les moines qui se remirent au travail. Établis sur un grand nombre de points du territoire, possesseurs de vastes domaines incultes, ils travaillèrent, de génération en génération, à rendre à la terre sa fécondité, et, grâce à leurs efforts constants, elle reprit son nom de nourricière du genre humain.

Après les Barbares des IV° et V° siècles, le défrichement des terres fut en grande partie l'œuvre des disciples de saint Columban et de saint Benoît. Les invasions des Sarrasins au midi, celles des Normands au nord interrompirent de nouveau la culture. En beaucoup d'endroits, la terre revint à l'état sauvage. Grâce aux grandes abbayes des Clunistes, des Cisterciens, des Prémontrés, aux XI° et XII° siècles, de nouveaux centres d'exploitation agricole s'ouvrirent partout.

« L'histoire du développement de l'agriculture, si elle se fait jamais, a-t-on dit avec raison, devra être puisée dans les archives des monastères[1]. » Bien des traits s'en trouvent consignés çà et là.

« Ce sont les moines de Cluny qui ont rendu à l'action bienfaisante du soleil la riche et belle vallée de la Grosne, qu'ils trouvèrent

---

[1] Kervyn de Lettenhove, *De la part que l'Ordre de Cîteaux et le comte de Flandre prirent à la lutte de Boniface VIII et de Philippe le Bel*, Bruxelles, 1858.

en grande partie couverte de forêts. Ce sont les Clunistes qui ont commencé, au xi° siècle, à défricher les montagnes du Beaujolais, à orner de vignes ces coteaux, et à rassembler autour de leur monastère de Salles quelques habitants qui trouvèrent à l'ombre du cloître aide, secours et protection.

« Quand saint Hugues fonda le royal asile de Marcigny, les belles plaines de la Loire, comme les fraîches collines du Brionnais, n'étaient guère fréquentées que par les loups et les sangliers. Ce sont deux moines du diocèse de Mâcon, Étienne, abbé de Saint-Rigaud, et son prieur Erméalde, qui s'en allèrent avec Guillaume, moine de Cluny, munis de la seule bénédiction de saint Hugues, s'établir d'abord sur le rocher de Cordouan. Ils y vécurent quelque temps du produit des pêches du frère Guillaume, et revinrent ensuite, selon le vœu des populations voisines, se fixer sur le continent, bâtir des cellules et remuer le sol de Grave ignoré alors, et aujourd'hui même connu seulement par les vins fins et recherchés que produisent ses coteaux, défrichés jadis et plantés par nos utiles et intelligents solitaires.

« Il faudrait parcourir ainsi toute l'Europe. Partout où paraissait dans le monde une petite colonie de Clunistes, on voyait le sol remué se couvrir bientôt de vignobles ou de riches moissons, ou de fraîches et verdoyantes prairies. L'église, le monastère s'élevaient laborieusement. Tout près se dressaient, timides d'abord, les humbles cases du pauvre; puis, à force de travail, d'ordre et d'économie, l'aisance se faisait autour du monastère, au sein de cette petite et bien-aimée *plèbe,* qui était venue chercher un abri contre la misère, un asile contre la tyrannie, à l'ombre protectrice du cloître. Ainsi sont nées un grand nombre de bourgades et de cités trop oublieuses du sein qui les a conçues, des entrailles qui les ont portées. Cluny, Paray-le-Monial, Marcigny-les-Nonnains, Charlieu, etc., n'ont pas une autre origine. »

Plus étendue encore est l'œuvre agricole des grandes abbayes cisterciennes.

Selon l'esprit de leur institution, les Cisterciens n'accordaient que peu d'heures à l'étude et se livraient principalement aux labeurs des champs. « Les Cisterciens, dit l'historien de saint Bernard, sont avant tout des agriculteurs patients et dévoués attachés au défrichement du sol national; ils fuient les villes et les châteaux pour se confiner dans les solitudes sauvages; ils laissent à d'autres les travaux faciles pour choisir les labeurs les plus redoutés et les plus ingrats. S'ils se fussent détournés de l'esprit qui avait inspiré la fondation de l'ordre, auraient-ils accompli ces prodiges matériels dont nous recueillons maintenant tout le bénéfice? Auraient-ils favorisé l'accroissement de la fortune publique qui, sous forme d'aumône versée par les moines, venait en plein moyen âge au secours des populations pauvres et affamées[1]? »

Les grandes abbayes de Cîteaux, de Clairvaux, de Pontigny, de Longpont, de Foigny, des Dunes et tant d'autres avaient enrichi la Bourgogne, la Champagne, la Flandre.

Que d'autres exemples on pourrait citer, sur tous les points de la France, de l'immense tâche agricole à laquelle se sont livrés pendant toute la durée de leur existence les ordres religieux! Partout on voit les grandes abbayes établir des exploitations agricoles, fonder des espèces de petites colonies sur un grand nombre de points, établir au loin des granges, donner du travail à tous les gens de la campagne, entretenir les métiers de laboureurs, de tisserands, de charrons, de forgerons et les autres. Ces grands travaux de culture les enrichissaient en même temps qu'ils procuraient le bien-être à toute la contrée.

Une grande partie des biens des ordres religieux leur avaient été donnés; mais beaucoup aussi avaient été acquis soit par le travail, soit en échange d'un capital, ou de troupeaux ou d'un service déterminé. Très souvent, comme le montrent quantité d'actes, les dons étaient faits à la charge par le monastère de nourrir tant de pauvres ou de distribuer tous les ans, à certains jours, des secours en argent ou en nature aux indigents. Ces distributions n'avaient pas lieu seulement dans les maisons religieuses; souvent les moines étaient chargés de les faire dans un lieu public, sur les places, aux portes de la ville. A Saint-Léonard, dans le Limousin, une des portes de la ville avait gardé, jusqu'à la Révolution, le nom de porte Aumônière, en souvenir de cet usage. On trouve ailleurs des noms analogues.

La fortune monastique était doublement sacrée, dans son origine et dans son objet.

En tête du *rôle* ou registre manuscrit de l'ordre de Prémontré, aujourd'hui encore conservé, on lit ces mots significatifs : « Les biens temporels nous sont donnés et confirmés pour que nous servions le Dieu qui nous les confie[2]. »

Ce n'était pas seulement pour leur usage personnel que les moines avaient reçu ces biens. Après avoir servi aux besoins stricts du monastère, la fortune des familles religieuses avait un autre emploi qui ne se rapportait pas moins au service de Dieu que le premier. Elle devait retourner en bonnes œuvres aux pauvres, comme à sa source naturelle; car elle était en réalité leur patrimoine.

[1] Chevalier, *Histoire de saint Bernard*, t. I, p. 224.
[2] Manuscrit de la Bibliothèque de Laon, *Res præmonstratenses*, t. I, p. 1.

Un concile a défini ainsi les biens des églises, et spécialement des monastères : « Ils sont l'offrande des fidèles, le patrimoine des pauvres et la rançon des âmes. »

Tout prouve que les moines furent fidèles jusqu'à la fin aux obligations que leur imposaient la loi canonique et leur propre règle.

On a beaucoup récriminé contre les abus de la richesse dans les anciennes abbayes, et contre les désordres qu'elle entraînait. Ces reproches, fort exagérés, ne peuvent convenir qu'à un petit nombre d'entre elles, les plus grandes et les plus opulentes, et doivent être limités à certaines époques. Au lieu de s'étonner des abus inhérents à toute institution humaine, et qui s'expliquent, en partie, par le régime de la commende auquel furent soumis bon nombre de monastères depuis le XVIe siècle, on doit plutôt admirer que ces communautés n'aient pas cessé de conserver à leur foyer de grandes vertus chrétiennes, et qu'elles n'en aient pas moins exercé, dans la société, une mission si généreuse et si dévouée en faveur des pauvres.

« Oui, quel que fût à l'intérieur, dit M. Riche, le relâchement de ceux qui l'habitaient, l'ancienne abbaye demeurait toujours pour les pauvres la maison du bon Dieu. C'était là surtout qu'ils trouvaient du pain pour se nourrir, du bois pour se chauffer et des vêtements pour se couvrir. Et puis, avec ces secours matériels, ils recevaient encore une bonne parole qui relevait leur courage, une parole de charité, une parole de Dieu; car c'était toujours Dieu, avec sa charité, qui était l'âme de ces communautés[1]. »

Il en avait été ainsi depuis l'établissement de la vie monastique. A toutes les époques, les couvents furent de véritables maisons de secours pour les pauvres. La vie des saints moines, l'histoire des abbayes sont pleines à cet égard des documents de leur charité. Partout on voit les indigents affluer auprès des monastères, en tirer leur subsistance, vivre du travail qui leur était procuré ou des aumônes qu'ils recevaient. Voici comment les choses se passaient souvent.

La terrible famine de 1125 avait fait établir à l'abbaye de Prémontré l'usage de nourrir cinq cents pauvres par jour. Saint Norbert le maintint, quoique le fléau eût cessé. Au retour d'un voyage qu'il avait fait à Rome, le bienheureux fondateur prescrivit à ses religieux de continuer, autant qu'il serait nécessaire, de pourvoir aux besoins de ces cinq cents indigents, que l'on nourrissait déjà tous les jours. De plus, il ordonna d'en adopter cent vingt autres en son nom. Cent recevraient journellement, à l'extérieur, le régime maigre de la com-

---

[1] *Les Ordres religieux*, pp. 6-7.

munauté ; treize recevraient du pain, de la viande et du vin dans l'hôtellerie construite par ses soins ; et les sept autres seraient admis à la table des frères chanoines, au réfectoire [1].

Ce n'était pas assez. Avant de quitter Prémontré, pour aller prendre possession du siège archiépiscopal de Magdebourg, auquel il avait été élu malgré lui, saint Norbert laissa à ses religieux pour testament une constitution que l'on a pu appeler avec raison la charte de la charité, et qui devint la règle de toutes les maisons de l'ordre.

Cet acte est un des plus touchants témoignages de la tendresse et de la sollicitude des instituts religieux pour les pauvres. Il est ainsi conçu :

« Au nom de la sainte et indivisible Trinité, la dîme de tous les biens et de toutes les offrandes sera appliquée dans l'hôtellerie à l'usage des pauvres : c'est la dîme de Dieu. En sorte que si le produit des biens ou des oblations monte jusqu'à la somme de dix sols d'argent, on habillera dix-huit pauvres chaque année, huit l'hiver et dix l'été ; à savoir, pour l'hiver : un le jour de la Toussaint ; un à Noël ; un à la Circoncision ; un à l'Épiphanie ; un à la Purification de la sainte Vierge ; un à l'Annonciation ; un le Samedi saint ; un enfin le jour de Pâques. Les habits qu'on leur donnera seront neufs, et consisteront en chemise, culottes, bas, brodequins, souliers, une tunique, une chape avec un manteau ou des fourrures. Les dix autres pauvres seront habillés en été : un le jour de l'Ascension ; sept pendant les sept jours de l'octave de la Pentecôte ; un à la fête des saints apôtres Pierre et Paul ; et le dixième au jour de l'Assomption de la sainte Vierge. Leurs vêtements seront une chape, une chemise, des culottes, des brodequins et des souliers. A partir du jour où chaque pauvre aura reçu son trousseau, il pourra, s'il le veut, demeurer pendant huit jours à l'hôtellerie, où on le nourrira. Si, après cette distribution, il reste encore quelque chose de la dîme de Dieu, on l'emploiera au secours des hôtes et des pauvres de passage. Le jour du Jeudi saint, les prêtres et les diacres, après avoir lavé les pieds des mendiants, leur donneront par charité, avec le consentement du supérieur, un de leurs propres vêtements. Toutefois, après cette aumône et le repas qui suivra, les pauvres ne resteront pas sept jours, mais ils s'éloigneront en paix de nos monastères. »

« Cette remarquable ordonnance, dit l'historien de saint Norbert, où l'on croirait voir la tendre délicatesse d'un Vincent de Paul, s'adressait non seulement à Prémontré, mais à toutes les maisons

---

[1] Madelaine, *Histoire de saint Norbert*, p. 328.

existantes ou futures de l'Institut. L'archéologue peut y retrouver la description intégrale de l'habillement à cette période du moyen âge : chemises, culottes, bas, brodequins, souliers, tuniques, chape avec manteau et capuchon de peaux. Quel est l'honnête ouvrier de notre âge qui n'envierait le vestiaire de ces pauvres du XII° siècle[1]? »

Au temps de la féodalité, les chefs des grandes abbayes rivalisaient avec les seigneurs, non pas en magnificence, mais par l'appareil de leur charité. Dans leurs sorties, ils étaient plus entourés encore et plus acclamés que les puissants barons qui se montraient au peuple des campagnes, vêtus de leur armure de guerre et escortés par une suite nombreuse d'hommes d'armes. L'historien de saint Hugues, en faisant l'éloge de la grande tendresse de l'illustre abbé de Cluny pour les pauvres, le montre occupé à pourvoir à tous leurs besoins avec une piété si attentive, qu'on eût dit qu'il assistait Jésus-Christ en personne.

« Aussi, raconte Hildebert, était-il partout escorté d'une grande multitude d'indigents, auxquels, dispensateur fidèle et prudent, il aimait à offrir une nourriture et des vêtements préparés de ses propres mains. Du reste, il ne négligeait aucune œuvre de miséricorde, aucun moyen de les soulager. Il consultait leur goût et leur désir lorsque les temps n'étaient pas trop mauvais. Quand il était en voyage, des troupes nombreuses de pauvres accouraient à sa rencontre partout où ils apprenaient qu'il dût passer. Il leur distribuait l'or en abondance, donnant avec d'autant plus de bonheur, qu'il savait que sa couronne en serait plus belle et sa récompense plus magnifique. Si les provisions qu'il faisait porter pour les pauvres venaient à lui manquer en route, il envoyait de côté et d'autre acheter de quoi subvenir aux besoins de la multitude, de quoi satisfaire les désirs des malades. Or, tous ceux à qui se faisait sentir le poids des années ou des infirmités plus graves, il les plaçait près de lui, entrait dans le détail de leurs afflictions avec un tendre intérêt, leur demandait avec une touchante sollicitude de quoi ils pouvaient avoir besoin, ce qu'ils pouvaient souhaiter. Leur langage grossier ne le rebutait point; leurs importunités ne le lassaient jamais. Il était beau surtout de le voir auprès des vieillards, qui joignaient à des plaies dégoûtantes de sempiternelles lamentations. C'est auprès d'eux qu'il laissait éclater toute la compatissance de sa belle âme, qu'il multipliait les bienfaits, qu'il était empressé à tous ces petits services qui n'ont leur récompense que dans les cieux. »

Saint Hugues était le type parfait du moine. Beaucoup d'autres saints religieux personnifient éminemment aussi en eux la vie

---

[1] Madelaine, o. c., p. 329.

monastique avec ses vertus, avec son esprit de dévouement et de bonté, qui fait que le moyen âge surtout, depuis la formation de la nation française jusqu'à la constitution de la société moderne, est redevable au monachisme de deux des plus grands biens : la prière et l'aumône; « la prière, dit M. Ch. d'Héricault, qui apaise Dieu ; l'aumône sous toutes ses formes cordiales et fraternelles, qui adoucit les douleurs de l'âme et du corps [1]. »

Les moines ont prié, agi, aimé, secouru. C'est toute leur histoire. L'association monastique formée pour le bien individuel de chacun de ses membres, pour leur salut spirituel, s'est trouvée être la plus grande institution de bien général et social. La conclusion de l'histoire du monachisme en Occident, si éloquemment écrite par M. de Montalembert, c'est qu'il n'y eut jamais, à aucune époque, des hommes non seulement plus vertueux, plus forts, plus libres, plus dignes, mais plus entreprenants, plus actifs, plus pratiques que les moines du moyen âge. En travaillant seulement à faire leur salut, ils ont rendu les plus grands services à la société, ils ont fait le plus de bien aux hommes.

Outre les services rendus à l'agriculture et aux populations agricoles, les ordres religieux avaient leur grande part dans la science et l'exercice de la médecine, qui étaient, à l'époque ancienne, un des attributs du clergé. Les cloîtres, et en particulier ceux de saint Benoît, produisaient un grand nombre de médecins aussi savants, pour le temps, que charitables. La bibliothèque de la Faculté de médecine de Montpellier a recueilli une abondante provision de manuscrits médicaux provenant de la célèbre abbaye de Clairvaux [2].

La bibliothèque de la Sorbonne en a conservé qui viennent du célèbre Pierre de Limoges. Tous nos grands dépôts de livres en contiennent ainsi un bon nombre d'origine monacale. Albert le Grand, Roger Bacon, Raymond Lulle, tous les trois religieux, sont aussi célèbres par leurs ouvrages de médecine que par leurs traités de philosophie. Jean de Saint-Gilles, qui quitta sa robe de docteur pour prendre l'habit de Saint-Dominique, avait été médecin de Philippe-Auguste. Il enseigna avec éclat à l'université de Montpellier. Peu après lui, on voit le moine Pierre de Limoges occuper, vers 1270, le poste éminent de doyen de la Faculté de médecine de Paris [3]. La thérapeutique, cultivée surtout au moyen âge par les moines, ne fut pas délaissée par eux dans les siècles suivants. L'histoire de la chirurgie a fait une place d'honneur à un humble religieux, « dont le savoir, dit un docte médecin, l'a rendu aussi illustre parmi les

---

[1] La *Presse*, 22 mars 1870.
[2] D'Arbois de Jubainville, *les Abbayes cisterciennes*, pp. 103, 104.
[3] Du Boulay, *Histoire de l'Université de Paris*, III, 78.

grands opérateurs qu'utile dans une des plus cruelles maladies » : c'est le premier lithotomiste, le frère Jacques de Beaulieu, natif du comté de Bourgogne. Il vint à Paris en 1697, et s'y fit bientôt, par sa nouvelle méthode de taille de la pierre, une immense réputation. A côté de lui se place un autre inventeur, le prieur d'Acqueville, à qui un oculiste de renom, Saint-Yves, attribue la découverte de la pierre divine (vitriol bleu) pour les maladies des yeux.

Un statut du chapitre général de Clairvaux nous apprend qu'il y avait des moines et des convers médecins dans les abbayes cisterciennes. Ce grand ordre de Cîteaux, qui couvrait la France au moyen âge, mettait ainsi, dans toutes les contrées où il avait des maisons, des médecins à la disposition des malades pauvres. Il en était de même des autres ordres religieux, si nombreux et si florissants jusqu'au XVIe siècle. Avant tout, la médecine monastique se consacrait aux pauvres.

Un trait de la chronique de Cîteaux, rapporté par Léon Gautier, nous montre, dans un saint et savant moine de la famille de saint Bernard, tous les moines adonnés, comme lui, à la thérapeutique dans les monastères. « Il y avait à Clairvaux un moine savant dans l'art de la médecine. Les nobles et les grands de la terre demandaient continuellement ses services. Lui, préférant les pauvres, consacrait tous ses soins à leur guérison. Il ne se contentait pas de guérir leur maladie, il soignait de ses propres mains leurs chairs putrides, d'où coulait un sang corrompu. Il y mettait un si grand zèle qu'on eût cru que c'étaient les plaies de Jésus-Christ. Et c'était la vérité[1]. »

Ce dernier trait du chroniqueur explique les merveilles de la charité dans le monde chrétien. Aux yeux du vrai disciple de l'Évangile, tout pauvre était un autre Jésus-Christ; ses misères, sa nudité, ses plaies, étaient celles mêmes du Sauveur. Avec quelle tendresse alors les hommes qui avaient fait plus particulièrement profession d'imiter Jésus-Christ, ceux qui menaient la vie parfaite dans les cloîtres, secouraient et soignaient ces misères sacrées, qui étaient pour eux comme la représentation de la croix du Calvaire ! De quel amour saint et surnaturel ils aimaient les pauvres, les souffrants, les malheureux de tout genre ! Tout le secret de la charité catholique est là.

Les grandes époques d'épanouissement ou de réveil de la charité en France coïncident avec l'apparition de nouveaux instituts religieux. Les temps les plus féconds ce furent ceux de saint Bernard,

[1] *Exordium mag. ordinis cisterciensis*, dist. IV. c. 1.; apud Bibl. Patr. cisterc., I, 130.

de saint Norbert, de saint François d'Assise, de saint Vincent de Paul et du bienheureux Jean-Baptiste de la Salle, ces grands fondateurs d'ordres et de congrégations, qui développèrent si admirablement les œuvres de charité.

Le XIIe siècle marque une époque nouvelle dans l'histoire des institutions charitables. On y voit les hôpitaux desservis, à partir de ce moment, jusqu'au XVIIe siècle, par des milliers de petites congrégations de frères et de sœurs qui suivent la règle de saint Augustin, plus ou moins modifiée par les grands ordres religieux des XIe et XIIe siècles, ou qui dérivent du tiers ordre franciscain.

Cette dernière association se rattache à la grande innovation que le XIIIe siècle vit s'introduire dans la vie religieuse par la fondation de nouvelles institutions monastiques.

C'est un des traits les plus originaux du moyen âge que cette admirable création des ordres mendiants, personnifiés surtout dans les enfants de saint François.

Jusque-là, il y avait des ordres religieux, adonnés à la vie contemplative et à la prière, qui exerçaient envers les malheureux toutes les œuvres de miséricorde spirituelle et corporelle. Le régime de ces ordres les obligeait à posséder. C'était dans l'intérêt des pauvres qu'ils recevaient ou acquéraient les biens-fonds qui constituaient le patrimoine de la vie religieuse. Former des associations dans le but, non seulement d'honorer Dieu par la prière et une vie plus parfaite, mais aussi de rendre service au prochain en économisant et en travaillant pour les autres; c'était, assurément, une pensée généreuse et nouvelle dans le monde. « Mais il y avait quelque chose de plus hardi encore : c'était de s'associer pour vivre en commun dans un dépouillement volontaire et complet, pour s'occuper des intérêts des autres sans souci personnel de l'avenir, pour mendier ostensiblement le pain de chaque jour et pour donner ainsi à la pauvreté l'honneur d'une consécration volontaire, publique et solennelle[1]. » Tels furent les ordres mendiants, franciscains, dominicains, carmes et augustins.

On vit alors des milliers et des milliers d'hommes s'éprendre d'amour pour la pauvreté, à la suite de Dominique, et surtout du glorieux pauvre de Jésus-Christ, François. On les vit, sous une grossière robe de bure, pieds nus, la besace sur l'épaule, s'en aller partout, mendiant leur pain pour eux et pour les pauvres comme eux, prêchant la charité, la justice et la paix, et disant au monde, par leur exemple et leur prédication, le bonheur dans la pauvreté et par la pauvreté : « Bienheureux les pauvres en esprit, parce que le royaume des cieux leur appartient. »

---

[1] Auguste Riche, *les Ordres religieux*, p. 8.

On pouvait, surtout avec un esprit malveillant, reprocher aux anciens ordres leurs richesses et leur luxe, et oublier les grands services qu'ils avaient rendus, et qu'ils continuaient à rendre; mais il était impossible de ne pas admirer, dans la ferveur de l'institution primitive, ces moines mendiants qui faisaient profession de ne vivre que d'aumônes et de ne rien posséder en propre.

« A la distance qui nous sépare des temps où l'on voyait ces choses, ajoute M. Riche, et avec les habitudes de notre siècle, il n'est pas facile de se rendre bien compte du service rendu aux pauvres et à toute la société par les ordres mendiants. Mais en se reportant à l'époque où ils parurent, et en suivant leur marche à travers les siècles, on voit qu'ils exercèrent en réalité une influence immense et presque tout entière au bénéfice du peuple. » Pauvres volontaires, et n'ayant besoin que de peu, ils purent soulager plus efficacement la pauvreté, en même temps qu'ils la firent aimer ou accepter. En pratiquant la charité, ils prêchaient la résignation; ils rendirent l'aumône plus féconde en la partageant avec les malheureux. Et plût à Dieu qu'ils fussent encore là aujourd'hui, comme ils étaient au milieu des peuples chrétiens pendant les siècles de foi, et que les lois leur permissent de mendier encore pour continuer de prêcher au monde la sainte pauvreté !

L'action de saint François d'Assise fut sensible en France. Les hérésies perfides des Albigeois et des Vaudois menaçaient de pervertir un grand nombre d'esprits. Leurs sectateurs se présentaient avec les dehors de la pauvreté évangélique. Mais Dieu avait envoyé à l'Église saint François d'Assise, « véritable pauvre, qui aima la vraie pauvreté et la fit aimer de tout son siècle. » Pour en répandre mieux l'esprit, François fonda le tiers ordre régulier, à l'imitation de celui que saint Norbert avait institué un siècle auparavant. « La fondation de ce tiers ordre, dit Léon Gautier, réveilla partout l'amour éteint, et l'on se passionna partout pour le service des pauvres. On voit alors, sur tous les points de la chrétienté, surgir à la fois plusieurs milliers de petites congrégations religieuses consacrées au seul soin des pauvres malades. Les villes en possèdent plusieurs; souvent les villages en ont une [1]. » Avec la règle de saint Augustin, le tiers ordre franciscain fut, en effet, la source où elles s'alimentaient principalement. Les confréries du tiers ordre, établies partout, développaient l'esprit d'association, et contribuaient ainsi à la multiplication de ces petites communautés, mi-religieuses et mi-séculières, d'hommes et de femmes, qui se fondaient, sous l'empire de l'esprit général de charité, pour le service des Maisons-Dieu.

[1] *La Charité*, p. 96.

Beaucoup de ces petites congrégations particulières, qui desservaient les hôpitaux d'une ville ou d'une contrée, ont disparu avec le temps ou au milieu de la tourmente révolutionnaire du siècle dernier. Quelques-unes ont traversé toutes les crises et subsistent encore. Telles sont les sœurs Augustines de l'Hôtel-Dieu de Paris.

L'institution la plus complète en ce genre est celle des sœurs hospitalières de Lyon. Elle remonte au XVe siècle. « D'abord recruté parmi les filles repenties, le corps des hospitalières reçut bientôt dans ses rangs des personnes d'un passé exemplaire, qui se dévouaient au soin des malades. En 1526, un costume leur fut donné par les administrateurs, que l'on désignait alors sous le nom de recteurs, et, après quelques années d'assiduité à leurs devoirs, lorsque leur persévérance et leur zèle prouvaient la sincérité de leur vocation, elles étaient admises à prononcer au pied des autels le serment de se consacrer aux pauvres malades, et elles recevaient une petite croix d'argent sur laquelle était gravée l'image de Notre-Dame-de-la-Pitié, patronne de l'Hôtel-Dieu[1]. » Ces sœurs croisées, au nombre de huit cents, desservent aujourd'hui encore tous les hôpitaux de Lyon. Elles ont conservé intact le caractère mi-religieux, mi-séculier de leur fondation.

Au milieu du développement de la vie monastique, qui assurait aux pauvres des secours multipliés, des ordres religieux avaient été spécialement fondés pour le soulagement de misères particulières. Tel était l'ordre des Trinitaires, pour la rédemption des captifs, institué au commencement du XIIIe siècle, dans le nord de la France, par saint Jean de Matha avec saint Félix de Valois, et l'ordre semblable de la Merci, établi peu après, en Espagne et dans le midi, par saint Pierre Nolasque, pour la délivrance et le rachat des chrétiens captifs sous le joug des infidèles.

Tel était encore l'ordre hospitalier de Saint-Antoine de Viennois, fondé, à la fin du XIIe siècle, par un gentilhomme dauphinois, Gaston, pour soigner les pestiférés atteints du mal que l'on appelait alors *feu sacré* ou *feu de saint Antoine*[2].

L'ordre de Saint-Lazare, ordre religieux et militaire, placé sous le patronage du bienheureux pauvre de l'Évangile, avait pour mission spéciale de soigner les lépreux. Introduit en France sous Louis VII, il y établit un grand nombre de maisons pour ces malheureux qui étaient le rebut de la société.

Les grands ordres hospitaliers de Saint-Jean de Jérusalem, des chevaliers de Rhodes et de Malte, des chevaliers de Saint-Lazare,

---

[1] De Witt, *la Charité en France*, p. 254.
[2] V. Advielle, *Histoire de l'Ordre hospitalier de Saint-Antoine de Viennois*.

ordres religieux et militaires, fondés au xi⁰ et au xii⁰ siècle par les croisés, à Jérusalem, pour recevoir et soigner les pèlerins, les voyageurs, les malades, les pauvres, et les défendre à main armée contre les infidèles, eurent bientôt de nombreux établissements en France sous le nom de prieurés et de commanderies. Eux aussi tiennent une place importante dans les annales de la charité par les nombreux hôpitaux qu'ils desservaient [1]. Il y avait, à côté des frères, des sœurs hospitalières de Saint-Jean de Jérusalem, adonnées aux mêmes œuvres charitables.

Un autre ordre, d'un caractère différent, a eu un rôle considérable dans l'histoire de la charité au moyen âge, c'est l'ordre hospitalier du Saint-Esprit, fondé à la fin du xii⁰ siècle par Gui de Montpellier, dans la ville de ce nom, et dont le siège fut de bonne heure transféré à Rome, à l'hôpital de Sainte-Marie. Établi pour le soulagement de toutes les misères, il se répandit bientôt, grâce surtout à l'appui des papes, dans une grande partie de la chrétienté.

Il ne paraît pas avoir jamais eu un caractère militaire. C'était un ordre moitié séculier, moitié ecclésiastique, régi par un grand maître laïque, assisté de visiteurs généraux, et ayant sous son autorité les commandeurs des maisons mères, ou hôpitaux-chefs, de qui relèvent à leur tour les recteurs et maîtres des maisons filiales. Le pouvoir des supérieurs y était tempéré par l'institution des assemblées capitulaires.

L'Ordre comprenait, avec les frères et sœurs chargés du soin des œuvres de charité corporelle, des prêtres et clercs qui remplissaient les fonctions spirituelles. « Il recevait encore des *oblats,* c'est-à-dire des enfants offerts par leurs parents pour être élevés dans une maison de l'ordre, et s'y consacrer plus tard à Dieu par les vœux de religion, et aussi des oblats ou *donnés* d'âge mûr, qui s'engageaient au service de l'ordre, soit pour un temps déterminé, soit pour la vie, avec la totalité ou une partie de leurs biens. Enfin il y avait aussi des serviteurs à gages. »

L'originalité propre de l'ordre hospitalier du Saint-Esprit, au milieu de tant d'institutions charitables, c'était d'abord le caractère d'universalité des œuvres de charité qu'embrassait le nouvel institut : malades, orphelins, enfants abandonnés, pauvres, vieillards, femmes en couches, pécheresses repentantes, pèlerins et voyageurs, toutes les classes de nécessiteux trouvaient un asile dans ses maisons ; c'était ensuite « la forte hiérarchie, si favorable à la discipline religieuse, qui reliait toutes les maisons à la maison principale de

---

[1] Farochon, *les Chevaliers de Rhodes et de Malte* (Hospitaliers de Saint-Jean de Jérusalem).

Rome par l'intermédiaire des maisons mères ou commanderies magistrales de chaque pays ou grande province ».

Jusqu'au xvi° siècle, l'Ordre ne cessa de s'étendre; outre les nombreux hôpitaux, maladreries, prieurés et maisons conventuelles qu'il possédait en tout pays, et particulièrement en France; il se ramifiait dans une multitude de confréries locales du Saint-Esprit. Les souverains Pontifes avaient concédé aux supérieurs de l'ordre le pouvoir de l'ériger partout avec les mêmes privilèges qu'à Rome. Les frères hospitaliers du Saint-Esprit en usèrent pour fonder à côté de leurs maisons conventuelles un tiers ordre formant confrérie. « Partout où s'établissait un hôpital, on voyait naître en même temps une confrérie, et les églises du voisinage, jalouses de la posséder à leur tour, formaient bientôt comme une couronne autour de la maison hospitalière. » C'est ainsi que l'Ordre, du xiii° au xvii° siècle, couvrit la France, et surtout le Midi, la Bourgogne et la Franche-Comté, de nombreux hôpitaux et de confréries plus nombreuses encore [1].

A côté des ordres religieux proprement dits, on trouve encore diverses associations, animées de l'esprit chrétien, qui coopéraient aussi aux œuvres de charité. Tel était l'institut des Béguines, d'origine flamande, une des créations les plus originales du moyen âge, et qui montre le mieux la pénétration de la société religieuse et de la société laïque à cette époque. Leurs maisons, principalement établies dans le nord de la France, formaient autant de communautés de femmes de tout âge, filles ou veuves, et de toute condition, réunies dans un même enclos, qui menaient, sous une règle simple, et chacune dans leur petit logis, une vie mi-séculière et mi-religieuse. Leur occupation principale consistait dans les exercices de piété et de charité. On disait d'elles :

> Que moult font grandement pénitence
> Et tiennent bien en leur couvent
> Religion et chasteté;
> Et sont pleins d'humilité,
> Et font aumônes volontiers.

Pour les pauvres, les béguinages étaient, comme les couvents, des maisons de secours, toujours ouvertes à ceux qui avaient faim et qui n'avaient pas de vêtement.

Les pieuses femmes qui vivaient en commun dans ces saintes

---

[1] M. l'abbé P. Brune, *Histoire de l'Ordre hospitalier du Saint-Esprit*, corrigé par M. Léopol Delisle (dans *Journal des savants*, juin 1893), qui montre qu'il faut en rabattre un peu de la trop grande extension attribuée à l'Ordre par M. Brune, sur la foi d'un certain nombre de pièces suspectes.

retraites, occupées principalement de leur salut, s'adonnaient aussi aux œuvres de miséricorde spirituelle. Toutes devaient travailler de leurs mains et assister les pauvres. Un de leurs emplois était d'instruire les petits enfants. Plusieurs d'entre elles avaient pour fonction spéciale de leur faire la classe tous les jours.

A Paris, il y avait « l'ostel des escoliers du béguinage ». C'était un des principaux bâtiments de cette petite cité cloîtrée. Une sentence, rendue en 1432 par le prévôt de Paris, rappelle que la maîtresse ou supérieure de la communauté est « chargée du gouvernement et administration tant du béguinage et des béguines, et escolliers estant en icelui [1]. »

Au xve siècle, ces pieuses communautés, formées surtout de femmes et de filles de la bourgeoisie, se répandent dans les hôpitaux de la Flandre, de l'Artois et de la Bourgogne. On les y appelle. Ainsi Nicolas Rolin, chancelier de Bourgogne, qui fonda le célèbre hôpital de Beaune en 1441, en fait venir de Malines pour le desservir. Quelques-unes, comme celles-ci, formèrent par la suite de véritables petites congrégations religieuses. La congrégation de Sainte-Marthe, de Beaune, avait acquis, au xviie siècle, une telle réputation pour la bonne tenue des hôpitaux que, lorsque la municipalité de Châlons voulut, en 1632, procéder à la réforme de son hôpital, elle s'adressa à la congrégation de Beaune pour avoir deux de ses sœurs. Le maire et les échevins de Châlons finirent par obtenir des patrons de la Maison-Dieu de Beaune, héritiers et successeurs de Nicolas Rolin, l'établissement définitif « de telles filles si vénérables » dans leur ville.

C'est un des caractères de la charité aux âges passés, que cette multitude et cette variété d'associations religieuses ou séculières, formées pour le service des maisons hospitalières et le soin des pauvres.

Ainsi, l'Hôtel-Dieu de Châteaudun avait été fondé par une association de prêtres, au commencement du xve siècle; « ils vivaient en commun, sous le nom de *Frères condonnés,* parce qu'ils s'étaient donné mutuellement leurs biens, leurs personnes et leurs cœurs, à l'instar de la primitive Église. Des villages entiers leur étaient affiliés pour pratiquer les œuvres de miséricorde, et le grand développement de cet hospice fut dû à l'effort commun des prêtres et des fidèles [2]. »

En dehors des congrégations ou communautés religieuses qui desservaient les Maisons-Dieu, existaient des confréries de laïques ayant, comme celles-ci, un but charitable. Les unes exerçaient l'hospitalité, les autres vaquaient à la visite des malades. Souvent

---

[1] Léon le Grand, *les Béguines de Paris*, 1893. In-8°.
[2] De Witt. p. 73.

c'était l'affluence des pèlerins à un sanctuaire célèbre qui déterminait les personnes généreuses de la ville à former des associations pour subvenir aux nécessités de ces pieux étrangers. Le plus souvent, c'était le désir de s'employer au service des pauvres et des hôpitaux de la localité. Ces pieuses agrégations pullulaient dans la vieille France. Elles en sont l'honneur.

« Les frères et les sœurs de charité dont tout le moyen âge, jusqu'au XVIIe siècle, se trouve rempli, dit M. Léon Gautier, suivaient généralement la règle de saint Augustin; mais ils ne formaient pas une seule communauté, gouvernée par les mêmes lois et dirigée par les mêmes chefs. Autant de Maisons-Dieu, autant de communautés différentes. C'était là la vie de cette organisation; ce fut aussi une cause de sa ruine. Cette ruine commença au XVe siècle pour ne s'arrêter qu'au XVIIe. »

À cette époque un grand changement s'opère.

Humblement occupé de ses œuvres d'assistance spirituelle et corporelle, et sans songer en rien à la gloire des inventions, Vincent de Paul se trouve être l'auteur de la plus grande révolution dans le régime hospitalier. On a voulu faire honneur à son génie d'avoir compris que le défaut d'unité dans l'assistance des pauvres, dans la distribution des secours, pourrait compromettre la durée des institutions charitables. On a dit que, au lieu de mille petits ordres, saint Vincent de Paul avait voulu en fonder un seul qui desservirait à la fois mille maisons, avec le même esprit et la même méthode. L'humble et bon saint ne forma point de conception aussi vaste. Mais il eut clairement la vue des besoins nouveaux du temps, et l'institution des Filles de la charité, bien modeste, bien petite à ses débuts, répondit, avec la bénédiction de Dieu, à cette pensée de rénovation du service des hôpitaux.

Avec le concours de l'admirable femme, Mlle Legras, que la Providence lui donna pour auxiliaire, Vincent de Paul fonda un ordre religieux nouveau dans l'Église, un ordre uniquement voué aux emplois de la charité, et un ordre qui, avec le temps, en suscita d'autres semblables, et servit comme de modèle à toutes les congrégations modernes. Dans l'admirable épanouissement de la vie religieuse, au milieu de la multiplicité des ordres de femmes, l'Église n'avait pas encore eu la sœur de charité. Jusque-là les vierges consacrées au Seigneur s'enfermaient dans les monastères pour y mener la vie contemplative. Toutes les religieuses étaient cloîtrées. Mais voici la Fille de Saint-Vincent-de-Paul qui vient offrir un nouveau type de vertu et de générosité. « Vierge sans cloître, religieuse dans le monde, modèle de vie contemplative au sein de la vie la plus active, épouse de Jésus-Christ et servante des pauvres à la fois, la sœur de charité est la dernière et la plus merveilleuse des inventions du génie chrétien [1]. »

Saint Vincent de Paul n'avait songé d'abord, sur les conseils de Mlle Legras, qu'à former de bonnes et pieuses servantes pour assister les dames des confréries de charité, dans le soin des malades et des infirmes. Cette modeste école d'infirmières, à la fois instruites dans la pratique de leur état par leur sainte directrice, et dans la divine science de la charité par leur maître spirituel, est devenue la congrégation des Filles de la charité.

Quoi de plus admirable que le développement et l'office de ces humbles servantes des pauvres, que le peuple appela d'abord les sœurs grises, à cause de leur pauvre robe de bure, et qui ont fini par s'appeler du beau nom de sœurs de charité! « Servantes des pauvres, sœurs de tous les malheureux, elles deviennent aussi les anges gardiens de l'enfance, les mères des orphelins, les filles des vieillards, les institutrices de la jeunesse, les protectrices des fous et des forçats. Infini est le champ de leur charité; leur vocation n'a d'autre borne que l'extrémité des affections humaines. Vincent de Paul les a faites pour toutes les misères, pour toutes les détresses. Ni l'école avec ses ennuis, ni l'hôpital avec ses horreurs ne suffisent à leur dévouement; elles courent au-devant de la peste aussi bien que sur les champs de bataille; et il n'y a ni climat ni distance qui les arrête [2]. »

Au bout de vingt-cinq années d'expérience, Vincent de Paul leur avait donné leurs règles, aussi bien pour les maintenir dans leur vocation, que pour assurer la perpétuité de l'institut. Ce sont ces règles, approuvées par le saint-siège, qui ont créé un ordre religieux tout nouveau dans son esprit et dans ses manières d'être.

Vouées par état au soin des malades, à l'instruction des enfants, répandues dans le monde par leurs emplois, les Filles de la charité ne sont pas, à proprement parler, des religieuses; elles n'ont ordinairement pour monastère, comme le veut leur institution, que les maisons de malades; pour cellule, qu'une chambre de louage; pour chapelle, que l'église de la paroisse; pour cloître, que les rues de la ville ou les salles des hôpitaux; pour clôture, que l'obéissance; pour grille, que la crainte de Dieu, et pour voile, que la sainte modestie. Mais, plus exposées au dehors que les Carmélites ou les Clarisses, elles sont obligées de mener une vie aussi vertueuse, aussi pure, aussi édifiante que de vraies religieuses dans leur monastère.

C'est dans l'esprit des admirables règles tracées par son saint fon-

---

[1] A. Loth, *Saint Vincent de Paul*, p. 139.
[2] Id., ibid., pp. 162-164.

dateur, que l'institut des Filles de la charité a grandi et n'a cessé de susciter, parmi les jeunes filles et les femmes de toute condition, d'innombrables vocations. Telle a été son extension en moins d'un siècle et demi que, lorsque s'ouvrit la Révolution française, on comptait quatre cent soixante et un établissements desservis par trois mille trois cents sœurs de Saint-Vincent-de-Paul [1].

Les Sœurs de charité sont restées fidèles à la tradition de leur admirable Père spirituel et de leur sainte fondatrice, considérant les soins de leur état comme la plus excellente des dévotions et faisant passer le service des pauvres avant tous les exercices de piété. Cet esprit de charité, si conforme à l'Évangile, leur a valu de se faire aimer et estimer de tous et en tous pays. Dispersées comme toutes les autres congrégations religieuses par la tourmente révolutionnaire, les sœurs de Saint-Vincent-de-Paul furent les premières à se reconstituer, tant elles personnifiaient en elles ce zèle ardent et désintéressé de la charité que le monde admire et dont il ne peut se passer.

Dès le 1er nivôse de l'an IX, un arrêté de Chaptal, ministre de l'intérieur, « constatant que les secours aux malades ne peuvent être assidûment administrés que par des personnes vouées par état au service des hospices, *dirigées par l'enthousiasme de la charité,* » autorisait la *citoyenne Deleau*, ci-devant supérieure des Sœurs de la charité, à former des élèves pour le service des hospices, et lui accordait, à cet effet, une maison située rue du Vieux-Colombier. La communauté se reforma.

Les Filles de la charité ne tardèrent pas, avec l'exercice de leurs saintes fonctions, à reprendre la robe de bure grise et la blanche cornette sous laquelle le monde entier les connaît aujourd'hui, envieux de la France qui a eu l'honneur de les produire et qui est assez féconde pour en prêter à toutes les autres contrées de la terre. Leurs dévouements, leurs services, avaient forcé les premiers successeurs du régime de la Terreur à les rappeler.

Le temps et l'expérience avaient consacré l'œuvre de saint Vincent de Paul et de sa sainte collaboratrice, Louise de Marillac; les Filles de la charité s'étaient substituées peu à peu, dans les hôpitaux et dans les écoles, à ces communautés cloîtrées d'Augustines, qui desservaient au moyen âge un si grand nombre d'Hôtels-Dieu, de léproseries, de refuges, et chez qui les rigueurs de la règle religieuse ne s'accommodaient pas aussi bien de la condition de servantes des pauvres.

En cela, le saint restaurateur de la charité s'était rencontré avec

---

[1] Statistique présentée par les sœurs au Chapitre général des religieuses converses, tenu par décret impérial du 30 septembre 1807.

le grand évêque de Genève; tous deux avaient compris les besoins des temps nouveaux.

La première pensée de saint François de Sales et de sainte Jeanne de Chantal, dans l'institution des Filles de la Visitation, avait été de les fonder pour vaquer aux œuvres d'enseignement et de charité dans le monde, sans clôture. Ce projet se trouva réalisé presque en même temps par la compagnie des Filles de la charité et par la congrégation des sœurs de Saint-Joseph, fondée au Puy en 1650, par Mgr de Maupas, avec le P. Médaille, l'apôtre du Velay, et répandue aujourd'hui dans toutes les parties du monde.

Dès le commencement du XVIIIe siècle, le midi de la France était presque en entier occupé par ces admirables émules des Filles de la charité. Leur emploi était d'instruire les petites filles, de desservir les établissements de sourds et muets, d'assister les prisonniers, de soigner les incurables, les épileptiques et les infirmes. « Jusqu'à la Révolution, il en fut ainsi. Des milliers de sœurs de Saint-Joseph faisaient partout l'école et partout soignaient les malades. Elles étaient appelées par les municipalités, chéries des populations, louées par les évêques. Tous les diocèses successivement s'ouvraient devant elles[1]. »

C'était le même esprit, le même but, dans la congrégation des Sœurs de charité connue sous le nom de Saint-Charles. Elle naquit humblement en 1652, à Nancy, d'une petite communauté dont les membres s'étaient engagés à visiter et à soigner les pauvres malades; à l'époque de la Révolution, elle avait la direction de soixante-cinq hôpitaux.

A côté des Filles de la charité, la plus zélée coopératrice de saint Vincent de Paul, une des plus grandes dames de l'époque, Mme de Miramion, avait fondé dans une même pensée la communauté séculière des Filles de Sainte-Geneviève, vulgairement connues sous le nom de *Miramionnes*. Les dames qui s'y agrégeaient ne faisaient que des vœux simples, sans prise d'habit et sans se séparer du monde par la clôture; leur emploi était de soigner les malades, de leur fournir des remèdes, de distribuer des secours aux pauvres, de former aussi des maîtresses d'école pour la campagne et de donner l'enseignement primaire aux petites filles pauvres. Cette petite communauté, dont le zèle trouva à s'employer activement à Paris, ne dépassa guère les limites de la capitale et de sa banlieue.

Dès que les premières sœurs grises du bon saint Vincent de Paul avaient été connues, on en avait voulu partout. Elles donnèrent l'idée de fondations semblables à la leur. Telles furent les hospitalières de

---

[1] Hervé Bazin, *les Grands Ordres et congrégations de femmes*, p. 246.

Notre-Dame-de-la-Charité de Dijon, instituées, en 1682, par le vénérable Bénigne Joly. On le pressait, à défaut de sœurs grises, d'en donner d'autres au grand Hôtel-Dieu, desservi jusque-là par des religieuses du Saint-Esprit, qui n'étaient pas tout à fait aptes à cet emploi. « Ah! répondit-il, pour accomplir l'œuvre que vous me demandez, il faudrait être un Archange ou un Vincent de Paul; et, hélas! je ne suis ni l'un ni l'autre. » Mais, dans son humilité, il était un autre Père des pauvres, et il mérita par ses œuvres d'être appelé le saint Vincent de Paul de la Bourgogne [1].

Dans le même temps, un autre vertueux et humble prêtre, Antoine Moreau, animé du même zèle, renouvelait autour de lui les merveilles de la charité du grand saint. Sur le modèle des Filles de la charité, il fondait à Montoire, dans le Berri, une communauté de servantes des pauvres, appelée aussi les *Sœurs grises*, et qui est devenue la grande congrégation des Sœurs de la charité de Bourges.

A Lyon, en 1680, le promoteur diocésain, M. Charles Démia, instituait la congrégation des sœurs de Saint-Charles, une des plus importantes de ce genre aujourd'hui, en lui donnant pour fins principales l'éducation des jeunes filles, le soin des malades et des pauvres.

Préoccupé avant tout des besoins de la jeunesse, le vénérable P. Barré, religieux minime, établit une congrégation de femmes qui vouèrent leur vie à l'enseignement charitable des petites filles pauvres, sous la protection de l'Enfant Jésus. Sous le nom de Dames de Saint-Maur, elles se propagèrent en France et étendirent leurs emplois aux soins de la charité. On peut juger de la diffusion de l'institut par sa situation en 1789. « Il y avait alors six cents Dames de Saint-Maur répandues dans trente-cinq diocèses de France, travaillant toutes avec le même zèle, non seulement à l'enseignement des écoles gratuites ou dans les pensionnats, mais encore au soin des malades dans les hôpitaux [2]. »

Dans le même esprit fut fondée, vers 1760, par un jeune prêtre lorrain, Jean-Martin Moye, la congrégation des Filles de la Providence, aujourd'hui ramifiée en six congrégations, dont les emplois consistent à tenir les écoles de filles de la campagne, à diriger des écoles normales, à desservir les hôpitaux et les salles d'asile. Ces saintes filles sont devenues légion et ont essaimé jusqu'en Chine.

De pieuses associations avaient coïncidé çà et là avec les grandes fondations charitables du XVIIe siècle. Dès l'année 1639, Jérôme le Royer de la Dauversière, conseiller du roi et receveur des tailles dans

---

[1] A. Loth, *o. c.*, Appendice, p. 66.
[2] Hervé Bazin, *o. c.*, p. 298.

l'élection de la Flèche, créait l'institut des hospitalières de Saint-Joseph, qui se consacraient gratuitement au service des pauvres dans les hôpitaux. Vingt ans plus tard, la congrégation avait déjà passé au Canada.

En 1647, la communauté des Filles dévotes de Crécy-sur-Serre, formée par deux humbles servantes, Élisabeth et Martine Jacot, avait sa règle. Les principales occupations des deux saintes filles, après les exercices de piété et le soin des églises, étaient toutes de charité. Elles faisaient l'école aux petites filles, elles prenaient soin des malades, consolaient les affligés, visitaient les prisonniers et procuraient des aumônes aux pauvres honteux. Avec une deuxième règle, modifiée et ampliée, les Filles dévotes, plus communément appelées sœurs de Saint-Benoît, se développèrent au xviiie siècle et multiplièrent leurs œuvres.

En 1662, le P. Ange le Proust, prieur des Augustins de Lamballe, fondait dans cette ville, avec quelques demoiselles nobles et pieuses, la société des hospitalières de Saint-Thomas-de-Villeneuve, société toute dévouée au service des pauvres malades, qui bientôt s'étendit dans les principales villes de Bretagne.

Au siècle suivant, un apôtre au cœur de feu, Louis-Marie Grignon de Montfort, recommençait saint Vincent de Paul. Il avait repris les mêmes œuvres, s'inspirant des mêmes besoins du temps, l'œuvre des missions dans les campagnes, celle de l'instruction chrétienne pour la jeunesse, et du soin des malades. A cette fin, il avait fondé, à l'exemple de saint Vincent de Paul, et plus particulièrement pour l'ouest de la France, deux communautés, l'une de prêtres missionnaires, l'autre de frères enseignants; et avec le concours d'une autre Mlle Legras, la jeune et héroïque Marie-Louise Trichet, la congrégation des Filles de la Sagesse. Celle-ci rivalisa bientôt de zèle avec les Filles de la charité dans l'instruction des enfants et le service des hôpitaux. Plus tard elle se dédoubla, pour ainsi dire, dans la congrégation des Sœurs de la Croix-de-Saint-André, née au diocèse de Poitiers après les jours mauvais de la Révolution, par l'effet d'une commune sollicitude d'un prêtre généreux, André-Hubert Fournet, et d'une admirable vierge, Marie-Élisabeth Richier des Ages, pour les enfants, les malades et les pauvres.

Le Midi eut aussi sa fondation spéciale avec la congrégation de Notre-Dame-de-Grâce ou des sœurs de Saint-Thomas-de-Villeneuve, établie à Aix par la R. M. Pauline de Pinczon du Sel, dans le double but de fournir des institutrices aux petites filles du peuple et des infirmières aux hôpitaux. Comme les autres, elle se propagea bientôt et s'étendit du sud à l'ouest.

C'était la pensée du temps de s'occuper à la fois des écoles et des hôpitaux. Toutes les congrégations religieuses de femmes tendaient à ce double but. C'est ainsi que se forma en Bretagne, dans la première partie du xviiie siècle, l'institut des Filles du Saint-Esprit. Il avait commencé par une pauvre veuve, Marie Balavene, à qui s'était associée une pieuse et riche fille de la paroisse de Plévin, au diocèse de Saint-Brieuc, Renée Burel, puis une autre, Charlotte Corbel, toutes trois unies sous la direction du recteur de la paroisse, Allenou de la Ville-Angevin, dans le dessein de se consacrer au soin des pauvres malades et à l'instruction des petites filles du pays.

Jusqu'à la fin du xviiie siècle, au déclin de la période révolutionnaire, l'esprit de charité faisait encore fonder, en Franche-Comté, par les soins d'un humble et zélé prêtre, M. Bacoffe, curé de Besançon, et d'une ancienne religieuse exilée de Paris par les lois de la Terreur, Jeanne-Antide Thouret, une pieuse association consacrée à l'institution des jeunes filles pauvres et au service des malades, et très répandue aujourd'hui sous le nom de congrégation des Sœurs de la charité de Besançon.

Toutes ces communautés, et d'autres moins connues, étaient florissantes à l'époque de la Révolution. Toutes survécurent à la crise, et avec elles s'opéra la renaissance religieuse du xixe siècle, qui vit les anciennes congrégations se développer extraordinairement, et les nouvelles se multiplier d'une manière non moins étonnante.

Telle avait été, depuis saint Vincent de Paul, la merveilleuse fécondité du zèle pour les pauvres, si providentiellement renouvelé en France, que lorsque Napoléon songea, en 1807, à réorganiser les services hospitaliers, il se trouva encore, après la grande catastrophe révolutionnaire, quatre-vingts supérieures générales d'Ordres pour répondre au décret impérial qui ordonnait aux congrégations de filles vouées à l'instruction de la jeunesse et au soin des malades de se réunir en chapitre général à Paris, sous la présidence du cardinal Fesch et de la mère de l'empereur, Mme Lætitia, protectrice générale des établissements de charité.

Les femmes étaient plus aptes que les hommes au service des hôpitaux. L'institution des Filles de la charité et des autres congrégations religieuses venues après elles, répondait à tous les besoins. Peu à peu disparurent les petites associations de frères qui desservaient au moyen âge les Maisons-Dieu.

Cependant la France eut sa part dans la diffusion des deux grands ordres religieux d'hommes, spécialement fondés au xviie siècle, l'un en Espagne, l'autre en Italie, pour l'assistance des malades à domicile ou dans les hôpitaux. Les religieux hospitaliers de la charité de

Saint-Jean-de-Dieu eurent des maisons en France. Leur spécialité était surtout de soigner, à l'exemple de leur héroïque fondateur, les malades les plus difficiles, particulièrement ceux qui étaient atteints de maladies contagieuses, les infirmes les plus rebutants, les aliénés. De même, l'ordre des chanoines réguliers, fondé par saint Camille de Lellis, sous le nom de Serviteurs des malades, passa, dès le commencement du xvII^e siècle, d'Italie en France. Lui aussi eut principalement en partage le soin des pestiférés, des incurables, des prisonniers, des plus misérables et des plus affligés.

A côté se place la congrégation moins importante des Bons-Fils, fondée en 1615 à Armentières.

D'autres congrégations religieuses d'hommes, fondées postérieurement, sans avoir pour objet principal les œuvres de miséricorde corporelle, concoururent aussi à l'exercice de la charité. Ainsi, celle des Pères de la Compagnie de Jésus et de Marie, communément appelés Eudistes, du nom de leur saint fondateur, le P. Eudes, qui avait institué en même temps en Bretagne l'ordre des femmes de Notre-Dame-de-la-Charité du Refuge; celle des prêtres du Saint-Cœur, de Marseille, dits prêtres du Bon-Pasteur, établie par l'héroïque Belzunce, à Mas, au sortir de la peste de 1720, pour exercer tous les genres d'apostolat.

Depuis l'époque de la réorganisation de l'assistance publique par l'institution des grandes congrégations religieuses hospitalières de femmes, le dévouement des hommes se porta surtout du côté de l'enseignement de la jeunesse pauvre. L'œuvre si charitable de l'instruction gratuite des enfants pauvres eut dans Jean-Baptiste de la Salle un autre saint Vincent de Paul.

En fondant l'institut des Frères des Écoles chrétiennes, il pourvut aux besoins nouveaux de l'instruction dans la société moderne; il donna des maîtres zélés et vertueux aux écoles, une méthode à l'enseignement primaire. C'est de lui que sont sorties les autres congrégations qui, au xvIII^e siècle et dans le siècle suivant, se fondèrent, dans le même but, afin de répandre par toute la France, en faveur de la classe pauvre, les bienfaits de l'enseignement chrétien. A l'institut des Frères des Écoles chrétiennes se rattachent, en effet, la congrégation de l'Instruction chrétienne formée en Bretagne par l'abbé Jean de Lamennais, et destinée surtout aux paroisses rurales; la société de la Doctrine chrétienne du diocèse de Strasbourg, destinée à fournir des maîtres dans les écoles d'Alsace; la société analogue des Frères de la Doctrine chrétienne du diocèse de Nancy, pour la Lorraine; la congrégation de l'Instruction chrétienne de Valence, pour le Dauphiné; celle des Frères de l'instruction chrétienne du Saint-Esprit, pour les anciennes provinces du Maine, de l'Anjou et de la Vendée ; la congrégation des Frères de Saint-Joseph, formée dans le but de fournir aux communes rurales de la Picardie des clercs laïques et des instituteurs primaires ; la congrégation analogue des clercs de Saint-Viateur de Lyon, et d'autres associations religieuses enseignantes qui ont adopté l'esprit et la méthode de l'institut des Frères des Écoles chrétiennes.

Ainsi la France a été, de tous les pays, la plus largement pourvue d'instituts religieux adonnés, les uns par fonction spéciale, les autres accessoirement, à l'exercice de la charité, sous les diverses formes de l'assistance des pauvres et des malades et de l'enseignement des enfants. Elle a été la terre par excellence du dévouement et de l'aumône. Elle a eu, à côté de son clergé séculier, d'innombrables familles de religieux et de religieuses, dont la vie a été consacrée en grande partie au soulagement des indigents, au soin des infirmes, des orphelins et des vieillards, à l'instruction des petits et des ignorants. Elle était admirablement dotée pour accomplir les diverses œuvres de charité, et aucune nation, on peut le dire, ne l'a surpassée ni même égalée dans cette mission.

IV

LES AUTORITÉS CIVILES

Concours du pouvoir civil à l'œuvre de charité. — Législation bienfaisante des empereurs chrétiens. Son influence en Gaule. — Formation de la France. — Clovis — Esprit de charité des rois francs. — Fondations et dotations royales sous la première race. — Les ministres des rois mérovingiens. — Charité des grands personnages de l'époque franque. — Charlemagne. — Ses capitulaires en faveur des pauvres. — La féodalité. — Système de protection sociale. — La chevalerie et ses règles de charité. — Libéralités des seigneurs envers les églises et les pauvres. — Beaux exemples. — La charité dans les châteaux. — Les aumôneries. — Les charges seigneuriales. — Les testaments féodaux. — Églises et monastères fondés par les seigneurs. — Exemples à Lyon. — Participation des villes à l'assistance publique. — Les communes. — Les confréries de charité. — Les aumônes générales. — Le rôle des municipalités dans les administrations hospitalières. — L'élément communal dans la charité. — Origine charitable des octrois. — Les taxes pour les pauvres. — Dévouement des magistrats des cités. — Le prix des fêtes employé en fondations charitables.

Le pouvoir civil, devenu chrétien, concourt avec l'Église à l'œuvre de charité. Ce n'est qu'à partir du IVe siècle que son action se fait sentir en France. Jusque-là l'Évangile n'avait pu qu'inspirer des sentiments nouveaux de pitié et de bonté aux rares détenteurs d'une part de l'autorité publique qui avaient embrassé secrètement le christianisme. Mais avec Constantin tout commence à changer. La conversion des empereurs romains marque l'introduction du principe de charité dans la législation.

Dès lors il y a des lois en faveur des pauvres, des esclaves, des veuves, des orphelins, des enfants trouvés; lois encore incomplètes, il est vrai, mais qui marquent un grand progrès sur l'état antérieur.

Cette législation bienfaisante s'est fait sentir à la France aussi longtemps que celle-ci demeura soumise, avec les autres parties du monde romain, à l'autorité des empereurs de Constantinople; et même après, elle inspira, de concert avec les lois canoniques de l'Église, les diverses législations barbares et franques, issues des invasions; elle fut le point de départ du nouveau code des nations chrétiennes.

« Si la vieille France, dit un écrivain, a marché durant tant de siècles à la tête de la civilisation, c'est qu'elle a excellé non seulement dans les œuvres de la force et de l'esprit, mais encore dans celles du cœur. Fille aînée de l'Église, elle n'a jamais cessé de mettre en pratique ce dogme sublime du catholicisme, qui considère l'amour du prochain comme la forme la plus élevée de l'amour de Dieu. Semant sans compter les hôpitaux, les refuges, les institutions d'assistance et de soulagement, elle se constitua ce magnifique patrimoine de la charité sur lequel nous vivons encore. »

A l'origine de la société française, on ne trouve pas un pouvoir central, muni de tous les moyens de gouvernement et légiférant en toute autorité sur les matières qui relèvent de l'administration des États. La coopération directe des pouvoirs civils à la charité publique fut tardive. Les rois, les seigneurs, les riches, n'y participent qu'indirectement. Celle-ci est presque tout entière l'affaire de l'Église; elle est organisée selon son esprit, régie par ses lois.

Pendant bien des siècles il n'y eut pas plus de législation spéciale de la charité que de l'impôt; mais l'esprit chrétien de Clovis et de ses successeurs se fait sentir, dès le début de la monarchie, par des œuvres et des prescriptions bienfaisantes.

Dans l'admirable lettre par laquelle saint Remi, archevêque de Reims, saluait la victoire de Soissons et l'avènement de Clovis, il disait au roi des Francs, en lui traçant sa règle de conduite : « Vous devez vous entourer de conseillers capables de faire honneur à votre renommée ; honorer les prêtres pour que votre gouvernement soit plus stable; secourir les veuves, nourrir les orphelins; ne rien exiger des pauvres ni des étrangers; ouvrir à tous votre prétoire; employer votre patrimoine à délivrer les captifs... »

La charité avait la plus large part dans ce programme de gouvernement, tracé à l'origine de la monarchie franque par le saint archevêque qui avait conduit au baptême le fondateur de la plus vieille dynastie de rois de l'Europe. Les successeurs de Clovis s'inspirèrent de ces conseils, et il y eut sur le trône de France une tradition de charité que n'altérèrent ni les écarts personnels de conduite de certains rois, ni les tendances du pouvoir royal à restreindre, par la suite, l'action bienfaisante de l'Église et à réduire l'assistance publique à la condition de service administratif.

« En fait d'institutions charitables, observe M. Étienne Chastel, le rôle des premiers princes chrétiens fut bien moins de fonder eux-mêmes que de reconnaître, de régulariser, de garantir, quelquefois aussi d'enrichir de leurs dons particuliers, ce que l'Église avait fondé. Partout c'était la charité religieuse qui avait l'initiative, et elle remplissait glorieusement sa mission [1]. »

En Occident, comme en Orient, la législation civile favorisa ces fondations et longtemps elle les maintint sous la direction supérieure des évêques.

Les premiers rois mérovingiens aidèrent de leur pouvoir l'action bienfaisante de l'Église. Ils sont pour beaucoup dans la tenue des conciles nationaux des ve et vi[e] siècles, qui s'occupèrent avec sollicitude des besoins temporels des pauvres. « Les rois les convoquaient souvent eux-mêmes ; ainsi le premier concile d'Orléans, qui couronna si utilement le règne de Clovis, s'assembla sur l'avis de ce prince. Cela n'impliquait pas une immixtion de l'autorité temporelle dans les affaires spirituelles, parce que les métropolitains d'un même royaume franc étant indépendants les uns des autres et n'ayant point de primat incontestablement reconnu, la royauté était le seul pouvoir central pouvant les inviter à se réunir ; d'ailleurs elle ne le faisait d'habitude que sur leur propre demande [2]. »

Mais les monarques francs ne se bornèrent pas à légiférer, ils exercèrent aussi par eux-mêmes la charité, et souvent avec une sollicitude et une largesse dignes d'un pouvoir chrétien. Ils bâtirent un grand nombre d'églises et d'abbayes et en dotèrent richement un plus grand nombre encore. C'était fonder aussi des établissements publics de charité. Ils chargeaient de saints évêques, de saints moines, de distribuer leurs aumônes.

Parmi les conseils que saint Remi adressait à Clovis avant son expédition contre les Visigoths, il lui disait : « Soulagez vos peuples, consolez les affligés, protégez les veuves, nourrissez les orphelins. » Le jeune roi des Francs fit de ces conseils la règle de sa conduite. Il s'appliqua aussi fidèlement à exercer la charité qu'à rendre la justice. Les rois de la première race suivirent son exemple.

Clovis avait doté magnifiquement les églises. Et la preuve en est dans « tous ces vastes domaines qu'elles possédaient encore plusieurs siècles après, dont elles faisaient fidèlement remonter l'origine à la munificence de ce prince, et dont la possession ne pouvait, en effet, s'expliquer d'aucune autre manière [3] ».

On citerait plus d'un trait de charité du fondateur du royaume franc ; l'histoire aurait dû en garder le souvenir, encore plus que de l'épisode du vase de Soissons, parce qu'ils sont comme les premiers anneaux d'une tradition de bonnes œuvres qui s'est prolongée

---

[1] *Études sur l'influence de la charité*, liv. II, ch. x, p. 344.
[2] Lecoy de la Marche, la *Fondation de la France*, p. 66.
[3] *Id., ibid.*, p. 92.

sur le trône de France, à travers les changements de dynasties, jusqu'à Louis XVI.

La suite de notre histoire de France, si merveilleusement marquée du sceau de l'intervention divine, fait penser à ce fameux prologue de la loi salique, qui en est comme le résumé anticipé : « Vive le Christ qui aime les Francs ! Qu'il protège leur nation, qu'il leur accorde la victoire ! »

Mais si le Christ a tant aimé les Francs et leurs rois et les descendants de leur race à perpétuité, « c'est qu'ils ont eux-mêmes donné largement au Christ et à ses saints. *Do Deo et sanctis*, « je donne à Dieu et à ses saints, » c'est, comme l'observe M. Lecoy de la Marche, la formule propre des anciennes chartes de donation aux églises et aux pauvres. » Et ces chartes sont les plus nombreuses parmi celles qui constituent les archives authentiques de la vieille royauté française.

La pieuse munificence des rois s'était particulièrement appliquée à ces grandes abbayes royales de Saint-Denis, de Saint-Germain-des-Prés, de Cluny, dont le rayonnement s'étendit, pour ainsi dire, à toute la France, et qui ont eu une si grande part dans tout ce qui s'est fait de public, soit dans l'ordre des institutions sociales, soit dans l'ordre de la charité.

La pensée qui a inspiré les dotations royales aux églises et aux abbayes, c'est celle qu'inscrivait l'empereur allemand Frédéric II en tête d'un de ses diplômes de donation : « Au milieu de la caducité universelle des choses humaines, l'homme peut toutefois dérober au temps quelque chose de stable et de perpétuel, savoir : ce qu'il donne à Dieu ; il rattache ainsi son patrimoine terrestre à celui de Dieu. »

Les rois de la première race eurent plus d'un conseiller qui encouragea ces pieuses fondations. Aux époques où régnait la foi, on considérait que bâtir ou doter un monastère, c'était se faire un marchepied pour le ciel. « Donnez-moi, disait saint Éloi à Dagobert, donnez-moi cet emplacement afin que je puisse y construire une échelle par laquelle vous et moi nous monterons au royaume céleste. »

Du Ve au IXe siècle, les invasions, les guerres civiles, les pestes, les famines, jointes aux excès de certains rois mérovingiens ou de leurs ministres, désolent trop souvent le peuple et l'empire des Francs. Cependant il y a de bons princes et de vertueux ministres.

Pendant un temps, saint Eptade, d'Autun, fut une sorte de ministre de la charité de Clovis. Cet illustre citoyen d'Autun, après avoir exercé dans sa ville des emplois importants, s'était adonné tout entier aux œuvres de charité. Il s'était fait pauvre pour soulager les pauvres. Le roi des Francs, connaissant sa haute vertu et le bien qu'il faisait, voulut le placer sur le siège archiépiscopal d'Auxerre. Le saint avait refusé et s'était enfui dans une solitude pour y mener la vie religieuse. Mais Clovis l'y avait suivi de ses pressantes sollicitations ; un accord intervint entre le roi et le solitaire. Le roi s'engageait à ne plus lui parler de l'épiscopat; Eptade, de son côté, promettait de prier pour le roi et pour son peuple, de s'occuper, comme auparavant, du soin et du rachat des captifs romains, bourguignons, allemands, wisigoths, que les victoires des Francs avaient disséminés partout, d'être le distributeur des aumônes royales à tous les nécessiteux. Les bonnes œuvres de Clovis devaient passer par ses mains. Investi de fonctions, en quelque sorte officielles, pour la contrée où s'étendait son action, Eptade, du fond de sa cellule, qu'il quittait lorsque le zèle ou le dévouement l'appelaient dehors, fut un des principaux intendants de la charité royale. Mélanius, évêque de Rennes, avait également auprès de Clovis une grande faveur. Le roi le chargeait de distribuer ses aumônes et s'inspirait de ses avis pour rendre la justice.

Il n'y avait pas à cette époque d'assistance publique, mais la piété des rois et le zèle des saints y suppléaient largement. Ce sont les saints, en effet, évêques et moines, qui ont fondé la monarchie française, non par la force, mais par la vertu évangélique.

Saint Pépin, duc de Brabant et maire du palais de Clotaire II, ayant été chargé par lui de diriger son fils, Dagobert Ier, dans le gouvernement du royaume d'Austrasie, répétait souvent au jeune prince cette belle maxime : « Le trône d'un roi qui fait justice aux pauvres ne sera jamais ébranlé. »

Les saints étaient souvent, à cette époque, les ministres ou les conseillers des rois. La justice envers les pauvres, qu'ils leur recommandaient, ils la pratiquaient les premiers avec une vertu et un dévouement qui était la meilleure des leçons.

Saint Éloi, ministre de Dagobert, vendait ses parures précieuses pour en distribuer le prix aux pauvres. Sa charité était son principal titre de gloire. Si quelque étranger demandait sa maison, on lui répondait : « Allez à tel endroit : la maison devant laquelle vous verrez un grand nombre de pauvres est celle du seigneur Éloi. » Chez lui, il les servait à table, et tandis qu'il se contentait pour lui-même d'un peu de pain et d'eau mêlée de vinaigre, il leur donnait du pain et de la viande.

Les grands personnages, les fonctionnaires publics, fidèles à l'esprit de l'Évangile, donnaient souvent, dans les temps barbares, l'exemple des vertus chrétiennes[1]. Le poète Fortunat loue Atticus,

---

[1] Le Blant, II, 635. Fortunat, IV, xvi.

personnage qui avait exercé des fonctions judiciaires, non seulement pour s'être abstenu des abus de pouvoir et de spoliations iniques, mais aussi pour avoir largement exercé la charité envers les pauvres. Le même poète nous en montre un autre, du nom de Basile, qui fut plusieurs fois envoyé comme ambassadeur en Espagne, montant au ciel riche de tout ce qu'il avait donné aux pauvres [1].

Grégoire de Tours raconte le trait suivant : « Un des sénateurs, Ecdicius, plein de foi en Dieu, fit une grande chose : il envoya ses serviteurs, avec des chevaux et des chars, lui chercher les pauvres des localités voisines. On lui amenait ainsi tous les pauvres qu'on pouvait trouver. Pendant la disette il en nourrit, dit-on, plus de quatre mille de tout âge et de tout sexe. La famine ayant cessé, il les fit reconduire chacun dans son pays, comme il était allé les chercher. Après leur départ, une voix du ciel se fit entendre qui dit : « Ecdicius, Ecdicius, puisque tu as fait cela, jamais le pain « ne manquera à toi et à ta race ; puisque tu as suivi mes com- « mandements et que tu as soulagé ma faim en nourrissant les « pauvres [2]. »

Souvent à ces époques, encore barbares sous bien des rapports, la charité tenait lieu d'autres vertus. Le vieil historien Grégoire de Tours ne parle pas favorablement de la reine Austréchilde, seconde femme de Gontran, roi de Bourgogne; il l'accuse même d'avoir exercé sur l'esprit de son mari une pernicieuse influence ; mais Fortunat loue la charité de cette reine. Dans l'épitaphe composée en son honneur, le pieux poète proclame qu'elle avait envoyé devant elle ses biens au ciel en les donnant aux pauvres [3]. Médard, un des principaux seigneurs de la cour de Childéric, et sa pieuse épouse, Protagie, avaient élevé leurs deux fils, qui furent saint Médard et saint Gildard, à pratiquer, à leur exemple, la miséricorde envers les pauvres. Mieux que saint Martin, qui avait partagé son manteau avec un mendiant, le futur évêque de Noyon, rencontrant un jour un aveugle qui manquait d'habits, se dépouilla pour le malheureux d'un riche vêtement qu'on lui avait fait faire, pour paraître avec honneur parmi les jeunes gens de son rang.

En ces temps de mœurs rudes et parfois barbares, où les vertus aussi étaient fortes, plus d'une demeure seigneuriale ressemblait à celle de Hunawihr, près de Colmar. Huno et sa sainte épouse Hunne y pratiquaient généreusement l'aumône. A la mort de son mari, Hunne s'adonna entièrement à la charité. Son château était l'asile

---

[1] Le Blant, II, 637; Fortunat, IV, xxi.
[2] L. II, c. xxiv.
[3] Le Blant, o. c., I, 218.

de tous les malheureux de la contrée ; non seulement elle leur faisait de larges distributions de vivres et d'argent, mais elle soignait leurs infirmités, elle les assistait de toutes manières et leur rendait les services les plus bas. On a montré longtemps après sa mort la fontaine où la sainte veuve allait elle-même laver le linge des pauvres, ce qui lui fit donner dans le peuple le surnom de *sainte Lavandière*. Ce sont là des témoignages authentiques de la charité dans la classe seigneuriale.

D'âge en âge, on l'a vu précédemment, la fortune des églises s'était accrue. Aux oblations et aux dîmes qu'il était d'usage d'acquitter, aux dons volontaires faits par les fidèles, s'étaient ajoutés de bonne heure des legs et des fondations de toute sorte, des distributions de blé et autres subsides fournis par les princes et les villes. Ces biens servaient à l'entretien du clergé et au service du culte. Une partie, le tiers ou le quart, suivant les lieux, constituait le patrimoine des pauvres et des œuvres de bienfaisance.

La portion des pauvres était sacrée. Pour la sauvegarder, des mesures avaient été prises par l'autorité religieuse et civile.

A l'époque de l'organisation des paroisses, l'Église elle-même avait admis des laïques dans l'administration de ses biens, à la fois pour aider le curé dans la distribution des secours aux pauvres et pour contrôler, même au besoin, l'emploi des revenus conformément aux prescriptions de la loi canonique.

Ce fut le commencement de l'intervention de l'autorité civile dans le ministère de la charité.

Un capitulaire de l'an 801 ordonne aux curés de tenir un registre exact des dîmes et redevances payées à l'église et d'en faire le partage, suivant les règles du droit canonique, devant témoins. Ces témoins sont chargés de faire eux-mêmes, avec le curé, la distribution de la part des pauvres. Le pieux et saint archevêque de Reims Hincmar dit expressément que la répartition des dîmes « doit être faite par les curés avec la participation de deux ou trois témoins choisis entre les plus vertueux paroissiens ». C'était là une mesure de précaution destinée à assurer la part des pauvres et à empêcher, au besoin, les seigneurs de s'immiscer dans la distribution des revenus de l'église. Ainsi Thomassin explique le texte d'Hincmar. « Ce n'était pas seulement, dit-il, pour empêcher que la portion des pauvres ne pût être diminuée ou que les clercs manquassent de ce qui était nécessaire pour s'entretenir, ou que ce qui était destiné aux réparations de l'église ne fût détourné ailleurs, ou que cette quatrième portion que les canons réservaient aux évêques ne se dissipât mal à propos, mais aussi pour s'opposer avec vigueur aux entreprises des seigneurs laïques, qui prétendaient, en quelques endroits, avoir part à cette distribution[1]. »

Aucun souverain, si ce n'est saint Louis, n'eut plus d'amour des pauvres que Charlemagne. Ce grand empereur, si dévoué à l'Église, si zélé pour la gloire et la beauté des temples matériels du culte, n'eut pas moins de sollicitude pour les temples spirituels de Jésus-Christ, qui sont les pauvres. Il fonda des hôpitaux, il distribua pendant tout son règne d'abondantes aumônes. Sa charité s'étendait même au delà des frontières de son empire. A plusieurs reprises, il envoya de fortes sommes d'argent en Syrie, en Égypte, à Jérusalem, à Alexandrie, à Carthage, pour y secourir les malheureux.

Pour lui, comme pour tous les bons rois, régner c'était être père; c'était pourvoir au bien de tous ses sujets, et particulièrement des plus nécessiteux. Il s'y appliqua avec une attention et une prévoyance qui sont une des marques les plus éminentes de son grand esprit de gouvernement; il comprenait la charité comme une fonction royale.

Voici un de ces admirables capitulaires, qu'on pourrait plutôt appeler des mandements épiscopaux, qu'il adressait à ses sujets pour régler l'emploi de leurs offrandes et libéralités, en leur recommandant de les faire passer par les prêtres, pour mieux les faire arriver aux pauvres :

> Très chers frères, vous devez aimer tous les hommes et leur faire du bien à tous; mais vous devez surtout faire du bien à ceux qui servent plus spécialement Dieu et vivent pieusement. Vous devez offrir à l'autel les prémices de vos récoltes et de vos travaux, savoir, vos épis nouveaux, vos raisins et vos fèves. Vous devez porter à la maison du prêtre les prémices de tous vos autres fruits pour que le prêtre les bénisse; ensuite vous les mangerez sanctifiés par la bénédiction de Dieu. Priez le Seigneur que, par sa grâce et sa miséricorde, il vous donne de recueillir en paix vos autres fruits, de les employer à son service, et d'en user selon ses lois. Ne conservez pas vos dîmes, ne tardez pas à les donner. N'attendez pas que le prêtre ou les clercs vous les demandent, mais donnez-les de bonne volonté; et, sans attendre d'avertissement, portez-les à la maison du prêtre. Faites aussi d'autres aumônes aux voyageurs et aux pauvres, mais ne donnez pas vos dîmes ailleurs qu'au prêtre; et lui, qu'il les emploie avec crainte et respect de Dieu, aux bâtiments de l'église, au luminaire, à la réception des hôtes et des pauvres et pour ses usages et ses besoins [2].

Le grand empereur, si magnifiquement généreux envers les églises et les pauvres, avait voulu étendre ses libéralités au delà du tombeau. De sa fortune personnelle, Charlemagne, après le prélèvement des objets précieux destinés aux églises, avait fait par testament quatre parts; la troisième était celle des pauvres. Par une disposition touchante, il voulut que la plus grande des tables d'ar-

---

[1] Thomassin, t. VI, p. 575.
[2] Baluze, *Capitularia*, t. II, col. 1376.

gent qu'il possédait fût partagée entre eux et ses héritiers, et il ordonna également que sa bibliothèque fût vendue et que le prix leur en fût distribué pour leurs besoins.

Au début de l'organisation de la monarchie franque, les comtes, qui étaient les hauts fonctionnaires administratifs et judiciaires du royaume, avaient dans leurs attributions la tutèle des pauvres, des veuves et des orphelins. « Une ordonnance de Dagobert II, de l'an 630, porte expressément que les comtes, dans les audiences qu'ils tiendront chaque semaine, veilleront principalement à ce que les pauvres soient protégés, à ce qu'ils ne souffrent aucune violence[1]. » Le même capitulaire leur enjoint de veiller à ce que ces mêmes pauvres vivent selon les lois, à ce qu'ils ne se livrent pas au libertinage.

Charlemagne renouvelle les prescriptions de ses prédécesseurs. Deux capitulaires consécutifs, de 801 et 802, ordonnent aux comtes et aux centeniers de protéger, chacun dans leur juridiction, l'Église, les orphelins et les pauvres[2]. C'est la même formule qui reparaît dans un capitulaire de 823, de Louis le Débonnaire[3].

Les empereurs francs ne se bornent pas à ces prescriptions générales; leur sollicitude pour les pauvres se manifeste dans de touchantes recommandations adressées aux grands personnages, aux fonctionnaires et à tous les sujets de leur empire. C'était comme un pouvoir maternel qu'ils exerçaient au profit des indigents et des malheureux.

Un capitulaire de l'an 806 dit : « Que chacun, évêques, abbés, abbesses, optimats, comtes ou domestiques et tous autres fidèles qui ont des bénéfices royaux, tant des biens ecclésiastiques que de tous autres biens, fassent nourrir leurs hommes (*familiam*) chacun sur son bénéfice, et que chacun nourrisse sur ses propriétés particulières (*de sua proprietate*) ses propres hommes; et si, par la grâce de Dieu, il recueille, sur son bénéfice ou sur sa propriété, plus de grain qu'il ne lui en est nécessaire pour lui et ses gens, et qu'il veuille le vendre, qu'il ne le vende pas plus cher que deux boisseaux d'avoine, etc.[4] »

« Que les abbés, les évêques, les abbesses, les comtes qui sont riches nourrissent les pauvres jusqu'au temps de la moisson, dit une autre disposition édictée pendant une famine, et que les comtes dans une situation inférieure (*mediocres*), faisant ce qu'ils pourront, en nourrissent ou deux, ou trois, ou un[5]. »

---

[1] Baluze, *Capitular. reg. Franc.*, t. I, col. 67.
[2] *Ibid.*, col. 350, 370 *et seq.*
[3] *Ibid.*, col. 634 et 636.
[4] *Ibid.*, col. 456, 728.
[5] *Ibid.*, col. 862, 1223.

Un capitulaire postérieur de Carloman, fils de Louis le Bègue, adresse au clergé de campagne de belles instructions, qui leur confèrent, au nom même du pouvoir civil, une haute mission de charité : « Que les prêtres exercent l'hospitalité ; qu'ils avertissent leurs paroissiens d'exercer l'hospitalité et de ne refuser le logement à aucun voyageur. Afin d'éviter toute occasion de rapine, qu'on ne vende rien plus cher aux passants, mais au prix du marché. Si les paroissiens veulent vendre plus cher, que le voyageur se plaigne au prêtre et que, sur son ordre, ils lui vendent avec humanité[1]. »

Louis le Débonnaire montre pour les pauvres une sollicitude et une prédilection dignes du surnom qui indiquait sa bonté. Dans un capitulaire de l'an 829, il exhorte les comtes et les commissaires qu'il envoie, comme Charlemagne, dans les provinces, à mettre tous leurs soins à ce que les pauvres ne souffrent aucun préjudice, à ce qu'ils n'aient aucun sujet de plainte, et c'est à ce prix qu'il met pour eux ses bonnes grâces[2].

Cette législation paternelle, tout inspirée de l'esprit chrétien, passa en héritage à la dynastie capétienne, la plus grande et la plus glorieuse des dynasties royales qui ait occupé le trône de France. Mais, du Xe au XIIe siècle, l'action des rois est limitée. Le pouvoir se partage entre les diverses autorités locales. Ce sont les grands feudataires, les seigneurs, les évêques, les abbés qui occupent la première place dans les fonctions publiques et aussi dans l'exercice des œuvres de charité.

« Au fond du système féodal on trouve cette idée chrétienne que le fort doit protection au faible ; la raison de la puissance est d'exercer cette tutelle, le seigneur est un serviteur[3]. » Trop souvent, il est vrai, les abus féodaux étaient en certains pays « un démenti infligé par les faits aux principes mêmes de la féodalité ». L'Église y remédia successivement, soit par l'institution de la chevalerie, qui donnait au régime féodal un fondement religieux et aux devoirs du seigneur une sanction sacrée, soit par la diffusion des tiers ordres franciscain et dominicain, qui offraient aux petites gens un moyen facile d'association à l'aide duquel ils pouvaient racheter les redevances féodales et se défendre contre l'usure.

La charité catholique intervenait ainsi, d'un côté, pour sanctionner et élever le principe bienfaisant de la féodalité ; de l'autre, pour en réprimer les abus.

---

[1] Baluze, *Capitularia*, t. II, col. 290. Ce capitulaire ne faisait que reproduire un canon du concile d'Auvergne de 535. (Labbe, *Concilia*, t. IV, col. 1806.)
[2] *Capit.*, t. I, col. 1218.
[3] Fabre et Gayau, *le Vatican, les papes et la civilisation. Les Ordres mendiants*, *passim*.

Beaucoup de seigneurs remplirent honnêtement et libéralement leurs devoirs de suzeraineté; beaucoup, dans l'exercice d'une autorité qui ne trouvait pas toujours dans le droit public du temps des limites sûres et qui n'offrait, en bien des cas, que les garanties de la personne, beaucoup pratiquèrent assez les vertus chrétiennes pour qu'il y ait eu malgré tout, dans ce gouvernement peu défini, de la justice et de la bonté.

Si les seigneurs n'étaient pas toujours respectueux des droits et du bien des petits, si leurs agents surtout abusaient de la faiblesse des serfs et des colons pour commettre des exactions qui devenaient une cause de misère, ils trouvaient plus d'une fois des hommes de Dieu pour les rappeler à la justice. A la cour du comte Thibaut de Champagne, où il était écouté, saint Bernard enseignait hautement que le devoir, en quelque sorte élémentaire, de l'épée était de corriger les oppresseurs des pauvres. S'il prêche la justice aux puissants barons, il y joint une autre leçon, celle de la charité.

« A cet égard, dit son dernier historien, son influence ne s'exerça sur personne plus profondément que sur le comte Thibaut de Champagne. Si les contemporains sont unanimes à louer l'extrême générosité de ce puissant baron, il faut savoir gré à l'abbé de Clairvaux d'avoir, de concert avec le fondateur des Prémontrés, développé en lui cette belle vertu de bienfaisance. En tout temps, le trésor et les greniers de Thibaut étaient ouverts aux vrais nécessiteux. Deux religieux de Prémontré avaient la charge de faire en son nom de périodiques, pour ne pas dire de perpétuelles distributions d'aumônes, parfois en argent, le plus souvent en nature, vêtements, chaussures, etc.[1]. » Bernard, qui fut souvent témoin des largesses du comte, avait même, quoiqu'il s'en défendît, la réputation d'être son principal aumônier. En tout cas, le comte de Champagne se montrait un digne élève du grand abbé de Clairvaux. De lui il avait appris à distribuer souvent lui-même ses aumônes et à visiter les hôpitaux, de façon à doubler ainsi, par la douceur de sa présence, le prix de ses libéralités.

A côté de saint Bernard, il y avait d'autres saints abbés, d'autres moines et avec eux des évêques et des prêtres zélés, qui savaient faire pénétrer dans la conscience des détenteurs du pouvoir l'idée de la justice et de la charité. Il y avait aussi parmi les grands seigneurs plus d'un Thibaut de Champagne qui mettait à profit ces leçons. Voici, par exemple, le portrait que trace de l'un d'eux un auteur protestant :

« Gérard, comte d'Aurillac, n'avait point vécu dans le cloître, et

---

[1] Vacandard, *Vie de saint Bernard*, t. I, pp. 220-221.

il est en cela un exemple rare de son temps, car il en pratiqua, au milieu du monde, toutes les vertus et toutes les austérités. Il était né d'une des plus nobles maisons de France, déjà illustre par la vie de saint Césaire, évêque d'Arles, l'un des plus populaires en même temps que des plus puissants parmi les apôtres de la Gaule. Dans les nombreux combats qu'il livra pour la défense des pauvres et des opprimés, nul ne put jamais lui résister, bien qu'il prît les plus minutieuses précautions pour rendre moins sanglante la défaite de ses ennemis. Il aimait à affranchir ses serfs, mais la plupart de ceux-ci refusaient la liberté qu'il leur offrait, tant son joug était doux et sa personne aimable; ils craignaient sans doute, dans leur pauvreté et leur faiblesse, de se heurter sans sa protection aux puissants de ce monde, qui ne partageaient en rien l'extrême délicatesse qui le distinguait au milieu d'une société où la notion de la propriété particulière était loin d'être comprise et respectée comme elle l'a été depuis. Sa charité était aussi ardente que tendre; les produits de quelques-unes de ses terres étaient exclusivement consacrés à la nourriture de ses pauvres; telles autres pourvoyaient à leur habillement ou leur chaussure. Il se regarda constamment comme l'administrateur de son immense fortune, chargé de l'employer pour la gloire de Dieu et le bien des pauvres et des moines, au milieu desquels il aimait à passer sa vie, retenu loin du cloître par le désir de son évêque, qui l'avait prié de conserver son épée pour la protection de la province [1]. »

Parmi ces hauts et puissants barons, plusieurs se sont sanctifiés par la charité, comme Charles de Blois, duc de Bretagne, au XIVe siècle. « Ses largesses étaient si grandes qu'il en devenait pauvre lui-même, et que plusieurs fois, au rapport de ses biographes, il vendit son manteau ducal pour en donner le prix à des malheureux qu'il n'aurait pu autrement secourir. Il dotait les orphelines pauvres afin de leur procurer un honnête établissement; et si, parmi les orphelins recueillis par sa charité, il s'en trouvait quelques-uns bien doués du côté de l'intelligence, il les faisait instruire dans les écoles, prenant à sa charge les frais de leur éducation [2]. »

Quoique la charité proprement dite ne fût pas un des articles du Code de la chevalerie, elle n'était pas absente du cœur de ces rudes hommes d'épée qui symbolisent toute une époque du passé. Même sous la cotte de mailles, dans la vie belliqueuse des forteresses et des camps, on la trouve encore. « Parfois, dit le brillant historien de la chevalerie, Léon Gautier, ces lourds chevaliers ont

---

[1] De Witt, *la Charité en France*, p. 38-40.
[2] *Mandement de Mgr Fallières*, évêque de Saint-Brieuc, sur le vénérable Charles de Blois, duc de Bretagne, 1895.

de beaux élans de véritable charité. Cet admirable Godefroi, le prototype de tous les chevaliers, et qui a eu une influence notable sur le développement historique de l'idée chevaleresque, ce chef de la première croisade est un véritable « frère de la charité »; il s'occupe sans cesse à visiter les pauvres de son ost. Judas Maccabeus, dans le roman d'*Auberon*, est renommé pour être « *as povres gens larges et visiteus*. Huon de Bordeaux, dans la ville de Tormont, fait, en quelque manière, l'office d'un diacre de la primitive Église : *La povre gent servoit à lor mangier*. Il y a même certains de nos héros qui, dans une heure de danger, n'hésitent pas (comme les marins en tempête) à faire des vœux solennels, et l'un de ces vœux consiste à fonder un hôpital, une Maison-Dieu, où ils recevront tous les pauvres. »

Nos vieilles chansons de geste contiennent plus d'un trait de la charité de leurs héros, comme celui de Gontier d'Airi, dont les prouesses dans la ville d'Antioche sont célébrées par de larges distributions aux pauvres. Une d'elles formule même ce précepte comme un des premiers devoirs de tout baron : *les povres aider*.

Il ne fut pas toujours, il faut le reconnaître, exactement observé. Néanmoins on constate à tous les siècles, dans toutes les provinces, la pieuse munificence d'un grand nombre de seigneurs bretons, normands, bourguignons et autres, dont les noms figurent avec honneur dans les annales de la charité française.

« Ils furent innombrables, écrit l'auteur déjà cité, ceux qui, poussés par de pieux désirs ou par la lassitude de la vie du monde, quittaient le rang élevé qu'ils occupaient à la cour du roi ou parmi les seigneurs des provinces, pour se confiner dans le cloître et y pratiquer, avec les devoirs de la pénitence, ceux de la plus humble charité; mais bien plus nombreux encore étaient ceux qui, saisis de remords pour leur vie passée, pour les extorsions et les cruautés dont ils s'étaient rendus coupables, consacraient par leurs dernières volontés quelques parties de leur héritage à l'expiation de leurs crimes, en faisant don d'une terre ou d'un revenu à l'église. Pendant toute la première partie du moyen âge, les monastères d'hommes ou de femmes absorbèrent la plus grande partie de ces dotations *in extremis*, et c'était entre les mains des moines un instrument de puissance toujours croissante que les fondations dont étaient pourvus les couvents, à charge de soulager les pauvres et de prier Dieu pour l'âme du donateur[1]. »

Voici, par exemple, un des grands chefs de la féodalité à la fin du XIe siècle, qui expose en deux mots d'une éloquence toute chré-

---

[1] De Witt, p. 40-1.

tienne les raisons des largesses seigneuriales inspirées par la foi.
« Moi, Guillaume, comte de Poitou et duc de toute l'Aquitaine, je transfère de ma main en la main de saint Pierre de Cluny cette église que, Dieu aidant, j'ai arrachée et affranchie de l'usurpation laïque, et je fais ce don parce que je me souviens de mes péchés, et que je veux que Dieu les oublie. »

Ce motif de pardon revient constamment dans les actes de donation ; il dominait les pensées de l'époque. Le désir de racheter ses fautes et d'assurer le salut de son âme excitait les plus puissants seigneurs, comme les plus humbles bourgeois, à obtenir miséricorde auprès de Dieu par leurs largesses envers les églises et les monastères. Ils savaient que cette sainte rançon de leurs péchés servirait en grande partie à nourrir les pauvres, à soulager les malheureux. Ils mettaient en pratique ce conseil des saints Livres : « Rachetez vos péchés par l'aumône. »

Cette espèce de marché avec la divine miséricorde inspirait aux plus puissants le plus grand respect pour les pauvres. Un des plus grands seigneurs territoriaux du XIIe siècle, l'égal du roi de France, Henri II, roi d'Angleterre, comte d'Anjou, de Poitou et duc de Normandie, fonde l'hôpital d'Angers. Dans l'acte d'érection, l'insigne fondateur appelle les pauvres, « nos maîtres, » *dominos nostros*. Et cependant c'était lui qui avait fait assassiner le saint archevêque de Cantorbéry, Thomas Becket, défenseur des droits et des biens ecclésiastiques.

Il y eut bien des seigneurs qui traitaient réellement les pauvres comme leurs maîtres. Un de leurs modèles à tous était saint Yves. Le pieux seigneur breton, dans son manoir héréditaire de Kermartin, exerce toutes les œuvres de la charité la plus ardente et la plus généreuse. Il y fait construire un bâtiment exprès pour héberger les pauvres et les voyageurs ; il leur donne à manger et met lui-même la nappe devant eux ; il leur distribue des vêtements, va jusqu'à se dépouiller des siens pour eux.

L'hôpital Saint-Jean-en-l'Estrée, d'Arras, avait été fondé en 1179 par Philippe d'Alsace, comte de Flandre, et Isabelle de Normandie, sa femme, « aidés dans cet acte de bienfaisance par plusieurs bourgeois d'Arras, dont les noms et le souvenir ont été justement conservés à côté de celui du comte de Flandre[1]. » Le célèbre hôpital *Comtesse*, de Lille, doit son origine à la libéralité des comtesses Jeanne et Marguerite de Flandre, qui le dotèrent richement. Dès le XIIe siècle, l'Hôtel-Dieu de Troyes avait été fondé par les comtes de Champagne. Jean, seigneur de Montmirail, avant de devenir

---

[1] J. Richard, *le Cartulaire de l'hôpital de Saint-Jean-en-l'Estrée*.

religieux de Cîteaux, exerçait abondamment la charité dans ses domaines. Il comblait les pauvres de ses largesses ; il les admettait à sa table avec les seigneurs, ses amis. En 1207, il fonda pour les malheureux, près de Montmirail, un Hôtel-Dieu qu'il dota richement.

Le biographe de la bienheureuse Jeanne de Maillé, épouse de Robert, seigneur de Sillé-le-Guillaume, en faisant le tableau de leur intérieur, montre ce qu'étaient, au XVe siècle encore, des seigneurs vraiment chrétiens, et comment ils exerçaient la charité autour d'eux. Robert de Sillé et sa chaste épouse, Jeanne-Marie de Maillé, engagés dans les liens d'un mariage qui n'était qu'une angélique union, employaient leur fortune à faire aux pauvres d'abondantes aumônes. Dans leur ardente charité, ils avaient même fait de leur demeure seigneuriale un véritable Hôtel-Dieu, ouvert à tous les pauvres qui y venaient chaque jour en grand nombre chercher leur nourriture. Non contents d'assister ainsi les malheureux, ils allaient les visiter à domicile ou à l'hôpital. Restée veuve encore jeune, la noble dame avait consacré sa vie à la prière et au soulagement des pauvres. Elle allait les voir chez eux, elle soignait les malades, elle faisait asseoir les mendiants à sa table, les servait elle-même et ne mangeait qu'après eux. C'était une sœur de charité dans le monde.

Il arrivait même parfois que les châteaux se convertissaient en monastères et devenaient ainsi des maisons de secours pour les malheureux. Adalric, duc d'Alsace, avait donné à sa fille Odile son château de Nonenburg pour y établir un monastère de femmes. Celle-ci fit construire un hôpital au pied de la montagne où il s'élevait, et chaque jour elle y descendait pour soigner les malades. Et comme le service de l'hôpital devenait de plus en plus important, Odile sépara en deux sa communauté, et en établit une partie à demeure auprès des malades. Sa sainteté, ses œuvres de miséricorde l'ont fait choisir par l'Alsace pour sa patronne.

De tels exemples n'étaient pas communs sans doute, mais ils montrent ce que les sentiments et les mœurs du temps pouvaient produire, et combien les pensées de charité étaient habituelles au sein même de la haute société féodale. Ils montrent comment les seigneurs subvenaient aux nécessités publiques, comment ils s'acquittaient de la charge qui leur incombait, pour leur part, de secourir les pauvres, de remédier aux maux généraux de la société.

Assez souvent les seigneurs fondaient ou entretenaient sur leurs terres des aumôneries ou « aumônes ». C'était le nom donné au moyen âge aux diverses fondations charitables qui avaient pour objet l'assistance des nécessiteux. En les créant, ils les dotaient à perpétuité de biens et revenus. Telle est la donation faite en 1216 par un seigneur breton nommé Eudes, lorsqu'il fonda l'aumônerie de Pontchastreau. Elle était aussi prévoyante que généreuse. Cette donation comprend, outre le terrain destiné à l'établissement des moulins et des fours, avec leur ressort de banalité, un tiers des droits de pêche, des prés et vergers, une partie des dîmes seigneuriales, le droit de prendre dans la forêt du bois mort de chauffage et du bois de construction, et le droit de faire paître les bestiaux et les porcs de l'aumônerie, enfin des franchises et immunités de diverse sorte. La condition de cette donation c'est que l'aumônerie recevrait autant de pauvres qu'elle en pourrait contenir, et que l'excédent des revenus serait appliqué aux besoins de la maison, suivant avis de l'évêque et du fondateur ou de ses héritiers [1].

C'était un des devoirs de la charge seigneuriale de prendre soin des pauvres vassaux. Le suzerain avait intérêt, du reste, à faire soigner le serf infirme ou malade qui travaillait sur ses terres. Souvent le château fort, comme le couvent, avait une salle d'infirmerie. D'autres fois, il existait un hôpital séparé dû à la pieuse munificence du château ou de l'abbaye voisine. On peut dire d'une manière générale que les seigneurs contribuèrent, avec le clergé séculier et régulier, à la fondation des établissements hospitaliers des campagnes.

Ce fut l'usage jusqu'à la fin du régime seigneurial. L'hôpital de Gayette, près de Varennes dans le Bourbonnais, est fondé en 1694 par François de Pingre, seigneur de Farainviller et conseiller du roi, avec cette clause que cet hôpital sera établi pour les pauvres malades infirmes et orphelins des dépendances de la terre de Gayette et des lieux circonvoisins.

Au nombre des services publics de la charité, il faut mettre aussi les secours que les paysans pouvaient attendre de leur seigneur. Il n'y avait là rien d'obligatoire ni de régulier; mais l'organisation féodale, qui a persisté jusqu'à la Révolution, comportait une réciprocité de services dont les vassaux pauvres profitaient. D'ailleurs, observe M. Hubert Valleroux, « le sentiment religieux, la force de la tradition et de l'esprit public ne permettaient pas à un seigneur de se désintéresser du sort de ses vassaux; son intérêt même était de ne point les laisser tomber dans une absolue misère. »

Certaines obligations incombaient expressément aux seigneurs. Ainsi, les canons des conciles et les ordonnances des rois mettaient à leur charge les enfants trouvés. Ils n'exerçaient pas seulement leur juridiction sur leurs vassaux, mais ils prenaient soin ordinairement de la santé et de la vie de tous les hommes de leur vasselage. Dans chaque châtellerie, au moins dans les plus importantes, il y avait un

---

[1] Maistre, *le Casuel des hôpitaux de Nantes*, dans *Revue de Bretagne*, p. 282.

médecin et un chirurgien juré [1]. Ainsi en était-il aux xiv° et xv° siècles. Parfois, c'était le seigneur lui-même qui exerçait la médecine.

On citerait maints exemples de cette pratique. Nous avons le type parfait du gentilhomme campagnard dans le sire de Gouberville, que nous connaissons par le journal de sa vie. Il avait étudié la médecine et se plaisait à soigner les paysans. On le voit, par exemple, « rentrant de voyage, aller tout de suite, sans prendre le temps de se reposer ni de se changer, chez un paysan qui vient d'être victime d'un accident; puis, trouvant le cas grave, il se rend aussitôt à Valogne pour en ramener un chirurgien. Il envoyait en outre du vin, du sucre même (chose très rare à cette époque) et d'autres aliments de toute sorte. » Son biographe s'étonne de la quantité de victuailles qu'il faisait porter chez les pauvres. M. de Bretteville, un de ses parents, allait aussi soigner les paysans [2].

« La liste serait longue des seigneurs, non pas qui ont fondé des monastères, les ont dotés ou enrichis, mais de ceux qui ont fait eux-mêmes le bien autour d'eux, ont donné l'aumône aux pauvres de la main à la main, ont secouru et assisté les paysans de leurs seigneuries [3]. »

Les chroniques, les romans de chevalerie, révéleraient une quantité de traits de la sollicitude des seigneurs pour les besoins de leurs vassaux indigents, dont ils avaient la charge.

« Des documents non moins sûrs, dit M. Prévost, ce sont les testaments; il n'en est guère qui, en dehors des legs pieux, ne contiennent la prescription de faire, aux pauvres des seigneuries appartenant au testateur, des distributions d'argent, de vêtements, de bois, d'aliments [4]. »

Évidemment, la préoccupation de ces nobles testateurs était de continuer après eux le bien qu'ils avaient fait de leur vivant. Quelquefois on en a la preuve dans l'acte testamentaire lui-même. Voici Mme Isabeau de Harcourt, dame de Toire et de Villars, qui avait l'habitude de donner un repas à tous les pauvres qui se présentaient, le jeudi saint, dans sa seigneurie du Chastellart. « Par son testament (21 novembre 1441), elle ordonne que cet usage sera continué. Sa sollicitude va jusqu'à prescrire de quoi sera composé le repas; c'est le menu, assez rare sans doute, de ce que pouvaient manger de pauvres gens un jour de fête maigre, et elle n'oublie pas de recommander que tout soit « bien appareillé de sel, d'ouïlles « et d'oginons [5] ».

---

[1] Siméon Luce, *Bertrand du Guesclin*, p. 69.
[2] L'abbé Tollemer, *Journal d'un gentilhomme normand*.
[3] M. Prévost, o. c., p. 117.
[4] O. c., p. 119.
[5] Prévost, *ibid*.

A l'entrée de quelques-uns de ces vieux châteaux féodaux échappés à la destruction commune, on voit encore le logis où les gens du seigneur, souvent la châtelaine elle-même, distribuaient aux indigents le pain, les aumônes. Ce sont là aussi des témoins authentiques de la charité des maîtres de céans.

Il est peu de fondations d'églises et de couvents, ces asiles assurés des pauvres, qui ne se rattachent au souvenir de la pieuse munificence de rois ou de seigneurs. Tantôt ceux-ci donnaient le terrain sur lequel s'établissaient les religieux, tantôt ils contribuaient de leurs dons à l'érection des bâtiments; d'autres fois ils assuraient, en partie, l'avenir de la pieuse communauté par des dotations à perpétuité. C'est ce que l'on constate durant toute la période du moyen âge et au delà.

Dans la seule ville de Lyon, par exemple, on comptait avant la Révolution une dizaine de communautés qui devaient leur établissement à une semblable origine. Les Augustins, appelés communément Grands Augustins, s'étaient établis à Lyon vers l'an 1000. Les seigneurs de Beaujeu leur avaient donné l'emplacement de leur palais hors de l'enceinte de la ville, au lieu qu'ils occupaient encore en 1789. Le monastère des Cordeliers, devenu célèbre par le séjour et la mort de saint Bonaventure, avait été fondé en 1230 par Humbert de Grôlée, sénéchal de Lyon, qui leur donna son hôtel. Un autre couvent de Cordeliers, dit couvent royal, fut ensuite fondé en 1404 par Charles VIII et Anne de Bretagne, son épouse, en considération de Jean Bourgeois, religieux de cet ordre, et leur prédicateur. Henri III, lors de son passage à Lyon en 1584, avait formé le dessein d'y élever une chartreuse. C'est pour remplir le vœu de son prédécesseur, que Henri IV ordonna l'établissement de ces solitaires, et voulut que leur maison s'appelât la Chartreuse du Lis-Saint-Esprit. En 1606, les religieux du tiers ordre de Saint-François s'établirent au faubourg de la Guillotière, sur un fonds qui leur avait été donné par le duc et la duchesse de Mayenne. Le monastère des Carmes déchaussés avait été fondé en 1618 par le marquis de Nérestang. Quand les Feuillants, religieux réformés de l'ordre de Cîteaux, vinrent à Lyon, ce fut Charles de Neuville d'Halincourt, gouverneur de la ville, qui leur donna d'abord de quoi bâtir une église. Les consuls leur firent ensuite construire une maison. La reine Anne d'Autriche elle-même avait mis les Capucins en possession de leur établissement du *Petit-Forêt*, en 1622, et avait fait poser en son nom la première pierre de leur église. De son côté, la reine Marie de Médicis avait appelé les Récollets, et leur avait donné une maison appelée Belle-Grève.

La plupart des communautés de femmes de Lyon avaient la même origine. Il en était de toutes les autres villes comme de Lyon. Partout les rois, les seigneurs, les grands personnages publics y apparaissent comme les fondateurs ou les bienfaiteurs des maisons des religieux, qu'on pourrait appeler aussi bien les maisons des pauvres.

Rien n'est plus commun, durant les xvii° et xviii° siècles, que de voir des seigneurs contribuer au développement des congrégations de femmes fondées dans un but charitable, en appelant des sœurs dans les hôpitaux et les écoles des lieux où ils avaient leurs domaines.

Dès que les villes eurent leur personnalité civile et politique, avec leurs magistrats, leurs institutions propres, leurs finances, elles commencèrent à figurer dans l'histoire de la charité. L'assistance publique, sans être administrativement organisée à la manière moderne, devient un des services municipaux; une partie des revenus des villes y est affectée. Chaque cité considère comme un devoir de nourrir ses pauvres, conformément à la vieille prescription du concile de Tours, qui avait servi de règle jusqu'à l'époque féodale et qui redevint en vigueur après la constitution des communes. Cette prescription plusieurs fois répétée dans les Capitulaires, n'avait reçu son exécution, depuis le x° siècle, que par les soins des autorités ecclésiastiques et les œuvres de la charité privée. Les villes étaient de simples fiefs féodaux relevant des seigneurs et administrés comme un domaine. Elles n'avaient ni revenus propres ni liberté d'action.

A mesure que les communes s'organisent, depuis l'époque de leur affranchissement, les municipalités se préoccupent, pour leur part, d'assurer des secours aux pauvres et des soins aux malades.

Dès le xiii° siècle, à côté des Maisons-Dieu ou hôpitaux dépendant de l'autorité religieuse, on trouve en certaines villes des maisons ou institutions de bienfaisance établies, sous le nom d'*Aumônes* ou de *Charités,* pour faire aux pauvres des distributions régulières de vivres.

« Les archives de Saint-Raymond (Ariège) conservent plusieurs actes de donation ou de vente en faveur de la Charité de la ville. Le plus ancien est un testament de Jordain Calvet, de l'an 1200, qui lègue certaines sommes pour la nourriture et les vêtements des pauvres de la communauté, et aussi pour les oblies qui se donnaient à la Pentecôte. Il résulte de cet acte que cette Charité était une maison de secours pour les pauvres et les malades. Les recettes et les dépenses figurent dans les livres de comptes de l'hôtel de ville. Au commencement du xv° siècle, on distribuait tous les ans, le lundi de la Pentecôte, le pain de quarante setiers de blé. Les archives conservent aussi trois registres des oblies nombreuses payées à la Charité par les habitants de Pamiers. Celui de 1338 contient plus de cinq cents noms. Cette maison de charité dût être abandonnée quand les hospices de la ville eurent été fondés, et les rentes continuèrent à être payées au profit d'une sorte de bureau de bienfaisance régi par les consuls[1]. »

Des documents constatent l'existence d'une institution analogue de bienfaisance, dite les Charités, établie dès le xive siècle à Felletin (Creuse), indépendamment de l'hôpital, et dont l'administration appartenait aux consuls de la ville.

Cette institution, dont le but était de faire distribuer des secours en pain et en seigle aux pauvres de la contrée, avait rencontré primitivement une vive sympathie, si l'on en juge par l'étendue des sacrifices de la ville, qui lui réservait le produit des immeubles de son domaine privé, les champs communaux et les terrains vacants dans l'enceinte fortifiée. Les Charités furent définitivement supprimées quelques années après 1583; un collège ayant été fondé à Felletin, les consuls abandonnèrent les revenus des Charités pour leur part contributive à la dotation du nouvel établissement[2]. L'hôpital, accru et largement doté, suffisait d'ailleurs aux besoins des pauvres qui en recevaient des secours réguliers.

« A Bergerac (Dordogne), la municipalité procédait, depuis le xiiie siècle, à des distributions extraordinaires de pain aux pauvres, sous le nom de Sainte-Charité, le jour de la Pentecôte. Le maire ou les consuls ne laissaient pas à d'autres le soin et l'honneur de départir aux pauvres le pain de la charité; mais pour rendre la fête plus solennelle, ils invitaient les gentilshommes et bourgeois notables de la ville et des environs à les aider dans cet honorable office, et, le soir, on se réunissait en agapes fraternelles, à la maison du consulat. Quand les contributions des particuliers ne suffisaient pas avec les ressources de la ville, les Jurades décidaient d'emprunter. Si les pauvres se multipliaient, de telle sorte que le blé qu'on retirait des six moulins de la ville ne pouvait suffire à l'aumône habituelle, les consuls en achetaient au dehors. En 1504, la distribution atteignit vingt-trois mille pains d'un peu moins d'une demi-livre, ce qui fait supposer plusieurs milliers de pauvres secourus ce seul jour de la Pentecôte. Au reste, il arrivait pour ce jour-là des pauvres de toutes les contrées voisines. Les riches eux-mêmes aimaient, dans un véritable esprit de fraternité, à se confondre

---

[1] J. de L., *Souvenir d'histoire locale*, dans *Semaine religieuse* de Pamiers, 1895, p. 489.
[2] *Mémoire* lu par M. Autorde, au congrès des sociétés savantes à la Sorbonne, avril 1895.

avec les pauvres pour cette distribution de pain, qui se faisait de la manière la plus honorable par la main des premiers magistrats de la ville. Un habitant de Bergerac, entre autres, Élie Castanet, avait donné une rente perpétuelle de six deniers à la Charité, à la condition de recevoir, au jour de la Pentecôte, une miche de pain blanc à perpétuité. Ce pain de « la Sainte-Charité » était comme du pain sanctifié, dont tout le monde voulait avoir sa part[1]. »

Des institutions analogues d'assistance publique existaient dans bien d'autres villes. On en verra plus loin le fonctionnement. Elles se développèrent à partir du xvie siècle sous le nom d'Aumônes générales, et plus tard sous celui de Bureaux de charité. La plupart du temps les magistrats, avec l'évêque, gardèrent la haute main sur ces administrations charitables, qui se composaient de membres de droit et de membres élus.

Les villes ne se contentaient pas de pourvoir, dans la mesure de leurs ressources, à la nourriture des pauvres ; elles subvenaient à d'autres misères. On voit d'après des lettres de Charles V de 1366, relatives à la commune de Douai, que les orphelins étaient entretenus par la ville. C'est ce qui avait lieu ailleurs aussi.

L'intervention des villes se manifeste surtout à propos des établissements hospitaliers. Jusqu'à la fin du xiiie siècle, l'administration hospitalière est tout ecclésiastique. A cette époque, plusieurs villes commencent à y avoir part. Un commencement de sécularisation se manifeste. Déjà, Philippe-Auguste et saint Louis avaient repris une certaine juridiction en matière de charité. Les baillis royaux fonctionnaient à côté des administrateurs ecclésiastiques des Hôtels-Dieu, et le grand aumônier commençait à prendre place près de l'évêque dans la direction du temporel de ces maisons. Les autorités municipales s'adjugèrent aussi des attributions, que légitimait la part de subvention des communes dans la gestion des hôpitaux.

Les bourgeois, les notables de la ville furent appelés de bonne heure à participer, dans une certaine mesure, au gouvernement des établissements de charité. Dans ses *Coutumes du Beauvoisis*, Beaumanoir constate l'usage déjà établi à ce sujet. Après avoir dit que les maladreries sont établies dans les villes pour recevoir ceux de la ville qui sont en maladies, il ajoute que si en principe la garde des maladreries appartient à l'évêque, il en est parmi elles qui relèvent du seigneur ; que, d'ailleurs, dans toutes les maladreries, celui qui en a la garde doit prendre « en la ville un prodehomme ou deux ou trois, qui s'entremettent de savoir l'estat de la maison et

---

[1] Dupuy, *les Jurades de Bergerac*, 1892.

de pourvoir et d'administrer la besogne, et de rendre compte une fois en l'an[1] ».

L'administration des hôpitaux est mi-partie ecclésiastique et mi-partie séculière dans l'Artois, sous le règne du successeur de saint Louis. Les documents du temps en témoignent par les faits qu'ils rapportent.

Il s'était introduit quelques abus à l'hôpital du Grand-Val d'Arras : les majeurs et échevins fixent le nombre des pauvres qui doit y être admis et règlent, le 4 juillet 1293, qu'à l'avenir nul ne pourra être reçu sans leur permission donnée par écrit. C'est à eux que les comptes sont rendus par ceux qu'ils ont commis à la recette des biens de la maison.

On constate au XIVe siècle, au moins dans plusieurs villes, une participation plus étendue des municipalités à l'administration des établissements hospitaliers. Dans celles où il y avait un gouverneur nommé par le roi, comme à Douai, à Tournai et certaines autres villes de la Flandre, les administrateurs préposés aux hospices et hôpitaux, lesquels étaient ordinairement des prêtres ou religieux, ou, comme l'on disait alors, ceux qui avaient la « maîtrise » de ces établissements, devaient rendre compte de leur gestion au gouverneur, assisté des notables de la ville. Ces notables formèrent les assemblées générales que l'on voit, dans les siècles suivants, contrôler les comptes des maisons de charité.

Dans ces villes, la dépense des hôpitaux, Maisons-Dieu, Tables du Saint-Esprit et Aumônes, était mise au nombre des dépenses municipales et même des dépenses obligatoires et privilégiées, puisqu'elle devait passer avant l'acquittement des autres dettes de la ville.

L'élément communal entra de plus en plus dans l'organisation de la charité.

Par ses lettres de ratification des coutumes, franchises et libertés dont la ville de Hesdin en Artois avait joui sous les ducs de Bourgogne, lettres datées de janvier 1483, le roi Charles VIII reconnaît ou attribue à l'autorité municipale la nomination des maîtres et trésoriers de l'hôpital Saint-Jean et de la maison Saint-Ladre. Les comptes des administrateurs sont rendus solennellement chaque année, le jour de saint Pierre, entre les mains du bailli de Hesdin ou de son lieutenant, du procureur du roi et du maire, et des échevins formant le conseil de la ville, et de tous les habitants de la ville qui veulent assister à la séance.

« La plus grande publicité s'attache aux débats des comptes hospitaliers. Ces solennités municipales, appliquées à l'administration de

---

[1] T. II, p. 320 et suiv.

la charité publique, sont un des faits les plus notables de son histoire. C'est un des côtés par lesquels le présent a laissé l'avantage au passé[1]. »

Ce régime nouveau de participation des villes à l'administration charitable s'étend avec l'extension même du pouvoir royal et le développement de l'esprit laïque.

A mesure que les communes urbaines s'organisent, les municipalités se préoccupent davantage du soin des malades, de la santé générale des habitants. Elles contribuent tantôt à la fondation, tantôt à l'entretien des hôpitaux. Elles assurent, autant qu'elles peuvent, le service de santé. A partir du XVe siècle surtout, le pouvoir communal participe, avec l'autorité ecclésiastique, à la gestion de l'assistance publique.

Une révolution lente s'accomplit ; la charité publique passe de plus en plus sous la tutelle des gens du roi ou des magistrats municipaux. On voit très bien, par différents exemples, comment la transformation s'est opérée.

Ainsi, jusque vers la fin du XVe siècle, les religieux de Haute-Combe d'abord, puis ceux de Chassagne, avaient eu la direction de l'Hôtel-Dieu de Lyon; à cette époque, des plaintes plus ou moins fondées s'élevèrent dans le peuple contre la gestion de l'hôpital, et d'eux-mêmes les religieux en abandonnèrent l'administration aux autorités municipales, moyennant un prix de cession et la réserve de quelques propriétés. Depuis lors, la direction de l'Hôtel-Dieu resta pendant plus d'un siècle aux mains des consuls de la cité. En 1585, les échevins élirent une commission administrative de douze et quatorze membres qui gérèrent les établissements hospitaliers de la ville, sous la haute direction des magistrats municipaux, jusqu'à l'époque de la Révolution.

Ce n'est pas le seul exemple de laïcisation administrative des hôpitaux avant 1789.

D'après les statuts de 1550, dressés par ordre de Henri d'Albret, roi de Navarre et seigneur de Mortagne, les bourgeois de cette ville élisent en assemblée générale le receveur de l'hôpital, lequel est chargé de recueillir le revenu, d'administrer le temporel et de pourvoir aux affaires de la maison. Le receveur devait rendre compte chaque année, au bailli ou au vicomte du Perche ou à leurs lieutenants, en présence de l'avocat et du procureur du roi de Navarre, des « gens commis pour tenir le bureau de la Maison-Dieu » et de quatre bourgeois de la ville. L'élection du bureau de la Maison-Dieu

---

[1] Martin Doisy, *Dictionnaire d'économie charitable*, t. I, col. 82 (collection Migne).

avait lieu aussi en assemblée générale ou assise. Le bureau se composait de trois membres surveillants.

Quoique la constitution des hôpitaux fût restée autonome après les réformes de Henri IV, de Louis XIII et de Louis XIV, les municipalités conservèrent, en général, une part dans l'administration hospitalière. Elles avaient, suivant les lieux, certains droits, soit dans la nomination ou l'approbation des recteurs des hôpitaux, soit dans la gestion des biens. Leurs attributions s'étendirent avec le temps.

Au XVIIe et au XVIIIe siècle, les autorités municipales veillent à ce que les villes soient pourvues de médecins, de chirurgiens et d'apothicaires, et ce n'était pas toujours facile à l'époque. Pour les attirer, elles leur assurent des gages ou des pensions et leur accordent des privilèges. Là ne se borne pas leur sollicitude pour les malades et les pauvres; elles s'occupent de la bonne administration des hôpitaux, qui laissait parfois à désirer, faute d'ordre ou de ressources suffisantes. Les magistrats visitent de temps à autre les malades, autant par intérêt pour eux que pour témoigner de leur sollicitude pour la bonne tenue des établissements. En certaines villes, comme à Châlons, le maire et les échevins se rendaient à l'hôpital le Jour de l'an.

Les villes eurent de plus en plus à pourvoir aux dépenses de l'assistance publique. Elles apportèrent, avec leurs ressources particulières, un nouvel aliment à la charité. Les contributions municipales vinrent s'ajouter aux donations individuelles.

L'établissement des octrois dans les villes coïncide, au XVIIe siècle, avec la création des hôpitaux généraux, dus à l'initiative royale et aux conseils de saint Vincent de Paul. Cet impôt municipal, devenu aujourd'hui l'objet de nombreuses récriminations, se présente à l'origine avec un caractère de charité. Les octrois furent la grande ressource des nouveaux établissements, après qu'ils eurent été créés à Paris et dans les principales villes pour subvenir à des besoins nouveaux. Le gouvernement de Louis XIV eût préféré, avec raison, le système des cotisations volontaires des habitants; mais souvent ces cotisations risquaient d'être irrégulières et insuffisantes; les villes leur préféraient les octrois, qui procuraient des ressources sûres et constantes, et elles demandaient l'autorisation d'en établir. « Les hôpitaux de Rennes, dit M. Babeau, ne subsistaient que par eux. Lille y puisait soixante-quinze mille livres pour son hôpital et trente-sept pour sa bourse des pauvres. Paris trouvait dans ses octrois ainsi que dans divers autres droits près de deux millions six cent mille livres, au moment où la Révolution, en supprimant ces sources de revenus pour les établissements hospitaliers, vint les jeter dans une situation précaire qu'ils n'avaient jamais connue [1]. »

[1] *La Ville sous l'ancien régime*, p. 125.

Les octrois finirent par remplacer peu à peu les taxes que les « Aumônes générales », ou Bureaux des pauvres, avaient le droit de lever sur les habitants, proportionnellement à leurs revenus. Plus d'une fois ceux-ci cherchaient à se soustraire à des obligations trop onéreuses pour leur bourse ou leur générosité. Il s'ensuivait des difficultés qui, en bien des villes, firent renoncer à ces taxes; et « la tendance la plus générale fut de les remplacer par des octrois, dont la perception était plus facile et plus sûre [1] ».

Dans les temps d'extrême besoin, les villes venaient en aide aux pauvres au moyen de taxes mises sur les gens aisés, du consentement et avec le concours des autorités municipales. Dans certaines villes du Nord, en particulier, la taxe des pauvres existait dès le XVIe siècle à l'état d'institution permanente.

Dans les circonstances critiques, la piété des magistrats des cités les poussait à des actes insignes de charité. Il n'est pas rare aux XVIe et XVIIe siècles, et même encore au siècle suivant, de les voir s'engager à observer des jeûnes, à faire des communions et des processions publiques pour obtenir du Ciel la cessation de fléaux qui désolaient la ville et causaient surtout des ravages dans les classes pauvres.

C'est à la suite des terribles épidémies qui avaient, à plusieurs reprises, décimé la population lyonnaise, que le prévôt des marchands et les échevins résolurent, par un vœu solennel, de mettre la ville sous la protection de la sainte Vierge, et ils allèrent à pied en procession, à cet effet, à la chapelle Notre-Dame-de-Fourvière, le 8 septembre 1643.

Ainsi firent les magistrats de Marseille lors de la fameuse peste de 1720.

A l'occasion des événements heureux pour le royaume, tels que la naissance des princes, le succès des guerres, les villes ne se signalaient pas seulement à l'envi par des réjouissances publiques, mais elles rivalisaient entre elles de munificence dans les fondations charitables qui marquaient ces jours de joie. Les plus petites imitaient les plus grandes. Sur le registre des délibérations de la ville de Pamiers, on lit, à la date du 24 octobre 1751 : que la naissance de Mgr le duc de Bourgogne [2] a excité dans la ville de Pamiers une joie si générale que pour célébrer cet heureux jour, il convient de suivre le pieux exemple donné par la ville de Paris par l'établissement qu'elle a délibéré de faire de plusieurs pauvres filles, et que, à cet effet, la communauté s'engage à contribuer au mariage de six pauvres filles de la présente ville.

[1] Babeau, *la Ville sous l'ancien régime*, p. 427-8.
[2] Fils aîné du Dauphin.

C'était au lendemain de la brillante guerre pour la succession d'Autriche, qui venait de donner la Lorraine à la France. La confiance et l'amour de la nation étaient grands pour le roi, qu'on avait vu avec son fils à la tête des troupes. Le Dauphin ne s'était pas laissé vaincre en générosité par les villes. Avec l'argent que la ville de Paris destinait aux fêtes publiques, il avait doté six cents jeunes filles pauvres.

L'esprit de charité était, on peut le dire, le fond de l'esprit public dans les siècles passés; il inspirait tellement tous les actes de la vie, que l'on en rencontre fréquemment des manifestations dans les annales des cités.

Dans le but d'exciter la pitié, on faisait chaque année, au XVIe et au XVIIe siècle, des processions générales de tous les pauvres. « Le clergé et tous les corps constitués y assistaient. A Lyon, elle était précédée des cinq crieurs des confréries sonnant leurs clochettes, et d'un ancien pauvre, vêtu d'une longue chemise blanche, qui, tête et pieds nus, portait une grande croix. Puis venait le trésorier de l'Aumône, la bourse à la main, suivi de ses domestiques, des enfants orphelins et de tous les pauvres, hommes et femmes, qui recevaient des secours à domicile ou qui étaient enfermés dans les maisons de charité. Après la procession, on les réunissait tous dans la cour de l'archevêché, où une aumône leur était remise [1]. »

Un jeune Allemand qui voyagea en France sous la minorité de Louis XIII, Just Zinzerling, signale ce gracieux et touchant usage de Béziers : « Aussitôt que les voyageurs y arrivent, trois ou quatre jeunes filles des meilleures familles, et choisies parmi les plus jolies, viennent les prier, au nom des pauvres, de leur faire une aumône. Un usage analogue existait encore, en 1629, à Castelnaudary, où des jeunes filles vinrent tendre au voyageur Gœlnitz une fiole d'or, afin qu'il y déposât une offrande pour les pauvres [2]. »

A côté du clergé et des ordres religieux, les villes coopéraient de toutes manières, en toute occasion, soit avec leurs sources propres, soit au moyen de taxes prélevées sur les habitants, à la dispensation des secours publics. Depuis le temps où elles s'administraient librement, une part leur incombait dans l'assistance publique, et elles s'en acquittaient avec une sollicitude toute chrétienne pour les pauvres.

[1] Babeau, *la Ville sous l'ancien régime*.
[2] *Id., les Voyageurs en France*, p. 79.

V

LES AUTORITÉS CIVILES (SUITE)

L'action de la royauté à l'époque féodale. — La trêve de Dieu. — L'affranchissement des communes. — La diminution de la misère. — Saint Louis. — La politique de la charité. — Admirable charité du roi. — Exemples et préceptes. — Les fondations charitables de saint Louis. — La bienfaisance de la justice. — Le régime de la charité en France avant 1789. — La part de l'autorité publique. — Intervention du pouvoir civil dans l'administration hospitalière. — Le grand aumônier du roi. — Admission par l'Église de l'élément laïque. — Le concile de Vienne. — La législation charitable de la royauté. — Libéralités royales aux hospices et hôpitaux. — Les circonstances expliquent la sécularisation du régime hospitalier. — Lettres patentes et édits de Louis XI et de François Ier. — Suprématie du grand aumônier au xvie siècle. — L'ordonnance de Blois. — Édits postérieurs. — Immixtion croissante du Parlement dans l'administration hospitalière. — Extension de la juridiction royale. — Le concile de Trente. — La réforme des hôpitaux sous Charles IX et Henri IV. — Le xviie siècle, grand siècle d'organisation de l'assistance publique. — Les idées de réforme. — Saint Vincent de Paul et la royauté. — Les hôpitaux généraux. — Louis XIV. — Unité et régularité de l'administration hospitalière. — Ordonnance de 1698. — Édit de Louis XV en faveur des hôpitaux. — Les idées philanthropiques du xviiie siècle. — Confirmation des privilèges des hospices et hôpitaux par Louis XVI. — La Révolution détruit toute l'ancienne organisation de la charité.

A l'époque féodale, les rois n'exercèrent plus qu'une action indirecte sur les choses de la charité. L'état de la société politique limitait leur pouvoir. Ils n'interviennent en général que comme donateurs, bienfaiteurs. Dans l'étendue du domaine royal, ils continuent cependant à rendre des ordonnances, dont quelques-unes avaient pour objet l'administration de la charité.

Durant cette période, les œuvres d'assistance publique sont presque exclusivement du ressort des divers détenteurs de l'autorité locale, l'évêque, le seigneur ou la commune. Mais des rois comme Hugues Capet, Robert le Pieux, Henri Ier, ne restèrent pas étrangers à ce qui se faisait dans les églises et les seigneuries en faveur des petits et des pauvres.

C'est à cette période de notre histoire que se rattachent des institutions de bien public, qui exercèrent une très heureuse influence sur le sort des populations, et diminuèrent beaucoup les misères et les infortunes locales.

La *Trêve de Dieu*, due à la bienfaisante action de l'Église et des rois, restreignit considérablement les maux des guerres féodales, avec les famines qui en étaient la conséquence, en suspendant les hostilités quatre jours de la semaine. Il ne tint pas à saint Louis que la guerre elle-même ne fût entièrement supprimée, comme l'avaient voulu plusieurs conciles nationaux en instituant la *Paix de Dieu*.

Par l'essor donné au commerce et à l'industrie, l'affranchissement des communes, favorisé par le pouvoir royal, vint développer le bien-être général. L'émancipation urbaine apporta un nouvel élément d'action à la charité. Les villes douées d'une autonomie municipale commencèrent à participer au service des secours publics.

Ce fut un double bienfait de la royauté secondée par l'Église.

L'accroissement du pouvoir royal dans le cours du XIIe siècle ne fut pas moins bienfaisant pour le peuple. Les règnes de Louis VI, de Louis VII et de Philippe-Auguste, furent marqués par une action salutaire du prince. Les prédécesseurs de saint Louis reprirent peu à peu, avec l'autorité, la tradition de Charlemagne. Ils s'efforcèrent d'étendre la paix, d'assurer la bonne administration de la justice, la prospérité des villes, la tranquillité des campagnes. C'était réduire d'autant les causes de la misère. Ils favorisèrent l'établissement des ordres religieux, et augmentèrent ainsi les revenus des pauvres.

Avec saint Louis la charité monta sur le trône. Nul roi ne l'exerça ni surtout ne la comprit mieux que lui. Un trait charmant de sa jeunesse, rapporté par Étienne de Bourbon, montre l'intelligence à la fois pieuse et politique avec laquelle il la conçut dès le principe.

« Un matin qu'il était encore tout jeune, une quantité de pauvres étaient rassemblés dans la cour de son palais et attendaient l'aumône. Profitant de l'heure où chacun dormait encore, il sortit de sa chambre, seul, avec son serviteur chargé d'une grosse somme en deniers, et sous le costume d'un simple écuyer; puis il se mit à distribuer le tout de sa propre main, donnant le plus largement à ceux qui lui semblaient les plus misérables. Cela fait, il se retirait dans son appartement, lorsqu'un religieux, qui avait aperçu la scène de l'embrasure d'une fenêtre où il s'entretenait avec la mère du roi, se porta à sa rencontre et lui dit :

« — Sire, j'ai parfaitement vu vos méfaits.

« — Mon très cher frère, répondit le prince tout confus, ces gens-là sont mes soudoyers; ils combattent pour moi contre mes adversaires et maintiennent le royaume en paix. Je ne leur ai pas encore payé toute la solde qui leur est due. »

Pensée profonde de gouvernement, qui faisait envisager au jeune prince la charité comme une fonction sociale ayant pour objet de prévenir les désordres et les rebellions, le plus souvent engendrés par la misère, et de concourir au maintien de la tranquillité publique par le soulagement des besoins des nécessiteux !

C'était bien l'idée sociale du moyen âge de combattre par les secours de la charité les ennemis intérieurs du royaume, ceux que l'indigence pouvait transformer en factieux et en anarchistes, tels que les pillards, qui, sous le nom de cotereaux ou celui de pastoureaux, désolèrent plus d'une fois le pays par leurs brigandages. Ici le jeune roi montrait autant de prévoyance que de bonté en considérant les pauvres qu'il s'efforçait de soulager, comme des auxiliaires de sa politique d'ordre et de paix à l'intérieur. Mieux valaient des mendiants ainsi entretenus que des vagabonds et des pillards. Cette pensée, fécondée par la haute piété du saint roi, fut l'inspiratrice de sa conduite envers les indigents.

Sous ce règne admirable, l'exemple du prince servit de législation. De lui ou a peu d'édits ou règlements relatifs à l'assistance publique des pauvres, mais sa vie toute entière est remplie d'actes touchants ou héroïques de compassion, de tendresse et de dévouement pour les malheureux. Ses actes faisaient loi pour ses sujets.

« Dès le temps de son enfance, dit Joinville en son vieux et aimable langage, le roi eut pitié des pauvres et des souffreteux, et la coutume était que, partout où le roi allait, cent vingt pauvres fussent toujours repus en sa maison de pain, de vin, de viande ou de poisson, chaque jour. En Carême et en Avent, le nombre des pauvres croissait; et plusieurs fois il advint que le roi les servait et leur mettait la nourriture devant eux et leur tranchait la viande, et leur donnait au départ des deniers de sa propre main. Particulièrement aux grandes vigiles des fêtes solennelles, il servait à ces pauvres de toutes les choses dessus dites, avant qu'il ne mangeât ni ne bût. Avec tout cela il avait chaque jour à dîner et à souper près de lui des hommes vieux et estropiés, et il leur faisait donner la nourriture dont il mangeait; et quand ils avaient mangé, ils emportaient une certaine somme d'argent.

« Par-dessus tout cela le roi donnait chaque jour de si grandes et si larges aumônes aux pauvres religieux, aux pauvres hôpitaux, aux pauvres malades et aux autres pauvres communautés, et aux gentilshommes, et aux dames et aux demoiselles pauvres, aux femmes déchues, aux pauvres femmes veuves et à celles qui étaient en couches, et aux pauvres artisans qui par vieillesse ou par maladie ne pouvaient travailler ni continuer leur métier, qu'à peine pourrait-on en raconter le nombre [1]. »

[1] *Hist. de saint Louis*, édit. de Wailly, pp. 392-3.

La charité, ainsi pratiquée chaque jour par saint Louis dans son palais et partout où il se trouvait, devenait comme une sorte de service public, dont le roi lui-même s'était chargé. L'aumône formait une partie considérable de son budget. Il visitait les hôpitaux de Paris tous les vendredis, « comme à prix fait, » dit saint François de Sales, et servait les malades de ses propres mains.

Les pauvres éprouvaient partout les effets de sa bonté. Il aimait à les visiter et à leur faire porter à manger. Le roi, dit Joinville, fut si large aumônier, que partout là où il allait en son royaume, il faisait donner aux pauvres églises, aux maladreries, aux Hôtels-Dieu, aux hôpitaux et aux pauvres gentilshommes et gentilles femmes. Tous les jours il donnait à manger à une grande foison de pauvres, sans compter ceux qui mangeaient en sa chambre; et maintes fois je vis que lui-même leur taillait leur pain et leur donnait à boire [1]. »

Pour le service des pauvres, il s'abaissait, à l'exemple du divin Maître, aux derniers actes d'humilité. Il lavait les pieds aux pauvres le jeudi saint. De lui vient cette touchante cérémonie du *Mandé*, dont l'usage s'est perpétué chez nos rois jusqu'à la Révolution.

Cet acte public d'humble charité avait aussi une portée politique. « C'était, dit M. Lecoy de la Marche, une leçon d'égalité donnée aux grands comme aux petits [2]. »

Saint Louis laissa des traces durables de sa charité par les fondations qu'il fit à Paris et dans plusieurs villes du royaume. Son historien Joinville les relate sommairement en ces termes : « Dès les premiers temps qu'il en vint à tenir son royaume, il commença à édifier des églises et plusieurs maisons religieuses, entre lesquelles l'abbaye de Royaumont l'emporte en beauté et en grandeur. Il fit édifier plusieurs Hôtels-Dieu : l'Hôtel-Dieu de Paris, celui de Pontoise [3], celui de Compiègne et de Vernon, et leur donna de grandes rentes. Il y fit faire la maison des aveugles lez Paris, pour y mettre les pauvres aveugles de la cité de Paris, et leur fit faire une chapelle pour ouïr le service de Dieu. Aussitôt après, il fit faire une autre maison au dehors de Paris, sur le chemin de Saint-Denis, qui fut appelée la maison des Filles-Dieu; il fit mettre dans le logis une grande multitude de femmes qui, par pauvreté, s'étaient mises en péché de luxure, et leur donna quatre cents livres de rente pour la soutenir. » Joinville ajoute : « Aucuns de ses familiers murmuraient de ce qu'il faisait de si larges aumônes et de ce qu'il y dépensait beaucoup, et il disait : « J'aime mieux que l'excès de grandes dépenses que je fais

---

[1] *Hist. de saint Louis*, édit. de Wailly, p. 381.
[2] *Saint Louis*, p. 348.
[3] J. Depoin, *Saint Louis et l'Hôtel-Dieu de Pontoise.*

« soit fait en aumônes pour l'amour de Dieu, qu'en faste ou en vaine
« gloire de ce monde. »

Une autre manière de saint Louis de pratiquer en roi la charité, fut d'exercer la justice, et l'on sait avec quelle fermeté et quelle mansuétude à la fois il s'acquittait de cette charge suprême, obligeant les plus puissants seigneurs à respecter tous les droits, et couvrant de sa royale protection les petits et les malheureux.

Il tournait la justice elle-même en bienfaisance, car constamment la pensée des pauvres entrait dans les sollicitudes de son gouvernement. Ainsi, ayant infligé une forte amende à Enguerrand de Coucy pour la cruauté avec laquelle il avait fait exécuter de jeunes enfants coupables d'un délit de chasse, le roi ne se contenta pas d'avoir fait justice à l'égard d'un puissant seigneur, mais il employa une partie de la somme à acheter, sur les bords de l'Oise, un vaste emplacement où il fit élever, en 1258, un grand et bel hôpital à la place de la petite Maison-Dieu de Pontoise; il le soumit à une règle, et y installa des sœurs pour le desservir.

Il faut compter au nombre des fondations charitables de saint Louis les abbayes qu'il fit bâtir, les couvents de religieux qu'il créa à Paris, les maisons de béguines qu'il installa en plusieurs lieux du royaume, en dotant tous ces établissements de revenus suffisants; il augmentait ainsi les centres de charité, les secours de l'aumône. En même temps il favorisait partout les fondations semblables, et créait, pour ainsi dire, une pieuse émulation de bienfaisance entre ses plus riches sujets. Seigneurs et bourgeois suivaient son exemple. Le clergé lui-même avait reçu du saint roi une nouvelle impulsion. Les églises et les abbayes contribuaient plus largement aux besoins des pauvres.

La charité était partout organisée dans le royaume de saint Louis. L'assistance publique fonctionnait par elle-même, en dehors d'une autorité générale et sans aucune réglementation officielle, à l'aide des multiples institutions de secours qui couvraient le pays.

La France a vécu plusieurs siècles de ce régime, jusqu'à ce que l'introduction du protestantisme et les guerres de religion eussent détruit ou désorganisé un grand nombre des œuvres de la charité catholique.

Dans l'histoire de la charité en France, ce qui caractérise l'époque antérieure à 1789, c'est que la charité y est libre. Avant tout, elle est l'œuvre de l'initiative privée; les pouvoirs publics ne s'en mêlent que pour la protéger et la réglementer au besoin. L'assistance publique, telle qu'elle est pratiquée aujourd'hui, n'existait pas; car, suivant l'observation de M. Hubert Valleroux, on ne peut appeler ainsi quelques distributions de secours faites dans les derniers temps de la monarchie par les bureaux de charité au moyen de taxes mises sur les contribuables aisés, du consentement et avec le concours de la municipalité. « Outre que ces taxes furent rares, elles ne se rencontrèrent que dans les villes, et presque uniquement dans quelques villes du Nord où le voisinage des provinces belges, parce qu'on y avait rendu l'assistance obligatoire, fournissait un exemple qui fut imité [1]. »

C'est le contraire qui existe aujourd'hui. Le gouvernement a fait de la bienfaisance un service public, assez mal rempli sous les régimes modernes, et il s'est plu, par esprit de défiance, à entraver de toutes manières la pratique individuelle de la charité.

L'autorité publique avait moins à faire que de nos jours pour subvenir aux charges sociales de la misère. En étudiant de plus près les époques passées, on constate que, malgré les temps de calamités et à l'exception de ces terribles famines qui atteignaient, non seulement les pauvres proprement dits, mais encore toutes les conditions, le paupérisme était moins développé au moyen âge que dans la société moderne. « Cela tenait à deux raisons. Chacun restait, à peu d'exception près, dans le pays où il était né, et chacun, libre ou serf, pour son compte ou pour celui d'autrui, y exerçait une petite industrie, et surtout y travaillait la terre. »

« En outre, les immenses agglomérations urbaines n'existaient pas, exerçant une fascination néfaste, attirant à elles par divers attraits toute la population d'un pays et ne lui offrant un travail irrégulier qu'au prix de chômages quasi-périodiques, qui laissent les ouvriers sur le pavé, sans ressources ni asile propres. Au moyen âge, la misère et la pauvreté, réparties à peu près également sur toute la surface du sol, pesaient d'un poids plus uniforme et, somme toute, moins lourd. »

Et il faut ajouter que le système du patronage à l'époque féodale et le régime des corporations, qui subsista jusqu'à la Révolution de 1789, assuraient la continuité du travail et la régularité des moyens d'existence.

Dans le passé, une administration de l'assistance publique, comme celle qui fonctionne de nos jours, n'aurait pas eu sa raison d'être. Les pouvoirs civils avaient beaucoup moins à s'occuper de porter des règlements et des lois pour l'assistance des nécessiteux. La charité était l'affaire de tout le monde. Le clergé, les ordres religieux, les seigneurs, les villes, les corporations y suffisaient chacun pour sa part. Il y avait là autant d'organismes sociaux dont le fonctionnement régulier assurait le service des secours publics.

[1] *La Charité dans les campagnes avant et depuis* 1889, p. 20-1.

Toutefois on constate, depuis l'origine de la monarchie française, une certaine action dominante, un certain pouvoir général qui commence à devenir effectif sous la troisième race de nos rois, et qui, après s'être exercé d'abord par les prescriptions des conciles et des capitulaires, se traduit, à partir du xiv° siècle, par des lois positives ayant pour objet l'administration des établissements hospitaliers et l'assistance des pauvres.

Nous avons vu Clovis, Charlemagne et leurs successeurs légiférer parfois en matière de charité, mais surtout concourir par leurs fondations au développement et à la prospérité des institutions, qui étaient comme des foyers de bonnes œuvres. Avec Philippe le Bel commence proprement l'œuvre législative des rois, œuvre très limitée au début, et qui ne s'étendit que dans la suite des siècles.

Aussi longtemps que la charité a été dans les mœurs, il fut inutile de recourir aux mesures d'autorité pour en assurer le fonctionnement. Les lois d'organisation et de réglementation de l'assistance publique ne sont devenues abondantes que dans notre siècle.

La fin de la féodalité marque le point de départ d'un régime nouveau.

Avec la tendance du pouvoir royal à s'accroître aux dépens des autres autorités sociales et des libertés publiques, les rois prirent peu à peu une part plus importante dans l'administration hospitalière. Jusqu'au xiii° siècle, les hôpitaux ne relevèrent que de la juridiction des évêques. Eux seuls y avaient droit de visite et de correction. Sous saint Louis on voit apparaître, dans certains hôpitaux de fondation royale, l'aumônier du roi, qui se substitue peu à peu à l'évêque.

Très anciennement, il y avait auprès du roi un service organisé de charité, à la tête duquel était le grand aumônier, personnage considérable ayant rang à la cour et investi d'une juridiction qui ne fit que s'accroître avec le temps. Sous les Carlovingiens, il portait le titre d'archichapelain. Un évêque de Poitiers exerçait cette fonction sous Charles le Chauve. Les libéralités royales aux églises et aux pauvres étaient distribuées par les mains du grand aumônier ou par celles des baillis. L'aumônier du roi distribuait aussi chaque jour des aumônes aux indigents assemblés. La cassette royale des bonnes œuvres était alimentée par diverses sources de produits. Une ordonnance de Philippe le Bel de 1309 porte que tout l'argent qui proviendra du droit de chambellage, payé par les évêques et les abbés à leur nomination, sera remis au grand aumônier, qui l'emploiera à marier de pauvres filles nobles. Par une ordonnance de 1318, Philippe le Long réserve les premières audiences qui suivent chaque jour la messe à son confesseur et à son aumônier, avec défense de l'entretenir d'autre chose que des aumônes. En 1418, Charles VI mande aux généraux maîtres de ses monnaies de faire ouvrer et monnoyer la somme de 500 marcs d'argent parisis pour employer en l'aumône du roi.

Le service personnel de charité du roi devint peu à peu un service public auquel était préposé le grand aumônier. « Les progrès de cette charge importante, dit M. le Grand, suivirent la même marche que ceux des autres institutions royales; elle profita de ce mouvement continu qui tendait à enserrer toutes les affaires du pays dans le réseau de l'administration centrale. De même que les prévôtés se substituèrent insensiblement aux officialités, on vit l'aumônier prendre peu à peu la place de l'évêque vis-à-vis des hôpitaux. Ce furent ensuite tous les Hôtels-Dieu de fondation royale qu'on rangea sous cette autorité qui allait toujours croissant. »

Au XVIe siècle, le grand aumônier du roi est l'agent principal et comme le ministre de la charité publique, quoique son autorité ne fût point partout reconnue en fait, même dans le ressort du Parlement de Paris. Sous François Ier, en 1543, c'est lui qui préside à la réforme des hôpitaux.

Les papes avaient contribué eux-mêmes à l'extension des pouvoirs du grand aumônier. Par une bulle de 1422, le pape Jean XXII exempte l'hôpital des Quinze-Vingts de la sujétion à l'évêque de Paris, et le soumet à la juridiction du grand aumônier du roi, pourvu, toutefois, que celui-ci soit revêtu des ordres sacrés.

C'était là un des incidents d'une évolution qui s'opérait graduellement avec le temps.

Quoique l'Église ait eu l'initiative de la plupart des œuvres de charité, elle ne repoussait pas, en principe, la coopération de l'autorité civile. Aussi longtemps qu'elle fut seule capable de pourvoir efficacement aux besoins des malheureux, elle fit tout par elle-même. Le clergé, les ordres religieux étaient, à l'origine, les seuls agents de la charité publique. Avec les changements politiques survenus au cours des siècles, l'Église s'ouvrit d'elle-même à une certaine immixtion du pouvoir séculier dans ses œuvres et ses institutions charitables. Elle admit volontiers la participation de l'élément laïque.

A la fin du XIIIe siècle, des abus s'étaient introduits dans l'administration des hôpitaux. Le concile œcuménique tenu à Vienne en 1311 et 1312 y remédia. Le saint synode décrète d'abord qu'aucun établissement hospitalier ne sera désormais donné comme bénéfice à des clercs séculiers, sous peine de nullité, à moins qu'il n'en soit ainsi ordonné par les titres de fondation. Il statue ensuite d'une manière générale que le gouvernement doit en être confié à des hommes sages, capables et de bonne renommée, qui sachent et qui puissent les administrer convenablement, gérer leurs biens, et dépenser exactement leurs revenus pour l'usage des malheureux (Canon VII).

C'était admettre en principe, pour les établissements hospitaliers relevant du clergé séculier, (car le concile met en dehors ceux qui sont desservis par les ordres hospitaliers militaires et religieux,) que leur administration pouvait être confiée, sous la haute surveillance de l'autorité ecclésiastique, à de simples laïques, moyennant l'obligation de prêter serment et de rendre leurs comptes annuels aux Ordinaires. Et tel est le point de départ des administrations laïques.

Antérieurement, on trouve déjà des exemples d'une certaine immixtion séculière dans la gestion des hôpitaux, pour ceux du moins qui ne dépendaient pas exclusivement du clergé et des ordres religieux. Ainsi, au XIII° siècle, le maire et les échevins d'Arras fixent le nombre des pauvres qui doivent être admis à l'hôpital du *Grand-Val*, et ils règlent que, à l'avenir, nul ne pourra être reçu sans leur permission écrite. « C'est à eux que les comptes sont rendus par ceux qu'ils ont commis à la recette des biens de la maison. Les comptes sont clos en présence du procureur de la ville. »

Les rois s'occupèrent surtout de la charité publique, lorsque commença à s'opérer la sécularisation de l'administration hospitalière. L'autorité publique tend alors à prendre la place de l'initiative individuelle. A partir de ce moment les rois réglementent les hôpitaux, ils les mettent sous leur tutelle, ils approuvent les associations et communautés religieuses qui les desservent, ils font entrer peu à peu la charité au nombre des services publics. C'est, du reste, dans une pensée de bien qu'ils s'immiscent dans les institutions charitables créées en dehors d'eux.

Depuis saint Louis, on rencontre une série d'ordonnances et de lettres patentes des rois ayant trait aux biens et à l'administration des revenus de l'Hôtel-Dieu de Paris. Quoique de fondation ecclésiastique, cet établissement, situé dans la capitale du royaume, ne pouvait échapper à l'autorité royale. C'est l'intérêt de l'institution elle-même qui amena l'intervention des successeurs de saint Louis. L'action du roi s'étendit bientôt aux autres hôpitaux. « Durant cinq siècles, de saint Louis à Louis XVI, les édits, les ordonnances, les déclarations, les lettres patentes, les règlements royaux, les arrêts du Conseil du roi, des Parlements, des Cours des comptes et des aides, se succédèrent sans interruption, pour fonder, régir et réformer les établissements charitables [1]. »

---

[1] Martin Doisy, *Dictionnaire d'économie charitable*. Introduction, p. 18.

Cette immixtion du pouvoir civil dans les affaires de charité ne fut pas seulement un empiétement du gouvernement, ce fut aussi un effet de la sollicitude des rois pour le soulagement de la misère.

Les ordonnances des rois de France, connues sous le nom d'ordonnances du Louvre, ont conservé la trace des libéralités royales aux hôpitaux du royaume. En 1339, Charles le Bel pourvoit aux besoins de l'Hôtel-Dieu de Paris. En 1350, un ordonnance du roi Jean plaçait l'Hôtel-Dieu de Paris sous la juridiction du prévôt ou de son lieutenant, établis juges de tous les procès que l'hôpital aurait à soutenir dans toute l'étendue de la prévôté de Paris.

L'extension de l'autorité royale, dans le domaine de la charité publique marche de pair avec le développement de l'autonomie communale. Une nouvelle organisation s'ensuivit peu à peu.

Dans les villes où la commune était constituée, les établissements charitables étaient placés sous la sauvegarde de la municipalité; dans les autres, qui relevaient directement de l'autorité royale, ils étaient sous la surveillance et la haute direction du roi ou du gouverneur qui le représentait. Mais si, par suite de l'accroissement de leur pouvoir, les rois interviennent dans l'administration hospitalière, avec quelle forme de piété et avec quel esprit de charité ils exercent leur haute autorité ! On est loin encore, au xive siècle, des sèches formules administratives de l'époque moderne.

Voici comment s'exerçait la tutelle royale : En réponse à une supplique du maître et des frères de l'hôpital Saint-Jacques-du-Haut-Pas à Paris, Charles le Bel accorde, en 1322, des lettres de sauvegarde audit hôpital. Le roi y fait savoir à tous qu'il a cherché avec vigilance et un soin assidu le moyen de maintenir en paix, sous le bouclier de sa protection, de garantir de toutes injures et violences les établissements pieux, et de les maintenir dans leurs droits. Il accueille donc, avec des expressions d'éloges pour leur grande charité, la supplique du maître et des frères de l'hôpital, à l'effet d'obtenir l'autorisation de recueillir les aumônes des fidèles et les subsides de la générosité publique pour l'entretien de leur maison.

En leur accordant l'autorisation demandée, le roi les place eux, leurs gens de service, leurs envoyés et leurs employés, ainsi que leurs propriétés et leurs biens, sous sa protection royale et spéciale garde. Il est ordonné à tous baillis et sénéchaux de les défendre de toutes oppressions, concussions, injures, violences et autres vexations quelconques. Ces lettres de sauvegarde sont renouvelées en 1373 par Charles V.

Ce n'est pas seulement un intérêt de protection qui amena le pouvoir public à s'immiscer dans les institutions de bienfaisance, qui longtemps n'avaient relevé que de la seule autorité de l'Église et de l'initiative privée ; ce furent aussi des raisons d'ordre public et de justice. Il s'éleva plus d'une fois des contestations et des procès qui appelèrent l'intervention de l'autorité judiciaire.

On s'explique par les circonstances les changements survenus dans l'administration des établissements hospitaliers. L'origine de la plupart des hôpitaux était ancienne. L'antique union des deux éléments religieux et civil dans leur fondation et leur dotation ne permettait pas de reconnaître, quand ils devenaient en quelque sorte vacants, à laquelle des deux autorités, spirituelle ou temporelle, ou même à quels représentants de l'une ou de l'autre autorité, l'administration devait appartenir. Ainsi, en 1472, les religieux de Saint-Lazare, chargés de l'Hôtel-Dieu de Beauvais, ayant été supprimés, un interminable débat s'éleva pour savoir à qui l'administration devait revenir. D'un côté, l'évêque de Beauvais, le chapitre et le grand aumônier, représentant du roi, se la disputaient ; de l'autre, le maire, les pairs et les notables la revendiquaient au nom de la commune. Il fallut plus de cent ans de procès devant le Parlement de Paris pour terminer cette affaire, qui finit par une transaction [1].

Dès le XVe siècle, malgré les difficultés de toute sorte avec lesquelles la royauté fut aux prises, au milieu des troubles de la Jacquerie et de l'invasion anglaise, le gouvernement royal s'affermit et s'organise. Les rois entrent plus avant dans l'administration des établissements charitables.

En 1419, Charles VI reconnaît les engagements que l'Hôtel-Dieu de Paris a dû contracter et les achats à crédit qu'il a été obligé de faire pour subvenir à ses dépenses. Les lettres de Louis XI, concernant les statuts municipaux de la ville de Sommières, règlent les quêtes à l'église et la visite de l'hôpital ainsi que le service religieux de l'intérieur.

Le même roi intervient pour la réforme de l'administration des hôpitaux de Bordeaux. Il revendique, en vertu de son autorité royale, le droit de haute tutelle sur tous les établissements de charité publique du royaume. « Et pour ce qui nous appartient, disent les lettres patentes du 26 février 1475, donner provision sur les Maisons-Dieu de nostre royaume, afin qu'aucun inconvénient ne s'ensuive, et qu'ils ne tournent à ruine et décadence, mais pour les augmenter de tout nostre pouvoir, etc. » A cet effet, le roi nomme une commission composée d'un chanoine, du sous-maire de Bordeaux et de deux autres officiers municipaux, avec mandat de faire une enquête sur la gestion des administrateurs, de dresser l'inventaire des biens des

---

[1] Guizot, *Histoire de la Civilisation*, t. IV, p, 438.

divers établissements de charité de la ville, et de gérer par provision lesdites maisons hospitalières jusqu'à ce que l'ordre y eût été rétabli.

Ce motif existait ailleurs aussi.

En 1530, Mortagne se trouvait être une dépendance du royaume de Navarre. A cette époque il y avait des désordres et des abus à l'hôpital de la ville. Pour remédier à cet état de choses, le roi, Henri d'Albret édicte de nouveaux statuts avec cet esprit de charité qui inspirait alors ordinairement les actes administratifs, et aussi avec ces traditions de vrai libéralisme qui associaient le conseil et la délibération à l'exercice du pouvoir royal. Le roi, considérant « que les pauvres ont esté de Dieu esleuz et pris en tel et si grand amoure qu'il répute ce qui leur est fait comme à lui-même, et que sa sainte parole commande user de charité et aymer son prochain comme soy-mesme, et que les devoirs de la principauté rend les rois tenus et sujets à entendre à leurs affaires et pourvoir à leur nécessitez, fait voir et délibérer la requête qui lui est adressée, par son ami et féal chancelier, les gens de son conseil, en présence de son procureur et des principaux bourgeois et habitants de Mortagne, à cette fin appelez ».

L'immixtion du pouvoir civil dans la réglementation de la charité publique s'accentue au XVIe siècle.

A cette époque on voit la suprématie du grand aumônier établie, sauf quelques contestations des évêques, sur tous les « lieux pitéables » du royaume. Par là, la juridiction effective de tous les hôpitaux, hospices, asiles, maisons de secours de tout genre, appartenait au pouvoir royal. En ce siècle abondent les lettres patentes, édits et règlements sur la réformation des Hôtels-Dieu. Il y avait là à la fois esprit général d'innovation, progrès de l'action gouvernementale et juste sollicitude des rois pour le bien de leurs sujets.

« Au XVIe siècle, dit M. Léon le Grand, les idées de réforme étaient à la mode : religion, arts, littérature, tout était atteint par cette fièvre de changements, et les hôpitaux ne restèrent pas en dehors du mouvement général. Les recueils de jurisprudence du temps regorgent de lettres patentes, d'édits, de règlements, sur la réformation des Hôtels-Dieu; les collections d'arrêts renferment presque à chaque page des décisions motivées par ces mesures nouvelles [1]. »

En ce qui concerne les établissements hospitaliers, alors si nombreux en France et dans tous les pays chrétiens, l'Église avait donné elle-même, au XVIe siècle, le signal de la réforme.

---

[1] L. Le Grand, *o. c.*, p. 20.

Dans sa septième session, le concile de Trente renouvelle les constitutions du concile de Vienne concernant la direction des hôpitaux. Il prescrit aux évêques d'en surveiller diligemment l'administration, de quelque nom qu'ils se nomment, à quelque mode de gestion qu'ils soient soumis.

Le pouvoir civil ne fit que suivre l'impulsion, alors encore dirigeante, de l'autorité ecclésiastique; mais en même temps il s'habitua de plus en plus à agir par lui-même et pour son propre compte. La royauté s'était relevée après la guerre de Cent ans; le pays s'unifiait, le besoin d'un pouvoir central agissant dans toutes les parties du royaume et dans tous les ordres de services publics, se faisait sentir au fur et à mesure des progrès de l'unité nationale et du développement de l'activité publique. Les inventions et les idées nouvelles de l'époque concouraient à la constitution d'un pouvoir plus fort, plus général, plus effectif.

Depuis les derniers Valois surtout, l'ingérence de l'autorité séculière en matière d'assistance publique s'étend de plus en plus. Ou plutôt, la sollicitude législative des rois s'exerce sur tous les établissements de charité pour le bon fonctionnement des services et le maintien de la règle, concurremment avec l'autorité ecclésiastique, qui n'a pas perdu tous droits de surveillance et d'inspection dans les hôpitaux. C'est une période nouvelle dans l'histoire de l'administration hospitalière, où le rôle du pouvoir civil est plus actif et plus étendu qu'auparavant.

La question de la réforme des hôpitaux est soulevée, sous François Ier, par le grand aumônier du roi, le cardinal de Meudon. Des abus existaient çà et là. Certains administrateurs étaient malhonnêtes ou négligents, d'autres ne résidaient pas sur les lieux. Le principe de la résidence des administrateurs devient dès lors une règle de l'administration des hôpitaux.

Un édit de François Ier, de 1543, ayant pour objet la répression des abus qui se sont introduits dans les hôpitaux et maladreries sous les anciennes administrations, en attribue la surveillance aux baillis, aux sénéchaux et aux juges, avec la faculté de remplacer les administrateurs. Deux ans après, en 1545, le même roi enjoint aux administrateurs de présenter aux juges du lieu le compte du revenu et de la gestion de ces établissements. Et, en 1546, il établit des commissaires spéciaux chargé de connaître des contestations qui pourraient s'élever à ce sujet.

Auparavant, il avait posé les assises de trois institutions de secours publics dont il sera question plus loin, savoir : « ateliers publics pour les pauvres; taxe frappant ceux qui possèdent au profit de ceux qui ne peuvent travailler; établissement dans chaque ville et bourg d'un bureau destiné à centraliser et à distribuer les dons, offrandes et aumônes [1]. »

Sous les successeurs de François Ier s'accentue encore l'action et la sollicitude du pouvoir royal. Deux édits successifs, l'un de François II, en 1560, l'autre de Charles IX, en 1561, statuent que : « désormais les hôpitaux seront administrés par tout le royaume par gens de bien, resseans et solvables, deux au moins en chaque lieu, élus et commis de trois en trois ans par les ecclésiastiques ou laïcs, à qui par les fondations appartient le droit de présenter nomination ou par les communautés des villes, bourgades et villages. »

Ainsi s'affirmait la juridiction royale sur tous les établissements hospitaliers du royaume.

Les rois et les Parlements avaient eu à cœur la réforme des hôpitaux, ordonnée par le concile de Trente. Une enquête royale précéda la célèbre ordonnance de Moulins, de 1566. Pendant deux ans Charles IX avait visité toutes les provinces du royaume et avait recueilli dans les principales villes les doléances des intéressés. Il passa l'hiver à Moulins et appela autour de lui les membres de son conseil privé, les principaux personnages du royaume, plusieurs présidents et conseillers des divers Parlements et son Grand Conseil.

C'est dans ces conditions que fut rendue, avec une solennité extraordinaire, par le roi, l'ordonnance de Moulins. Elle enjoint à tous les officiers de justice de tenir la main à l'observance des édits et ordonnances sur le fait des hôpitaux, « sous peine d'en répondre en leur propre et privé nom, pour leurs défaut et négligence. » Elle leur prescrit « de faire rendre compte aux commissaires commis pour le régime des biens et revenus », de tenir la main à ce que ces biens, ces revenus, soient employés « aux nécessités des pauvres ». Elle prescrit aux pauvres qui se présenteront pour êtres reçus dans les Hôtels-Dieu et maladreries de leur lieu de naissance et de domicile, de produire un bulletin et certificat des maires, échevins, consuls ou marguilliers des paroisses.

C'est le principe de la localisation des secours de la charité qui s'affirme dans cette dernière disposition et qui fut considéré depuis comme un des éléments de réforme de l'organisation hospitalière. C'est le caractère administratif de l'assistance qui tend à prendre le dessus avec l'époque moderne.

Les difficultés qui s'élevaient en pratique, par suite des diverses juridictions préposées aux différentes maisons de charité, par suite aussi des conflits d'intérêts qui en résultaient, étaient l'occasion pour les rois d'interposer leur autorité souveraine. On s'adressait à eux

---

[1] Biré, *de l'Organisation de la charité par l'ancienne monarchie*, dans *France-Revue*, 1893, p. 435.

et ils tranchaient le différend. C'était l'objet d'un nouvel acte de réglementation. Ainsi, les quêtes en faveur de l'hôpital du Saint-Esprit de Dijon avaient été entravées à Auxerre par le recteur de la maladrerie de cette ville. Une requête est adressée au gouvernement royal en 1536, pour obtenir l'autorisation de quêter librement, et une autre à l'évêque de Langres, pour avoir la permission d'appliquer le produit des quêtes, partie à l'entretien des pauvres et du personnel administratif, partie à l'achèvement de l'hôpital neuf. Le roi use de son autorité pour régler les droits réciproques des deux parties.

Il ne faut pas trop s'étonner que des rivalités, des contentions même se soient élevées parfois, à propos des œuvres de charité, entre prêtres séculiers et religieux. On pourrait noter plus d'un conflit à ce sujet entre les abbés des grands monastères et les évêques, avec qui les premiers marchaient souvent de pair, entre les établissements hospitaliers et les paroisses. Ce n'était pas toujours l'émulation du bien qui suscitait le différend; il pouvait s'y mêler quelque sentiment de jalousie, soit pour le maintien de droits qu'on croyait méconnus, soit pour la revendication de biens temporels litigieux. C'étaient là de ces misères humaines qu'on rencontre, à tous les siècles, jusque dans les choses saintes.

L'autorité royale profitait aussi de la générosité des particuliers pour étendre sa juridiction dans le domaine de la charité publique.

On voit, au XVIe siècle, plusieurs exemples de bourgeois et de marchands de Paris qui fondent des hôpitaux privés pour telle ou telle maladie. Ils sont obligés de se faire autoriser.

Le roi accorde par lettres patentes l'autorisation, à la condition qu'après le décès du fondateur et de sa femme, l'établissement rentre dans les attributions du grand aumônier. « Voulons, disent des lettres patentes de Charles IX de 1570, qu'après le décès de Jacques Moien et sa femme, notre féal conseiller et grand aumônier et ses successeurs aient la superintendance d'icelui hospital pour le faire régir et gouverner, avec pouvoir d'y commettre personne ecclésiastique pour le service divin, receveurs, ministres, domestiques et autres servants. »

« Les états généraux de 1576 avaient porté à la connaissance de la royauté que la mauvaise administration des hôpitaux et maladreries du royaume n'avait pas cessé. » En conséquence, Henri III et son conseil se préoccupent de remédier à cette situation.

Un édit royal, d'octobre 1576, institue un hôpital pour les pauvres honteux et un établissement d'instruction pour les enfants pauvres. L'édit porte que cet établissement sera élevé des deniers provenant des reliquats de comptes des Hôtels-Dieu, léproseries, maladreries et confréries du royaume. Postérieurement, une déclaration du 20 janvier 1577 commet Christophe de Thou, premier président au Parlement de Paris, et deux autres présidents, Pierre Séguier et Bernard Prévôt, pour recevoir les comptes de tous les hôpitaux établis depuis trente ans, et en appliquer le reliquat à la fondation de l'hospice de pauvres honteux créé par l'édit d'octobre précédent.

L'ordonnance de Blois, de mai 1579, complète la réforme des hôpitaux poursuivie par la royauté, et dont le principe était l'établissement des comptes des hôpitaux. Elle enjoint expressément à tous les officiers de justice, à qui les comptes doivent être rendus, de faire observer et exécuter les édits royaux, ainsi que les arrêts des parlements et autres tribunaux rendus en vertu de ces édits, nonobstant toute évocation et interdiction de la part des évêques et des seigneurs de qui les hôpitaux eussent dépendu. L'ordonnance veut que les revenus et deniers, provenant des hôpitaux soient employés suivant les édits, et elle défend expressément d'établir des « commissaires au régime et gouvernement des maladreries et hôpitaux autres que simples bourgeois, marchands ou laboureurs, et non personnes ecclésiastiques, gentilshommes et autres officiers publics, ou leurs serviteurs ou personnes par eux interposées ».

C'est à des membres du tiers état que l'ordonnance royale confie le contrôle de la comptabilité des hôpitaux.

Pour assurer la réforme des abus, Henri III prescrivit, par cette même ordonnance, de nouvelles enquêtes pour la détermination exacte des revenus des hôpitaux, trop souvent livrés à la dilapidation, ou perdus par suite de la destruction ou de la soustraction des anciens titres qui en établissaient l'existence. Au cours de l'inventaire, tous les papiers et renseignements trouvés devront être déposés dans les greffes des plus prochaines juridictions pour y être consultés à tout besoin. Cette disposition avait pour but de permettre de retrouver plus facilement les jouisseurs illégitimes et de constater les dilapidations. Au fur et à mesure qu'un revenu ancien était découvert et constaté, il devait être transcrit en recette sur le livre de comptes des administrateurs, afin que ceux-ci fussent tenus d'en justifier la dépense [1].

Cette ordonnance règle aussi les secours publics à domicile.

Des édits subséquents de 1580, 1586, 1593, 1599, confirment les précédents; ils complètent l'œuvre législative du xvie siècle, en même temps qu'ils attestent l'intérêt constant de la Couronne pour la bonne organisation de l'assistance publique dans le royaume. L'autorité royale entre dans tous les détails des services hospitaliers.

[1] Cf. Martin Doisy, *Dictionnaire d'économie charitable*.

Une instruction de Henri III, de 1582, porte qu'on recevra à l'Hôtel-Dieu de Paris tous les pauvres malades, de quelque pays qu'ils fussent, quelque maladies qu'ils eussent.

A la même époque, concurremment avec les rois, les Parlements interviennent dans l'administration des hôpitaux. Ainsi, au début du xvi⁰ siècle, le Parlement de Paris se mêle de la réforme de l'Hôtel-Dieu. La règle avait faibli et la gestion de l'hôpital s'en ressentait. Voici ce qui se passa alors. « Le Parlement, en 1505, nomme une commission de présidents et de conseillers choisis dans son sein pour travailler à la réformation de la maison. De nouveaux articles sont introduits dans le règlement. Les membres du chapitre de Notre-Dame sont avertis par le Parlement d'avoir « à donner ordre au fait de l'Hôtel-Dieu, sous peine d'être privés de la juridiction qu'ils y avaient ».

De son côté, le cardinal d'Amboise, archevêque de Paris, intervient aussi. Le chapitre nomme deux nouveaux proviseurs qui opèrent quelques réformes réglementaires. Peu satisfait de ces demi-mesures, le Parlement s'adjoint le pouvoir municipal. Les trois autorités agissent de concert. Les chanoines poussent eux-mêmes à la sécularisation administrative de l'Hôtel-Dieu de Paris, dont ils avaient eu jusque-là la haute direction. Les deux proviseurs estiment que, à l'avenir, le sort du temporel de l'Hôtel-Dieu doit être confié à des bourgeois et à des marchands de la capitale qui seront nommés par le prévôt des marchands et les échevins. Leur avis est adopté par la cour du Parlement, qui porte un arrêt relatif à la nouvelle organisation administrative. Une commission de huit bourgeois, nommés par l'autorité municipale, est préposée à la gestion du temporel de l'Hôtel-Dieu [1].

L'arrêt de 1505 détermine les fonctions des nouveaux administrateurs. Ceux-ci nomment les receveurs et procureurs; ils reçoivent leurs comptes dans une assemblée annuelle où figurent un conseiller du Parlement et un chanoine de l'Église de Paris, délégué par le doyen du chapitre; ils veillent à ce que les frères et les sœurs qui desservent l'hôpital s'acquittent exactement du devoir de leur charge, surtout à l'égard des malades. L'arrêt dispose que l'administration de l'Hôtel-Dieu sera renouvelée tous les trois ans par moitié. Il sera procédé au remplacement des administrateurs sortants par le prévôt des marchands et les échevins. A leur entrée en charge, ils prêteront serment devant le Parlement de bien et loyalement remplir leurs fonctions.

---

[1] Martin Doisy, *Dictionnaire d'Économie charitable*, t. I, col. 197-198. (Collect. Migne.)

C'est une réglementation complète qui fait passer l'antique établissement de saint Landry du régime purement religieux au régime mixte, en attendant que la laïcisation devienne complète trois siècles plus tard.

Par suite de cette immixtion du Parlement dans le domaine de la charité, le partage se fait peu à peu de l'autorité et des attributions entre les représentants du pouvoir séculier et les supérieurs ecclésiastiques. La charité cesse d'être une affaire purement religieuse pour entrer aussi dans la compétence et sous la juridiction de l'autorité civile.

Les autres Parlements, à l'exemple de celui de Paris, se mêlent de l'administration des hôpitaux. Un arrêt du Parlement de Dijon, de 1533, enjoint aux Maisons-Dieu de son ressort de nourrir et gouverner soigneusement les pauvres, sous peine de voir leurs biens confisqués au profit du roi.

Il s'éleva maints procès, comme celui de l'hôpital d'Angers, en 1553, entre le prieur et les habitants de la ville, pour savoir si tel établissement hospitalier, dont l'origine était ancienne et le caractère douteux, était hospice ou bénéfice. La question était portée devant le Parlement compétent, qui donnait le plus souvent raison aux habitants, et déclarait la maison litigieuse hôpital. Il pourvoyait, définitivement ou par provision, à son administration, sous la réserve de la nourriture et de l'entretien de l'ancien titulaire, ou de l'attribution à celui-ci d'une portion du revenu, en remettant la direction de l'hôpital à des bourgeois notables choisis par la ville.

C'est ainsi que s'opéra en maintes circonstances la transition de l'administration ecclésiastique au gouvernement séculier des hôpitaux.

Depuis le VIIIe siècle, en vertu du testament de l'évêque saint Léger, et par suite de fondations successives, le chapitre d'Autun était le distributeur d'une aumône annuelle de pain pendant le carême, à laquelle prenaient part des milliers de pauvres venus de toute la contrée. Pour mettre de l'ordre dans une distribution à laquelle les habitants aisés eux-mêmes avaient fini par se présenter, et pour remédier aux inconvénients que l'affluence de mendiants et de vagabonds de tous pays causait dans la ville, le chapitre avait dû s'adresser au Parlement de Bourgogne, et c'est ainsi que l'autorité judiciaire s'était ingérée dans une institution de bienfaisance toute privée, pour ordonner aux magistrats d'établir un rôle des pauvres et des mendiants de la ville, qui avaient droit à la distribution du carême, à l'exclusion de tous autres habitants ou étrangers.

Le XVIe siècle marque une phase nouvelle dans l'histoire des institutions charitables de la France. A partir de cette époque, la tendance de la royauté est de faire intervenir de plus en plus les Parlements dans la direction et la surveillance des hôpitaux pour faire pénétrer de plus en plus aussi l'administration hospitalière dans les attributions du pouvoir civil. L'empiétement continue, mais il a l'excuse du bien public.

Sur les doléances du commissaire royal du Bureau des pauvres de Paris, le Parlement rend une ordonnance, du 5 mai 1579, commettant deux de ses membres à une enquête à l'hôpital Saint-Germain-des-Prés, pour, l'information faite, être ordonné sur la réformation dudit hôpital ce qu'il appartiendra.

L'édit de Henri III, de 1586, ordonne que les règlements des établissements charitables de chaque localité seront envoyés aux greffes des Parlements respectifs. Ces règlements, pour avoir force de loi, sont soumis à l'approbation des hautes cours de justice.

La réforme des hôpitaux au XVIe siècle se fit, en général, sur le modèle de ceux de Paris, à l'instigation de la royauté.

« Des lettres patentes du 8 février 1593, posent en principe qu'il appartient au roi, en vertu des droits de sa couronne, de pourvoir à l'administration de tous les hôpitaux et autres lieux pitoyables du royaume, qui ne sont de fondation ou patronage d'aucun prince, archevêque, évêque, seigneur ou communauté. » Ces lettres patentes disent que le roi est averti « qu'il existe plusieurs hôpitaux, maladreries et lieux pitoyables dans le royaume, détenus, occupés et administrés par diverses personnes qui se sont ingérées de leur autorité privée, ou se sont fait commettre des pouvoirs par qui bon leur semblait, sans avoir de lettres de grand sceau en des fonctions qui sont à la nomination du grand aumônier ». Telles provisions et commissions, continuent les lettres patentes, sont au préjudice des droits de la couronne et de l'ordre requis en l'administration des lieux pitoyables. En conséquence, « défenses sont faites à toutes personnes, de quelque qualité qu'elles soient, de s'immiscer en l'exercice desdites charges sans avoir des lettres de provision à la nomination du grand aumônier, archevêque de Bourges. »

Malgré les nombreux édits des rois et les arrêts des Parlements, des abus se produisirent, plus nombreux peut-être qu'auparavant, dans les services hospitaliers. Les guerres de religion, qui s'étaient prolongées jusqu'à Henri IV, favorisaient le désordre. En bien des endroits, des administrateurs cupides ou négligents dissipaient les revenus des hôpitaux. Pour remédier à cette situation, « Henri IV établit, en 1606, une *Chambre de la charité chrétienne* qui, sous la direction du grand aumônier, devait procéder à la réformation générale des hôpitaux et notamment au contrôle des dépenses. Par son initiative, il est procédé dans tout le royaume à la reddition des comptes et revision des baux à ferme des hôpitaux, Hôtels-Dieu et autres lieux pitoyables, comme on disait alors.

Lui-même fonda le premier hôpital militaire à Paris et, l'année suivante, il posa la première pierre de l'hôpital Saint-Louis, un des plus beaux de l'Europe, bâti par Claude de Châtillon.

En 1612, sous Louis XIII, la Chambre de charité prit le nom de *Chambre de la réformation générale des hôpitaux*. « Composée, avec le grand aumônier, de quatre maîtres des requêtes et de quatre conseillers au grand conseil, elle s'occupait de tous les hôpitaux, maladreries, aumôneries et autres lieux pitoyables du royaume, et revisait leurs comptes, sauf appel au grand conseil[1]. »

A la tête de la Chambre est un des présidents du Parlement de Paris; des délégués inspectent les établissements charitables; des commissions rogatoires sont conférées aux juges des lieux pour informer l'une ou l'autre Chambre. Les Parlements de province envoient leurs renseignements à Paris; une vaste enquête est conduite dans tout le royaume.

Des lettres patentes d'octobre 1613 s'efforcent de remédier aux abus et monopoles résultant des adjudications des revenus des hôpitaux. Pour y mieux parvenir, un arrêt de la Chambre de réformation, du 4 février 1614, enjoint, dans l'intérêt des pauvres et des malades, de procéder à de nouveaux baux à ferme des revenus de tous les hôpitaux, aumôneries et maladreries, avec faculté pour toutes personnes de renchérir sur le prix des précédentes adjudications; et il commet à cet effet des commissaires spéciaux, chargés de présider aux nouvelles adjudications et de recevoir les enchères dans chaque diocèse. Partout, l'adjudicataire, avant d'être mis en possession, était tenu de produire l'état, certifié des curés et des marguilliers du lieu, des biens et héritages appartenant aux hôpitaux, pour être ledit état inséré au bail qui lui était délivré.

Les changements survenus avec le temps dans la condition d'un certain nombre d'établissements charitables amenaient l'intervention de l'autorité royale. Il fallait régler le présent et pourvoir à l'avenir; il fallait liquider les droits anciens, déterminer la situation nouvelle, sauvegarder l'intérêt des pauvres. Toutes ces mesures exigeaient le concours de l'autorité supérieure.

En voici un exemple pris dans l'histoire d'un des plus célèbres hôpitaux de Paris.

Par suite de la réunion de l'hôpital Saint-Jacques, en avril 1622, aux ordres royaux, militaires et hospitaliers de Notre-Dame-du-

---

[1] Biré, *l. c.*, p. 341; L. Boucher d'Argis, *Introduction au droit ecclésiastique*, 1762, t. I, p. 487.

Mont-Carmel et de Saint-Lazare-de-Jérusalem, le grand maître, les commandeurs et chevaliers de ces ordres demandent à se mettre sous la juridiction royale. En conséquence, le roi décida que seront évoquées au grand conseil toutes les instances pendantes, tant au Parlement qu'au Châtelet et autres juridictions concernant l'hôpital Saint-Jacques ; mais cette réunion à l'ordre du Mont-Carmel de l'église et de l'hôpital Saint-Jacques, destiné jadis à recevoir des pèlerins et depuis des voyageurs indigents, avait eu pour effet de faire passer à l'ordre lui-même les biens et revenus appartenant à l'hôpital, et celui-ci avait perdu son caractère d'établissement charitable ; le but de l'institution se trouvait faussé. Le roi ne tarda pas à intervenir pour faire rendre aux pauvres le domaine dont ils s'étaient trouvés dessaisis. Des lettres patentes du 15 avril 1634 ordonnent que, suivant l'intention des fondateurs, « l'hospitalité soit rétablie et entretenue à l'hôpital Saint-Jacques » en faveur des pauvres, et elles instituent un conseil de haute direction composé de l'archevêque de Paris et du procureur général au Parlement, chargé de donner son avis sur le nombre et la qualité des pauvres à admettre, sur le choix et le nombre des administrateurs ainsi que sur la forme de l'administration.

L'autorité royale se fait de plus en plus sentir, parce que des conflits s'élèvent nécessairement, tant au sujet de l'administration que de la reddition des comptes, entre le clergé de l'église-hôpital Saint-Jacques d'une part, et les maîtres, gouverneurs et administrateurs de cet hôpital de l'autre, ou entre les chanoines et le chapelain de l'église et les dignitaires et membres de la confrérie fondée en l'hôpital Saint-Jacques. Le conseil d'État évoque les causes, tranche les litiges en nommant des administrateurs provisoires, pris parmi les bourgeois de la ville, en enjoignant aux administrateurs de rendre leurs comptes devant les commissaires du Parlement, députés sur le fait de la réformation générale des hôpitaux. Les pouvoirs respectifs des diverses autorités en présence à l'église-hôpital Saint-Jacques, clergé, administrateurs, confrères, se trouvent diminués de tous ces recours incessants à l'autorité royale, qui finit par devenir la règle souveraine de l'administration.

Partout la confusion des autorités dans les hôpitaux produisait des conflits, et ces conflits amenaient des procès qui contribuaient à l'extension des droits et attributions des Parlements et de l'élément civil dans l'administration hospitalière.

En 1629 il y a procès entre les gouverneurs de l'Hôtel-Dieu de Senlis, les échevins et lieutenants de la ville d'une part, et les religieuses de Sainte-Madeleine de l'autre. Le Parlement décide, par arrêt du 1er septembre 1629, que l'Hôtel-Dieu sera placé sous la direction de deux notables bourgeois de la ville nommés par l'évêque, et qui rendront compte de leur gestion par-devant le juge royal, en présence du substitut du procureur général du roi, du grand vicaire de l'évêque et des échevins. L'arrêt affecte les deux tiers du revenu de l'hôpital à l'entretien du bâtiment et des pauvres et l'autre tiers aux religieuses.

Peu à peu le Parlement était devenu à Paris la principale autorité en matière de charité publique. C'est à lui que recoururent, dans leur détresse, les administrateurs de l'Hôpital général durant la minorité de Louis XIV.

L'Hôpital général, destiné à donner asile aux milliers de mendiants et de vagabonds de la capitale et des faubourgs, était une nouvelle institution due au zèle et à la munificence de la duchesse d'Aiguillon et inspirée par saint Vincent de Paul. Ce ne fut toutefois qu'un essai jusqu'à l'édit du 22 avril 1656, qui fonda définitivement ce grand établissement. Au moment où l'Hôpital général allait s'ouvrir avec ses dépendances aux mendiants, Vincent de Paul écrivait : « L'on va ôter la mendicité de Paris et ramasser tous les pauvres en des lieux propres pour les entretenir, instruire et occuper. C'est un grand dessein et fort difficile, mais qui est bien avancé, grâce à Dieu, et approuvé de tout le monde ; beaucoup de personnes lui donnent abondamment et d'autres s'y emploient volontiers. Le roi et le Parlement l'ont puissamment appuyé, et, sans m'en parler, ont destiné les prêtres de notre congrégation et les Filles de la Charité pour le service des pauvres, sous le bon plaisir de Mgr l'archevêque de Paris. »
Le roi avait, en effet, nommé le supérieur général de la Mission directeur spirituel de l'Hôpital général, en même temps qu'il en nommait le premier président du Parlement de Paris, M. de Lamoignon, directeur temporel. Une administration laïque lui avait été préposée.

Cette institution, d'abord éprouvée par les difficultés du commencement, s'affermit avec le temps. Ce fut une des grandes œuvres du règne de Louis XIV. Dans l'édit de 1656 le roi s'instituait conservateur et protecteur de l'Hôpital général.

Il y disait : « Comme nous sommes redevables à la miséricorde divine de tant de grâces et d'une visible protection, nous croyons être plus obligé de lui témoigner notre reconnaissance par une royale et chrétienne application aux choses qui regardent son honneur et son service, en considérant les pauvres mendiants comme membres vivants de Jésus-Christ, et non pas comme membres inutiles de l'État. »

L'établissement de Paris servit de modèle aux principales villes du royaume qui, à l'instigation du roi, en adoptèrent le système.

La création des hôpitaux généraux vint augmenter encore la participation du pouvoir civil aux œuvres charitables et étendre l'objet de ses sollicitudes. L'entreprise exigeait, pour Paris surtout, des ressources immenses. Ni les libéralités des particuliers, ni la dotation royale n'y avaient suffi dans les premières années.

En 1663, l'Hôpital général, qui comprenait les cinq maisons de la Pitié, de la Salpétrière, de la Savonnerie, Bicêtre et Scipion, avait cent cinquante mille livres de dettes. Ce n'était pas mauvaise gestion ou manque d'économie; c'était défaut de ressources et surcroît de charges. A cette époque, on comptait dans les diverses maisons de l'hôpital six mille deux cent soixante-deux pauvres, outre le personnel. Plutôt que d'abandonner un établissement qui avait délivré Paris de la mendicité et du vagabondage, l'administration préféra s'en remettre de son sort au Parlement et en appeler au public lui-même. Elle ne craignait pas le contrôle, elle ne demandait qu'assistance.

Deux conseillers, commissaires du Parlement, furent chargés d'établir la situation. De leur rapport il résulta qu'avec des ressources insuffisantes, l'Hôpital général rendait d'immenses services. C'est ce que reconnut le public invité à venir visiter les lieux pour s'éclairer. Et la charité privée répondit généreusement à l'appel qui lui était adressé.

Il est intéressant d'entendre le langage que parlait alors l'administration pour toucher le sentiment public : « Paris, disaient les directeurs de l'Hôpital général, a trop de cœur et de bonté, d'honneur et de charité pour souffrir que les autres villes lui reprochent qu'il ait manqué de cette puissance et de cette piété dont il a donné l'exemple; qu'après avoir assisté toutes les provinces affligées et jusqu'aux terres les plus inconnues par des libéralités pieuses qui ont été admirées de tout le monde, il ait voulu défaillir à ses misères domestiques et à ses propres entrailles; qu'il ait mieux aimé nourrir par les rues les méchants pauvres qui dérobent les aumônes pour se couvrir de tous les crimes qui suivent la fainéantise et la mendicité et qui peuvent attirer la colère de Dieu, que de recevoir les bénédictions méritées par le partage égal des charités, le soulagement assuré des nécessités véritables et des prières innocentes. C'est Dieu qui demande pour des pauvres qui n'ont plus de voix, c'est à lui qu'il faut accorder ou refuser; c'est lui qui dira au dernier jour : « Venez, les bien-aimés de mon père; vous m'avez sou-
« lagé dans la faim et dans la soif, vous m'avez logé, vous m'avez
« vêtu, prenez possession du royaume que je vous ai préparé. »

La commission administrative, présidée par M. de Bellièvre, premier président du Parlement, comprenait le procureur général, le surintendant des finances Fouquet, l'archevêque de Paris, le premier président de la Cour des aides, le lieutenant de police et le prévôt des marchands. Les directeurs et administrateurs étaient nommés à vie avec les pouvoirs les plus étendus d'administration, de police, de juridiction et de coercision. Des privilèges immenses furent concédés à l'Hôpital général : quêtes, dons, aumônes, legs, amendes, confiscations. « Chacun, de gré ou de force, dit M. de Watteville, apporta son tribut, depuis le roi jusqu'au plus humble artisan[1]. »

Quatre ans après, 1662, Colbert fit rendre un édit portant : « Qu'en toutes les villes du royaume où il n'y a point encore d'hôpital général établi, il soit incessamment procédé à l'établissement d'un hôpital et aux règlements d'icelui, pour y loger, enfermer et nourrir les pauvres, malades, mendiants et orphelins natifs des lieux ou qui y auront demeuré pendant un an. »

Le préambule de cet édit montre de quels sentiments généreux s'inspirait alors le législateur. On y lit :

Entre les soins que nous prenons pour la conduite de l'État que Dieu nous a confié... celui des pauvres nous a été en particulière recommandation, et le grand désir que nous avons toujours eu de pourvoir aux nécessités des mendiants comme les plus abandonnés, de procurer leur salut par les instructions chrétiennes, et d'abolir la mendicité et l'oisiveté en élevant leurs enfants aux métiers dont ils seraient capables, nous ont fait établir l'Hôpital général en notre bonne ville de Paris.

... Mais il n'est pas juste que Paris fournisse toute la nourriture que les autres villes du royaume doivent chacune à leurs pauvres, selon l'équité naturelle, conformément aux ordonnances[2].

Dans la plupart des villes où furent fondés, en exécution des écrits de 1656 et de 1662, des hôpitaux généraux, ils absorbèrent peu à peu les anciennes institutions charitables. C'est de cette époque que date la centralisation de l'assistance publique.

L'action du pouvoir royal ne s'arrêta pas à cette création.

Louis XIV unifia et régularisa l'administration des hôpitaux. Ces établissements étaient devenus trop nombreux et souvent ne pouvaient plus se suffire à eux-mêmes. Le roi avait commencé par leur attribuer les biens d'établissements qui n'avaient presque plus d'objet, comme les léproseries, les maisons de l'ordre de Saint-Lazare. Il supprima ensuite beaucoup de petits hôpitaux qui dépérissaient et affecta leurs biens à d'autres. Il y eut ainsi beaucoup moins de ces établissements que la charité ne suffisait plus à entretenir, mais ils furent mieux pourvus. « Cette vaste opération, dit M. d'Arbois de Jubainville, que bien des historiens ont laissé passer inaperçue, est un des actes les plus utiles de l'administration du grand roi[3]. »

---

[1] *La Législation charitable*, préface.
[2] Biré, *l. c.*, p. 343-6.
[3] *Bibliothèque de l'École des Chartes*, XXe année, p. 110.

L'œuvre la plus considérable du règne de Louis XIV en matière d'administration charitable, ce fut l'ordonnance du 12 décembre 1698, portant réglementation des hôpitaux. L'action du pouvoir royal se fit sentir ici dans toute sa plénitude. Cette ordonnance, inspirée de toute la législation antérieure et des besoins nouveaux de l'époque, est comme le statut organique de l'administration hospitalière ; elle fit loi jusqu'à la Révolution. La royauté avait pourvu définitivement à l'assistance publique, en prenant sous sa tutelle tous les établissements charitables et en partageant avec l'autorité spirituelle le soin des pauvres et des malades.

Des édits postérieurs complétèrent l'ensemble des mesures de Louis XIV en attribuant aux divers établissements hospitaliers, hôpitaux généraux, Hôtels-Dieu, hospices des enfants trouvés et autres, des sources nouvelles de revenus par des taxes et diverses perceptions qui leur étaient affectées.

Une transformation profonde s'était opérée par suite de toutes ces mesures et réformes royales dans le domaine de l'assistance publique. De chrétienne qu'elle était uniquement à l'origine, celle-ci était devenue politique. « Louis XIV, dit M. Martin Doisy, s'était montré dans l'administration des secours publics avec toute la puissance de son règne, grandiose, magnifique et centralisateur ; mais il avait considéré les secours dans un intérêt d'ordre public plutôt que dans un intérêt de charité[1]. »

L'époque moderne de la sécularisation de l'assistance publique était commencée. Les idées du XVIIIe siècle y eurent leur rôle. Jusqu'à la fin de la monarchie néanmoins, la religion ne fut point séparée de la bienfaisance ; jusqu'au dernier jour la charité, même administrative, resta chrétienne ; jusqu'au dernier jour l'histoire en est belle.

On peut signaler des défauts et des abus dans le fonctionnement des institutions hospitalières du passé. Il y en a eu aux différentes époques, mais toujours les autorités ecclésiastiques et civiles se sont préoccupées d'y remédier.

Sous ce rapport, le XVIIIe siècle est celui qui a motivé le plus de plaintes, soit que le relâchement de l'esprit de charité ait nui à la bonne administration et à la bonne tenue des établissements charitables, soit que la faveur de la philanthropie et l'influence de la science économique aient rendu l'opinion plus exigeante à l'égard des services hospitaliers.

Et cependant la monarchie, à travers ses fautes, continua son œuvre bienfaisante.

[1] Introduction, p. 15.

« Dans ce siècle, sa sollicitude pour les hôpitaux ne se démentit pas. Citons au hasard l'édit du 30 décembre 1702, qui attribue à l'hôpital général trois sous par jour sur chaque carrosse de louage; la déclaration du 10 octobre 1711, qui confisque les biens des duellistes au profit des hôpitaux; l'édit du 19 août 1774, qui autorise à nouveau la perception d'un vingtième aux entrées de Paris en faveur des hôpitaux; l'édit de 1775, qui établit un impôt sur l'entrée de la viande au bénéfice de l'Hôtel-Dieu; l'édit du 24 décembre 1778, qui proroge de six ans le droit sur les carrosses de remise; l'édit du 22 juillet 1780, qui confirme le droit d'octroi alloué à l'Hôpital général et à celui des Enfants-Trouvés; l'édit du 15 août 1781, qui maintient la perception d'un droit de trente sous par muid de vin au profit des hôpitaux et d'un droit d'entrée sur le bois à brûler et le foin en faveur de l'Hôpital général, etc.[1]. »

Un des derniers actes du gouvernement de Louis XVI (5 juillet 1788) fut de confirmer les hôpitaux et hospices dans leurs privilèges, franchises et immunités.

Ainsi la monarchie avait rempli son devoir, quoique avec une tendance trop marquée à la centralisation, en se servant du pouvoir plus grand que les circonstances politiques et le temps lui avaient conféré pour compléter et affermir l'œuvre séculaire de l'Église et pour fonder l'administration hospitalière sur les bases du concours réciproque de l'autorité spirituelle et de l'autorité temporelle.

Du reste, on verra de plus près en action l'initiative royale dans l'organisation des hospices et hôpitaux, ainsi que dans le fonctionnement des institutions de secours publics, qui furent en grande partie son œuvre, tels que les hôpitaux généraux, les bureaux des pauvres, les ateliers de charité, les monts-de-piété.

[1] Anatole Biré, dans *France-Revue*, 1893, p. 347.

VI

LES PARTICULIERS

La France, nation catholique par excellence. — Rôle des particuliers dans l'œuvre française de la charité. — Documents des premiers siècles. — Les deux doctrines de l'Évangile et du paganisme. — Différence des mœurs. — Les œuvres individuelles ont précédé les institutions de charité. — L'action de la charité privée s'efface devant celle de la charité publique. — Elle se montre dans les fondations charitables de toute sorte. — La libéralité des fidèles source de la propriété ecclésiastique. — L'esprit de foi entretenait la charité. — Il était particulièrement stimulé par la prédication. — L'exhortation à la charité était un des sujets ordinaires de la chaire. — Pratique de la charité dans toutes les classes de la société. — Seigneurs et grandes dames. — La bourgeoisie. — Fondations par les bourgeois. — Leur dévouement au service des pauvres. — Maisons particulières changées en hôpitaux. — Traits de mœurs de charité dans le commerce. — La charité dans les classes ouvrières et rurales. — Médecins et avocats. — Les dispositions testamentaires en faveur des œuvres pies et charitables. — Les enseignements et les pratiques de la charité dans la vie de famille. — Les confréries et charités. — Fusion des classes. — Grand nombre et variété de ces pieuses associations. — Leurs emplois charitables. — Les confréries de charité de Saint-Vincent-de-Paul. — Les particuliers fondateurs d'instituts religieux hospitaliers. — Les Dames de la charité. — Le rôle de la femme dans le ministère des bonnes œuvres. — Fécondité du principe d'association pour l'exercice de la charité.

En France, plus qu'en aucun autre pays peut-être, la charité a eu dans les particuliers de tout rang, et à toutes les époques des agents innombrables. Ce n'est pas en vain que la nation des Francs était l'aînée des nations chrétiennes. Elle a produit pendant une longue suite de siècles une succession de familles et de races imbues des enseignements de la foi, et dont les préceptes évangéliques étaient la loi. La France a été la nation catholique par excellence. Son peuple, généreux, dévoué, a été le plus actif instrument du bien dans le monde. Chez elle ont germé les vertus de sacrifice et de dévouement qui produisent les œuvres de charité.

Malgré ses défaillances et ses fautes, au milieu de ses épreuves comme au sein de la prospérité, elle s'est toujours montrée digne de son origine chrétienne, digne des faveurs spéciales dont elle a été l'objet de la part de la Providence. Aucune autre nation n'a fait plus qu'elle le bien, aucun peuple n'a été meilleur que le sien. Elle a inscrit dans ses annales nationales un des plus beaux chapitres de l'histoire de la charité.

Il serait impossible de déterminer en détail le rôle des particuliers dans l'œuvre française de la charité. Ce serait l'histoire par siècles et par années de tout le bien qui s'est fait sur toute l'étendue du territoire depuis l'établissement du christianisme. Une telle histoire, outre qu'elle dépasserait les limites de toute espèce de récit, est essentiellement secrète. Les chrétiens de chaque époque, en pratiquant individuellement la charité, se sont conformés au conseil de l'Évangile, qui leur recommandait d'agir dans le secret de leurs cœurs. Le bien ainsi accompli ne peut être saisi que dans ses manifestations extérieures. Il n'y a que des indices généraux, des traits collectifs de la charité si abondamment exercée par les fidèles de toutes les époques.

Ils suffisent à donner l'idée de la générosité et du dévouement de chaque génération. La multitude des fondations charitables, le développement des institutions hospitalières attestent d'une manière générale la participation des chrétiens de toute condition aux œuvres de miséricorde spirituelle et corporelle, si largement représentées en France depuis l'origine.

Dès que le christianisme s'établit, c'est une merveille de voir la charité éclore dans tous les rangs de la société française. Le vieux monde gallo-romain se transforma petit à petit sous l'influence de l'esprit nouveau. Des vertus nouvelles naissent. L'amour du prochain, la compassion pour les pauvres et les malheureux deviennent des sentiments ordinaires dans la société chrétienne.

Aussi loin que les documents peuvent remonter, on retrouve la trace de ce changement des cœurs, ainsi que des effets qu'il produit. La charité est largement pratiquée par les particuliers; elle est entrée dans les mœurs, et elle devient une habitude de la vie. Sur les cent mille épitaphes grecques et latines que l'antiquité nous a léguées, on ne lirait pas une seule fois à l'éloge du défunt qu'il a aimé les pauvres et fait l'aumône. Dans le petit nombre d'inscriptions chrétiennes des premiers siècles, recueillies en France, on trouve souvent le souvenir de cette vertu de charité que le christianisme avait apportée avec lui, et que les fidèles de toute condition et de tout rang s'appliquaient à pratiquer.

A cette époque, un des plus beaux éloges que l'on aimait à donner aux défunts de marque, un de ceux que l'on rencontre le plus fréquemment sur leur tombe, c'est de constater qu'ils avaient exercé la charité. Tel était cet Avolus d'Orléans, que Fortunat loue d'avoir nourri en secret les pauvres et répandu largement ses aumônes dans le peuple[1]. Cette charité cachée était particulièrement chère aux chrétiens ; ils avaient toujours présent à l'esprit ce conseil de l'Évangile, que la main gauche doit ignorer ce que donne la droite.

L'épitaphe de la noble chrétienne Théodéchilde, des temps mérovingiens, composée en vers par le poëte Fortunat, porte : « L'orphelin, l'exilé, le pauvre, les veuves, les malheureux sans vêtements pleurent en elle leur mère, leur nourriture, leur abri[2]. »

La bienfaisance n'était pas le monopole des riches et des grands. Elle existait dans toutes les classes de la société. Sur l'épitaphe du marchand lyonnais Agapus, mort en 601 à l'âge de quatre-vingt-cinq ans, on lit cet éloge funèbre : « Il fut la consolation des affligés et le refuge des pauvres[3]. »

A mesure que le christianisme se propageait des villes dans les campagnes de la Gaule et pénétrait la vie des populations d'alors, il étendait cet esprit de charité, qui est comme la marque des disciples de Jésus-Christ. Sous les deux premières races de nos rois florissent, parmi les vrais chrétiens, les vertus de foi et d'espérance dans lesquelles l'amour du prochain prend sa source. Autant il y a de fidèles groupés autour des églises et des abbayes, autant il y a de cœurs généreux et compatissants, prêts à venir en aide aux misères d'autrui. Mais, à ces époques, ce sont les riches surtout qui ont à pratiquer la charité. Leur position sociale, leur indépendance les mettent en mesure d'user de leurs biens selon l'esprit de l'Évangile. Les grands propriétaires, les fonctionnaires publics, les négociants des villes, peuvent disposer de leurs terres et de leurs trésors en faveur des églises, qui sont alors les mères nourricières des pauvres, ou faire participer à leurs revenus les indigents.

L'espérance chrétienne du ciel entretenait dans les cœurs le zèle de la charité et des bonnes œuvres. Bien différentes en cela étaient les deux doctrines de l'Évangile et du paganisme. L'antagonisme entre les idées païennes et les sentiments nouveaux inspirés par la foi ressort des monuments épigraphiques de la vieille Gaule, sûrs témoins des mœurs du temps. « Archarius, dit l'épitaphe d'un de ces généreux chrétiens des premiers âges, a rendu au monde tout ce qu'il tenait de lui. Il n'emporte que ses bonnes œuvres. »

C'étaient là les pensées de la foi. « Des idolâtres, voués au matérialisme, tenaient, dit M. Edmond le Blant, un tout autre langage. Pour eux, les biens consommés sur la terre étaient seuls acquis au défunt. » Leur littérature était l'expression de ces pensées. « Buvons, mon cher Simon, dit un personnage de comédie, buvons à ou-

---

[1] Le Blant, o. c., II, n° 636.
[2] Id., I, n° 217.
[3] Id., I, n° 17.

trance et faisons joyeuse vie, tant qu'il y aura moyen d'y fournir. La mort te glacera au jour marqué par les dieux, et que te restera-t-il? Ce que tu auras bu et mangé, rien de plus[1]. »

Des inscriptions funéraires païennes redisent la même chose : « Ce que j'ai mangé et bu, proclame l'épitaphe d'un viveur, il n'y a que cela à moi[2]. — Ce que j'ai mangé et bu, dit un autre défunt du fond de son tombeau, je l'ai avec moi; ce que j'ai laissé là-haut, je l'ai perdu. »

Pour les chrétiens, au contraire, on n'emportait dans l'autre vie que ce qu'on avait donné sur la terre ; on ne possédait vraiment que ce dont on s'était dépouillé par amour du prochain. Le christianisme enseignait que « les biens d'ici-bas échappent, si nos bonnes œuvres ne nous les acquièrent à jamais, en nous amassant un trésor dans le ciel ».

La différence des doctrines avait fait la différence des mœurs. La doctrine chrétienne était un stimulant actif aux bonnes œuvres. Les fidèles s'en inspiraient. Aussi, dès l'organisation de la société chrétienne, commencent les pieuses fondations qui ont les pauvres pour objet. Les particuliers rivalisaient de générosité avec les rois. On donnait aux églises, aux monastères, pour assurer la perpétuité des aumônes, pour prolonger après soi le bien que l'on avait fait de son vivant. Les archives de Saint-Denis conservèrent jusqu'à la Révolution, à côté des diplômes royaux constatant la pieuse munificence des successeurs de Clovis, un acte authentique sur papyrus contenant donation, par une dame nommée Ermentrude, de ses biens à l'abbaye.

Dans ces siècles reculés, on n'écrivait pas la vie des simples particuliers, quels qu'eussent été leurs mérites et leurs actes. Par l'histoire des saints, la seule que nous ayons, on constate les préoccupations, les habitudes des personnes pieuses d'alors qui comprenaient que, pour se donner à Dieu, il fallait se donner aussi aux pauvres, et que pour servir vraiment le maître divin, il était nécessaire de contribuer de sa personne et de ses biens au service des membres souffrants de Jésus-Christ. Ce que les saints faisaient dans la surabondance de leur charité, qui les portait au don complet d'eux-mêmes, les fidèles le faisaient aussi, quoique à un moindre degré, en vertu des mêmes principes. On n'était pas chrétien sans cela.

Les œuvres individuelles ont précédé les institutions de charité. Elles ont coexisté ensuite avec celles-ci, toujours vivantes, toujours abondantes au sein d'une société où régnait la loi évangélique. Elles

---

[1] Dans *Athénée*, VIII, p. 336, D.
[2] Cf. Le Blant, o. c., I, p. 506.

sont toujours restées distinctes des secondes ; car, lors même que le ministère de la charité eut été complètement organisé, la piété personnelle n'a pas cessé de s'exercer envers les pauvres de toutes les manières que le zèle ou les circonstances inspiraient. Mais les œuvres de la charité privée ont péri avec les individus, sans laisser ordinairement de traces. Tant d'aumônes distribuées aux pauvres dans le cours des siècles, tant de services de bienfaisance rendus aux nécessiteux, tant de soulagements procurés aux infortunés, tout cela a disparu au fur et à mesure avec les auteurs de ces bienfaits et ceux qui en étaient l'objet.

Ce qu'on peut constater, c'est que la charité était entrée profondément dans les mœurs publiques. Sans elle, toutes ces institutions charitables établies dans la suite des temps n'auraient pu ni durer, ni même se fonder. Le zèle du clergé et des ordres religieux, les revenus des biens ecclésiastiques n'y auraient pas suffi, et ces biens même n'avaient le plus souvent pour origine que la générosité des fidèles. La munificence des rois eût été inefficace, sans le concours incessant, inépuisable des particuliers.

L'histoire de la charité publique serait, en réalité, l'histoire de la charité privée, si celle-ci pouvait être faite. Elle présenterait des alternatives en rapport avec les circonstances de temps et de mœurs. L'action des particuliers disparaît ou s'efface avec les transformations sociales qui tendaient à absorber l'individu. Dans la société primitive du moyen âge, où toute force individuelle vint se grouper autour des églises, des abbayes et des châteaux forts, la vie est dans ces grands centres, et là aussi est l'action. Les personnes n'ont qu'un rôle subordonné ; elles se confondent avec les organismes sociaux dont elles dépendent. C'est l'évêque, c'est l'abbé, c'est le seigneur qui paraît et qui agit.

Plus tard, avec l'émancipation individuelle et communale, les particuliers rentrent en scène. Le laboureur, l'artisan, le marchand, le bourgeois, redeviennent des personnalités et comptent dans la vie publique. Alors on les voit mieux à l'œuvre ; on peut mieux se rendre compte de la part considérable qu'a eue l'initiative privée dans l'exercice de la charité et dans son organisation sociale.

Cette action des diverses classes de la société apparaît surtout dans la dotation des églises et des monastères, dans l'institution des diverses confréries ou fraternités, si nombreuses au moyen âge, dans la contribution volontaire de tous à la fondation et à l'entretien des établissements et œuvres de charité de toute sorte.

Une page éloquente de M. de Montalembert, sur l'origine de la propriété monastique, retrace en raccourci l'histoire de la générosité des fidèles à travers les siècles du moyen âge.

« Si l'on voulait retracer l'histoire des instincts les plus généreux et des émotions les plus pures qui aient jamais remué le cœur humain, elle serait facile à faire : il n'y aurait qu'à transcrire les préambules des actes de fondation et de donation qui ont constitué la propriété monastique. Là comparaissent tour à tour pour être sanctifiées, purifiées et perpétuées, toutes les affections de l'homme et toutes ses douleurs : la dévotion envers Dieu, envers sa mère, envers ses saints; l'adoration et l'humilité, le repentir et la reconnaissance; l'amour conjugal, filial, paternel, l'amour du prochain dans toute l'inépuisable variété de ses inspirations, et par-dessus tout, le désir de contribuer au salut de ceux qu'on avait aimés sur la terre, et de les rejoindre dans le ciel. Dans des actes publics et solennels, destinés à éloigner tout soupçon de manœuvres frauduleuses ou occultes, ces généreux chrétiens ont énuméré les motifs de leurs sacrifices : ils déclarent se les imposer, tantôt pour expier un crime, un malheur ou accident dont ils avaient été la cause involontaire, tantôt pour homologuer leur renonciation à des biens mal acquis, à d'injustes prétentions ou des inimitiés invétérées; tantôt encore pour remercier Dieu d'une grâce éclatante, d'un danger évité, d'un retour heureux de pèlerinage ou de croisade, ou pour attirer sa protection au moment de descendre dans le champ clos; tantôt et surtout pour sanctifier leurs richesses et bien placer leurs économies, en les faisant profiter aux pauvres ou aux voyageurs. Ils aspiraient à consacrer ainsi devant Dieu soit leur résignation dans une maladie incurable, soit l'extinction prévue d'une race illustre et ancienne, soit le désir du repos après une vie trop agitée, l'admiration d'un site pittoresque ou solitaire, le choix d'une sépulture de famille, mais surtout la mémoire d'une longue lignée d'aïeux, d'une épouse fidèlement chérie, d'un enfant prématurément enlevé ou même d'un serviteur ou d'une suivante fidèle. Quelquefois aussi ils destinaient cette offrande pour le salut d'un être aimé sans mesure et sans droit, mais que l'Église ne défendait pas de chérir au delà de la tombe. C'est ainsi que Philippe-Auguste dotait un couvent de cent vingt religieux auprès du tombeau d'Agnès de Méranie.

« Ainsi se dresse, à chaque page de ces annales de la génération féodale, quelque monument des mystères de la miséricorde divine, de la douleur humaine, de la vertu chrétienne. Et ces motifs de donation devenaient sans cesse des motifs de conversion, et souvent tel homme qui avait commencé par donner à Dieu sa terre et son bien, finissait par se donner lui-même. »

L'extension considérable de la propriété ecclésiastique dans le passé témoigne de l'étendue de la charité des particuliers. Car, la plupart de ces biens provenaient de dons et de legs. Les généreux donateurs savaient que la plus sûre manière de faire l'aumône était d'enrichir les églises, les couvents, les établissements pieux dont les ressources étaient, pour une grande part, consacrées aux pauvres. Ils s'associaient ainsi à tout le bien qui se faisait par ce moyen. Les œuvres de charité publique étaient leur œuvre. Plus on voit les distributions de vivres et de vêtements devenir abondantes dans les abbayes et dans les presbytères; plus on voit les maisons de charité, hôpitaux, hospices, asiles se multiplier, plus aussi on a la preuve de l'abondance des aumônes versé‥ ⹁ar les particuliers dans le sein maternel de l'Église pour le sou ⹁ement des diverses misères humaines.

L'esprit de foi entretenait et fécondait la charité. On donnait autant pour soi que pour les autres ; on donnait pour venir en aide au prochain et pour s'assurer en même temps les prières des pauvres et le salut éternel. « Tout donateur avait en vue de soulager une classe d'individus, une localité, un ordre de misère spécial, et surtout de laisser, par des fondations durables, un souvenir de bienfaisance et de piété, pensée qui flattait son cœur, tranquillisait sa conscience et consolait ses derniers moments. »

Constamment ces pieuses dispositions étaient stimulées par la prédication.

Un des sujets les plus ordinaires de la chaire chrétienne, nous l'avons vu, c'était l'exhortation à la charité. Les prédicateurs n'étaient jamais plus éloquents ni leur parole plus efficace que lorsqu'ils prêchaient l'aumône obligatoire. Ils encourageaient surtout les pieuses fondations qui assuraient l'effet de l'aumône à perpétuité. Mais, de peur qu'on ne fît pas après sa mort ce que l'on n'avait pas fait de son vivant, les prédicateurs de la charité recommandaient aux fidèles de ne pas se borner à disposer de leur avoir par testament, mais ils les engageaient à employer tout de suite le surplus de leur fortune à de pieuses libéralités aux églises et aux hôpitaux.

L'un d'eux, Henri de Provins, usait de cette comparaison familière à propos des gens qui se bornaient à faire par testament des legs aux pauvres : « Quand un homme est venu dîner le soir chez un de ses voisins ou de ses amis, celui-ci le fait accompagner par un serviteur avec une lanterne, pour l'empêcher de trébucher et de tomber dans la boue. Mais si le serviteur portait cette lanterne derrière le dos de celui qu'il accompagne, elle ne l'empêcherait assurément pas de trébucher ni de tomber. Il en est ainsi de l'aumône que vous mettez en réserve pour qu'elle soit distribuée après votre mort : vous préparez une lanterne qu'on portera derrière votre dos. Donne tant que tu vis, et porte devant toi la lanterne, ou fais-la porter. On m'apprend que cette nuit même un pauvre homme est mort de froid et de faim, tout gelé, tout glacé. A ceux qui l'ont laissé mourir, je dis que leurs aumônes différées ne les empêcheront pas de trébucher et de tomber dans la fosse d'enfer. »

Ce langage d'une familière éloquence était compris de tous. Il faisait sentir vivement l'obligation de faire le bien tout de suite, de son vivant. Et à force d'entendre dire qu'on n'emporterait dans l'autre vie que ce que l'on aurait donné ici-bas, chacun se persuadait qu'il fallait se faire dès maintenant un bagage d'aumônes et de bonnes œuvres pour le ciel. Dans les siècles où l'Église était écoutée, sa parole produisait ainsi une abondance d'aumônes qui se renouvelaient sans cesse et permettaient de pourvoir à tous les besoins de la pauvreté.

Sous l'influence des idées chrétiennes entretenues dans tous les rangs de la hiérarchie sociale par l'exemple et la prédication, la charité s'exerçait universellement. Seigneurs et vilains, bourgeois et paysans, tous avaient leur part dans une vertu qui était une des plus grandes forces sociales du passé. Il faudrait faire en détail l'histoire du château, de la boutique et de la ferme au moyen âge, pour montrer combien l'esprit de l'Évangile, au milieu d'excès ou d'abus faciles à signaler pour les détracteurs de l'ancienne France, avait pénétré toutes les classes, toutes les conditions. Partout on rencontrerait la compassion pour les pauvres, le zèle à soulager leurs misères, les plus beaux exemples de piété et de dévouement. En prenant l'une après l'autre les différentes classes de la société, on verrait avec quelle affection pour le prochain, et sous combien de formes touchantes s'observait, dans l'ancienne société, le précepte évangélique de s'aimer les uns les autres, de faire à son semblable ce que l'on aurait voulu qui fût fait à soi-même. Combien on pourrait ajouter d'exemples à ceux qui ont été cités plus haut chez les barons et les seigneurs, qui formaient un des éléments de l'autorité publique à l'époque de la féodalité !

Il n'était pas rare, au moyen âge, de voir de nobles dames quitter le monde après la mort de leurs maris et embrasser la vie religieuse ou une vie de retraite, en commençant par vendre leurs biens, dont elles affectaient le produit à de bonnes œuvres. Ainsi avait fait sainte Delphine de Signe au XIVe siècle. La vente qu'elle fit de ses biens produisit des sommes considérables, avec lesquelles elle dota et maria un grand nombre de filles orphelines.

Avant d'entrer au Carmel, la bienheureuse Françoise d'Amboise, duchesse de Bretagne, devenue veuve, hésita si elle ne se consacrerait pas au soin des malades à l'Hôtel-Dieu de Paris, avec les pieuses femmes qui le desservaient. Elle avait fait l'apprentissage de cette généreuse carrière; elle s'était donnée aux pauvres avant de se donner à Dieu dans le cloître.

Les mêmes mœurs, les mêmes pratiques se retrouvent à toutes les époques dans les hautes classes. Beaucoup d'illustres veuves, comme la duchesse de Hautefort, surnommée la mère des pauvres, Mme de Miramion, la fondatrice des dévouées servantes des pauvres qui ont porté son nom, la duchesse de Lesguillon, Mme de Pollalion, que l'on voit groupées autour de saint Vincent de Paul, consacrèrent leur veuvage et leur fortune au bien. C'était un fait assez ordinaire, dans les derniers siècles, de voir des personnes du sexe, appartenant à de bonnes et anciennes familles, à la noblesse même, se donner au soin des hôpitaux, y venir elles-mêmes avec leurs biens. Les archives hospitalières ont conservé, entre autres, le nom de cette demoiselle Gallot de la Roupière, qui apporte à l'hôpital de Bourgneuf (Loire-Inférieure), où elle vient servir, son patrimoine, dont le revenu, porte le contrat, sera appliqué au bouillon des pauvres [1].

Il y eut aussi une chevalerie des femmes, dont la loi et l'honneur étaient de se dévouer pour les malheureux, de servir les pauvres et les affligés.

La bourgeoisie ne le cédait pas à la noblesse en générosité, en dévouement. Les faits mettent au jour les mœurs charitables de cette classe si importante de la société dans les siècles passés. A côté des hauts barons, des seigneurs titrés, dont le nom est attaché à l'origine d'un si grand nombre de fondations charitables, on rencontre dans toutes les provinces, dans toutes les villes, quantité de gens de robe, de magistrats municipaux, de marchands, qui dotent des hôpitaux, qui assignent des revenus aux institutions de charité, qui distribuent des aumônes. « Les archives des hôpitaux, dit M. Babeau avec vingt autres, sont remplies des noms des généreux donateurs qui, depuis le XIIe siècle, n'ont cessé de les enrichir [2]. »

Les généreux auteurs de ces fondations ne se bornaient pas, remarque M. Hubert Valleroux, à donner leurs biens; « ils se donnaient eux-mêmes pour servir les pauvres, comme ce Geoffroy, couturier de Paris, et Marie, sa femme, qui, en 1260, donnent à l'Hôtel-Dieu leur patrimoine, à charge seulement d'être reçus parmi ceux qui donnent des soins aux malades [3]. »

Il arrivait maintes fois qu'un petit groupe d'habitants de la ville, ou même un seul particulier, prît à sa charge l'établissement d'un nouvel hôpital. M. de Ribbe rapporte le fait d'un notable d'Aix en

---

[1] Cf. Hubert Valleroux, o. c., p. 31.
[2] O. c., p. 425.
[3] Page 28.

Provence, Jacques de Roques, qui, en 1518, entreprend de construire un hôpital et s'y donne entièrement avec sa femme et toute sa maison. On voit, dans son « Livre de raison », la suite de son entreprise jusqu'à sa mort, arrivée vingt ans après. Le ménage de l'hôpital ne se distingue pas du sien propre. Son œuvre est continuée par les siens, et l'hôpital subsiste encore, mais fort agrandi. »

Des lettres patentes de Charles IX, de juillet 1570, nous montrent un certain Jacques Moien, natif de Cordoue, fabricant d'aiguilles à Paris, qui fonde un hôpital privé pour la guérison des écrouelles. Établi pour son commerce à Paris, cet Espagnol enrichi rend en œuvres pies ce qu'il a gagné par son industrie. Il suivait en cela les exemples qu'il avait sous les yeux.

Dans la petite ville de Meymac, près de la chapelle Saint-Martin, fondée par les Dupuy de Maussac, bourgeois de la ville, Jean Dupuy installa en 1622 une confrérie de pénitents blancs voués aux bonnes œuvres. Un autre bourgeois, Antoine Chazal, avocat au Parlement et juge de Rochefort, avait donné une partie de son terrain pour la construction d'un hôpital, dont la première pierre fut posée en 1621 par le premier consul de la cité et par le bienfaiteur. Soixante ans plus tard, Antoine Dupuy de Saint-Pardoux, curé de Meymac, et sa sœur Catherine, ne voulurent pas se contenter de cet Hôtel-Dieu. Ils abattirent la maison patrimoniale, et sur l'emplacement en construisirent un plus vaste et plus beau, avec cette inscription, qui convient à tous les hôpitaux élevés et entretenus par la charité chrétienne : *Hospitium hic ; alibi patria*. « Ici simple abri ; ailleurs existe une patrie. »

Les villes n'avaient pas le privilège de ces fondations. Outre son église paroissiale, le village de Vuillafans, en Franche-Comté, possédait une chapelle de sainte Foy, attenante à un hôpital, dont les archives locales indiquent en ces termes l'érection au commencement du xviie siècle : « Un hôpital a été construit et une chapelle y a été fondée à l'honneur de sainte Foy, vierge, par testament de Jacques Mignot, docteur-médecin, qui y a assigné une dot et a choisi pour premier chapelain Jean Gigouley. »

Quantité de fondations hospitalières dans toutes les provinces, et à la campagne comme à la ville, étaient dues à des libéralités privées. Beaucoup d'hôpitaux ont ainsi existé jusqu'à notre siècle avec le nom de leur généreux fondateur. Un des plus connus est l'hôpital Cochin, de Paris, doté par le célèbre avocat de ce nom, après avoir été érigé par un digne prêtre de cette vieille famille bourgeoise. Il n'est presque pas de villes qui ne puissent, ou en montrer de pareils, ou en rappeler le souvenir par des titres authentiques.

Souvent les simples particuliers, bourgeois et bourgeoises, se faisaient eux-mêmes hospitaliers. Ils recueillaient chez eux des vieillards, des enfants, des malades, qu'ils soignaient comme à l'hôpital par amour de Dieu et du prochain, tout en tirant d'eux parfois de petits services domestiques.

Au XVI° siècle, l'hôpital des *Enfants-Dieu*, — nom touchant qui peint bien l'esprit de l'époque, — avait été créé pour recevoir les orphelins des pères et mères morts à l'Hôtel-Dieu. Le nouvel hospice ne tarda pas à devenir trop grand, non pas parce que le nombre des orphelins avait diminué, mais par la raison que « les bourgeois et bourgeoises de Paris, dit un édit royal, en prenaient beaucoup, tant pour s'en servir que pour leur apprendre un métier et les nourrir pour l'amour de Dieu, quand ils n'avaient pas d'enfants »; tellement, ajoute l'édit, « que le nombre reçu était fort diminué et devait diminuer encore plus dorénavant, à l'occasion de l'amour que lesdits bourgeois et bourgeoises leur portent et qu'ils en demandent pour les raisons susdites. »

Il en était de même d'un bout de la France à l'autre. Dans son testament de 1561, Barthélemy de Borvilhan, gentilhomme gascon, après plusieurs fondations « laisse à l'hospital de Nanciet la somme de cent livres et charge ses héritiers d'adopter seize filles des plus pauvres du lieu et paroiche ».

Malgré le grand nombre d'hôpitaux situés dans toutes les régions de la France, plusieurs villes, à certaines époques, s'en trouvaient dépourvues, soit que les anciens établissements eussent péri au milieu des guerres civiles et religieuses, soit que le défaut de ressources les eût fait abandonner. La charité privée y suppléait. C'est ainsi qu'avant de fonder en 1768 un hôpital à Ribérac, les demoiselles Marie Moulin avaient fait servir leur maison à cet usage. Rien de plus touchant que l'acte notarié qui constate à la fois et la fondation du nouvel établissement, et les pratiques charitables des pieuses filles. C'est un des mille documents de la charité de l'ancienne France [1].

Non contentes d'avoir donné leur maison et leurs biens pour l'établissement d'un hôpital à Ribérac, les demoiselles Moulin se donnèrent elles-mêmes, selon un usage assez commun qui portait beaucoup de femmes et de filles charitables à se dévouer au service des pauvres en embrassant la vie religieuse. Avec l'autorisation de l'évêque de Périgueux, les pieuses fondatrices s'étaient consacrées à Dieu par les vœux de religion, sous le vocable de *sœurs de Sainte-Marthe*, prenant pour modèle les religieuses de Sainte-Marthe de

---

[1] Voir *Semaine religieuse de Périgueux*, 17 janvier 1880.

Périgueux, dont elles avaient adopté la règle, tout en conservant leur indépendance [1].

Rien ne donne mieux l'idée des mœurs charitables du passé que certains traits empruntés à la vie d'alors. C'était un usage fréquent dans le commerce, dans l'industrie, d'associer Dieu à ses affaires. Non seulement on appelait ses bénédictions sur l'œuvre, non seulement on le remerciait du succès, mais beaucoup de pieux négociants lui faisaient sa part dans la réussite d'une entreprise, dans le bénéfice du négoce; cette part à Dieu était pour les pauvres. « Il s'est même rencontré souvent des commerçants qui formaient avec Dieu une véritable société commerciale. Ils l'instituaient régulièrement, par contrat ou par vœu, leur associé, et s'engageaient à lui verser, dans la personne de l'Église ou des pauvres, une part proportionnelle dans les bénéfices annuels. Le commerçant apportait à la société les fonds et le travail; l'apport de Dieu était sa protection et ses bénédictions. »

Un de ces négociants très chrétiens, insigne bienfaiteur des pauvres, ce fut Jacques-Thomas de la Barberie, marchand drapier à Falaise, au XVIIIe siècle. Son histoire est des plus touchantes. En 1720, âgé de trente-quatre ans, il commença le commerce pour son propre compte. Et d'abord, pour attirer les bénédictions de Dieu sur son négoce, après avoir fait une quadruple fondation de messes pour le 1er janvier, « il s'oblige par contrat à payer mille à douze cents livres de rente aux pauvres honteux de la ville et faubourgs de Falaise et à l'hôpital des pauvres malades. » Il assure ainsi le gain des pauvres avant de savoir quel sera le sien. Bien plus, il fait vœu et promesse à Dieu de leur donner part dans tous les bénéfices qu'il réalisera. Il leur constitue même un capital et « il mettra toujours de côté une certaine somme pour eux d'an en an, qu'il leur fera profiter le plus possible, augmentant leur capital à fur et à mesure que ses biens augmenteront. » Un héritage vient à lui échoir de la part d'un bon et vieux prêtre dont il connaissait les pieuses intentions. Jacques-Thomas s'engage aussitôt « par vœu à faire présent aux pauvres des biens qui sont provenus et qui proviendront de ladite succession ». Et désormais il distribue chaque année deux cents livres aux quatre couvents des PP. Capucins de Falaise, Rouen, Évreux et Caudebec, deux cents livres à l'hôpital de Falaise, « pour fonder des lits ou acheter des logements convenables; » cent cinquante aux pauvres de Darnétal près Rouen, cent cinquante aux pauvres de Saint-André-

---

[1] Pergot, les *Origines chrétiennes des hôpitaux, hospices et bureaux de bienfaisance du Périgord*, 1880.

sur-Gaillon. » Il se réserve de faire lui-même la distribution de cinq cents livres aux pauvres de la ville et environs.

Plus il donne, plus Dieu lui rend en faisant prospérer son commerce. Aussi, à mesure que ses biens augmentent, il augmente la part des pauvres, qui monte successivement de quatorze cents livres puis quinze cent cinquante livres, puis seize cents livres de rente. Et encore donne-t-il par an « au moins quatre cents livres en plus de ce qu'il a promis ».

Le capital des pauvres s'accroît parallèlement. En 1744, il est de trente-six mille livres. Deux ans plus tard, il atteint le chiffre de quarante-cinq mille six cents livres, ce qui ferait plus de cent mille francs aujourd'hui. Le résultat est magnifique, et néanmoins il ne satisfait pas encore l'ardente charité de ce grand serviteur des membres souffrants de Jésus-Christ. Jusqu'à sa mort il redoublera d'activité et de soins dans son négoce, et de ses bénéfices il fera trois parts : une pour lui et deux pour les pauvres[1].

Tel était souvent le commerce avant que l'esprit mercantile n'eût remplacé le sentiment religieux, si répandu jusqu'à la fin du siècle dernier dans la classe marchande. Les affaires, dont l'unique mobile est aujourd'hui le gain, avaient souvent dans les temps passés le caractère d'un négoce de compte à demi avec Dieu, dont les pauvres étaient les bénéficiaires.

Il y avait d'autres pieuses spéculations dont les pauvres profitaient également. Une d'elles peut être considérée comme l'idée première de l'œuvre toute moderne du Pain de Saint-Antoine. Un curieux document liturgique du XIVe siècle nous fait connaître cet usage du temps. C'est une *benedictio ad pondus pueri*, tirée du bréviaire d'Apt. Les familles qui voulaient attirer les bénédictions célestes sur un enfant, et en même temps contribuer au soulagement des pauvres du bon Dieu, donnaient à un établissement de charité un poids de blé égal au poids même de l'enfant qui était censé faire la bonne œuvre et qui devait en retirer le profit spirituel. Or cette bonne œuvre se faisait en l'honneur de saint Antoine, dont on invoquait la protection pour obtenir la faveur demandée.

Au temps passé, c'est dans toutes les conditions, parmi les artisans et les bourgeois, comme chez les seigneurs, qu'on rencontre la vertu de charité. On la voit pratiquée à la campagne aussi bien qu'à la ville, quoique il y eût, en général, moins d'aisance dans les familles rurales que dans la classe bourgeoise et marchande des cités.

« Les préceptes de la charité évangélique, dit un auteur qui a étu-

---

[1] *Semaine religieuse* de Bayeux.

dié à fond le village dans l'ancien régime, ne sont pas suivis par les prêtres et les nobles de campagne seuls. Cette vertu se répand jusque dans les couches profondes de la classe rurale. Les parents de saint Vital, abbé de Savigny, sont des cultivateurs aisés d'un village de Basse-Normandie, et l'emploi de leur aisance, comme leur joie et bonheur, c'est de faire l'aumône autour d'eux, c'est d'exercer l'hospitalité.

« Telle nous apparaît encore, à une autre extrémité de la France, la famille de Jeanne d'Arc. La sainte libératrice de notre pays prélude par les pieux devoirs de la charité privée aux prodiges de sa mission patriotique. M. Siméon Luce, dans son livre sur *Jeanne d'Arc à Domremy*, la montre obligeante envers tout le monde et de charité empressée, et affectueuse envers les pauvres. Non contente de leur donner l'aumône, de les abriter sous le toit domestique, elle sollicitait et obtenait souvent, de la condescendance paternelle ou maternelle, la faveur de coucher elle-même sur l'âtre afin de pouvoir leur abandonner son propre lit [1].

« La littérature populaire a saisi et caractérisé ce type attachant du paysan charitable envers ses semblables. Au milieu de tant de fabliaux frondeurs, orduriers et sceptiques, il y en a un, non des moins bons, celui du *Vilain qui conquist le Paradis par plait*, où un paysan qui vient de mourir plaide sa cause devant Dieu, et explique ce qu'il a fait en ce monde pour les pauvres :

> Tout come mes cors vesqui el monde,
> Nete vie menai et monde,
> As povres donai de mon pain,
> Les herbergai soir et matin,
> Et s'en chauffai maint à mon fu.
> Et les gardai tant que mort fu,
> Et les portai à sainte Yglise;
> Ni de braie ni de chemise,
> Ne lor laissai besoing avoir.

« Et il ajoute avec confiance :

> Je fus confès veraiement
> Et recui ton cors dignement,
> Qui ainsi muert l'on nous tesmoingne
> Que Diex ses péchiez li pardoigne [2].

« Ce petit tableau complet des diverses œuvres de miséricorde et de la charité populaire est d'une trop ravissante réalité pour

---

[1] Prévost, o. c., p. 120.
[2] *Histoire littéraire de la France*, t. XXIII, p. 214-215.

n'avoir pas été pris sur le vif, et peut-être écrit par quelqu'un appartenant à cette classe de vilains, peinte avec cet amour et cette conviction [1]. »

On trouvait dans toutes les classes, dans toutes les conditions, un sentiment général de charité qui se traduisait toujours en acte. Les médecins exerçaient gratuitement leur art auprès des indigents. Ce n'est que plus tard que les médecins des pauvres furent rétribués. Théophraste Renaudot, le père du journalisme, était encore, au XVIIe siècle, « docteur-médecin gratuit des pauvres. » Les plus célèbres médecins du temps avaient à cœur d'assister gratuitement les pauvres malades. Renaudot payait même de ses deniers les médicaments qu'il leur prescrivait. Un autre, Bourdalin fils, était poursuivi chaque jour à sa sortie par les acclamations des indigents reconnaissants qu'il avait assistés. Nesquet, autre médecin des pauvres, exerçait son art par amour du prochain. Au XVIe siècle, les chirurgiens de Paris étaient dans l'usage de donner des consultations aux indigents malades, de les médicamenter, de les panser, de les opérer le premier lundi de chaque mois dans l'église Saint-Côme. Ceux de Montpellier en faisaient autant. « Ils tenaient comme des assises de bienfaisance en leur salle Saint-Côme. » Le même usage se pratiquait en d'autres villes.

Beaucoup d'avocats offraient aussi gratuitement leurs services aux petites gens, aux pauvres qui avaient affaire aux tribunaux. Tel était, à la fin du XVIe siècle, Bernard Bardon de Brun, que l'Église vient de proclamer vénérable. Issu d'une famille de magistrats du Limousin, il refusa la charge de procureur du roi, ainsi que celle de conseiller au présidial, et ne voulut être que « l'avocat des pauvres ».

Des ordonnances et des édits royaux avaient organisé l'assistance judiciaire gratuite. Généralement les avocats tenaient à honneur d'y prêter leur ministère. Boucher d'Argis constate que les avocats au Parlement de Paris avaient spontanément établi entre eux l'usage de consacrer un jour par semaine à donner publiquement, dans la bibliothèque de l'ordre, des consultations gratuites aux pauvres qui se présentaient [2]. Chaque jour de consultation, six anciens avocats étaient désignés pour écouter les réclamations des indigents; un stagiaire rendait compte des mémoires à consulter et rédigeait les avis délibérés par les anciens.

La doctrine catholique ouvrait les horizons de l'autre vie à la charité. Le chrétien riche des biens de la terre, comme celui qui

---

[1] Prévost, *o. c.*, p. 120-121.
[2] Dupin, les *Règles de la profession d'avocat*, p. 110.

n'en possédait que peu, avait un moyen de ne pas les perdre en quittant ce monde : c'était de les échanger pour d'autres biens impérissables. Or, qui donnait aux pauvres donnait à Dieu ; qui se dépouillait par amour de Dieu, s'assurait des trésors éternels. Cette pensée dictait la conduite des fidèles pendant leur vie et après leur mort.

Les testaments des laïques ne sont pas moins édifiants, en général, que ceux des prêtres. La charité y a ordinairement sa part. Aussi loin qu'on peut remonter dans les archives des particuliers, on constate que les legs pies occupent toujours une place importante, souvent la première, dans les dispositions testamentaires. « Il était rare, dit M. Hubert Valleroux, que l'on testât sans laisser aux pauvres au moins une petite somme d'argent ou quelques meubles[1]. »

Le but de ces libéralités, qu'il s'agisse d'obits ou d'aumônes, est toujours très large ; « en les faisant le testateur ne songe pas seulement au bénéfice qu'il en retire personnellement pour son âme ; il pense aux autres, à tous ceux qui lui sont unis par le sang ou par l'affection. » C'est ce que dit un auteur qui a étudié un grand nombre d'actes de dernière volonté dans l'ancienne province de Gascogne[2].

Ainsi lit-on, dans un testament du XVIe siècle, écrit en latin : « Ladite Jehanne de Benquet a pris de ses biens qu'elle a reçus de Dieu, pour son âme, celle de ses parents, amis et bienfaiteurs, pour le rachat et la rémission de leurs péchés. » Ce caractère de large charité se retrouve souvent ailleurs. Les legs pour les bonnes œuvres étaient d'autant plus généreux que l'on voulait faire participer un plus grand nombre de personnes, parents et amis, au mérite de l'aumône.

Il n'y avait pas que les riches qui léguaient aux pauvres. Les plus petites gens ne manquaient guère, s'ils avaient de quoi tester, de faire quelque pieux don après leur mort.

La charité était entrée dans les habitudes du moyen âge et persista ainsi jusqu'à la Révolution. M. Léon Maître atteste la coutume générale lorsqu'il écrit : « On ne faisait guère de testament sans léguer à l'hospice de sa contrée une terre, un bois, une maison, des prés, en sorte qu'en 1789 les pauvres possédaient une partie de notre territoire presque aussi importante que le clergé. » C'était l'usage des ecclésiastiques aisés, des bourgeois, des gens de la magistrature. Tout au moins léguait-on une modique rente, une petite somme d'argent, quelque mobilier.

---

[1] *O. c.*, p. 30.
[2] *Semaine religieuse* d'Aire, *A travers les testaments*, p. 93 et suiv.

La pieuse libéralité des bourgeois de Paris, en particulier, a laissé bien des traces dans les archives des familles et des hôpitaux de la capitale.

« On ne peut, dit M. le Grand, tenir sans émotion entre ses mains les « lettres de dernière volonté » où, après avoir assigné à leurs parents, à leurs amis, à leurs suivants et suivantes, quelque legs d'argent, quelque souvenir, comme un bijou, un vêtement de prix, ils parcourent en esprit tous les moutiers où ils se sont agenouillés, tous les Hôtels-Dieu où ils ont vu la religion prodiguer les consolations aux malades, et attribuent à chacun une somme d'argent ou une rente [1]. »

Ce qu'on peut dire des bourgeois de Paris est vrai de la bourgeoisie des villes en général.

Les distributions journalières de vivres qui alimentaient tant de milliers et de milliers de pauvres aux portes de toutes les églises, de tous les monastères, de tous les hôpitaux, étaient entretenues, en partie, par la générosité des particuliers. « Nos archives, dit Léon Gautier, sont pleines d'actes où de pieux fondateurs assurent à manger à tous ceux qui ont faim, et à boire à tous ceux qui ont soif [2]. »

Les documents du temps attestent notamment la coutume de laisser du linge, des vêtements à l'hôpital. Et même cette coutume était si bien établie, qu'elle se changea, dans beaucoup de villes, en redevance obligatoire. A Romans, par exemple, dès le xive siècle, le lit et les draps du défunt revenaient de droit à l'hôpital. « Les redevances, après décès en faveur des hôpitaux, comme le constate le docteur Chevalier, étaient généralement usitées au moyen âge [3]. »

Le sentiment de la justice était un des stimulants de la charité. Souvent, la conscience du tort causé au prochain et la nécessité de le réparer pour se mettre en règle avec Dieu et avec l'Église portait le coupable à s'acquitter, pour une part, en bonnes œuvres. Dans son testament, daté de 1561, un gentilhomme, Barthélemy de Bovoilhan, se déclare redevable de sommes d'argent et diverses choses qu'il prie un parent de restituer pour lui; en même temps, il laisse à l'hôpital de Manciet la somme de cent livres et charge ses héritiers d'adopter seize filles des plus pauvres du lieu. Ces réparations tardives, inspirées par la crainte du jugement de Dieu, ne sont pas rares. « Elles étaient une sorte de confession publique et un désaveu du passé, qui servait d'avertissement aux survivants. Ceux-ci, du reste, considéraient

---

[1] *La règle de l'Hôtel-Dieu de Pontoise*, page 57-8.
[2] *O. c.*, p. 42-3.
[3] *O. c.*, p. 35.

comme un devoir sacré de remplir scrupuleusement les intentions du testateur. »

Le souvenir des libéralités testamentaires était souvent consigné sur la pierre pour servir à la fois de témoignage de reconnaissance publique envers le généreux bienfaiteur et de titre pour ceux qui étaient l'objet de ces charitables dispositions. C'est une des jouissances les plus agréables pour le pieux touriste que de rencontrer quelqu'un de ces vieux documents lapidaires encastrés dans les murs de nos églises. Ils contiennent toujours la preuve des pieux sentiments des générations passées. Sur l'un d'eux, conservé dans l'église de Bièvres, en Seine-et-Oise, on lit :

D. O. M.

« Dame Marguerite Legras, au jour de son décès, femme de défunt Pierre Lelong, bourgeois de Paris, par son testament a légué cent francs de rente par an à perpétuité, pour être délivrés par quartier de vingt-cinq francs chacun à un seul pauvre homme ou femme, des plus vieux du village de ce lieu de Bièvres, incapable de gagner sa vie, successivement, dont le choix serait fait par son légataire universel, et, à son défaut, par le seigneur ou curé dudit lieu, sans que ladite rente puisse être divertie à aucun autre effet..., et s'est obligée de la bailler, payer et continuer, à compter du 16 janvier 1721, à l'avenir ès mains des seigneurs au curez de cedit lieu présents et à venir. »

Dans les actes de dernière volonté, dans les recommandations suprêmes que les parents chrétiens adressaient à leurs enfants, ils ne manquaient pas de les exhorter, entre autres vertus, à la charité. Voici, par exemple, le type d'un de ces testaments si fréquents qui renfermaient un petit abrégé des devoirs religieux, moraux et sociaux. C'est celui de Jean-Baptiste Duranti, conseiller du roy et doyen en la Cour des comptes de Provence sous Louis XIII. Il se termine ainsi : « Ce que dessus, je veux estre gardé par mes enfants, auxquels je recommande l'amour et la crainte de Dieu, la fidélité envers le roy, la charité envers les pauvres, le zèle envers leur patrie et prochain, le respect envers ma femme, la paix entre eux tout le reste de leur vie[1]. »

Les parents ne se bornaient pas seulement à recommander après leur mort la charité pour les pauvres à leurs enfants; ils la leur enseignaient de leur vivant. C'était là un des articles du code des familles chrétiennes. Les enfants étaient instruits à aimer, à respecter les pauvres. On leur apprenait à faire l'aumône, à se priver de petites douceurs, pour en distribuer le prix aux malheureux, à épargner sur leurs petites économies pour donner davantage à ceux qui avaient

[1] Ch. de Ribbe, les *Familles et la Société en France avant la Révolution*, p. 540.

faim et soif, et qui étaient sans vêtement. Cet esprit de charité, si commun dans les familles du passé, était fécond en inventions ingénieuses. On savait se priver, on savait donner. Que d'exemples il y aurait à citer des pieuses pratiques ou usages chez les parents!

Du temps qu'elle était dans le monde, la bienheureuse Marie de l'Incarnation ne se contentait pas de pratiquer elle-même la charité avec son digne mari, Pierre-Alaric de Villemor; elle avait soin d'y former la nombreuse famille que Dieu leur avait donnée. Pour faire aimer l'aumône à ses enfants, elle la leur faisait considérer comme une récompense ou une chose sainte; elle ne leur donnait de quoi distribuer aux pauvres que lorsqu'elle était contente de leur conduite, de leur travail, ou bien les jours où ils devaient faire la sainte communion.

De telles pratiques faisaient sentir aux enfants le prix de l'aumône; elles formaient leur cœur à la charité, comme aujourd'hui les exemples si fréquents de dureté ou d'indifférence envers les pauvres leur font perdre toute commisération et tout respect pour ceux que l'on ne sait plus considérer comme les membres souffrants de Jésus-Christ.

Les traditions de charité se perpétuaient dans les familles par l'exemple et les leçons des parents. On ne pourrait en citer de trait plus remarquable que celui de l'illustre famille d'Aguesseau. En racontant à ses enfants la vie de son père, qu'il présente comme un modèle de vertu, le célèbre chancelier de France Henri-François d'Aguesseau écrit de ses parents : « Leur règle ordinaire était de réserver pour l'exercice continuel de leur charité la dîme de tout ce qu'ils recevaient, et, à la fin de l'année, après avoir vu ce qui leur restait de leur revenu, et ce qu'ils pourraient employer en fonds pour augmenter le patrimoine de leur famille, ils comptaient les pauvres pour un de leurs enfants, en sorte que, s'ils avaient dix mille livres à placer, ils n'en plaçaient que huit, et en donnaient deux aux pauvres, qu'ils regardaient comme leur propre sang, par une adoption sainte et glorieuse pour ceux qui mettent Jésus-Christ même au nombre de leurs enfants.

« Mais les calamités publiques augmentaient presque toujours la part des pauvres bien au delà de cette proportion, et nous avons vu par les registres de mon père qu'il y avait eu des années où leurs aumônes avaient passé le tiers du revenu dont il pouvait jouir. » Et la raison de cette généreuse prodigalité c'est, écrit encore le chancelier, qu' « ils regardaient l'aumône comme une dette si privilégiée que les besoins des pauvres l'emportaient souvent sur leurs propres besoins, et sur ceux même qui étaient les plus pressants. »

Il ne faut pas croire ni que de tels exemples fussent rares, ni qu'ils tenaient à la grande fortune de ceux qui exerçaient si libéralement la charité. Non, la fortune de Henri d'Aguesseau avait été pendant longtemps plus que médiocre. « Son bien, écrit à ce sujet son fils, avait souffert de grands retranchements; et sur ses charges seules, mon père avait perdu plus de deux cent cinquante mille livres. » Et il ajoute : « Les pauvres ne s'en aperçurent jamais, et il n'en répandit pas moins libéralement ses aumônes, content de laisser à ses enfants un petit patrimoine de vertus, d'honneur, de capacité, qui pût les dédommager un jour avec usure des injustices de la fortune. »

Les familles, comme la famille d'Aguesseau, étaient nombreuses dans l'ancienne France, et au sein de la noblesse comme dans les classes bourgeoises et rurales, même à l'époque des scandales de Versailles et de Paris, et quand les anciennes mœurs commençaient à se pervertir au contact des idées philosophiques. Ces familles-là étaient fortement enracinées et constituaient le fonds solide du peuple français, si admirable, malgré tous les vices particuliers que l'on pourrait y relever, tant qu'il conserva ses traditions de religion et de famille.

Mais peut-on s'en étonner, lorsqu'on considère le caractère de sainteté et de sérieux qu'avait alors le mariage? Dans les idées générales du temps, se marier c'était s'associer pour fonder une famille chrétienne. Le mariage était envisagé par chacun des époux comme un moyen de sanctification et de salut, souvent comme une facilité plus grande pour faire le bien.

Dans cette société chrétienne d'autrefois, où à côté des vices et des abus inséparables de la nature humaine il y avait tant de vertus, tout tournait naturellement à la charité. Le mariage apparaît comme une association de bonnes œuvres, dans le contrat suivant transcrit sur un parchemin richement enluminé :

« Au nom de la sainte Trinité, du Père, du Fils et du Saint-Esprit. Amen. Je Marcellin Gayot † prend pour ma femme et loyalle espouse vous, Anthoinette Besset, et vous recommande mes aumosnes. Ainsi que Dieu la dict, sainct Paul la escrit et la saincte Loy de Rome le confirme, ce que Dieu conjoinct par mariage, l'homme ne séparera. Donné à Lyon en l'église de Saint-Nizier, le septiesme jour du moys d'avril, auquel jour a esté célébré la feste Saint-Nizier en l'an mille six cent et quatorze.

« J.-Ph. Collomby, *vicaire* [1]. »

Même sans contrat, combien d'unions conjugales, combien de familles étaient de vraies petites sociétés de bienfaisance, fonctionnant pour le compte des pauvres du voisinage! Combien de ces maisons bénies de Dieu étaient comme autant de succursales des

---

[1] Cabinet de M. Dubois-Guchan, à Séez.

églises, des abbayes, des établissements hospitaliers! On y assistait les malheureux par des aumônes portées à domicile ou distribuées à certains jours à tout venant. On donnait aux quêtes nombreuses qui se faisaient dans les églises pour les pauvres, on contribuait par des dons aux œuvres de charité ou à l'entretien des hôpitaux.

Les habitudes de la vie chrétienne, autrefois en honneur dans les populations, l'observance des lois de l'Église communément respectées, contribuaient à l'exercice de la charité. Une partie des aumônes par lesquelles les fidèles se rachetaient de quelques-unes des austérités du carême allaient aux pauvres. « Le temps des jeûnes ecclésiastiques, la semaine de la Passion surtout, était chômé et sanctifié par des œuvres de bienfaisance[1]. »

Les rapports entre les différentes classes de la société, entre seigneurs et paysans, prêtres ou religieux et gens du peuple étaient beaucoup plus intimes, au moyen âge, que ne peut le donner à croire notre vie moderne. La religion était le lien commun entre elles. « Nobles et prêtres, dit Siméon Luce, religieux et gens du peuple exerçant les diverses professions manuelles, vivaient pour ainsi dire en commun; on les trouve perpétuellement mêlés ensemble dans toutes leurs habitudes journalières, non seulement à l'église et dans les confréries, mais encore au jeu et à la taverne[2]. »

Cette fusion des classes entretenait un esprit général de bienveillance et de charité. Elle aidait au soulagement des misères individuelles; mais surtout elle contribuait à la création de ces confréries si variées, qui sont un des traits originaux de la société du moyen âge.

Les laïques, en effet, rivalisaient de zèle avec les prêtres et les religieux. L'exercice de la charité était passé dans les habitudes publiques. Par suite même de ce mélange des classes et de cette réciprocité de bons rapports sociaux, il s'était formé partout de pieuses confréries pour l'assistance des malades et des infirmes, la visite des prisonniers, l'ensevelissement des morts.

Et c'est là une preuve de la fraternité toute chrétienne qui régnait aux âges de foi, et dont l'esprit inspirait les institutions si touchantes dont notre temps n'a pas même gardé le souvenir. « Ce sont ces bons rapports, dit M. Hubert Valleroux, et, pour ainsi parler, cette familiarité entre les classes, qui avaient donné aux confréries ou frairies d'alors la figure que nous leur voyons. Ces sortes de sociétés comparables, en quelque chose, à nos sociétés de secours mutuels, mais bien plus nombreuses, puisqu'elles se trouvaient en de petits villages, étaient à la fois religieuses et de secours. Les confrères

---

[1] Mœhler, *Histoire de l'Église*, I, p. 642.
[2] *Histoire de du Guesclin*, p. 18.

célébraient ensemble les fêtes religieuses, surtout les fêtes patronales, puis ils se secouraient dans leurs besoins, visitaient ceux d'entre eux qui tombaient malades, ensevelissaient les morts et pensaient à prier pour leurs âmes, comme à secourir les familles qu'ils laissaient. C'est assez dire que leurs aumônes étaient accompagnées d'affection et de soins personnels. Leur charité d'ailleurs ne se bornait pas aux seuls confrères; ils donnaient à tous les pauvres. Les secours alors étaient distribués par quelques paroissiens sous la direction et l'autorité du curé.

« On trouve mêlées dans ces confréries les personnes de toutes les classes de la société. La confrérie de Notre-Dame de Paris, « si ancienne, qu'on ne sait quand elle a commencé, » comptait de tradition, parmi ses membres, le roi et la reine de France, l'évêque de Paris, des princes du sang avec des bourgeois et bourgeoises, et ainsi en était-il dans les autres confréries, avec moins de différences seulement dans la condition des membres. Leur qualité de chrétiens les égalait tous, et c'est un trait de cette époque où la foi est encore vive et se manifeste par des œuvres[1]. »

Tous les documents témoignent de cette vraie et bonne égalité, qui consiste non à effacer les différences de condition et à niveler la société sous une même loi, mais à rapprocher les hommes les uns des autres, à les unir dans la religion et la charité, à les associer pour le bien.

« Dans toutes les provinces, écrit M. Prévost, on voit la noblesse faire partie des associations au même titre que les paysans ou les bourgeois[2]. »

En Normandie, autour de Notre-Dame de la Couture, à Bernay, s'épanouissaient comme une couronne de fleurs neuf confréries, dont une, celle de la Charité, avait été fondée en 1398 par l'évêque de Lisieux. Les membres de cette confrérie se recrutaient dans toutes les classes, confondant dans une fraternité réelle le clergé, la noblesse et le peuple.

A la fin du xive siècle, une pieuse femme, Jeanne de la Muce, dame de Ponthus, rétablit à Nantes une ancienne confrérie que les guerres et les événements politiques avaient dissoute. A son instigation, elle se reforma avec cinquante nouveaux membres, clercs, chevaliers, écuyers et citoyens de Nantes. L'association était ouverte « à toute personne honnête et de bonne vie, noble homme, bourgeois ou autre, considéré que tous suymes frères en Dieu et que envers Dieu n'est acception de personne[3] ».

[1] Page 24-23.
[2] O. c., p. 137.
[3] De la Villemarqué, les Fraternités et les confréries bretonnes, p. 324.

C'est ici une confrérie établie dans une ville ; « mais, observe M. Prévost, le même mélange des nobles et des roturiers, des seigneurs et de leurs hommes, se constate, au moins dès le xv° siècle, dans des confréries exclusivement rurales¹. » La Normandie en offre maints exemples. La Charité de Surville en est un. Elle comprenait toutes les paroisses des environs. Le registre montre les confrères répartis en trois catégories : les gens de l'église, les nobles et leurs femmes, puis les autres associés par paroisses.

« En quatre vingt-deux ans on compte un total général de deux mille cinq cents inscriptions. De 1453 à 1525, on relève soixante-dix inscriptions de nobles, dont plusieurs comprennent à la fois les nobles et leurs femmes. Les nobles des paroisses environnantes, jusque dans un rayon assez étendu, s'y font inscrire². »

Les confréries ou fraternités existent à l'est de la France, comme à l'ouest, avec le même esprit, la même organisation. « Elles formaient, dit l'auteur d'une étude sur les *Confréries dans le diocèse de Saint-Claude,* elles formaient un puissant réseau qui embrassait toutes les classes de la société et unissait entre eux les citoyens ; c'était une vraie force pour l'ordre social... L'idée de la confrérie est, en effet, éminemment chrétienne ; elle a pour base le principe de charité, qui fait de l'Église une seule famille d'enfants de Dieu et de tous ses membres des frères³. »

Dans le centre, les confréries offrent le même caractère, quoique avec le temps l'élément aristocratique s'y soit affaibli en certaines contrées. Voici, par exemple, ce que constatent les registres de la confrérie de Saint-Martin à Changé, près le Mans, laquelle comptait de nombreux associés dans les paroisses circonvoisines. « Toutes les classes de la société y étaient représentées, mais dans des proportions bien différentes. Pour quelques membres de l'aristocratie que leur séjour dans la région y fait entrer, par convenance, dirait-on, on rencontre, surtout au xvi° siècle, un nombre considérable d'ecclésiastiques, parmi lesquels figurent en première ligne le clergé de Changé, celui des paroisses voisines et les titulaires des chapellenies. Mais c'est surtout des rangs de la bourgeoisie ou de la classe rurale que sort l'immense majorité des confrères. Tous les âges y sont confondus, et tous s'y tiennent sur un pied d'égalité⁴. »

Au sud, c'est encore le même régime et le même esprit dans les confréries. Ainsi en était-il, au xvii° siècle, de « la Frairie de Madame Sainte-Anne » à Mont-de-Marsan : « Elle nous montre les citoyens

---

[1] *O. c.*, p. 137-8.
[2] *O. c.*, p. 138.
[3] *Semaine religieuse de Saint-Claude*, 1893, *passim*.
[4] L. Froger, dans la *Semaine du fidèle* du Mans, 1893, p. 107.

d'une même ville, confondus sans exception dans la plus édifiante fraternité et apportant à une même œuvre un concours loyal et dévoué. Le maire, les jurats, le clergé, les fonctionnaires civils, les magistrats, les bourgeois, les divers corps de métiers figurent sur les registres de cette *frairie*[1]. »

La confrérie de Saint-Anne de Mont-de-Marsan ressemblait à celle de Saint-Jacques le Majeur, établie à Saint-Lizier en Conserans, en 1533. « C'était, dit l'historiographe de la seconde, l'honneur de ces associations d'ouvrir leurs rangs à toutes les conditions sociales. Aussi trouvons-nous dans les livres de la confrérie de Saint-Lizier les noms les plus humbles à côté des représentants de la noblesse et des dignitaires du clergé. Le seigneur et l'artisan, le docteur et l'écolier se trouvaient confondus dans une même compagnie, s'asseyaient à la même table, priaient ensemble et reconnaissaient l'autorité du même chef. C'était la vraie fraternité dans une égalité volontaire[2]. »

Toutes ces confréries ou fraternités, dont on verra plus loin l'organisation et le fonctionnement, avaient un caractère éminemment charitable.

Il y en avait de toute sorte, de tout nom. Partout on rencontre des confréries du Saint-Sacrement, du Saint-Esprit, de Saint-Michel, du Purgatoire, du Rosaire; la plupart étaient placées sous le vocable d'un saint. Dans le midi, les confréries de pénitents de toutes couleurs, blancs, noirs, gris et bleus, abondaient. Quoique formées spécialement dans un but de piété, toutes ces confréries servaient au soulagement des pauvres. Leurs recteurs ou autres dignitaires étaient chargés de distribuer des aumônes aux indigents. Ils avaient souvent aussi à doter une ou plusieurs filles pauvres avec les cotisations des confrères ou les revenus de l'association.

« Les pénitents noirs de Lyon s'étaient donné pour mission de soulager les pauvres, de faire apprendre une profession à des orphelins et de marier des filles dénuées de tout secours[3]. » Il en était de même des membres de l'association de Notre-Dame de Laon.

Beaucoup de ces confréries existaient même pour le service des hôpitaux. Telle était la Charité de Courbépine érigée en 1404. On constate l'existence, dès 1366, d'une confrérie semblable établie dans la chapelle de l'Hôtel-Dieu d'Orbec. Des chartes, remontant au commencement du xiiie siècle, en montrent aussi à l'Hôtel-Dieu de Coutances dès cette époque.

Les corporations d'arts et métiers, quoiqu'elles fussent surtout

---

[1] *Semaine religieuse d'Aix*, 1894, p. 699-8.
[2] L'abbé Cau-Durban, dans la *Semaine catholique* de Pamiers, 1893, p. 19.
[3] Babeau, *la Ville*, p. 420.

instituées dans l'intérêt des associés de la même profession, pratiquaient aussi les devoirs de la charité. Les statuts des corporations des villes de Caen, Evreux, Gisors, contiennent une mention relative à l'aumône dite *denier à Dieu*, qui devait être recueillie en faveur de l'Hôtel-Dieu, à l'occasion d'une procession générale à laquelle chaque corporation était représentée par ses gardes jurés.

Dans toutes les villes, il y avait sur chaque paroisse plusieurs confréries dotées de rentes et de biens-fonds « dont les membres s'excitaient mutuellement à la pratique de la charité, et dont les procureurs ou prévôts versaient régulièrement des aumônes pour le soulagement des pauvres malades[1] ».

Ces innombrables confréries entretenaient dans toutes les villes, dans les campagnes, la pratique générale de la bienfaisance et une généreuse émulation pour les bonnes œuvres. C'étaient de vraies écoles de charité. Leurs membres prenaient l'engagement de visiter les malades, d'assister les mourants, d'ensevelir les morts. Des quêtes périodiques et des offrandes volontaires fournissaient les ressources suffisantes, et permettaient même de faire des fondations pies. M. le Grand fait bien ressortir le caractère de ces confréries, lorsqu'il dit à propos de celles de Paris : « Réunis dans de pieuses associations, telles que la confrérie aux bourgeois, la confrérie aux pèlerins de Saint-Jacques et les innombrables confréries d'arts et métiers, les bourgeois de Paris y contractaient l'habitude de songer aux pauvres, de visiter les malades et apprenaient à réserver aux malheureux une part abondante dans les fruits de leur travail[2]. »

Grâce à l'esprit de corporation, si puissant autrefois, l'ancienne France était, pour ainsi dire, organisée en sociétés de charité. Chez les particuliers, depuis l'époque féodale, la charité avait pris surtout la forme de l'association ; elle était devenue collective, et c'est ainsi qu'elle s'exerça pendant plusieurs siècles, jusqu'à l'ère révolutionnaire, qui substitua au régime des corporations et des sociétés mutuelles le stérile individualisme des principes de 89.

L'existence des confréries exclusivement religieuses et des Charités « funéraires » remonte au XIIIe siècle. Cette institution, tombée en désuétude en beaucoup de lieux après les guerres de religion, reprit vigueur à partir de saint Vincent de Paul. Il fut, à proprement parler, le fondateur des associations des villes et des campagnes qui avaient pour objet spécial l'assistance des pauvres.

C'est lui qui eut l'idée de former ces confréries de la charité,

---

[1] L. Maître, *le Casuel des hôpitaux de Nantes*, dans *Revue de Bretagne*. Janv. 1872.
[2] P. 57-8.

lorsqu'il était curé de Châtillon-les-Dombes, en 1617. Rien de plus simple et de plus pratique. Partout où il y a des pauvres, les personnes aisées se réunissent en association pour les assister et les servir avec ordre et régularité. L'aisance des uns supplée à l'indigence des autres. Saint Vincent de Paul établit deux classes de confréries : l'une d'hommes, l'autre de femmes ; celle-ci pour le soin des pauvres malades, celle-là pour l'assistance des pauvres valides. Les unes et les autres recrutèrent partout l'élite de la noblesse et de la bourgeoisie des villes. Ce fut une des formes les plus actives, les plus originales de la charité, au xviie siècle, que ces associations qui mettaient toutes les fortunes, tous les dévouements au service de l'indigence. Elles résolvaient au mieux le problème de l'assistance et de la paix sociale.

Avec une organisation universelle des confréries de la charité, il n'y aurait plus de pauvres nulle part, chacun mettant quelque chose du sien en commun et donnant sa part de services pour les indigents. Ce serait là l'idéal d'une société chrétienne, et il y aurait assez de chrétiens en France pour le réaliser.

Des villages, les confréries de la charité que saint Vincent de Paul y avait d'abord établies par une sollicitude particulière pour la misère plus abandonnée des champs, se répandirent dans les villes, à la demande de plusieurs dames de qualité qui en avaient apprécié le bienfait durant leur villégiature. De proche en proche, l'institution si secourable aux pauvres gagna tout le royaume. Du vivant même du serviteur de Dieu, elle avait passé de France en Lorraine, en Savoie, en Italie, en Pologne, partout où les enfants de Vincent de Paul allaient évangéliser les pauvres.

C'est sur le modèle nouveau donné par saint Vincent de Paul que se reformèrent beaucoup d'anciennes confréries, qui avaient fini par se dissoudre à l'époque précédente. Nantes, par exemple, avait vu s'éteindre, depuis la fin du xvie siècle, le zèle des nombreuses confréries qu'elle possédait, et qui, grâce aux rentes et aux biens-fonds dont elles étaient dotées, pratiquaient largement l'aumône, soit envers les hôpitaux, soit envers les pauvres. Une confrérie nouvelle, dite de la charité, semblable à celles que saint Vincent de Paul avait organisées, vint les remplacer toutes. La nouvelle institution, patronnée par le duc de la Meilleraie et les principaux corps de la ville, recruta tout de suite bon nombre d'adhérents. Ce n'est là qu'un exemple entre beaucoup d'autres. Cinquante autres villes pourraient en fournir de semblables.

Sous le règne de Louis XV, les confréries, tant les anciennes de tout genre, qui avaient surtout un but pieux, que les nouvelles, qui avaient spécialement pour objet la charité, allèrent en déclinant jusqu'à l'époque de leur disparition. « Le philosophisme du dix-huitième siècle, dit l'historien des confréries du diocèse de Saint-Claude, avait sapé la base des pieuses institutions par les atteintes portées à l'esprit de foi. Bon nombre de confrères, de la classe bourgeoise surtout ou même de la noblesse, laissaient volontiers la religion comme consolation au vulgaire et n'appartenaient plus que de nom aux confréries ; on conservait les coutumes anciennes pour ne pas rompre tout d'un coup avec le passé ; on pratiquait en public ce dont l'esprit voltairien se moquait alors en secret. »

Aux approches de la Révolution, on voit ainsi tout dégénérer et se pervertir, jusqu'à ce que la catastrophe finale eût tout détruit, tout emporté des institutions de l'ancienne France.

De nos jours cependant, le zèle des particuliers a fait revivre deux des œuvres du passé, par la fondation des conférences de Saint-Vincent-de-Paul, renouvelées en partie des confréries de la charité, et par le rétablissement des associations des dames de charité, dues également au génie charitable du bon saint.

L'histoire de la fondation des instituts religieux, hospitaliers et enseignants, témoigne en particulier de l'ardent esprit de charité répandu dans toutes les classes de la société. Depuis le XVIIe siècle, beaucoup doivent leur origine à de simples laïques, hommes ou femmes. Une des plus anciennes, par exemple, la congrégation des sœurs de Saint-Charles, est née de la charité d'un jeune avocat au Parlement de Metz, Joseph Chauvenel, dont le père était mort en soignant les pestiférés, et avait constitué les pauvres ses héritiers, en chargeant son fils de continuer le bien qu'il avait fait. « Celui-ci, par un acte authentique du 16 juin 1652, établit (à Nancy) une maison de charité pour y recevoir une communauté, dont les membres devaient visiter et soigner les pauvres malades [1]. » C'est de là qu'est sortie l'importante congrégation des sœurs de charité de Nancy, connues sous le nom de sœurs de Saint-Charles-Borromée.

La congrégation des religieuses hospitalières chargées de l'Hôtel-Dieu à Séez fut fondée, en 1646, par Anne Guillaume, veuve Cléry, femme également remarquable par la générosité du cœur, l'élévation des sentiments et une piété exemplaire; plus tard elle reçut de l'évêque de Séez, Rouxel de Médavy, la règle de saint Augustin.

Les prêtres missionnaires de la congrégation de Saint-Joseph, de Lyon, érigée en 1661, furent d'abord assemblés et formés en communauté par Jacques Cretenet, chirurgien de Lyon, pour faire des missions dans la campagne et évangéliser les pauvres.

[1] Hervé-Bazin, o. c., p. 411.

Toutes les congrégations vouées spécialement aux emplois de la charité, depuis la renaissance religieuse du xvii⁰ siècle, nous montrent à leur origine des hommes de bien, de pieuses femmes, saintement épris du zèle du prochain et voulant assurer le service des pauvres au moyen d'institutions durables. Ce sont là les œuvres les plus admirables de l'initiative privée.

L'institution des Filles de la charité, créée par saint Vincent de Paul et par sa fille spirituelle Mlle Legras, pour l'assistance des pauvres, s'était complétée d'une autre institution, que l'on peut dire nouvelle par la forme qu'elle a prise. Après avoir donné des servantes aux pauvres, Vincent de Paul leur procura de hautes intendantes chargées d'entretenir le trésor des bonnes œuvres et de pourvoir aux besoins de tous les indigents. Aux Filles de la charité s'ajoutèrent les Dames de la charité. Une jeune veuve, la femme du président Goussault, était venue offrir à saint Vincent de Paul son concours pour l'assistance des malades de l'Hôtel-Dieu de Paris. Vingt-cinq mille pauvres, ou malades ou blessés, de tous pays passaient chaque année dans ce grand hôpital; mais leur nombre même et les défauts de l'administration rendaient insuffisants les secours temporels et spirituels qu'ils y recevaient. Dans ses visites à l'Hôtel-Dieu, Mme Goussault avait compris qu'il y avait un grand bien à faire en améliorant la condition des malades et en introduisant un meilleur ordre dans le service. C'est de là que lui vint l'idée de fonder une compagnie de dames dévouées au soin particulier des malades de l'hôpital.

Vincent de Paul, établi directeur perpétuel de la compagnie, l'organisa avec ce sens pratique et ce tact qu'il mettait à toutes choses. Dans leurs visites à l'Hôtel-Dieu, les dames devaient s'offrir discrètement à servir les malades avec les religieuses pour participer aux mérites de leurs œuvres; il leur était recommandé d'y paraître simplement vêtues, afin de ne pas contrister la misère des pauvres par le contraste du luxe. Leur mission était de faire le bien à la vue de tous pour en étendre la sainte contagion, en ayant soin de l'âme encore plus que du corps des malades. Elles devaient parler aux malheureux avec beaucoup de douceur et d'humilité, et, pour se ménager plus facilement un accès auprès d'eux, leur procurer bien des petits secours que la maison ne leur fournissait pas. Pour leur apostolat auprès des malades, Vincent de Paul leur avait remis un petit livre renfermant les principales vérités chrétiennes qu'elles devaient toujours avoir à la main, afin de ne pas faire les savantes en instruisant les malades et de n'avoir pas l'air de parler d'elles-mêmes.

Grâce à ces conseils, les Dames de charité s'ouvrirent facilement l'hôpital et le cœur des malades. Elles arrivaient les mains pleines de toutes sortes de provisions, et à l'heure du repas, les reins ceints du tablier blanc, elles allaient d'un lit à l'autre, présentant à chaque malade ce qu'il désirait, aidant les infirmes à manger et distribuant à tous des paroles d'amitié et d'encouragement. La visite se terminait par une prière à la chapelle, comme elle avait commencé. Vincent de Paul avait partagé les dames en deux classes, donnant aux unes le service, aux autres l'instruction des malades.

Dès le début, elles eurent pour auxiliaires les Filles de la charité, que Mlle Legras installa dans une maison près de l'Hôtel-Dieu. Celles-ci préparaient les petites douceurs du déjeuner et de la collation; en été, du bouillon ou lait, des biscuits, de la gelée, des fruits de la saison; en hiver, des confitures, du fruit cuit, des rôties au sucre. Les Dames et les Filles de la charité rivalisaient de zèle, et ainsi il s'établit entre elles, à l'Hôtel-Dieu et ailleurs, une sainte communauté d'œuvres, un échange de bons exemples [1].

L'action des Dames de charité s'étendit bientôt au delà de l'Hôtel-Dieu et prit la forme d'un ministère général d'assistance. Il s'organisa avec le temps un grand nombre de ces pieuses sociétés, où l'on mettait en commun le dévouement, et qui rappelaient par leurs emplois l'office primitif des diacres et des diaconesses.

Ainsi, saint Vincent de Paul avait institué ou plutôt rétabli, pour les siècles à venir, l'apostolat des femmes, une des plus précieuses forces de la religion, un des plus féconds instruments de bien pour la société.

Ce qu'était la veuve dans la primitive Église, la dame de charité l'est aujourd'hui. Auxiliaire du prêtre, trésorière des pauvres, collaboratrice des sœurs de charité, des petites sœurs des pauvres et des autres, elle quête à domicile, à l'église, partout, pour tous les besoins; elle est de toutes les bonnes œuvres, elle assiste l'orphelin, la femme en couches; elle visite le grenier du pauvre et la cellule du prisonnier; elle répand l'aumône, l'édification, la prière; elle console, elle soulage, elle accompagne la sœur de charité et prépare la voie au prêtre. Ce ministère, de tout temps exercé dans l'Église par les femmes les plus vertueuses, Vincent de Paul en a fait une institution. C'est depuis lui que la femme, saintement enhardie par ses leçons, a pris le rôle nouveau qui l'associe activement au ministère de la charité et de la foi dans la société chrétienne [2].

Les compagnies de Dames de charité, organisées dans les paroisses,

---

[1] A. Loth, o. c., p. 171 et suiv.
[2] Id., ibid., p. 176.

étaient le complément des diverses institutions créées par le principe d'association, si fécond dans le passé.

Ce groupement des actions individuelles qui a donné naissance, pendant le moyen âge, à ces mille petites communautés de frères et de sœurs laïques consacrées au service des hôpitaux, à ces mille confréries de toutes sortes, qui coopéraient à l'assistance des pauvres, c'était la meilleure forme que pût prendre le zèle des particuliers pour la pratique de la charité. L'action individuelle est insuffisante, et le plus souvent inefficace; elle se perd en efforts isolés et sans suite; elle ne sert presque de rien si elle n'est organisée pour le soulagement des misères d'une ville, d'une population.

Le moyen âge avait compris la supériorité du principe d'association. C'est pour cela que, dans les siècles passés, le concours des particuliers à l'œuvre générale de charité se présente principalement sous la forme de corporations établies dans une pensée de solidarité et de mutualité chrétienne. C'était là une excellente organisation sociale, la plus propre à diminuer la misère individuelle.

Le paupérisme a reparu dans la société moderne avec le principe de l'individualisme. C'est un fléau que le moyen âge n'avait pas connu, et s'il n'y avait pas eu les époques de misère exceptionnelle dues aux guerres et aux famines, on peut dire que la charité privée et collective, telle qu'elle fonctionnait avec ses milliers d'institutions d'assistance et de pieuses confréries, aurait toujours suffi aux besoins ordinaires des pauvres.

Aujourd'hui la charité a cessé d'être libre; l'action des individus est arrêtée par les mille entraves de la législation et du régime administratif moderne. Le bien des pauvres en souffre; on se désintéresse de plus en plus du devoir personnel de l'aumône, de l'exercice pratique de la charité; on s'en remet de tout à l'État. L'assistance n'est plus qu'un service public comme l'instruction et la justice.

Il n'en était pas de même autrefois. Avec une société si bien organisée pour la charité, où l'esprit du christianisme animait le clergé, les ordres religieux, les pouvoirs publics, les particuliers, il n'est pas étonnant que tant d'institutions de bienfaisance s'y soient développées.

Ce sont ces œuvres multiples de la charité, œuvres de miséricorde spirituelle et corporelle, qu'il reste maintenant à passer en revue.

DEUXIÈME PARTIE

LES ŒUVRES DE LA CHARITÉ

VII

L'ASSISTANCE DES PAUVRES

Économie sociale chrétienne. — Deux grands systèmes de charité. — Ils se trouvent en France. — L'assistance du pauvre à domicile a précédé l'hospitalisation. — Ce second mode se généralise de plus en plus. — Période des établissements de charité. — Obligation pour les villes de nourrir leurs pauvres. — Double loi ecclésiastique et civile concernant le clergé, les seigneurs, les cités. — Extension des fondations charitables. — La liberté de la charité en France. — L'assistance des pauvres n'est pas la suppression de la pauvreté. — Le paupérisme inconnu au moyen âge. — Action personnelle de la charité persistant à côté des établissements charitables. — Distribution de secours. — Confréries de charité. — Intervention administrative. — Bureaux de charité. — Aumônes générales. — La mendicité. — Esprit chrétien de pauvreté. — Les ordres et les saints mendiants. — Réglementation religieuse et civile de la mendicité. — Saint Vincent de Paul et la mendicité. — La création des hôpitaux généraux sous Louis XIV. — Intervention croissante du pouvoir central dans l'assistance publique. — Extension des hôpitaux généraux. — Répression de la mendicité. — Le système des confréries de charité de Saint-Vincent-de-Paul préférable à l'hospitalisation des pauvres. — Mesures complémentaires du pouvoir civil pour assurer la subsistance des pauvres. — La taxe des pauvres dans les villes. — Résumé de l'organisation de l'assistance publique aux XVIIe et XVIIIe siècles. — L'esprit de charité développé par saint Vincent de Paul se soutient jusqu'à la Révolution.

L'ancienne France n'a pas connu la théorie moderne du droit à l'assistance, mais elle a largement pratiqué le devoir de la charité. L'idéal de la société chrétienne, quant aux rapports de la richesse et de la pauvreté, était que les riches se considérassent comme les économes de la Providence, comme les pourvoyeurs naturels des pauvres.

Suivant cette conception, les riches doivent assistance aux pauvres, les forts aux faibles. Il en résultait que l'entretien des indigents, le soin des malades et des infirmes était regardé comme une charge sociale de la richesse. Cette charge incombait à tous ceux qui avaient de quoi subvenir avec leur superflu aux besoins du prochain. C'est ce devoir constamment enseigné par l'Église, reconnu et accepté de tous les vrais chrétiens, qui a inspiré les diverses œuvres de miséricorde spirituelle et corporelle.

Il y a deux grands systèmes de charité, deux moyens généraux d'assistance. Le premier est le secours à domicile ou à la personne, le second, l'hospitalisation. Dans l'un, les pauvres sont aidés et soignés chez eux ou secourus par l'aumône; dans l'autre, ils sont recueillis, selon leur genre de misère, dans des établissements spéciaux : crèches, orphelinats, ouvroirs, maisons de patronage, hôpitaux, hospices.

On trouve en France les deux modes d'action que revêtit successivement la charité catholique dans tous les pays où l'Église put s'organiser et agir avec liberté.

A l'origine, pendant l'ère des persécutions, puis pendant la période d'organisation, alors que l'Église était obligée de vivre en elle-même, sans diffusion au dehors, elle avait toute la charge des pauvres. Dans les premières communautés chrétiennes, le service de la charité fut organisé par ses soins. A cette époque, les pauvres, les malades, sont visités et secourus par le ministère des diacres. Le plus ancien document de l'histoire ecclésiastique en France, la célèbre lettre des Églises de Vienne et de Lyon adressée aux chrétiens d'Asie, après la persécution de l'an 177, mentionne un diacre de l'Église de Vienne. Il y en avait aussi dans l'Église de Lyon et dans les autres Églises alors existantes. Une des principales attributions des diacres alors était l'assistance des frères. Ils avaient la gestion du trésor des pauvres et étaient chargés de leur subsistance; ils avaient mission de les rechercher s'ils ne se présentaient pas eux-mêmes, de les secourir, de distribuer à chacun sa part des revenus de la communauté. A côté d'eux étaient les diaconesses, qui partageaient leur sollicitude et leur ministère à l'égard des femmes. Les uns et les autres étaient aidés par de pieux laïques, hommes et femmes, qui se faisaient leurs auxiliaires par dévouement. La communauté adoptait les veuves et les orphelins, et c'était aussi l'affaire des diacres et des diaconesses de s'occuper d'eux, de pourvoir à leurs besoins.

Longtemps l'Église pourvut à tout. C'est elle qui s'était chargée de l'administration et de la distribution des secours. Il n'y eut pas, à vrai dire, de la part de l'autorité ecclésiastique, d'autre réglementation que le précepte général de la charité enseigné à tous, et la détermination de la quote-part du revenu des églises attribuée aux pauvres. Mais les dons des fidèles étaient l'objet d'une sage administration; ils venaient constamment alimenter la caisse des œuvres pies. Un ordre exact présidait à la répartition des secours. Chaque église paroissiale ou monacale avait ses pauvres attitrés, son registre des indigents sur lequel étaient inscrits les ayants droit aux distributions. La part de chacun était déterminée par ses propres besoins et par les nécessités des autres.

L'Église ne faisait point tout par elle-même. Les fidèles contribuaient à l'assistance des pauvres, non seulement par leurs aumônes et les oblations pies aux églises, mais aussi par leur coopération active. Ils pratiquaient la bienfaisance à l'égard des pauvres et des souffrants, soit de leur propre initiative, soit en aidant les ministres officiels de la charité. Le service de la diaconie primitive eut son prolongement dans l'habitude contractée parmi les chrétiens de secourir par soi-même les indigents. L'exercice personnel de la charité devint une fonction du chrétien. On allait visiter les pauvres, soigner les malades et les infirmes chez eux; on recevait chez soi les passants, les pèlerins.

Ce furent là les deux formes primitives de l'assistance. Les établissements publics consacrés aux malades, aux pauvres, aux impotents, aux étrangers, ne vinrent qu'ensuite. Mais ils ne tardèrent pas à devenir nécessaires.

Pour que le mode de l'assistance personnelle, préférable à l'autre, eût prévalu dans les sociétés chrétiennes, il aurait fallu qu'il pût s'organiser selon la méthode recommandée avec tant d'éloquence et de sens pratique par saint Jean Chrysostome aux habitants d'Antioche.

« Je vous vois, leur disait-il, je vous vois semer l'aumône dans le sein des pauvres. Mais, trop parcimonieux semeurs, vous n'ouvrez point assez largement la main en répandant cette sainte semence. Pour vous en convaincre, voyons si dans cette ville le nombre des pauvres l'emporte sur le nombre des riches; voyons en même temps combien il y en a qui ne sont ni riches ni pauvres, mais qui occupent comme le milieu entre la richesse et la pauvreté. Les riches composent un dixième de la population; les pauvres, ceux qui n'ont absolument rien, en représentent un autre dixième. Le reste tient le milieu entre les uns et les autres. Divisons donc toute la population par le nombre des pauvres. Vous allez voir combien le résultat de cette opération doit nous couvrir de confusion. Il y a, en effet, très peu de riches, beaucoup de moyennes fortunes, mais beaucoup moins de pauvres. Les riches, si peu nombreux qu'ils soient, pourraient nourrir ceux qui ont faim. Et pourtant combien de pauvres se couchent sans avoir mangé, non parce que les riches sont dans l'impossibilité de leur fournir ce dont ils ont besoin, mais parce qu'ils n'ont pas l'intelligence ouverte sur le pauvre. Si les riches et les possesseurs de moyenne fortune s'entendaient pour se partager entre eux ceux qui manquent de nourriture et de vêtements, combien de pauvres auraient-ils chacun à entretenir? Un seul pauvre à peine pour cinquante et même cent d'entre eux. Si dix riches seulement faisaient pour les pauvres ce que fait seulement l'Église (qui en nourrit au moins trois mille), il n'y aurait plus un seul pauvre à Antioche. Que dis-je? notre ville pourrait, par la grâce de Dieu, nourrir les pauvres de dix villes entières [1]. »

Cette admirable conception de saint Jean Chrysostome n'était pas au fond autre chose que le service de la diaconie primitive.

« C'est évidemment, dit l'abbé Tollemer, le même système d'assistance, légèrement modifié en ce que l'action personnelle de chaque individu doit s'exercer, non plus sur la masse totale de tous les membres de la communauté chrétienne, mais sur un nombre déterminé de chrétiens adopté par chacun de leurs frères, plus heureux du côté des biens de ce monde. Saint Chrysostome ne donnait plus pour objet à la charité des fidèles le pauvre en général, mais il leur assignait à chacun d'eux tel pauvre en particulier. Il aurait fallu le choisir entre mille, considérer son état sous toutes ses faces, examiner ce qu'il pouvait, ce qu'il ne pouvait pas, en un mot, le connaître, l'adopter, et poursuivre avec persévérance les conséquences de cette pieuse adoption. Les peines, les mouvements, et la continuité des rapports résultant d'un pareil patronage seraient devenus pour le riche lui-même une excitation et une garantie de son zèle [2]. »

En France, pas plus que dans les autres pays, on ne put arriver à cette organisation, qui exigeait, outre le dévouement général, une entente difficilement réalisable. Le système de l'assistance personnelle établi dans les chrétientés primitives ne subsista pas longtemps seul, car on voit apparaître de bonne heure les maisons de charité, sous les différents noms qu'elles prirent à l'origine, et leur existence marque une phase nouvelle.

Cette transformation était en quelque sorte commandée par les circonstances. Avec l'extension des communautés chrétiennes, la charité individuelle devenait insuffisante. Il fallut des établissements publics pour recevoir les étrangers, pour recueillir les orphelins et les vieillards, pour secourir les malades et les indigents. La visite domiciliaire du pauvre et de l'infirme n'assurait à l'un que le pain de chaque jour, et à l'autre que des soins intermittents. Ce mode d'assistance était aussi laborieux, pour ceux qui l'exerçaient, que précaire pour ceux qui en étaient l'objet. Il était dans l'esprit chré-

---

[1] *In Math. hom.*, 66.
[2] *O. c.*, p. 607.

tien de donner au pauvre, à l'orphelin, au vieillard, au malade sa maison, en l'y établissant comme chez lui.

Cette seconde période des établissements de charité coïncide avec l'époque de formation de la monarchie française. Les églises et les abbayes en tinrent lieu d'abord ; puis à côté d'elles s'élevèrent peu à peu des maisons spéciales, appropriées aux divers besoins. C'étaient comme autant de départements de la charité. A chaque genre de misère et de souffrance correspondent autant d'institutions propres qui vont en se développant avec le temps.

Il était venu tout de suite à la pensée des pieux et riches fidèles qui avaient à cœur de remplir, selon l'esprit de l'Évangile, les devoirs de la charité, de recueillir chez eux les pauvres et les malades, de faire de leur maison, à l'exemple des monastères, des asiles ouverts à l'indigence. Beaucoup de riches demeures furent converties ainsi en hospices. C'était la pratique des premiers siècles chrétiens de notre histoire. La pieuse reine Radegonde, que Clotaire Ier avait épousée par force, ayant reçu de son mari en présent de noces la maison royale d'Athies-sur-Somme, y avait établi un hôpital pour les femmes indigentes, qu'elle soignait elle-même de ses mains, quand elle pouvait se dérober aux grossières exigences de la cour du roi franc.

Bientôt commencent les fondations spéciales. Dès le VIe siècle, on constate l'existence de maisons hospitalières pour les pauvres. C'est Lyon, la Rome des Gaules, qui a l'honneur de montrer le premier Hôtel-Dieu fondé par un de ses évêques, saint Sacerdos. Paris, la capitale du royaume neustrien, ne tarde pas à être doté du grand Hôtel-Dieu qu'élève la charitable munificence de saint Landry, son évêque.

Ces premiers établissements de charité étaient rares. Les monastères n'étaient pas non plus très nombreux encore. L'idée première de l'assistance individuelle continuait à représenter le mode le plus simple, le plus pratique de venir en aide aux nécessiteux. L'Église chercha à le développer. Il ne dépendit point d'elle que le système si facile et si fraternel à la fois recommandé par saint Jean Chrysostome ne fût mis en application partout. Et quels merveilleux résultats n'eût-il pas donnés !

Devant l'insuffisance des maisons de charité, le clergé continua à prêcher le devoir de l'assistance personnelle, et il s'efforça même d'en organiser l'exercice.

Sous le règne de Childebert II, un concile national se tint à Tours, en 567, pour divers besoins de l'Église. Parmi les mesures d'ordre et d'utilité publique adoptées par la vénérable assemblée, on la voit préoccupée de pourvoir à l'assistance des pauvres. Le Ve canon ordonne que chaque ville nourrisse ses pauvres, et, à cet effet, que les prêtres, aussi bien que les laïques pourvus suffisamment de biens, nourrissent chacun le leur, afin d'empêcher la mendicité et le vagabondage.

Et ce n'étaient pas là de simples prescriptions de forme. Au retour du concile, on voit un des évêques qui y avaient pris part, saint Félix, de Nantes, s'empresser de mettre le règlement à exécution. Pour que personne ne manquât, selon les recommandations du concile, d'adopter son pauvre et de le nourrir, il en donna le premier l'exemple. Il choisit un bon nombre des plus misérables, qu'il se chargea de faire subsister, et à qui il donnait tous les jours de quoi se nourrir. A son exemple, tous les citoyens aisés de la ville prirent, chacun selon ses moyens, un ou plusieurs pauvres qu'ils se chargèrent d'entretenir, et ainsi, en peu de temps, disparurent la misère et la mendicité à Nantes. On fit de même dans toutes les villes où le concile de Tours fut appliqué.

Les prescriptions ecclésiastiques et civiles s'accordent, sous les premières dynasties de nos rois, à faire une obligation au clergé, aux seigneurs et aux villes de nourrir leurs pauvres.

« Que chaque cité, avait dit le concile de Tours de 567, nourrisse les pauvres habitants; que les prêtres de campagne et les citoyens nourrissent chacun leurs pauvres. »

Un capitulaire de l'an 806 porte : « Que chacun, évêques, abbés, abbesses, seigneurs, comtes ou gens du roi et tous autres fidèles qui ont des bénéfices royaux, tant des biens ecclésiastiques que de tous autres biens, fassent nourrir leurs hommes chacun sur son bénéfice; et que chacun nourrisse sur ses propriétés particulières ses propres hommes; et si, par la grâce de Dieu, il recueille sur son bénéfice ou sur sa propriété plus de grain qu'il ne lui en est nécessaire pour lui et ses gens et qu'il veuille le vendre, qu'il ne le vende pas plus cher que deux boisseaux d'avoine. »

Mais de plus en plus l'action privée, les efforts individuels devenaient insuffisants avec le développement de la société, eu égard au grand nombre et à la variété des besoins. On fut amené à créer de préférence des institutions permanentes de charité, qui offraient aux nécessiteux le logement, la nourriture, les soins, les remèdes, les secours spirituels. A la suite des calamités causées par les incursions des Normands, la misère s'était accrue. Au Xe et au XIe siècles, ce n'était plus assez pour venir en aide à la population pauvre que les secours de la charité privée et les distributions de pain des églises et des abbayes. Le système de l'hospitalisation s'imposait.

Sous l'impulsion nouvelle de l'esprit de charité et avec la reprise de la vie nationale, on se mit, après l'an 1000, à bâtir partout des asiles pour la misère, en même temps que surgissait la multitude des églises neuves, comme un symbole de résurrection de la France. C'était la même émulation entre les évêchés, les abbayes, les villes, d'élever des églises et de fonder des hôpitaux.

Au XIIIe siècle, la France possède une multitude de maisons de charité de tout genre, de tout nom, grandes ou petites. Ce sont les palais ou les logis des pauvres. Il y en a dans chaque ville, presque dans chaque village. « Au XIIe et au XIIIe siècle, dit M. Léopold Delisle, quand la société féodale et religieuse eut reçu la plus parfaite organisation que le moyen âge ait connue, les établissements charitables prirent en France de merveilleux développements [1]. »

Depuis cette époque, l'hospitalisation, comprenant des Maisons-Dieu pour les pauvres et les voyageurs, des hôpitaux pour les malades, des maladreries pour les contagiés et les incurables, devint la forme ordinaire et stable de la charité.

Mais, à côté de ces institutions permanentes, l'initiative privée continue d'agir. Grâce à elle la charité ne s'est jamais spécialisée. Le moyen âge a pratiqué divers modes d'assistance, a créé ou entretenu diverses œuvres de bienfaisance, où le secours personnel s'exerçait directement, et dont les unes ont disparu avec le temps, et les autres ont revécu plus tard par un retour naturel au passé.

La liberté fut le puissant auxiliaire de la charité. Dans l'Église, la charité n'a besoin que de liberté pour porter tous ses fruits. Sous l'ancienne monarchie française, la charité fut libre. Loin de chercher à l'entraver, le pouvoir civil se plaisait à l'encourager. Il laissait les particuliers disposer à leur gré de leurs biens en faveur des pauvres, fonder des œuvres privées de bienfaisance, s'occuper des malheureux comme ils l'entendaient, sans avoir besoin, comme aujourd'hui, d'une permission administrative pour recueillir quelques enfants ou quelques vieillards chez soi.

La charité était libre. « Les questions, si difficiles à notre époque, d'autorisation et d'acceptation de legs, ne se posaient pas alors, dit M. Hubert Valleroux. La charité n'était soumise à aucune entrave. On n'avait pas encore imaginé d'obliger ceux qui voulaient faire le bien à requérir d'abord la permission de l'autorité. On pensait que les pauvres ne pouvaient être trop secourus, et que la charité resterait plutôt au-dessous du besoin; que l'affaire des pouvoirs publics était de favoriser l'inclination bienfaisante des particuliers, et non de restreindre leur liberté en une partie si essentielle [2]. »

---

[1] *L'Hôtellerie de Saint-Sauveur-le-Vicomte, au XIIIe siècle*, 1889, p. 1.
[2] Page 30.

A cet égard, la tradition du pouvoir civil fut constante en France. Depuis l'organisation de l'autorité royale jusqu'aux derniers temps de la monarchie, la charité put non seulement rester libre, mais fut constamment encouragée. « Sous l'ancien régime, dit M. Chevalier, l'État montre toujours en faveur des établissements et des œuvres de charité les dispositions les plus bienveillantes, leur accordant des privilèges, des immunités de secours et les plus grandes facilités pour recevoir les dons et legs faits en faveur des pauvres. Ces libéralités étaient de bonnes œuvres que tout le monde respectait et dont la transmission s'opérait sans entraves et presque sans frais. Les autorités et les parlements (ceux-ci avaient une autorité administrative autant que judiciaire) partageaient ces sentiments bienveillants, chacun regardait comme une obligation de conscience d'aider à l'accroissement et à la conservation du patrimoine des pauvres[1]. »

La liberté entière laissée jusqu'à la fin de l'ancien régime aux aumônes et aux fondations, contribua beaucoup au développement de la charité. Ce n'étaient pas seulement des riches et des nobles, c'étaient de simples bourgeois, de petites gens, qui laissaient une maison, des sommes d'argent pour les pauvres. Ces libéralités, sans cesse renouvelées, constituaient le patrimoine des bonnes œuvres. Il était si étendu au moyen âge, que la fortune des pauvres dépassait peut-être celle des riches. Il y avait au moins autant d'hôpitaux que de châteaux. Les ressources de la charité égalaient, si elles ne les surpassaient, celles du luxe et des plaisirs.

C'est une des raisons pour lesquelles la rivalité des classes n'existait pas dans l'ancien temps comme elle existe aujourd'hui. L'indigence était partout secourue et la pauvreté honorée. Elles avaient leurs biens, leurs maisons, leurs serviteurs, tout comme la richesse. Elles étaient sur le même pied d'égalité.

L'assistance des pauvres, si large qu'elle soit, ne doit pas avoir pour but de supprimer la pauvreté. Jamais à l'époque où l'esprit catholique inspirait davantage les actions et multipliait le plus les œuvres de bienfaisance, on ne crut que la pauvreté était un mal absolu à détruire, et que la société ne serait pas bien organisée tant qu'elle subsisterait.

« Aux siècles de foi, dit excellemment Louis Veuillot, on distinguait deux situations bien différentes dans la pauvreté. Il y avait la misère, qui était un mal, mais un mal accidentel que la charité guérissait, et la pauvreté proprement dite, qui était un état normal parfaitement acceptable aux yeux de la charité même, parfaitement

---

[1] *Les Hôpitaux de Romans*, p. 111.

accepté de ceux qui s'y trouvaient par la volonté de Dieu. La misère était résignée, la pauvreté était contente. Par l'assistance chrétienne et par le travail, on montait de la misère à la pauvreté, comme aujourd'hui de la pauvreté à l'aisance. On appelait volontiers aisance ce que nous appelons aujourd'hui pauvreté et même misère. Quiconque possédait des outils et la santé s'estimait pourvu, vivait joyeux parmi ses égaux, et dormait tranquille sur l'oreiller de la Providence, après lui avoir fidèlement demandé le pain de chaque jour. La charité s'appliquait à maintenir ou à rétablir au moins l'équilibre du strict nécessaire entre une gêne tolérable et l'absolu dénuement. Matériellement, elle ne se proposait pas plus; on ne lui demandait pas davantage. Son action consistait surtout à compenser l'absence des biens temporels par l'abondance des biens spirituels, qui sont la foi, l'amour, l'espérance, c'est-à-dire la paix et l'allégresse au sein des privations et de l'humilité. »

Elle y réussissait. La foi enseignait avec elle que « la pauvreté, moyennant les secours et les lumières de l'Évangile, est l'état terrestre le plus voisin du royaume d'en haut, le plus naturellement innocent, le plus à l'abri des tentations de l'orgueil et de la sensualité; par conséquent l'état où l'homme a plus de chances de vivre dans la grâce de Dieu, seul vrai bonheur et unique but de la vie. »

La foi faisait bénir la Providence « qui, par d'invincibles et éternelles lois, a disposé que la foule des âmes ferait ici-bas leur temps d'épreuve derrière ce saint et fort rempart de la pauvreté ».

Par la foi et par la charité, l'ancienne société était ainsi maintenue dans la paix.

A part les temps de grandes famines qui désolaient parfois plusieurs provinces et même le royaume tout entier, le paupérisme fut inconnu au moyen âge. Les serfs fixés sur le domaine qu'ils cultivaient y trouvaient leur nourriture de chaque jour. Quant aux hommes libres, de quelque métier ou profession qu'ils fussent, le travail qu'ils étaient toujours assurés de trouver aux champs, comme à la ville, suffisait à leurs besoins. Avec une organisation sociale et économique qui nécessitait la consommation sur place des produits de la terre, la culture du sol était d'un rapport toujours à peu près régulier pour le propriétaire et l'ouvrier des champs. Dans les villes, grâce à la réglementation du travail par le régime des corporations, on ne connaissait pas les chômages de l'industrie moderne. Il n'y avait pas non plus de ces grandes agglomérations urbaines qui attirent par l'appât d'un gain trompeur et de jouissances coûteuses les gens des campagnes. Chacun restait généralement chez soi à faire son métier ou à travailler la terre.

Somme toute, la misère était beaucoup moins grande dans le passé que de nos jours ; elle n'affectait pas des classes entières, des centres entiers de population. Elle restait individuelle et n'était que temporaire. Aussi trouvait-elle plus facilement partout des soulagements. Quel que fût le nombre des pauvres dans une ville, dans un village, il ne dépassait pas l'étendue des ressources de la charité. On n'avait jamais à faire qu'à des cas particuliers, pour lesquels les institutions d'assistance publique et les contributions volontaires de chacun suffisaient.

L'histoire de l'ancienne société est, en grande partie, l'histoire de la charité. On ne peut apprécier exactement la condition du peuple ni se faire une idée juste de l'état social de la France dans le passé, si l'on ne tient pas compte des œuvres multiples de bienfaisance qui étaient comme le fond de la vie populaire. La charité était, pour ainsi dire, la première des institutions publiques du peuple français. Elle est partout dans l'ancienne France. Elle se montre sous toutes les formes, elle s'exerce de toutes les manières.

En même temps que les établissements hospitaliers se multipliaient, l'action individuelle ne cessa point de s'exercer. Les deux modes d'assistance des pauvres, par l'hospitalisation et par la distribution des secours, coexistent pendant tout le moyen âge. A côté des hospices et des hôpitaux, on trouve, dans les villes et surtout dans les campagnes, sous le nom de *Charités*, tantôt des institutions de bienfaisance régies par les administrations locales, comme *la Charité de la ville de Felletin*, *la sainte Charité de la Pentecôte* à Bergerac, la *Charité de saint Raymond*, dans le comté de Foix, *la Charité de saint Césaire* à Nîmes, sortes de maisons de secours pour les indigents et bien d'autres; tantôt, et le plus souvent, des associations libres formées pour l'assistance des confrères nécessiteux ou des pauvres qui n'en faisaient point partie.

Celles-ci, en général, n'avaient été, à l'origine, que des confréries religieuses établies dans un but de piété pour le culte d'un saint ou le service d'une chapelle; mais elles ne tardèrent pas à étendre leur objet en pratiquant les devoirs de la confraternité. Les unes se bornaient à la sépulture des morts; mais la plupart vaquaient aussi au soin des malades, à l'exercice de la bienfaisance. Les confréries et charités constituaient des sortes de sociétés de secours mutuels, en même temps que des associations de piété et de dévotion.

C'est surtout à la campagne qu'elles avaient ce caractère. Un des auteurs qui les ont le mieux étudiées, M. Prévost, les décrit ainsi :

« L'assistance réciproque des confrères, les secours aux membres indigents en faisaient de véritables sociétés de secours mutuels. Par l'emploi d'une partie de leurs ressources en aumônes diverses, elles remplissaient le rôle d'une sorte de bureau de bienfaisance. Par leur composition, qui englobait et unissait dans des devoirs et dans des observances uniformes le seigneur de la paroisse, les nobles des localités voisines, les clercs et les paysans, elles rapprochaient les distances et opéraient, sous le couvert de la piété et de la religion, un nivellement et une égalité de bon aloi. Enfin, la surveillance et le contrôle réciproque des membres les uns sur les autres, le pouvoir confié aux chefs de la confrérie de retrancher de leur sein ceux qui « causaient du scandale », constituaient un puissant levier moralisateur [1]. »

Beaucoup de ces anciennes confréries, dites *Charités*, avaient disparu à la suite des guerres de religion. Elles reparurent, en général, dans la seconde moitié du xviie siècle, soit avec leur ancien nom populaire, soit avec le nom nouveau de confréries de la charité, et la forme nouvelle que leur avait donnée saint Vincent de Paul. Telle était la Charité de Courbépine, érigée en 1404; la confrérie de charité pour le service des vivants établie dès 1366 dans la chapelle de l'Hôtel-Dieu d'Orbec, et rétablie en 1654; les confréries de charité de l'Hôtel-Dieu de Coutances, remontant au commencement du xiiie siècle. Dans le Limousin, on rencontre dès le xiie siècle une confrérie du Saint-Esprit qui dessert la maladrerie de la Maison-Dieu établie en 1140. Diverses confréries de charité, sous les noms du Saint-Esprit, de la Vêture des pauvres, des Suaires, existent dans la même province au xive siècle. Il en est partout de même.

Les confréries et charités ne relevaient que de l'initiative privée. L'autorité civile eut aussi sa part dans la distribution des secours aux nécessiteux. Bien avant le xvie siècle, « elle s'acquittait, à l'égard des pauvres, du devoir de charité qui lui incombe au même titre que le devoir de justice et lui est commun avec l'autorité spirituelle. Ces deux autorités, si étroitement unies alors, remplissaient ensemble une partie de ce devoir de charité, en ouvrant ou en entretenant, à frais communs, des hôpitaux, des lieux d'asile et de patronage; mais pour ce qui concernait les distributions des aumônes aux nécessiteux, chacune d'elles conservait sa liberté d'allures. L'entente, au surplus, n'en était pas moins parfaite; et si des décisions souveraines ne laissaient pas de venir fréquemment régler l'exercice de la charité privée et chrétienne, d'autre part, le premier caractère de la charité civile était un attachement profond à la religion, et son but manifeste le désir de plaire à Dieu en se conformant aux préceptes que l'Évangile a tracés et qu'il a imposés aux États aussi bien qu'aux hommes [2]. »

---

[1] Prévost, *l'Église et les campagnes au moyen âge.*
[2] Laurentie, *A travers l'ancien Paris*, p. 39.

C'est au XVIe siècle que remonte, en général, la création d'administrations charitables qui, sous le nom de *Bureaux de charité*, d'*Aumône générale*, ou dénominations analogues, centralisèrent dans les villes la distribution des secours. Elles furent les unes d'institution royale, les autres d'institution municipale, mais également patronnées et secondées, les unes et les autres, par l'autorité religieuse. Le *Grand Bureau des pauvres de la ville et fauxbourgs de la ville de Paris* est dû à l'initiative de François Ier. Par lettres patentes du 5 novembre 1544, le roi ayant chargé le Corps de ville du soin général des pauvres et de l'administration de tout ce qui les concernait, une commission de treize personnes notables et de quatre délégués du Parlement fut instituée sous la superintendance du prévôt des marchands et des échevins. Bientôt le procureur général au Parlement devint le chef du Bureau, qui compta désormais pour membres des commissaires élus, à raison d'un par paroisse, assistés d'un nombre égal de distributeurs choisis de la même manière [1]. Dès 1545 on voit fonctionner à Troyes l'Aumône générale, dirigée par douze recteurs élus, dont la moitié faisaient partie du clergé [2]. Plus anciennement, il y avait à Limoges l'Aumône de la Sainte-Croix, sorte d'association charitable, entretenant par ses dons sa caisse de secours; elle faisait distribuer du pain à la Noël.

A l'exemple de Paris, se fondèrent dans bon nombre de villes des Bureaux de charité ou institutions analogues qui durèrent jusqu'à la Révolution.

« La plupart du temps, l'évêque et les magistrats gardèrent la haute main sur ces corps administratifs, qui furent composés de membres de droit et de membres élus. Leurs fonctions étaient obligatoires et gratuites; leurs attributions variaient selon les villes et les époques. Tantôt, comme les bureaux de bienfaisance actuels, ils secouraient les pauvres à domicile; tantôt ils réunissaient, aux distributions d'argent et de vivres, la direction d'établissements hospitaliers et de maisons de travail où les pauvres étaient reçus et enfermés.

« Les secours à domicile étaient distribués par des administrations dont les dénominations variaient. Tels étaient l'Aumône commune de Valenciennes, les Chambres des pauvres de Beaune et de Calais, le Bureau perpétuel d'Amiens, le Bureau de misère de Reims, le Bureau des pauvres de Bayonne, le Bureau de miséricorde de Rethel, composé du curé, des officiers de justice et de l'échevinage, et des six commissaires. Ils étaient secondés par les *Bouillons de pauvres* qui distribuaient, par les mains de sœurs de charité, de la viande

[1] A. Husson, *Études sur les hôpitaux*, p. 320; Laurentie, *A travers l'ancien Paris*, p. 40.
[2] Boutiot, *Histoire de Troyes*, III, 394.

et des médicaments aux pauvres honteux, aux incurables et aux vieillards. Lorsque les disettes et le chômage produisaient des misères exceptionnelles, on établissait en outre des bureaux spéciaux pour essayer de subvenir à tous les besoins.

« Le plus souvent les bureaux d'aumônes se réunirent aux administrations hospitalières ou formèrent, comme à Lyon, une puissante institution, secourant de nombreux pauvres à domicile et les nourrissant dans les vastes bâtiments qu'elle possède. L'Aumône générale de Lyon entretenait dans ses maisons de charité environ deux mille cinq cents pauvres, pauvresses, petites filles orphelines ou abandonnées. En 1626 elle secourait dix-sept mille indigents. Son règlement, qui donne des détails sur toutes les parties de son organisation, fut souvent imprimé et servit de modèle à des institutions analogues [1]. »

La ville de Beauvais offre un exemple de ces Bureaux de charité institués soit par l'autorité ecclésiastique, soit par les municipalités.

De 1620 à 1629 le nombre des mendiants s'y était considérablement accru et devenait une gêne dans les églises aussi bien que dans les rues. Les aumônes individuelles ne suffisaient plus à tant de misères. L'évêque, Mgr Augustin Potier, songea à organiser une caisse de secours; il tint à cet effet une assemblée générale du clergé et des principaux de la ville. Un bureau de charité fut immédiatement constitué. « Dresser la liste exacte de tous les indigents, constater l'étendue de leurs besoins, encaisser les ressources dont la ville pouvait disposer, centraliser les aumônes des particuliers et le produit des quêtes qu'on devait faire à des époques fixées, enfin répartir les secours de manière à supprimer la mendicité : » telle fut la tâche assignée aux administrateurs.

Trois mois après, Mgr Augustin Potier publiait une ordonnance, dans laquelle il enjoignait aux curés de la ville et des faubourgs de Beauvais d'annoncer au prône de la messe paroissiale que les députés et représentants de tous les corps de la ville visiteraient toutes les maisons, l'une après l'autre, à l'effet de s'informer de ce que chacun serait disposé à donner volontairement pour le Bureau de charité, comme pour la nourriture et l'entretien de tous les pauvres invalides.

« Les démarches obtinrent un plein succès. Bientôt chaque paroisse eut sa confrérie, dont les membres portaient, chacun dans un quartier déterminé, les secours alloués par le bureau central. Pendant vingt ans tout marcha à souhait. Les indigents étaient convenablement assistés. La mendicité avait complètement disparu. Mais en 1652

---

[1] Babeau, *la Ville*, etc.

l'insuffisance de la récolte, le manque de travail et la guerre civile plongèrent les ouvriers dans une misère extrême. Nicolas Choart de Buzanval, qui remplaçait alors Augustin Potier sur le siége de Beauvais, ne désespéra pas de la situation. Convoquant à plusieurs reprises les notables de la ville, il les décida à réunir dans un même local tous les indigents, afin de les entretenir à moindres frais et de ne soulager que des besoins réels. Le 1er janvier 1653 on inaugura le nouveau régime dans une maison aménagée à cette fin. Ce n'était qu'un essai. Les résultats en furent excellents. Dès lors on n'hésita plus à donner à cet établissement une existence définitive. Un vaste terrain fut acheté. C'est là que l'on posa, en 1655, la fondation de l'Hôpital général ou Bureau des pauvres. »

Beauvais, comme plusieurs autres villes qui s'étaient inspirées des exemples de Paris et de Lyon, avait devancé l'édit de 1656, de Louis XIV, qui instituait les hôpitaux généraux.

Certains modes de distribution d'aumônes aux pauvres avaient en plusieurs villes le caractère d'institutions permanentes de secours. Ainsi l'Aumône Saint-Léger, à Autun, une des plus curieuses créations charitables du moyen âge.

Elle devait son origine au saint évêque de ce nom. Par son testament, daté de 677, saint Léger avait légué ses propriétés à la basilique de Saint-Nazaire, en stipulant que quarante pauvres, qu'il appelle ses frères, recevraient chaque jour, par les soins d'une administration charitable annexe, et, de son vivant, à la basilique, la nourriture nécessaire à leur existence. Un de ses successeurs, Giran de Beauvoir, avait légué de même, en 1277, à son église cathédrale, la somme de mille livres « pour l'acquisition d'une rente destinée à subvenir à une distribution de pain, qui devait être faite, pendant trois jours de l'octave de Pâques, à tous les pauvres de la ville, à l'imitation de celle qui avait été établie par saint Léger ».

Au XIIIe siècle, l'Aumône publique instituée par le saint évêque avait subi une modification radicale. « A la place d'une distribution faite en tout temps à quarante pauvres, le chapitre avait substitué une aumône faite trois fois par semaine à tous les pauvres pendant les quarante jours du carême seulement. » Ce changement n'était peut-être pas pour le mieux. Il eut pour premier effet de mettre le chapitre hors d'état de remplir ses engagements. Cette aumône offerte à tous venants avait attiré un tel concours de pauvres, surtout pendant les années de disette qui s'étaient succédé à la fin du XIIIe siècle, que les revenus de la fondation ne suffisaient plus à la distribution du pain.

Des donations successives, faites en 1306 et 1311 par des évêques au chapitre, vinrent accroître le fonds destiné à l'aumône du carême, et assurer la continuation de l'œuvre de charité que saint Léger avait instituée. L'aumône consistait en une livre de pain donnée à chaque pauvre à chacune des distributions. Celles-ci avaient lieu dans un grand réfectoire, où les pauvres attendaient chacun leur tour. Les comptes pour le XIVe siècle permettent d'établir que douze cents à quinze cents pauvres, en moyenne, participaient à chacune des dix-sept distributions du carême. Au XVe siècle, le nombre des participants s'éleva à deux, trois et quatre mille. En 1497, on constate une dépense de trois cent quatre-vingt-douze sextiers de blé, à cinquante et un pains au sextier, soit dix-neuf mille neuf cent quatre-vingt-douze pains, ou soixante-dix-neuf mille neuf cent soixante-huit parts, pour quatre mille sept cent trois pauvres. Au commencement du XVIe siècle ces chiffres sont encore dépassés. L'Aumône de saint Léger s'était accrue de diverses donations. En 1500, la dépense atteint quatre cent-vingt-deux sextiers, qui supposent, à raison d'une livre de pain par personne, cinq mille deux cent soixante-deux pauvres; en 1524, elle s'élève à cinq cent quarante-cinq sextiers, fournissant cent trente-cinq mille cent soixante livres de pain pour sept mille neuf cent cinquante indigents. Le nombre des pauvres varie d'une année à l'autre; suivant les besoins, il descend jusqu'à moins de deux mille.

Dans les années calamiteuses du XVIe siècle, la charité des chapitres redoublait. L'année 1573 en est un exemple. Une enquête faite à la demande du chapitre par les officiers du bailliage nous apprend qu'à chacune des distributions de pain, pendant les dix-sept jours du carême, le nombre des participants varia de douze à treize mille.

Ce n'étaient pas tous des pauvres. La ville n'en comptait pas autant. Cette affluence de personnes aux distributions tenait à deux causes, dont l'une révèle un trait de mœurs curieux : « la première, au concours des mendiants étrangers accourus comme à un rendez-vous, de plus de vingt lieues à la ronde; la seconde, à la part que ne craignaient pas de prendre à cette aumône les habitants les plus aisés de la ville, qui n'hésitaient pas à envoyer leurs serviteurs et leurs enfants tendre la main au réfectoire, et à se mêler eux-mêmes à la foule des pauvres pour avoir droit au quartier de pain que l'église distribuait à tout venant. Il semblait que, pendant le carême, le chapitre fût devenu le fournisseur universel, et que chacun pût se dispenser de recourir à son boulanger[1]. » L'abus

---

[1] A. de Charmassé, *l'Aumône charitable de saint Léger, à Autun*, p. 27-8.

devint tel, que le chapitre d'Autun dut recourir au Parlement de Bourgogne pour interdire l'accès de l'aumône aux gens aisés, et l'affluence croissante des pauvres à sa distribution l'obligea aussi à solliciter du pouvoir royal un arrêt contre la présence des vagabonds et mendiants étrangers qui arrivaient de toute part dans la ville à l'entrée du carême, et s'y établissaient à demeure jusqu'à Pâques.

Les inconvénients de ces grands rassemblements de pauvres de toute provenance, à une époque déterminée, et la diminution des revenus du chapitre depuis les guerres de la fin du XVI° siècle, engagèrent ce vénérable corps ecclésiastique à convertir la distribution quadragésimale de pain en une redevance de grain « qui, jointe aux aumônes faites par les différents monastères, permettrait d'entretenir un nouvel hôpital, destiné seulement aux pauvres de la ville et des villages voisins ». Devant l'opposition des magistrats municipaux, la proposition du chapitre ne put recevoir son exécution que lorsque l'évêque d'Autun, Gabriel de Roquette, eut pris en main l'affaire de l'établissement d'un hôpital général. Les lettres patentes de 1668, qui en autorisaient la fondation, avaient uni au nouvel hôpital, outre le produit de l'aumône en grains faite par le chapitre et des distributions de pain hebdomadaires effectuées par les abbayes, tous les hôpitaux et léproseries situés dans un périmètre de deux lieues de la ville ; et de plus, elles affectaient à l'entretien de l'hôpital tous les dons et legs faits aux pauvres en termes généraux, le quart des amendes infligées pour les délits commis dans la ville et le quart des marchandises confisquées.

C'est ainsi que dans ce siècle de Louis XIV, où la société française s'était habituée à regarder « l'ordre et la régularité comme trop indispensables à l'harmonie des institutions pour laisser subsister la plaie hideuse de la mendicité », toutes les œuvres privées de charité, toutes les formes de l'assistance publique tournaient à l'hospitalisation.

Mais, à Autun, la tradition fut plus forte que l'esprit nouveau. « L'aumône générale, dans sa forme antique, était tellement entrée dans les habitudes et dans les goûts, que les habitants se résignèrent difficilement à sa suppression. Il parut expédient, en 1712, de la rétablir en réduisant ses effets aux pauvres de la ville seulement. Le bureau des pauvres demanda aux quêtes et aux dons particuliers les ressources nécessaires à cette fin. Le public répondit avec tant d'empressement aux demandes qui lui étaient adressées, que le bureau fut bientôt en mesure de pouvoir distribuer, chaque semaine, quinze cents livres de pain aux pauvres. Peu d'années après, ce fonds fut encore accru par les libéralités du chanoine

Louis Benoît, qui, s'inspirant de l'exemple de saint Léger, légua tout son patrimoine au chapitre, par testament en date du 20 juillet 1740, à la charge de délivrer, tous les ans, cinq cents mesures de seigle aux administrateurs de l'hôpital pour le pain de l'aumône générale. La succession de Louis Benoît tomba dans le domaine de l'hôpital, qui exécuta les dispositions du pieux testateur. C'est ainsi que la charité privée se substitua à la charité publique, et coalisa ses efforts pour rétablir un mode d'assistance qui avait ses racines dans le plus lointain des âges non moins que dans le cœur des habitants [1]. »

Dans la société chrétienne, où le devoir de la charité était prêché de toutes les manières, où une multitude d'institutions publiques de secours pourvoyaient, avec la bienfaisance des particuliers, aux besoins des nécessiteux, l'indigence ne se trouvait pas pour cela supprimée. Il y avait tout de même une grande quantité de pauvres que les ressources de l'assistance publique et privée n'auraient jamais suffi à faire vivre. Quelle pouvait être leur condition de vie ? Quels moyens d'existence avaient-ils ?

Dès l'origine, s'était posée la question de la mendicité. Ce n'était pas une solution que celle de l'antiquité païenne qui avait changé la misère en esclavage, ou qui nourrissait aux frais de l'État la multitude des indigents de condition libre. L'esclavage, qui constituait l'état social de l'immense majorité des individus dans toute l'étendue de la domination romaine, était incompatible avec le christianisme. L'esprit nouveau introduit dans le monde par l'Évangile tendait à le supprimer.

En France, l'esclavage s'était effacé de siècle en siècle sous l'action de l'Église. A mesure que les classes inférieures arrivaient à la liberté, elles se trouvaient dans la nécessité de subvenir elles-mêmes à leurs propres besoins. Il leur fallait le secours de la charité, là où manquaient les ressources du travail.

La tradition administrative de l'empire romain avait obligé les empereurs chrétiens à continuer, à Constantinople et à Rome, les distributions gratuites alimentaires qui servaient moins à soulager des besoins réels qu'à entretenir la paresse des populations indigentes.

Plus soucieuse, au contraire, du vrai bien du pauvre, l'Église s'était attachée de bonne heure à stimuler le courage et l'activité des pauvres valides, en ne donnant pas inconsidérément ses secours à ceux qui pouvaient travailler. Il était dans l'esprit de la charité catholique d'exciter les hommes au travail plutôt que de les entre-

---

[1] A. de Charmassé, *o. c.*, p. 66-67.

tenir dans l'oisiveté, et ainsi de les mettre en mesure de se procurer eux-mêmes ce qu'il leur fallait pour vivre.

Dans la France mérovingienne, pas plus que dans la Gaule romaine, on ne trouve trace de distributions de vivres aux prolétaires par les soins des autorités publiques. Cet usage était resté propre aux deux capitales de l'empire romain. Il existait donc dans les villes et dans les campagnes un fonds de population pauvre qui avait besoin qu'on lui vînt en aide. Cette portion de nécessiteux augmenta au fur et à mesure de l'abolition de l'esclavage et du servage, qui fournissaient aux hommes réduits à cette condition le pain quotidien. Puis les circonstances sociales développèrent plus ou moins la pauvreté. On la trouve dans tous les siècles. Il n'y eut jamais d'époque, à part peut-être le temps de saint Louis, où ne se rencontre partout des foules indigentes.

Si tous ces malheureux, à la ville et à la campagne, avaient été abandonnés à eux-mêmes, la France, aussi bien que les autres pays, eût pullulé de mendiants. Partout on eût vu des foules affamées venir demander leur pain, se liguer même pour l'obtenir, et répandre le trouble et la crainte autour d'elles. Mais jamais la misère n'en vint à ce point. Dès le commencement, la charité multiplia les secours; pendant la suite des temps, les institutions d'assistance se développèrent dans la proportion des besoins. La mendicité ne fut jamais qu'une exception. Elle restait comme la ressource suprême du malheureux qui n'avait pas d'autre moyen d'existence. Elle offrait une image ambulante de la pauvreté, qu'il n'était pas nécessaire de faire disparaître entièrement, parce qu'elle apportait à la fois un enseignement aux riches et un aliment à la pitié publique.

La charité catholique s'appliqua à détruire, autant qu'il se pouvait, la mendicité, en procurant aux pauvres les secours dont ils avaient besoin, ou en les mettant en mesure d'y satisfaire eux-mêmes par le travail. Mais jamais l'Église ne songea à interdire la mendicité elle-même.

De tout temps des saints s'étaient faits mendiants par amour de la pauvreté ou pour mieux faire l'aumône. L'histoire de la charité en France compte parmi les plus illustres de ces mendiants volontaires saint Norbert, saint Bernard, saint Benoît-Joseph Labre, le bienheureux Jean Grandé, le vénérable Claude Bernard, le vénérable Libermann, sainte Delphine, la vénérable Grâce de Valence, qui, les uns par vocation, les autres par profession habituelle, ne voulurent vivre que d'aumônes, demandant humblement leur pain ou se mêlant à la troupe des pauvres qui sollicitaient la charité publique.

Le moyen âge n'avait point pour la mendicité le mépris qu'affecte notre civilisation moderne. On savait, aux époques de foi, que souvent sous les haillons du mendiant se cachait une grande vertu d'humilité, que cette ignominieuse livrée de la pauvreté était souvent aussi l'enveloppe d'une grande sainteté. Il n'était pas rare, en effet, que des chrétiens généreux, renonçant complètement au monde pour mener une vie de mortifications et d'humiliations, se réduisissent à vivre d'aumônes. Les routes étaient sillonnées de pèlerins qui allaient à Rome, au tombeau des Apôtres, ou à Saint-Jacques de Compostelle, en esprit de pénitence, le bâton à la main, une besace sur le dos, dans laquelle ils recueillaient en route le pain de la charité. Les moines qui allaient d'une abbaye à l'autre ne voyageaient qu'en demandant l'aumône. Si les règlements modernes contre la mendicité eussent existé dans la France de saint Louis, la police du roi eût été exposée à arrêter sur les grandes routes, comme mendiants, Albert le Grand ou Thomas d'Aquin. On appréciait alors, on vénérait même, l'esprit de pauvreté jusque sous cette forme qu'on appellerait aujourd'hui vagabondage.

Du reste l'Église elle-même avait approuvé, non sans quelque opposition des théologiens économistes d'alors, l'établissement d'ordres mendiants dont la première règle était de ne vivre que d'aumônes.

Bien différentes à cet égard étaient les idées du temps passé et les nôtres. Dans les siècles chrétiens, on ne se bornait pas à secourir la pauvreté, on l'honorait aussi. Selon l'esprit de l'Évangile, dans le pauvre on voyait Jésus-Christ. La mendicité elle-même était respectée comme une forme licite de l'indigence, pourvu qu'elle ne fût pas la dissimulation de la paresse. Longtemps, dans les villes, aussi bien qu'à la campagne, la profession de mendiant fut permise, quand il était établi qu'on n'en pouvait pas exercer d'autre.

Le vagabondage seul et la fainéantise étaient réprimés. Du reste, la mendicité se trouvait fort réduite par l'exercice de la charité. Dès le temps des princes carlovingiens, la législation des capitulaires faisait une obligation à chaque seigneur, à chaque bénéficier, de nourrir ses pauvres; elle contraignait les vagabonds à gagner par le travail de leurs mains ce qu'ils demandaient à l'aumône. Cette législation persista au moyen âge. Elle traduit la pratique du siècle de saint Louis. Les paresseux, les vagabonds notoires étaient seuls inquiétés par l'une ou l'autre police royale, ecclésiastique et seigneuriale. Le vrai pauvre, le bon mendiant, étaient respectés.

Peu à peu cependant les idées changèrent à ce sujet, avec la diminution de l'esprit chrétien. A partir du XVIe siècle, la mendicité commença à être érigée en délit dans les villes. Une série d'ordonnances furent rendues par les rois à cet effet [1].

---

[1] Voir de la Mare, *Traité de police.*

L'interdiction de la mendicité coïncide avec l'intervention plus directe du pouvoir civil dans l'administration de la charité publique.

Des abus s'étaient certainement introduits, qui rendaient moins dignes de pitié les pauvres de la rue. Depuis les guerres de religion de cette époque, qui causèrent tant de ravages dans les campagnes et détruisirent la plupart des petits hôpitaux ruraux, les villes eurent aussi à se défendre contre l'invasion des pauvres, que la misère y amenait en plus grand nombre ou qu'attirait l'espoir d'un travail plus assuré et plus lucratif. Le plus souvent déçus dans leur attente, ces pauvres du dehors n'arrivaient qu'à augmenter le nombre des mendiants de la ville. Il fallut prendre des mesures contre eux, soit pour leur interdire l'accès des villes, soit pour les empêcher d'y séjourner. Dès lors la mendicité fut traitée plus sévèrement. On la considéra comme un fléau. Divers édits prescrivirent la reclusion des mendiants valides, qui se refusaient à travailler. Les règlements municipaux n'étaient pas moins rigoureux. Les villes voulaient bien nourrir leurs pauvres, mais pas ceux du dehors. On expulsait ceux qui n'avaient pas un certain temps de domicile.

La législation royale, pour n'être pas moins sévère que les polices urbaines, se montra plus humaine et plus pratique à la fois. Ce n'était pas assez de prendre des mesures pour empêcher que la misère ne devînt une profession, il fallait aussi lui venir en aide efficacement. La répression de la mendicité devait avoir pour conséquence l'organisation de moyens d'existence pour les nécessiteux. Dès le XVIe siècle apparaît l'idée des ateliers de charité.

L'ordonnance du 2 avril 1532, rendue « afin que les oisifs et vagabonds, ensemble les sains et les valétudinaires, ne mangent pas le pain des pauvres et des malades », prescrit d'abord l'arrestation des vagabonds et mendiants valides, qu'elle met à la disposition du prévôt des marchands et des échevins de la capitale, pour être employés, moyennant salaire municipal, aux divers services publics de l'édilité et aux travaux de fortification ; elle pourvoit ensuite à la nourriture et à l'entretien des mendiants non sains et valides ou femmes avec enfants, dans les hôpitaux ou autres lieux désignés par le prévôt des marchands, et prescrit des quêtes à cet effet dans les paroisses. En conséquence de l'ordonnance royale, des arrêts du Parlement de 1534 et 1535 règlent les travaux et le salaire des « poures mendiants ». Une ordonnance ultérieure du 16 janvier 1545 réitère les prescriptions de la première et met en demeure le prévôt des marchands et les échevins de s'y conformer.

« Afin de rendre moins pénible aux pauvres le travail qui leur était imposé, la surveillance des chantiers publics était confiée non aux gens de police, mais à « bons et honnêtes bourgeois » : précaution touchante qui montre bien que la royauté poursuivait avant tout une œuvre de bienfaisance[1]. »

On retrouve les mêmes dispositions dans l'édit du 9 juillet 1547 et dans celui de mai 1586.

Les intentions du pouvoir royal étaient bienveillantes à l'égard des pauvres mendiants. « Au XVIIe siècle, dit M. Biré, la répression de la mendicité et l'assistance par le travail marchent toujours de pair[2]. » C'est ce dont témoigne l'ordonnance de janvier 1629.

La pratique fut parfois plus sévère que ne le comportait l'intention du législateur. Des moyens de coercition étaient employés pour remédier à la plaie de la mendicité. Non seulement on obligeait les mendiants valides « aux œuvres publiques de fortification et de voierie », comme dit l'arrêt du Parlement de 1535, mais souvent aussi on les mettait en prison, on les enfermait dans des dépôts de mendicité, où le travail était obligatoire pour eux. Chaque ville se débarrassait comme elle pouvait de ces traîneurs de rue, qui n'étaient souvent que des paresseux et des malfaiteurs.

Au XVIIIe siècle, on comprend mieux qu'un des meilleurs moyens de supprimer la cause de l'indigence est de procurer du travail aux nécessiteux.

L'idée de l'assistance par le travail n'était pas nouvelle. On la trouve dans l'Évangile. Ce chef de maison, qui sort à diverses heures de la journée pour chercher des ouvriers qu'il envoie travailler à sa vigne, donne l'exemple de cette charité qui consiste à procurer aux gens sans ouvrage un moyen de gagner honnêtement leur vie. Elle fut conseillée dès les premiers temps du christianisme. « Procurez de l'ouvrage aux ouvriers, dit saint Clément... Pour ceux qui n'ont aucun métier, cherchez-leur d'honnêtes occasions de gagner le nécessaire. Faites des aumônes à ceux qui sont incapables de travailler[3]. » C'était là la règle fondamentale de l'assistance, telle que la comprenait l'Église. Procurer d'abord du travail, faire l'aumône ensuite.

Ce fut la pratique du moyen âge dans les abbayes. Ces grands établissements de prière et de charité entretenaient des populations d'ouvriers, qu'ils faisaient vivre en les employant à des travaux manuels.

La mendicité avait reparu au XVIe siècle à la suite des guerres de religion. Le XVIIIe siècle voulut en finir avec les mendiants. « Occuper les gens valides et nourrir les autres, voilà, dit l'abbé

---

[1] A. Biré, *l. c.*, p. 437.
[2] *Id., ibid.*, p. 437.
[3] Epist. Iª.

Sicard, le mot d'ordre de la charité à la veille de la Révolution. »
Les ateliers de charité furent une création de cette époque. L'institution en soi n'était pas nouvelle, mais elle fut réorganisée et plus régulièrement établie. Le clergé y eut sa part, en particulier dans les villes du midi, où ils servirent à la construction des routes. « On a même pu se demander, dit l'auteur précité, si la première idée des ateliers de charité, généralement attribuée à Turgot, n'appartiendrait pas à Barral, évêque de Castres. Celui-ci obtint, le 10 mars 1771, que les travaux de la route d'Albi à Saint-Pons fussent divisés en deux ateliers pour les pauvres, l'un situé à Réalmont, l'autre à Castres. C'est également aux ateliers de charité qu'on s'adresse pour la construction des routes dans la généralité de Montauban et dans d'autres provinces. À Évreux, Mgr de Narbonne-Lara en crée lui-même, l'hiver, pour occuper les pauvres sans ouvrage [1]. »

« Là où l'on ne peut avoir recours à ce genre de travail, la charité inventive des évêques découvre d'autres moyens d'existence, et va, au besoin, jusqu'à susciter de nouvelles industries... En 1780, l'évêque de Coutances, Talaru de Chalmazel, fonde à grands frais, dans les dépendances de l'ancienne abbaye de Montebourg, deux ateliers, l'un de blonde pour les femmes, l'autre de tissanderie pour les hommes; celui-ci était disposé pour six cents ouvriers... Sous Mgr de Luynes, s'élève à Bayeux une manufacture de dentelles. En 1746, Mgr d'Autichamp avait fait venir à Tulle un « maître sergetier », pour diriger une manufacture fondée par lui dans l'hospice, et qu'il avait dotée de trois mille livres... Dans les ateliers de charité établis à Soissons par Mgr de Bourdeilles, on essaye la filature de la laine et du coton, le tissage des gazes, le polissage des glaces... On fut plus heureux pour les métiers à filer le chanvre [2]. »

Cette initiative des évêques pour réaliser, autant que possible, le mode d'assistance par le travail répondait aux idées du temps sur la suppression de la mendicité, et montre que l'Église n'a point cessé jusqu'à la Révolution de se préoccuper des moyens de venir en aide aux besoins généraux.

Le dernier évêque d'Agde, Mgr de Saint-Simon, se fait agriculteur; il plante des vignes. Le prélat réunit une petite armée de trois cents journaliers, qu'il dirige parfois lui-même sur de vastes champs de culture, jusque-là improductifs, qu'il transforme en riches vignobles. Il consacre à ces travaux des sommes considé-

---

[1] *L'Ancien clergé de France*, p. 480.
[2] *Ibid.*, p. 480.

rables, et procure à un grand nombre de pauvres ouvriers le pain honorable du travail [1].

Un grand progrès avait été réalisé sous Louis XIV par la création des hôpitaux généraux. L'idée de cette institution remonte au règne de son prédécesseur; et, comme tout ce qui s'est fait depuis dans le domaine de l'assistance publique, elle se rattache aux œuvres de saint Vincent de Paul.

Avec la riche dotation d'un pieux bourgeois de Paris, le bon saint avait fondé un hôpital de retraite pour les pauvres artisans réduits par l'âge à la mendicité, dans le dessein de subvenir tout ensemble aux besoins de leurs corps et aux nécessités spirituelles de leurs âmes.

La nouvelle maison des vieillards s'appela l'hôpital du Nom de Jésus. La vue de cet établissement si bien réglé faisait songer à la misère et au désordre des mendiants si nombreux. Paris en était infesté. Ses rues recélaient quantité de tripots et de repaires infects, où se réunissaient le jour et la nuit des milliers de pauvres, de vagabonds et de malfaiteurs. Les cours des Miracles, peuplées de hideux mendiants, étaient de véritables écoles du crime où la police n'osait pénétrer. Les malheurs publics avaient accru la mendicité. Tout le monde se plaignait d'un fléau qui déshonorait la capitale du royaume très chrétien et menaçait la sécurité publique.

Ce que la puissance de Richelieu lui-même n'avait pu faire pour combattre le mal, la charité de sa pieuse nièce l'entreprit.

Frappée du bel ordre de l'hôpital du Nom de Jésus, la duchesse d'Aiguillon forma le dessein d'un grand hôpital pour y renfermer les milliers de mendiants et vagabonds de la capitale. Elle s'en était ouverte à la reine et à plusieurs dames de charité, qui l'avaient approuvée. Elle communiqua aussi au vénérable supérieur de la Mission ses vues en le priant d'en aider l'exécution. La reine donna les vastes bâtiments et les jardins de la Salpêtrière, la duchesse d'Aiguillon cinquante mille livres, et Mazarin, à sa demande, trois fois autant. L'œuvre était fondée, et le nouvel établissement prit le nom d'hôpital général.

Les dames auraient voulu qu'on usât même de contrainte pour amener les mendiants à l'hôpital; l'esprit de mansuétude du bon prêtre répugnait à ce moyen. « Selon mon sentiment, leur déclarait-il, il ne faut faire d'abord qu'un essai et prendre cent ou deux cents pauvres, et encore seulement ceux qui viendront de leur bon gré, sans en contraindre aucun. Ceux-là, étant bien traités et bien

---

[1] Abbé Maviès, *Oraison funèbre de Mgr de Saint-Simon*.

contents, donneront de l'attrait aux autres ; et ainsi on augmentera le nombre à proportion que la Providence amènera des fonds. On est assuré de ne rien gâter en agissant de la sorte ; et au contraire la précipitation et la contrainte dont on userait pourraient être un empêchement au dessein de Dieu. Si l'œuvre est de lui, elle réussira et subsistera ; mais si elle est seulement de l'industrie humaine, elle n'ira pas trop bien ni beaucoup bien. »

Enfin, malgré les difficultés de l'entreprise, un édit de Louis XIV, devenu roi, vint reconstituer sur des bases plus larges, et d'après un plan mieux conçu, ce projet d'hôpital général.

C'est le célèbre édit du 22 avril 1656, spécial d'abord à la ville de Paris et à la création de l'établissement nouveau, qui devait recueillir tous les mendiants de la capitale. L'édit distinguait entre les pauvres honteux, pères de famille qui devaient être assistés à domicile, et les autres qui étaient recueillis dans les asiles publics. Ces asiles, réunis sous le nom d'*hôpital général*, comprenaient les maisons de la *Pitié*, de la *Salpêtrière*, de la *Savonnerie*, de *Bicêtre* et *Scipion*.

Le roi s'était constitué conservateur et protecteur de l'hôpital général. Il le dota royalement avec le concours des aumônes chrétiennes. Les directeurs et administrateurs, pris parmi les plus hauts personnages, exerçaient les pouvoirs les plus étendus d'administration, de police, de juridiction et de coercition. De grands privilèges furent concédés à l'hôpital général : quêtes, dons, aumônes, legs, amendes, confiscations.

Les pauvres enfermés étaient employés à des travaux manuels, suivant leur âge, leur force et leur sexe ; ils avaient droit au tiers du produit de leur travail [1].

Ce fut une des grandes pensées et une des grandes œuvres du règne de Louis XIV que l'institution des hôpitaux généraux. Elle supprima de la manière la plus convenable la mendicité, en résolvant au mieux un des problèmes de l'assistance publique.

L'institution due à l'initiative de la pieuse duchesse d'Aiguillon et au conseil de saint Vincent de Paul, reprise ensuite sur de nouvelles bases par le gouvernement de Louis XIV, n'eut pas seulement pour résultat de délivrer Paris de la mendicité, en abritant des milliers de pauvres, mais elle servit aussi de modèle aux principales villes du royaume, qui, par ordre du roi, l'adoptèrent à leur tour, à l'instigation de Colbert.

A Paris, l'expérience avait été favorable. Dès 1662, l'hôpital général renfermait six mille pauvres et orphelins dans ses divers

---

[1] A. Biré, *l. c.*, p. 345.

établissements. Les mendiants avaient disparu. On se félicitait des résultats obtenus ; aussi le gouvernement du roi voulut-il faire profiter toutes les villes et les gros bourgs de France des mêmes avantages, en y décrétant l'établissement d'asiles semblables.

Six ans après l'édit de 1656, Louis XIV en rendit un autre portant : « Qu'en toutes villes du royaume où il n'y a point encore d'hôpital général établi, il soit incessamment procédé à l'établissement d'un hôpital et aux règlements d'icelui, pour y loger, enfermer et nourrir les pauvres, malades, mendiants et orphelins, natifs des lieux ou qui y auront demeuré pendant un an. »

Le préambule de l'édit déclarait qu'il n'était pas juste que Paris fournisse toute la nourriture que les autres villes du royaume doivent chacune à leurs pauvres, selon l'équité naturelle, conformément aux ordonnances.

Peu à peu les villes en vinrent à se conformer aux prescriptions royales. Partout la charité, stimulée par le zèle des évêques, se mit en mesure de seconder les municipalités, tellement qu'en 1720 Louis XV, dans un nouvel édit du 23 mars relatif à l'administration des hôpitaux généraux, constatait « qu'il y a présentement un hôpital général dans toutes les villes considérables du royaume ».

La création des hôpitaux généraux était une réminiscence du temps où il y avait dans la plupart des villes, comme disait Beaumanoir, « des ostelleries fetes por herbergier les povres[1]. » Mais ici, le caractère administratif l'emportait sur l'esprit charitable. La centralisation du pouvoir avait marché depuis le XIIIe siècle ; l'assistance publique était devenue une institution d'État. De plus en plus elle avait perdu son caractère fraternel pour prendre la forme réglementaire. L'hôpital général n'était plus, comme la vieille « ostellerie », l'auberge du pauvre, du mendiant, où il entrait comme chez lui ; c'était un établissement public destiné à recevoir ceux qu'on y amenait de force ou de gré et qui, en assurant à l'indigent le gîte et la nourriture, l'astreignait à une dure discipline et lui imposait, en échange du pain qu'il trouvait, un travail forcé.

Néanmoins c'était une institution rendue nécessaire par le temps et qui, malgré ses défauts, fut aussi secourable aux malheureux qu'utile à la bonne police de l'État.

Sous l'empire des idées nouvelles de philanthropie et de progrès, le XVIIIe siècle se préoccupa de supprimer radicalement la mendicité. Cela paraissait une réforme. Les évêques y contribuèrent beaucoup. La célèbre circulaire de Turgot, contrôleur général du

---

[1] *Coutumes du Beauvoisis*, t. II, c. LVI, n° 6.

royaume, du 18 novembre 1774, avait posé la question. Son projet était, comme le rapporte Bachaumont, de fixer « irrévocablement le sort des mendiants, et de faire, à cet égard, une loi générale uniforme, où tous les cas possibles seront prévus, et surtout qui soit exécutée [1]. » Loménie, archevêque de Toulouse, fut en cela un des principaux collaborateurs de Turgot. Plusieurs évêques s'empressèrent de publier la circulaire du contrôleur général du royaume, avec des mandements pour l'appuyer auprès des populations.

Mais déjà, comme il a été dit plus haut, on s'était occupé de créer partout des bureaux de charité, pour assurer la subsistance des misérables qu'on empêchait de mendier. On avait cherché par ces établissements à centraliser les secours de la charité, et à soulager par une meilleure répartition des aumônes un plus grand nombre de misères. Dans beaucoup de diocèses les évêques s'employèrent à seconder les efforts du pouvoir civil. Ils furent souvent les premiers créateurs des bureaux de charité, et souvent aussi ils s'en constituèrent les premiers administrateurs.

Dès 1770, Mgr du Plessis d'Argentré, évêque de Limoges, présidait le 11 février, avec son ami Turgot, la première réunion du *Grand bureau de charité* tenu dans cette ville. Un des premiers actes de Mgr Champorien, après son érection sur le siège de Toul, fut de publier la circulaire du contrôleur général du royaume. En 1778, Mgr Machaut, évêque d'Amiens, annonce par une lettre pastorale du 15 août la fondation d'un *bureau général de charité*, siégeant à l'évêché, et composé de l'évêque, de l'intendant de la province, d'un chanoine de la cathédrale, d'un délégué des curés de la ville et d'autres notables. Il est chargé de diriger les bureaux particuliers établis dans les paroisses pour l'assistance des pauvres à domicile. C'était là une organisation complète que d'autres diocèses imitèrent. On voit s'établir presque partout, en l'espace de dix ans, des bureaux de charité. L'institution nouvelle se confondit dans plusieurs villes épiscopales, comme à Auxerre, à Autun, avec les établissements de charité analogue qui existaient plus anciennement sous le nom d'*Aumône générale*.

Elle comprenait tout un plan nouveau d'assistance publique en rapport avec les idées du temps. On le trouve exposé dans le programme publié par le Bureau de charité de Soissons, le 7 mai 1786 : « Secourir les vrais pauvres, faire subsister les vieillards et les infirmes dans une honnête aisance, selon leur état, en leur fournissant le logement, la nourriture et le vêtement; pourvoir aux be-

---

[1] *Mémoires*, t. XXX, p. 286.

soins des malades, que des raisons solides ne permettent pas d'admettre dans les hôpitaux; essuyer les larmes des veuves désolées, en leur procurant les moyens de nourrir leurs enfants et les mettre en état de gagner leur vie; détruire surtout l'oisiveté et la paresse, en accoutumant de bonne heure les enfants au travail, en leur facilitant les moyens de s'en procurer, soit en les mettant en métier, soit en fournissant aux pères et aux mères de quoi les y accoutumer eux-mêmes; continuer aux pauvres honteux, sous le voile du secret, les secours qui leur étaient administrés par les pasteurs; interdire pour toujours la mendicité à toute espèce de pauvres valides ou non valides, et renfermer sans miséricorde ceux qui auront enfreint les ordres de la police et les règlements faits à cet égard; mais en même temps pourvoir à leurs besoins les plus urgents, et ne leur laisser aucun prétexte à opposer à cette sévérité indispensable; étendre ses charités jusque sur les prisonniers et les voyageurs [1]. »

Tel était le vaste programme que le Bureau de charité de Soissons se traçait à lui-même dans la pensée « d'interdire pour toujours la mendicité ».

« L'exercice de la charité, comme l'observe M. Sicard, prend, vers la fin de l'ancien régime, un caractère philanthropique et des formes humanitaires. » On voit « naître et grandir la tendance de secourir les hommes, moins par amour de Dieu que par amour de l'homme. Ces *bureaux de charité*, qui se substituent aux anciennes confréries de charité du xviie siècle, indiquent un affaiblissement de la foi. Le mot de *bienfaisance*, que le bon abbé de Saint-Pierre a mis en circulation, a fait fortune, et tous les échos du siècle répètent à l'envi le nom de cette vertu laïque. Nous assistons à une immense explosion de sensibilité sociale [2] ». La compassion devient une habitude d'esprit. Il est de mode de s'attendrir; les philosophes, les littérateurs, développent le goût de l'humanité. On se fait des cœurs tendres et des vertus sensibles.

« Rien de mieux, ajoute M. Sicard, que ce renfort apporté par l'engouement humanitaire à la vieille charité chrétienne. Malheureusement un divorce tend déjà à s'établir entre la nouvelle philanthropie et la religion. Parmi les sociétés d'assistance qui se fondent, certaines déclarent hautement qu'elles veulent secourir les malheureux, non plus au nom de Dieu, mais au nom de la nature; qu'elles entendent se placer en dehors de toute religion positive et des pratiques superstitieuses [3]. »

---

[1] Cf. Pécheurs, *Annales du diocèse de Soissons*, t. VII, p. 451-2.
[2] *O. c.*, p. 483.
[3] *Id.*, p. 485.

Ces idées se développèrent au siècle suivant. La Révolution consomma la séparation entre la société et la religion. L'État, en devenant laïque, créa pour les pauvres une assistance laïque. Dans les institutions nouvelles, le mot même de charité disparut, comme s'il rappelait trop son origine chrétienne. Les anciens bureaux de charité devinrent les bureaux de bienfaisance du xix® siècle. Ce n'est même plus la sentimentalité sociale du siècle précédent qui présida à l'exercice de la charité. L'assistance des malheureux n'est plus qu'une affaire d'administration et de police publique.

Dans cet ordre d'idées, on en est venu, sous le régime de la troisième République, à séculariser tous les services hospitaliers. Le prêtre est exclu des bureaux de bienfaisance et des hôpitaux; la sœur de charité est remplacée par l'infirmière laïque.

Les changements sociaux provoquaient de plus en plus l'immixtion du pouvoir central dans les affaires d'assistance publique. L'État, qui était intervenu souvent depuis François Ier pour réglementer l'administration des hôpitaux, voulait maintenant en faire créer de nouveaux, ou plutôt grouper les anciens en un seul. « Le roi, écrit-on en 1677, n'encourage pas l'établissement de petits hôpitaux, mais il est d'avis que l'intendant, d'accord avec les évêques, recherche les moyens d'augmenter le revenu d'un seul hôpital général dans chaque diocèse [1]. »

C'était là la pensée fondamentale de l'institution des hôpitaux généraux. On voulait arriver à la suppression graduelle de milliers de petits établissements hospitaliers et institutions charitables créés par l'initiative privée et administrés librement, pour ne laisser subsister dans chaque province, dans chaque diocèse, qu'un petit nombre de grands hôpitaux, pourvus de ressources suffisantes et placés davantage sous la direction et le contrôle de l'autorité royale. Les hôpitaux généraux, décrétés par Louis XIV, rentraient dans cette catégorie. Ils étaient même destinés à absorber les anciens Hôtels-Dieu et à servir à la fois d'hospices pour les pauvres, les vieillards, les orphelins, et d'hôpital pour les malades.

L'esprit centralisateur de Louis XIV se heurtait par cette mesure à des traditions fortifiées par le sentiment de l'indépendance locale. Dans bien des villes, comme à Chalon-sur-Saône, la réforme royale eût échoué devant l'opposition de la municipalité, si elle n'avait été favorisée par le concours des évêques, dévoués avant tout à l'autorité du roi. Les villes tenaient à leurs anciens établissements hospitaliers. A Chalon, la vieille Maison-Dieu Saint-Éloi, dont l'ori-

---

[1] Depping, *Corresp. adm.*, I, 872.

gine remontait au IX° siècle, était chère aux habitants ; on ne consentait pas à la voir disparaître pour la création d'un nouvel hôpital général qui, là comme partout, devait concentrer tous les revenus des établissements supprimés et toutes les ressources à venir de la charité. La municipalité se montrait opposée au projet ; l'évêque, au contraire, était entré dans les vues du roi. De son côté, il fut secondé très activement par le P. Callot, de l'Oratoire, qui jouissait à Chalon d'une grande popularité. Ce zélé religieux fut un des premiers à se dévouer à l'établissement de l'hôpital général. Des personnes charitables y contribuèrent. Il s'en trouva, comme Mme de Thésur de Lans, qui donnèrent tous leurs bijoux pour l'œuvre.

Dans la guerre déclarée par Louis XIV à la mendicité, le roi eut pour auxiliaires le clergé et les ordres religieux. Un des plus ardents zélateurs de la réforme fut le P. Guevarre, dont le nom appartient à l'histoire du paupérisme et de la charité. En même temps qu'il contribua à la fondation d'un grand nombre d'établissements hospitaliers dans le midi de la France, il entreprit contre la mendicité une véritable croisade, combattant, non sans quelque excès, ceux qui déclaraient que c'était un droit naturel de demander l'aumône. Allant plus loin, il obtint de l'archevêque d'Aix une ordonnance enjoignant aux confesseurs de défendre de donner l'aumône aux mendiants publics. C'était dépasser la mesure : l'esprit janséniste n'était pas étranger à ces rigueurs.

On en arriva sous l'ancien régime, autant par des ordonnances de police que par des institutions de secours, à la répression de la mendicité, qui longtemps avait été laissée plus ou moins libre ; mais il était donné à la législation révolutionnaire, en s'inspirant de certaines prescriptions des derniers temps de la monarchie, de faire de l'aumône un délit. Un décret du 24 vendémiaire an II (15 octobre 1793) porte que « tout citoyen qui sera convaincu d'avoir donné à un mendiant *aucune espèce d'aumône,* sera condamné par le juge de paix à une amende de la valeur de deux journées de travail ». La Révolution ne fit d'ailleurs rien en faveur des pauvres mendiants. Elle avait retiré aux particuliers le droit de faire l'aumône en promettant d'organiser des secours pour les nécessiteux, jusqu'à vouloir même allouer une pension de cent vingt livres à chaque vieillard. L'interdiction seule eut son effet ; les promesses se firent vainement attendre.

L'institution des hôpitaux généraux ne réalisait pas toute la pensée de saint Vincent de Paul sur l'extinction de la mendicité. En fait de système de charité, le grand ami des pauvres préférait l'assistance personnelle aux établissements publics de secours. L'organisation générale de la charité qu'il avait conçue à l'occasion des œuvres qu'il lui avait été donné de réaliser, soit comme curé à Châtillon-les-Dombes, soit comme aumônier de M. de Gondi, reposait sur le fonctionnement de confréries charitables, pourvoyant par elles-mêmes aux nécessités des pauvres. Il lui semblait que la pauvreté devait être diminuée et la mendicité supprimée par l'action efficace de tous ceux qui pouvaient donner une part de leur temps et de leur argent au soulagement des malheureux. C'était l'idée des premiers siècles chrétiens, la pratique du moyen âge.

Saint Vincent de Paul l'avait renouvelée en instituant sur les terres de la puissante famille de Gondi de nombreuses confréries de servantes des pauvres pour le soin des malades, et des associations d'hommes pour l'assistance des pauvres valides. Un auteur protestant, Mme de Witt, expose ainsi tout le dessein du grand apôtre de la charité : « Dans sa pensée, les pauvres pouvaient être classés en trois catégories : ceux qui ne pouvaient pas gagner leur vie, les enfants, les infirmes, les vieillards, ceux-là devaient être complètement soutenus par l'association ; d'autres pouvaient encore travailler de manière à gagner à peu près la moitié de leur subsistance, la confrérie de charité leur assurerait l'autre moitié ; enfin, à quelques-uns le quart des ressources nécessaires à la vie devait manquer, quel que fût le travail auquel ils pouvaient se livrer, et l'association compléterait la somme indispensable. En dehors de cette catégorie, hommes et femmes se trouvaient nécessairement valides et en état de subvenir eux-mêmes à leurs besoins, le travail seul leur était dû, et, s'ils s'obstinaient à mendier, non seulement ils ne devaient recevoir aucun secours, mais ils s'exposaient à être expulsés de la ville ou du village. Le recensement des pauvres était soigneusement fait, et chacun recevant suivant ses nécessités, défense était faite à tous de demander davantage au moyen de la mendicité, sous peine de se voir retirer les secours réguliers dont ils étaient pourvus. Les passants avaient droit à ce qu'on appelle aujourd'hui l'hospitalité de nuit. On les recevait, on leur donnait à souper, on les couchait, et le lendemain ils recevaient deux sous, avec défense de mendier et ordre de quitter le pays.

« L'œuvre était savamment conçue et fort en avance sur les systèmes qui ont été depuis lors longtemps appliqués au soulagement régulier des pauvres ; mais les ressources devaient être immenses pour suffire à de tels besoins. Saint Vincent de Paul était le plus admirable et le plus efficace des quêteurs ; mais si la charité seule pouvait entreprendre de satisfaire à ce vaste ensemble de besoins et d'efforts, elle ne pouvait seule en porter tout le poids. Les confréries de femmes avaient trouvé moyen de suffire aux nécessités des malades ; mais il fallait venir en aide aux hommes dans la tâche plus vaste dont ils étaient chargés. L'esprit de saint Vincent était rempli de ressources. A la campagne, il ordonne que chaque association serait pourvue d'un troupeau, et que le bétail de tout genre serait conduit au pâturage avec les bêtes du pays. Chaque membre de l'association recevrait dans son étable un ou deux des animaux et, les nourrissant par charité, les veaux, agneaux, porcelets seraient vendus chaque année à la Saint-Jean au profit de la caisse des pauvres.

Dans les villes, cet expédient étant impraticable, saint Vincent en imagina un autre, approprié aux agglomérations de population. « On mettra les jeunes garçons à quelque petit métier, comme de tisserand, qui ne coûte que trois ou quatre écus par chaque apprenti, ou bien l'on dressera une manufacture de quelque ouvrage facile, comme des bacs d'étain. L'on y assemblera tous les jeunes garçons en une maison de louage propre, où on les fera vivre et travailler sous la direction d'un ecclésiastique et la conduite d'un maître ouvrier selon le présent règlement. Tout se fera gratuitement ; seulement les pauvres apprentis, avec leurs pères et leurs mères, s'obligeront de parole avec serment d'enseigner gratis leur métier aux pauvres enfants de la ville qui viendront après eux, lorsque les officiers de la charité le leur ordonneront, à condition que lesdits apprentis qu'ils enseigneront seront nourris par ladite compagnie. »

Les soins du fondateur allaient plus loin encore : ils prévoyaient tout. « Lesdits enfants pauvres se lèveront à quatre heures du matin, seront habillés à quatre heures et demie, prieront Dieu jusqu'à cinq, travailleront jusqu'à ce que la première messe sonne, laquelle ils iront entendre, par ordre deux à deux, retourneront de même ; déjeuneront à huit heures, dîneront en silence et lecture à midi ; goûteront à trois heures et demie, souperont à sept, se récréeront jusqu'à sept heures trois quarts, feront leur prière et l'examen de conscience et se coucheront à huit heures. Par ce moyen, les pauvres seront instruits à la crainte de Dieu, enseignés à gagner leur vie, assistés selon leurs nécessités et les villes seront délivrées d'une foule de fainéants tous vicieux. »

Les hôpitaux généraux remédiaient à la mendicité et à l'abandon des enfants et des vieillards. Ils ne suffisaient pas à tous les besoins. Bien des misères restaient à soulager, bien des nécessités manquaient de secours. D'ailleurs, si toutes les grandes villes possédaient un hôpital général à la fin du xviie siècle, la plupart des petites et toutes les campagnes en restèrent dépourvues jusqu'à la Révolution. La nature même de ces établissements, l'énorme dépense qu'ils entraînaient ne permettaient pas qu'ils devinssent très nombreux.

Le gouvernement royal ne s'en tint pas à la création des hôpitaux généraux, il prit d'autres mesures pour assurer la subsistance des pauvres. L'État, après s'être longtemps désintéressé de l'administration de la charité, ou plutôt après s'en être rapporté principalement à l'Église et aux particuliers du soin de procurer aux malheureux les moyens de vivre, se considérait maintenant comme chargé de pourvoir à leur existence. Louis XIV mit l'assistance des pauvres au nombre des services publics. Il en fit l'objet de sa législation au même titre que l'administration des finances et que la police du royaume.

C'était encore là un retour au passé, mais avec les changements que comportaient les temps nouveaux et l'état d'une société si différente de ce qu'elle était à l'époque de Charlemagne et de ses successeurs.

Les prescriptions édictées à l'origine par les conciles nationaux et les capitulaires impériaux pour l'assistance des pauvres revivent sous le règne de la monarchie absolue.

En 1551 et 1566, Henri II et Charles IX avaient établi une taxe pour les pauvres, tant à Paris que dans les provinces. Mais les édits royaux restèrent à peu près à l'état de lettre morte et ne furent guère appliqués que dans les misères exceptionnelles. Au xviie siècle apparaît une réglementation nouvelle de l'aumône. Des arrêts de Parlements donnent l'ordre d'assister les pauvres dans chaque paroisse et enjoignent à tous ceux qui y ont du bien d'y contribuer. Partout l'autorité ecclésiastique s'empresse d'assurer l'exécution de ces prescriptions. Un arrêt du Parlement de Paris, de 1693, insiste sur l'obligation pour chacune des paroisses de nourrir ses pauvres au moyen de taxes ou de bureaux de charité. Cet arrêt est transmis par les officiers de la justice à tous les curés, avec recommandation par les Ordinaires de s'y conformer.

Voici en quels termes, dans le diocèse de Beauvais, M. Lefebvre d'Ormesson, vicaire général, appuyait au nom de l'évêque, Mgr le cardinal de Janson, les dispositions de l'arrêt. Sa lettre montre le fonctionnement d'un mode d'assistance renouvelé des premiers temps de la monarchie et approprié à l'état de la société au xviie siècle.

> Je vous exhorte à faire en sorte que l'imposition qui se fera sur vos paroissiens soit juste et équitable et proportionnée aux facultés d'un chacun et que la distribution qui se fera de vos aumônes soit aussy juste et équitable et proportionnée aux besoins de vos pauvres et qu'on ne donne pas plus aux uns qu'aux autres par des considérations qui ne doivent point avoir lieu en cette occasion; ces deux choses sont nécessaires pour la paix de vostre paroisse et pour empêcher que cette œuvre qui est toute de charité ne rompe la charité.

Et si quelqu'un de vos paroissiens estoit assés peu raisonnable pour ne pas vouloir payer la taxe à laquelle il seroit cottisé, vous emploierés toutes sortes de moyens pour le porter par la douceur à la payer avant qu'on soit obligé d'en venir aux voies de contraintes...

Vous ne négligerés pas un moyen qui est marqué dans cet arrest, y estant dit qu'on peut établir des ouvrages dans les paroisses et obliger les pauvres d'y travailler. Je vous conseille de vous en servir si vous le pouvez; il est très bon et il pourra vous apporter quelque profit. Vous pourrés les obliger à travailler ou aux manufactures qui se font dant votre paroisse en leur fournissant la matière qui sera nécessaire ou à quelque ouvrage qui sera utile au public, comme à réparer vos chemins, à fermer vostre cimetière qui en a peut estre besoin, etc.

Dès le 22 novembre, l'arrêt fut lu dans toutes les églises du diocèse et mis aussitôt à exécution, si l'on en juge par ce qui se passa en la paroisse d'Arsy. Jean-Philippe Vie, curé de ce village, fit sonner la cloche pour l'assemblée, convoquée à l'issue des vêpres. Tous les notables se rendirent à la séance, entre autres le lieutenant de la justice, le procureur fiscal, le syndic, les marguilliers, etc. On commença par constituer le bureau. Puis on dressa la liste des pauvres les plus nécessiteux; il s'en trouva quatorze, à chacun desquels on décida de donner sept livres de pain par semaine. Les taxes à percevoir sur les contribuables de quinze jours en quinze jours furent fixées en dernier lieu sur le pied du quatorzième de la taxe de l'année; le premier inscrit sur la liste était taxé pour cent cinquante livres.

Le 27 décembre suivant, on établit un deuxième rôle de nécessiteux, auxquels on devait donner trois livres de pain par semaine; le nombre des familles à secourir s'élevait ainsi à vingt-cinq. Il fut convenu que chacun acquitterait au plus tôt sa taxe. Tous les contribuables ne répondirent pas, il est vrai, avec le même empressement à l'appel fait à leur générosité.

Sans l'esprit de charité, il eût même été inefficace. Mais aussi longtemps que les influences chrétiennes s'exercèrent, cet esprit subsista au milieu des populations, en dépit des idées et des mœurs nouvelles que propageait la fausse philosophie du xviii° siècle.

Plusieurs fois les Parlements intervinrent, soit pour réglementer l'institution des bureaux de charité, soit pour renouveler les prescriptions relatives à la taxe des pauvres. Un arrêt du Parlement de Paris de 1763 statue sur les assemblées ou bureaux de charité, qui devaient se tenir tous les mois au presbytère, pour délibérer sur les secours à donner aux pauvres, sur l'éducation des enfants et les métiers qu'on pouvait leur faire apprendre. « A Noël, chaque année, l'assemblée était chargée de désigner le procureur de la charité, le trésorier et la *rectrice* du travail dans l'école de filles. La charité personnelle fournissait des ressources à cette organisation, qui avait en outre droit sur les aumônes versées dans le tronc des églises et sur les revenus de la taxe des pauvres dans les paroisses, où elle était perçue sur tous les habitants indifféremment, sans égard aux privilèges de la noblesse ou du clergé. C'était également à l'assemblée de la charité qu'était confiée la direction de l'enseignement gratuit [1]. »

En résumé, la charité publique aux xvii° et xviii° siècles se subdivise en trois grandes catégories :

Les secours publics aux malades, ayant leur centre commun à l'Hôtel-Dieu ;

Les secours publics aux infirmes, aux vieillards, aux enfants et aux mendiants valides, ayant leur centre à l'hôpital général ;

Les secours à domicile, ayant leur centre au Bureau des pauvres et distribués par paroisses [2].

A la suite de ce grand élan de charité dont saint Vincent de Paul en particulier avait animé la société française, l'assistance des pauvres était partout organisée avec plus de règle et de méthode qu'auparavant. Après les grands exemples de tant de personnages éminents en piété, prêtres et religieux pleins du zèle de Dieu et des âmes, laïques fervents et pénétrés de l'amour des pauvres, les Vincent de Paul, les Bourdaise, les Olier, les Bénigne Joly, les Claude-Bernard, les de Renty, les Michel le Nobletz, et les autres qui avaient donné par leurs œuvres d'excellents modèles de charité, avaient paru divers écrits contenant des instructions et règles pratiques pour la visite des pauvres, la distribution des secours, la formation d'associations charitables.

A Paris notamment, la charité privée avait reçu dans les paroisses, vers le milieu du xvii° siècle, l'organisation qu'elle conserva jusqu'à la Révolution, et même qu'elle possède encore actuellement, à quelques différences près. Aujourd'hui encore se tiennent régulièrement dans chaque paroisse, sous la présidence du curé, des assemblées de charité, où l'on s'occupe des besoins des pauvres, et les compagnies de Dames de charité, avec les conférences de Saint-Vincent-de-Paul, continuent les traditions des anciennes confréries de charité d'hommes et de femmes qui collaborent avec le clergé à l'œuvre commune du soulagement des pauvres.

Dans la plupart des villes, même dans les villages, le service des pauvres fonctionnait régulièrement, grâce à l'organisation qu'on s'était efforcé de lui donner partout, grâce à la multitude de confréries et associations charitables existant dans la plupart des paroisses

---

[1] De Witt, o. c., p. 73.
[2] Cf. Martin Doisy, o. c., col. 307.

urbaines et rurales. L'exercice de la charité privée s'étendait à tous les besoins, non seulement au soulagement des indigents, au soin des malades, mais encore à la recherche des pauvres honteux, à la visite des hôpitaux et des prisons, au patronage des orphelins, des filles pauvres ou repenties; il prenait les formes les plus variées et s'adaptait à tous les besoins. Ainsi l'ancien régime, en dépit des abus ou des défauts qu'on peut lui reprocher, avait réalisé les meilleures conditions de l'assistance des pauvres.

VIII

L'HOSPITALITÉ

L'hospitalité dans l'antiquité. — Caractère de contrat. — Différence avec l'hospitalité chrétienne. — Caractère de charité. — Jésus-Christ dans l'hôte. — L'hospitalité dans la Gaule chrétienne; — à l'époque des invasions et après l'établissement des Francs. — La règle d'hospitalité des monastères bénédictins. — Touchants usages. — Les autres ordres religieux adoptent la règle hospitalière de saint Benoît. — Vaste système d'hospitalité par les couvents. — Édifiants exemples. — Les premières hôtelleries épiscopales et seigneuriales. — L'hôpital-monastère d'Aubrac. — Nécessité de l'hospitalité au moyen âge. — Les conciles et les évêques la recommandent aux curés de campagne. — Capitulaire de Charlemagne à ce sujet. — La pratique de l'hospitalité à l'époque féodale. — Hospices spéciaux pour les pèlerins et les voyageurs. — L'hôpital de la Trinité, à Paris. — Origine du théâtre en France. — Les pèlerinages et les confréries de pèlerins. — La confrérie de Saint-Jacques, à Paris. — Hospices sur la route des pèlerinages. — A l'époque moderne, l'hospitalité passe aux hôpitaux. — Elle est devenue moins nécessaire. — Lits pour les étrangers et les pèlerins dans les hôpitaux. — Les hospices ruraux. — L'hospitalité persiste dans les couvents jusqu'à la fin. — Saint Vincent de Paul et la maison de Saint-Lazare. — Derniers hospices pour étrangers et pèlerins au xviie siècle. — L'institution des hôpitaux généraux et la répression du vagabondage mettent fin à l'ère de l'hospitalité. — Persistance de la coutume antique dans les familles chrétiennes. — Trait du bienheureux Grignon de Montfort.

L'antiquité païenne avait retenu des traditions primitives de fraternité entre les hommes la coutume de l'hospitalité. La nécessité contribuait à maintenir cet usage. Chez les Grecs, chez les Romains, les lois de l'hospitalité étaient sacrées; mais elles ne s'appliquaient, en général, qu'aux personnes qui avaient contracté, vis-à-vis l'une de l'autre, une obligation personnelle.

Le droit à l'hospitalité faisait l'objet d'un contrat. Des personnes qui s'étaient rendu service ou qui étaient unies entre elles par des liens de parenté ou d'amitié, s'engageaient réciproquement à se recevoir l'une chez l'autre. On échangeait dans ce but un signe de reconnaissance consistant en une plaque ou médaille double semblable, sur laquelle était gravé le pacte de réciprocité hospitalière, et dont chaque contractant gardait une partie. Le droit qui en résultait se transmettait aux enfants et descendants à perpétuité. Muni de son certificat d'hôte (*tessera hospitalitatis*), le voyageur pouvait se présenter dans la maison amie, et il y était reçu avec les égards et les soins dus à sa qualité.

La convention était la base du droit antique d'hospitalité. La charité n'y entrait pour rien. C'était un pacte de réciprocité de services entre personnes déterminées.

« Mais ces relations, observe un auteur, supposé qu'elles fussent toujours sûres et bienveillantes, ne pouvaient être que bien restreintes. Le voyageur, sur sa route, devait se regarder comme étranger partout où il posait le pied. Or, au milieu des haines jalouses qui divisaient tous les peuples, de ce patriotisme exclusif qui les armait de défiance les uns contre les autres, même au sein de la paix, la condition d'étranger ne pouvait qu'être semée de beaucoup d'ennuis et de périls. Le chrétien, au contraire, dès qu'il portait ses pas sur une terre foulée déjà par quelque apôtre de la bonne nouvelle, était sûr de rencontrer un accueil plein d'une tendresse délicate et empressée. Si l'on attendait sa venue on accourait à lui comme Abraham à la rencontre des anges. S'il se présentait de lui-même, donnant pour marque de sa foi le signe convenu dans la communauté chrétienne, on l'accueillait comme un frère déjà connu. On lui baisait les mains, on lui lavait les pieds ; puis on l'invitait à s'asseoir à la mense domestique. Souvent le foyer hospitalier se changeait en un sanctuaire, où le mystère commémoratif de la mort du Christ était célébré au milieu des entretiens spirituels et des cantiques sacrés. Ainsi refait, consolé, le fidèle ou l'apôtre reprenait sa course, accompagné des bénédictions de ses hôtes, assuré de trouver en tous lieux un accueil aussi fraternel. Il n'y avait plus d'étrangers pour cette famille, qui comptait aussi des membres sur tous les points de l'univers. On ne se connaissait pas de vue, mais en esprit[1]. »

En Gaule, comme dans les autres contrées chrétiennes, on voit l'usage nouveau de l'hospitalité pour tous naître de l'esprit chrétien.

Quel touchant tableau de mœurs dans le petit poème funèbre de Fortunat, gravé sur le tombeau d'un marchand gallo-romain, du nom de Julien, pour célébrer les mérites de ce chrétien des premiers siècles, qui consacra sa vie et sa fortune au soulagement des pauvres et des exilés ! Il allait avec empressement, dit l'épitaphe, au-devant des étrangers qu'il apercevait dans la ville, cherchant s'il n'y avait pas dans ces inconnus un malheureux, un fugitif à secourir, persuadé qu'en eux il recueillait et vêtissait Jésus-Christ lui-même[2].

---

[1] Aug. Cabane, *Ce que l'Église a fait dès l'origine pour les classes nécessiteuses*.
[2] Edm. le Blant, *Inscript. chrétiennes de la Gaule*, II, n° 645.

C'était là, en effet, la pensée qui inspirait l'hospitalité chrétienne, comme toutes les autres œuvres de miséricorde envers le prochain.

Une légende commune aux Grecs et aux Latins, et qu'on retrouve jusqu'en Chine, parlait d'un Dieu caché sous les traits d'un pauvre voyageur, qui se révélait ensuite, dans l'éclat de sa divinité, aux mortels pieux qui l'avaient accueilli [1].

Le christianisme avait fait de cette légende une réalité. Dans le voyageur, dans l'étranger sans abri, dans l'exilé en quête d'une patrie nouvelle, le chrétien voyait, des yeux de la foi, le Christ errant et pauvre. Cette pensée, si conforme à l'esprit de l'Évangile, domine toute l'époque chrétienne. Elle a renouvelé l'hospitalité antique. C'est après avoir inspiré la pratique de tout le moyen âge qu'elle fut mise en loi par l'Église.

Dans sa XXVe session, le concile de Trente porta un décret aux termes duquel il « recommande à tous les possesseurs de bénéfices ecclésiastiques, séculiers et réguliers, d'exercer l'hospitalité tant louée par les Pères, et de se souvenir que c'est Jésus-Christ même qu'ils recevront dans la personne de leurs hôtes [2] ».

Pendant les premiers siècles du christianisme en Gaule, dans cette société si agitée, où passaient et repassaient les armées romaines avec les caravanes de fonctionnaires et de marchands, et derrière elles les hordes barbares, la maison de tout chrétien était un asile ouvert à tous les frères en Jésus-Christ.

Saint Jean Chrysostome voulait que, dans chaque habitation chrétienne, il y eût un appartement pour les étrangers [3]. Ce conseil ne put pas être suivi partout ni toujours. Mais « la chambre d'amis » qui existait autrefois, et jusqu'en ces derniers temps, dans la plus petite maison bourgeoise de nos villes de province, n'est-elle pas le témoin de l'antique usage de l'hospitalité chrétienne?

L'empereur Julien l'Apostat, qui séjourna plusieurs années en Gaule, atteste la pratique de l'Occident, comme celle de l'Orient, lorsque dans une pensée impie d'émulation entre le vieux paganisme décrépit et le christianisme naissant, il écrivait aux prêtres des faux dieux : « Faites construire beaucoup de maisons pour les étrangers; car les impies Galiléens nourrissent, non seulement leurs pauvres, mais les nôtres [4]. »

Dans tout l'empire, les chrétiens pratiquaient en effet l'hospitalité, non pas à la manière antique, en ne recevant que des amis ou des recommandés, des riches ou des puissants, mais en ouvrant

---

[1] Homère, *Iliade*; Ovide, *Métam.*, VIII; Maury, *Essais sur les légendes*, p. 72, 73.
[2] Sess. XXV, c. 8.
[3] Hom. 45, in *Act. Apost.*
[4] Sozomène, *Hist. eccl.*, 5, 13.

leur porte, comme le disaient les apologistes chrétiens, à ceux même qui étaient d'une humble et abjecte condition. Aussi longtemps que dura cet esprit de fraternité touchante, il fut inutile d'ouvrir aux étrangers aucun asile public [1].

Lorsque la société chrétienne primitive se fut organisée, l'évêque eut spécialement la charge de recevoir les pauvres étrangers. « Des hospices (*hospitiola*) furent fondés près des églises; dans toutes les maisons épiscopales il y eut des chambres spécialement destinées aux voyageurs [2]. » Beaucoup d'entre elles étaient comme la demeure de Sulpice Sévère. Saint Paulin de Nole raconte du pieux historien ecclésiastique qu'il pouvait à peine trouver une place dans sa propre maison, tant elle était habituellement remplie de voyageurs et de pauvres [3]. Ce que saint Isidore d'Espagne disait d'une manière générale, que l'habitation de l'évêque devait être l'asile de tous les voyageurs chrétiens [4], était vrai particulièrement de la France primitive.

Les poèmes funèbres consacrés par Fortunat à la louange des plus pieux évêques de son temps, vantent leurs vertus de charité et d'hospitalité. C'est toujours le même éloge; la forme seule en est variée. Quel plus cordial accueil que celui de saint Evemerus, évêque de Nantes, vers 515, pour les étrangers! « L'hôte qui lui arrivait des contrées les plus lointaines croyait aussitôt, dit le poète, avoir retrouvé son propre domicile chez lui, et l'exilé ne désirait plus que se fixer là, après avoir oublié, dans des sentiments nouveaux, sa patrie et ses ancêtres [5]. »

Chronopius, évêque de Périgueux de 511 à 533, est loué par Fortunat pour ses largesses envers les pauvres; l'affligé et l'exilé trouvaient aussi en lui leur secours [6]. L'épitaphe de Leontius II, évêque de Saintes, dans la seconde moitié du VIᵉ siècle, raconte de ce saint prélat, qualifié de bienfaiteur des indigents et d'hôte des étrangers, que quiconque venait à lui des extrémités de la terre sentait tout de suite qu'il avait en lui un père [7].

Telle était l'hospitalité des évêques des premiers temps. Bientôt les monastères, qui commençaient à s'élever partout, vinrent offrir des asiles nouveaux et plus nombreux aux voyageurs, aux pauvres passants.

Le grand fondateur des moines d'Occident, saint Benoît, avait

---

[1] Lactance, *De Ver. cult.*, VI, 10.
[2] L. Gautier, o. c.
[3] S. Paulin, *Epist. ad Sulp. Sever.*, 29.
[4] *Ex lib. 2º Offic. ad Fulgent.*, c. v.
[5] Fortunat, *Miscell.*, IV, 1.
[6] *Id., ibid.*, IV, viii.
[7] *Id., ibid.*, IV, x.

fait de l'hospitalité une des principales obligations de la vie monastique. « Que l'on mette, disait la règle de l'Ordre bénédictin, tous ses soins à bien recevoir les pauvres et les pèlerins. »

C'était une condition commune dans l'antiquité et dans les premiers âges de la société moderne que celle d'hôte. On voyageait à pied ou à cheval, on allait d'une ville à l'autre, obligé de demander à chaque étape un gîte et la nourriture que l'on trouvait rarement dans les hôtelleries. L'hospitalité était devenue une vertu que l'on avait fréquemment à exercer; mais c'était surtout une vertu chrétienne, parce qu'elle se pratiquait non seulement à l'égard des amis, mais envers tout le monde.

La règle bénédictine, commentée et développée par les docteurs spirituels, en faisait un devoir particulier aux moines; elle voulait que leurs maisons et leurs cœurs s'ouvrissent, non seulement aux indigents, mais à ceux que l'on appelait alors des hôtes, et qui n'étaient pas moins nombreux que les premiers. C'était en souvenir de l'Évangile et de la parole du divin Maître qui avait mis l'hospitalité au nombre des exercices de la charité.

« J'étais hôte, avait dit le Seigneur, et vous m'avez reçu. » Cette parole, qui devait faire loi au jugement dernier, avait passé en règle dans les maisons monastiques. Le grand patriarche saint Benoît l'avait ainsi formulée : « Que les hôtes soient reçus comme Jésus-Christ. » On l'interprétait en ce sens, que chaque fois qu'un étranger non indigne de l'hospitalité frappait à la porte du cloître, il devait être reçu avec bienveillance et traité en toute humilité, révérence, charité et bonté par ceux de la maison. Comme sanction de ce devoir, on lui rappelait qu'il devait rendre compte de sa conduite au jugement dernier. Et il était recommandé expressément à celui des frères qui était chargé des hôtes, de s'acquitter avec soin de son emploi en esprit d'obéissance et de simplicité[1].

Combien sont touchantes à cet égard les prescriptions de la règle et les pratiques qui s'observaient dans l'hospitalité des monastères ! « Que tous les hôtes qui se présenteront, disaient les statuts monastiques, soient reçus comme Jésus-Christ, car c'est lui-même qui dira un jour: « J'étais hôte, et vous m'avez reçu. » Qu'on rende à chacun d'eux l'honneur qui lui est dû, mais surtout à ceux de la même religion et aux étrangers. Dès qu'un hôte aura été annoncé, que le prieur ou l'un des frères s'empresse au-devant de lui, et remplisse à son égard tous les devoirs de la charité, mais que tout d'abord tous deux se mettent à prier ensemble pour se lier l'un à l'autre dans la paix. Ce baiser de paix ne doit être donné qu'après la prière

---

[1] Cf. *Præcipua Ordinis monastici elementa*, 1880, p. 621.

pour prévenir les ruses du démon. Et dans cette salutation il faut montrer une entière humilité. Dans la personne de tous les arrivants et de tous les partants, que ce soit Jésus-Christ qui soit adoré, la tête inclinée ou le corps entièrement prosterné à terre, car c'est Jésus-Christ qui est reçu en eux. Que les hôtes ainsi reçus soient conduits à la prière, et ensuite que le prieur ou son délégué s'asseoie avec eux. On lira devant l'hôte la sainte Écriture, pour son édification, et ensuite qu'on lui témoigne toute sorte de bienveillance. Le jeûne ordinaire sera rompu par le prieur en son honneur, à moins que ce ne soit un jour de jeûne d'obligation. Que l'abbé lave lui-même les mains de l'hôte. Qu'il y ait dans le monastère la cellule des hôtes, où seront disposés des lits en nombre suffisant. Mais ceux des moines qui ne sont pas chargés des hôtes ne devront pas se lier et causer avec eux; s'ils en rencontrent ou en voient quelques-uns, ils le salueront humblement, et après lui avoir demandé sa bénédiction, ils se retireront en lui disant qu'il ne leur est pas permis de converser avec lui [1]. »

Les règles particulières des diverses congrégations bénédictines s'étendaient sur les devoirs de l'hospitalité. C'était le même esprit, les mêmes prescriptions. Depuis le VIe siècle surtout, des centaines et des milliers de monastères élevés sur tous les points de la France, dans les lieux les plus retirés comme dans le voisinage des villes, offrent un abri à tous les passants, à tous les étrangers. Autant d'abbayes ou de prieurés, autant d'hôtelleries. Les évêques, les grands seigneurs qui contribuaient à la création des établissements monastiques, y mettaient pour condition qu'ils recevraient les pauvres, et ils les dotaient à cet effet.

En fondant la célèbre abbaye de Saint-Pierre et de Saint-Paul de la Couture, qu'il dota magnifiquement avec l'autorisation du roi Clotaire II, saint Bertrand, évêque du Mans, fit une condition aux moines qu'il y établit de donner l'hospitalité à tous les pauvres et à tous les étrangers qui la réclameraient. Il ordonna, en outre, que l'on tiendrait dans ce monastère un registre matriculaire de tous les indigents à assister. Par son testament, le saint évêque ajouta encore à la dotation de la riche abbaye; mais il statua que le revenu de la moitié des terres qu'elle possédait devait être employée pour la subsistance des pauvres inscrits sur la matricule du monastère. Avec le temps, à mesure que les ordres religieux et leurs établissements se multipliaient, il s'organisa ainsi un vaste système d'hospitalité dont les monastères étaient les principaux centres. Des usages s'établirent, des règles furent adoptées. Tout étranger, tout passant, tout

---

[1] *Præcipua elementa*, p. 633.

malheureux avait droit à l'hospitalité de trois jours dans tout monastère, et il pouvait aller ainsi de l'un à l'autre et voyager à peu près gratuitement par toute la France. Car l'hospitalité monastique comprenait à la fois le couvert et le vivre. Les pauvres n'avaient pas souvent d'autre asile, d'autre réfectoire que les couvents, à la porte desquels ils allaient frapper.

On rencontre, dans la vie des saints et dans les chroniques monacales, maints traits qui constatent ce touchant usage où étaient les pauvres de demander aux monastères l'hospitalité ou l'aumône.

Un jour, deux pauvres se présentent à la porte de l'abbaye de Citeaux pour recevoir du pain. L'abbé, saint Robert, les accueille avec autant de respect que de bonté, et appelle aussitôt le frère cellérier pour qu'il leur donnât de quoi manger. Celui-ci répond d'un air désolé qu'il n'y a plus de pain dans le monastère. Il fallut renvoyer les deux pauvres sans rien. Cependant, à l'heure du repas de la communauté, des pains étaient servis sur la table.

« Frère, dit le père abbé au cellérier, où les avez-vous eus?
— Je les avais mis en réserve pour les religieux, » répond le frère.

A cette réponse, le saint abbé prend une corbeille, ramasse les pains et les jette à la rivière. Ce jour-là, comme les pauvres n'avaient pas mangé, on ne mangea pas non plus à l'abbaye de Citeaux.

Cette généreuse libéralité des monastères envers les pauvres fut souvent l'occasion de faits miraculeux dont abonde la vie des saints abbés. Fortunat raconte dans la vie de saint Germain, évêque de Paris, qu'au temps où il était abbé du monastère de Saint-Symphorien, au diocèse d'Autun, il portait souvent la charité jusqu'à donner aux pauvres tout ce qu'il y avait de provisions dans le monastère, sans rien réserver. Cet excès de libéralité n'était pas sans mécontenter les autres religieux, qui se trouvaient ainsi réduits eux-mêmes à l'indigence. Il arriva même une fois que le pain du jour manqua à l'abbaye; mais Germain s'étant mis en prières, on vit aussitôt arriver deux chevaux chargés de pains, que la femme du seigneur Ebron envoyait, et le lendemain, deux charrettes pleines de vivres vinrent d'un autre côté.

A côté des maisons épiscopales et des monastères, il existait aussi çà et là des asiles spéciaux fondés à usage d'hôtellerie. C'étaient les évêques eux-mêmes ou de grands seigneurs, ou de pieux et riches particuliers qui les avaient établis. Cet évêque du Mans, saint Bertrand, que nous avons vu fonder un monastère, à la condition que les moines qui l'habiteraient donneraient l'hospitalité à tous les pauvres ou étrangers qui se présenteraient, créa encore à Pontlieue, sur les bords de l'Huisne, et sur la plus fréquentée des routes conduisant au Mans, un hospice sous le patronage de saint Martin, destiné à recevoir les voyageurs et les étrangers. Il l'enrichit de nombreux domaines et revenus. Cet hospice devait servir à deux fins : on devait d'abord y loger, nourrir et aider de toutes manières les étrangers et les pèlerins. Saint Bertrand voulut en outre que sur la matricule fussent inscrits seize pauvres, aveugles ou infirmes, auxquels on devait chaque jour donner la nourriture.

Vers 600, saint Lézin, évêque d'Angers, fonde des hospices pour les voyageurs et les étrangers.

Au VIIIe siècle, on cite saint Heldrad, né à Lambesc (Bouches-du-Rhône), qui construisit non loin de la ville, dans un endroit fort fréquenté des marchands et des voyageurs, au croisement de plusieurs routes, un vaste *xenodochium*, qu'il dota assez richement pour que tous ceux qui venaient y demander asile, pauvres et riches, malades et bien portants, y fussent bien traités sans rien payer. Il y ajouta des ombrages et des jardins plantés d'arbres fruitiers pour les convalescents [1].

Les exemples des saints nous sont les plus connus, parce que ces traits de leur charité ont été conservés par leurs biographes; mais on ignore beaucoup de faits du même genre, parce que le plus souvent leurs auteurs n'ont pas eu d'historiens ou n'ont même pas laissé de souvenir de leur munificence.

Sous Philippe Ier, sainte Hildeburge, veuve de Robert d'Ivry, s'étant retirée dans une modeste demeure, près de l'abbaye de Saint-Martin de Pontoise, y avait construit un hospice pour les passants et une infirmerie. Et combien d'autres du même genre dans toutes les contrées [2] !

Ils n'étaient pas rares aux âges de foi ces nobles de campagne qui, comme saint Yves dans son manoir de Kermartin, exerçaient généreusement toutes les œuvres de la charité [3]. Le gentilhomme breton y avait fait construire un bâtiment exprès pour héberger les pauvres et les voyageurs; il leur donnait à manger et mettait lui-même la nappe devant eux; il leur distribuait des vêtements, allant jusqu'à se dépouiller des siens pour eux.

De tous les hospices dus à la charité épiscopale ou à la munificence seigneuriale, il n'y en a point de plus célèbre que celui qui avait été érigé dans le Rouergue, au village d'Aubrac, sur la chaîne de montagnes de ce nom, à une altitude de 1000 mètres. Fondé par un seigneur flamand qui y avait établi des religieux et des chevaliers,

---

[1] *Petits Bollandistes*, III, 397.
[2] *Gallia christiana*, XI, 233.
[3] M. Prévost, o. c., d'après les Bollandistes, p. 117.

ce monastère-hôpital était à la fois un lieu de prières et un refuge fortifié ouvert à tous. Au milieu de cette contrée âpre et sauvage, on entendait au loin, la nuit, tinter une cloche, qu'on appelait la cloche des perdus; on apercevait au sommet d'un rocher une lanterne qui servait de phare. Au premier appel, douze chevaliers étaient prêts à se porter au secours des voyageurs ou à les escorter. Dans la maison, ceux-ci trouvaient des frères lais ou clercs pour les assister, des servantes qui, sous la direction de dames de qualité, étaient chargées de leur laver les pieds à leur arrivée, de faire leurs lits, de leur donner tous les soins de l'hospitalité.

Le monastère-hôpital d'Aubrac portait noblement le nom de *Notre-Dame des pauvres d'Aubrac*. Le pauvre, l'étranger, y étaient les maîtres. Son histoire est curieuse, car il soutint de nombreuses luttes contre des ennemis de toute sorte, et contre divers ordres puissants qui attentaient à son indépendance, et contre les Anglais et les protestants qui cherchèrent à le détruire, et contre plus d'un puissant seigneur qui empiétait sur ses domaines. Il reçut aussi la visite de princes et de rois, entre autres de François Ier. Mais son principal titre de gloire est d'avoir été une des plus grandes et des plus nobles maisons d'hospitalité de toute la France. Outre les soins donnés aux pauvres et aux voyageurs reçus dans l'hôpital, on distribuait, à la porte du monastère, un pain à tous les passants : c'était la célèbre aumône de *la Miche*, et le nombre s'en élevait parfois jusqu'à cinq mille par jour.

Au moyen âge, l'hospitalité était une des formes les plus nécessaires et aussi les plus habituelles de la charité. En ce temps-là, on voyageait à petites journées, à pied ou à cheval. Les villages n'avaient point d'auberges. L'ouvrier qui se rendait d'une contrée dans une autre pour chercher du travail, le passant pauvre qui attendait son gîte de la grâce de Dieu, le pèlerin qui cheminait de ville en ville, n'ayant pour toute provision que les aumônes qu'il recueillait en route dans son escarcelle, et pour tout bagage que son bâton, allaient frapper à la porte des couvents et des presbytères. Les riches eux-mêmes n'avaient pas toujours la ressource des hôtelleries; ils étaient souvent forcés de s'arrêter à la première maison hospitalière qui s'offrait à eux. Cette maison du riche et du pauvre c'était le plus souvent, à la campagne, le presbytère ou le monastère.

L'hospitalité, on l'a vu, était de règle dans les couvents. A l'époque carlovingienne, des instructions épiscopales prescrivent également aux curés de campagne de recevoir et de traiter chez eux les passants, les étrangers.

Hérard, archevêque de Tours, Hincmar, archevêque de Reims, recommandent aux curés d'exercer l'hospitalité avec autant de zèle que les évêques et les abbés, en proportion de leurs moyens; ils leur prescrivent particulièrement de faire asseoir à leur table les étrangers et les pauvres de passage.

C'est une obligation de leur ministère, et ils doivent s'en acquitter. S'ils sont empêchés de résider dans leur paroisse, ils n'obtiennent de dispense qu'à la condition de se donner un remplaçant pour les fonctions curiales. Dans ce cas, ils peuvent affermer, soit à un prêtre, soit à un laïque, les revenus de la cure. Mais un concile tenu à Rennes en 1273 exige que l'évêque en soit toujours averti, afin qu'il fasse laisser entre les mains des fermiers une juste portion des revenus pour exercer l'hospitalité.

Précédemment, un capitulaire du roi Carloman adressait au clergé rural ces paternelles recommandations : « Que les prêtres exercent l'hospitalité, qu'ils avertissent leurs paroissiens d'exercer l'hospitalité et de ne refuser le logement à aucun voyageur. Afin d'éviter toute occasion de rapine, qu'on ne vende rien plus cher aux passants, mais au prix du marché. Si les paroissiens veulent vendre plus cher, que le voyageur se plaigne au prêtre, et que, sur son ordre, ils lui vendent avec humanité[1]. »

A partir du xi° siècle, les asiles, déjà si nombreux en France, pour les pauvres voyageurs et les étrangers, se multiplient avec l'extension des paroisses rurales. Les presbytères s'ajoutent aux couvents et aux châteaux. L'hospitalité était devenue comme une institution publique.

A cette époque, où les voies de communication étaient rares et mauvaises et souvent dangereuses, le voyageur, le pèlerin, avaient besoin de trouver partout un gîte sûr, un lieu de repos et de ravitaillement. Tout le long de sa route, des maisons hospitalières s'ouvraient à lui.

L'étranger avait droit au logement. C'était là une des règles de la vie pratique du moyen âge. A l'exemple du clergé et des religieuses, les particuliers pratiquaient volontiers l'hospitalité sans y être autrement obligés que par l'usage et le précepte de la charité. Il y avait toujours un lit pour les étrangers, et toujours place à table pour eux. Ce n'était le plus souvent que l'affaire d'un jour ou d'une nuit de loger le passant. L'hospitalité trop prolongée pouvait devenir incommode et onéreuse. Cependant il était parfois nécessaire au pèlerin, au voyageur, de s'arrêter plus longtemps en route. Le gîte ne lui manquait pas pour cela.

Il arrivait plus d'une fois que les confesseurs imposaient comme pénitence au pécheur de loger chez lui un pèlerin. Sa maison deve-

[1] Prévost, o. c., p. 115-6.

nait alors une auberge pour le pieux passant que la fatigue obligeait de faire halte quelque temps dans la ville où il était parvenu. Réconforté par un bon repos, il reprenait son chemin. A une nouvelle étape, il trouvait encore un logis.

Les meilleures choses donnent lieu à des abus. L'hospitalité n'en était pas exempte. Il arrivait parfois que de faux pèlerins, de faux pauvres abusaient de la confiance de leurs hôtes et commettaient chez eux des larcins. Dans les villes de juridiction royale, les lois les plus sévères protégeaient la pieuse institution de l'hospitalité. Le moindre abus de confiance, le plus petit larcin, était puni de mort, comme le vol domestique. Pour ne pas s'exposer à la rigueur des lois par suite de faux soupçons, ou peut-être pour ne pas s'exposer eux-mêmes à la tentation, les pèlerins et les voyageurs logeaient de préférence à l'hospice. Ils s'y trouvaient plus libres aussi, et souvent mieux hébergés.

Du reste, en dehors des Maisons-Dieu, si nombreuses dans les villes, où les passants étaient toujours assurés de trouver un gîte, il s'était fondé un peu partout, depuis le XIIIe siècle, des hospices spéciaux pour les pèlerins. Ils se multiplièrent avec le temps et selon les besoins nouveaux.

Le plus ancien peut-être en ce genre et le plus célèbre est l'hôpital de la Trinité à Paris, dont l'histoire est liée à celle des origines de l'art dramatique en France.

Cet hôpital était une grande maison fondée vers l'an 1200, par deux étrangers charitables, Jean Paalée et Guillaume Escuacol, pour y retirer les pèlerins et les pauvres voyageurs. La direction en fut confiée aux religieux de l'abbaye d'Hermière, en Brie, de l'ordre de Prémontré, à la condition que trois d'entre eux, pour le moins, seraient chargés d'y exercer l'hospitalité à l'égard des pèlerins de passage, et qu'ils célébreraient la messe et l'office divin dans la chapelle.

A la longue, la destination de cet hôpital se trouva changée. Dès le début du XVe siècle, il avait cessé d'être un asile ouvert à tout venant. Ses derniers hôtes furent les *Pèlerins,* qui fondèrent en 1402 la célèbre *Confrérie de la Passion et Résurrection de Notre-Seigneur,* et qui en avaient établi le siège dans l'église de la Trinité. « Les confrères formaient une véritable troupe de comédiens, mais de comédiens amateurs; ils se réunissaient à jours fixes au siège de leur association pour y donner de pieuses représentations, et c'est ainsi que, dans l'enceinte de l'hôpital, une œuvre dramatique fut jouée pour la première fois à Paris : cette œuvre était le mystère de la Passion. »

L'hôpital du Saint-Esprit se trouve être ainsi le premier théâtre français.

C'est un titre plus sérieux d'avoir été un des premiers établissements que la charité si active, si ingénieuse du moyen âge créa pour venir en aide aux pèlerins. Ce genre d'hospitalité donna naissance à des institutions nouvelles. Des confréries s'organisèrent pour la fondation et le service des hôpitaux de pèlerins. Elles eurent leur siège dans les principales villes situées sur les grandes routes qui menaient à Rome ou en Espagne.

De tous les pèlerinages, le plus fréquenté aux XIII° et XIV° siècles, était celui de Saint-Jacques de Compostelle. On y venait de toutes les contrées de l'Europe. Les routes de France étaient sillonnées de pèlerins de toute nationalité qui les parcouraient pour se rendre en Espagne. Beaucoup de ces pèlerins étaient obligés de s'arrêter de fatigue ou tombaient malades en chemin. Pour secourir ces pieux voyageurs, de nombreuses associations de bourgeois se fondèrent sous le vocable de l'Apôtre.

Une des premières paraît avoir été la confrérie de Saint-Jacques, de Paris, instituée dans la première moitié du XIV° siècle. Son origine est intéressante. Elle montre comment, à cette époque, se fonde un hôpital avec le concours des deux éléments ecclésiastique et laïque.

De pieux bourgeois de Paris, avec plusieurs prêtres, s'étaient réunis pour fonder rue Saint-Denis une maison à l'usage des pèlerins des deux sexes qui passaient par Paris pour se rendre à Saint-Jacques de Compostelle. L'œuvre est commencée. Le pape intervient alors. Une bulle de Jean XXII institue canoniquement l'hôpital et la chapelle Saint-Jacques. Jean, évêque de Beauvais, et Geoffroy du Plessis, notaire de la sainte Église romaine, chargés de procéder à une enquête préalable, font comparaître à cet effet par-devant eux : d'un côté, les procureur et économe, les administrateurs des confrères pèlerins de l'hôpital Saint-Jacques ; de l'autre, les représentants du chapitre de Saint-Germain-l'Auxerrois et le curé de Saint-Eustache, de Paris, sur la paroisse duquel était situé l'hôpital. Les comparants ont d'abord à justifier, devant l'évêque de Beauvais délégué par le saint-siège, d'une dot suffisante pour la fondation de l'établissement.

Ceux-ci exhibent des lettres scellées du sceau du Châtelet de Paris, attestant que : « Magnifique seigneur Charles, comte de Valois et d'Anjou et quelques autres, tant clercs que laïques, nobles et non nobles, enflammés de dévotion et portés aux œuvres de charité, avaient donné et élargi audit hôpital, en pure et perpétuelle aumône, diverses rentes et terres montant à cent soixante-dix livres parisis.

« L'évêque de Beauvais et le notaire apostolique ont pris conseil de gens doctes et savants, lesquels ont estimé que, au moyen des rentes de cent soixante-dix livres, des offrandes, aumônes et largesses qui étaient journellement offertes à l'hôpital par dévotion, il était pourvu de dot suffisante pour supporter ses charges. »

Les représentants du saint-siège avaient eu ensuite à s'interposer pour mettre d'accord les procureur et économe de l'hôpital, le chapitre et le curé. Ceux-ci avaient consenti à ce que les confrères des pèlerins construisissent l'hôpital au lieu où il était déjà commencé, avec sa chapelle et son cimetière pour ensevelir les pèlerins, les pauvres, les malades et les serviteurs de l'hôpital. Les administrateurs, de leur côté, consentaient à indemniser le chapitre et l'église paroissiale par une fondation de rente à leur profit. Puis, l'évêque et le notaire apostolique ordonnent, conformément à la bulle du pape, que les frères de l'hôpital présenteront à l'évêque de Paris, ordinaire du lieu, une personne capable qui sera élue en la charge de trésorier.

Quatre administrateurs, procureurs ou économes et un trésorier composaient le personnel dirigeant de l'hôpital; le service religieux était formé de trois prêtres et de quatre clercs, institués également par l'Ordinaire; ceux-ci assistaient à la fois les prêtres dans le saint ministère, et le trésorier dans l'exercice de sa charge.

La concurrence de diverses autorités, de divers droits, compliquait souvent, au moyen âge, la création des œuvres charitables; mais l'initiative privée, si forte à cette époque, ne s'arrêtait pas devant ces difficultés secondaires, et la charité finissait par tout arranger.

L'hôpital Saint-Jacques, de Paris, était devenu bientôt célèbre. Il n'était pas le premier de ce genre, mais il propagea l'idée de ces pieuses associations pour le service des pèlerins et la fondation d'asiles à leur usage.

Du nord au midi, on trouve ainsi des confréries de Saint-Jacques établies sur le modèle de celle de Paris, qui consacraient leurs ressources « à héberger les pauvres pèlerins, trespassans et autres misérables personnes ». Dans nombre de villes, comme à Agen, on voit « messieurs les compaires de Saint-Jacques » construire à leurs frais l'hôpital destiné aux pèlerins, qu'ils dédiaient naturellement au saint patron de leur confrérie. Le mouvement considérable de pèlerinages, aux XIVe et XVe siècles, avait rendu cette institution nécessaire.

Des indulgences accordées par le souverain pontife stimulaient la charité des fidèles. Nos archives ont conservé plus d'un titre semblable aux Lettres apostoliques qui octroyaient des indulgences à tous ceux qui subviendraient aux besoins du prieuré de Saint-Vivien, de Saintes. Placé sur le grand chemin de Saint-Jacques de Compostelle, le prieuré formait une véritable hôtellerie. Il donnait le lit et le nécessaire à tous les passants sans asile et aux pèlerins allant à Saint-Jacques.

Le double courant de pèlerinages qui poussait les chrétiens de France à Rome, au tombeau des apôtres, en Espagne, à Saint-Jacques de Compostelle, en passant par les grands sanctuaires de la Vierge Marie et des saints nationaux, Chartres, Tours, Poitiers, le Puy, Rocamadour, déterminait un va-et-vient incessant de pieux voyageurs. Toutes les routes de France qui menaient à l'une ou à l'autre de ces saintes destinations, étaient jalonnées d'hôtelleries pour recevoir les pèlerins fatigués et malades.

Bien des traces en existent encore dans les titres et dans les monuments eux-mêmes. Les pèlerins qui venaient du nord à Saint-Jacques de Compostelle, gagnaient Périgueux. Ils suivaient ensuite le chemin de Périgueux à Ostabat. Arrivés à Saint-Sever, les uns s'engageaient vers Mugron et Ax (Dax); les autres poursuivaient par Hagetmau et Orthez. A Mugron, ils trouvaient une hôtellerie pour les abriter. C'est par là qu'avait passé Jean de Lapierre, venu des pays wallons. Le registre mortuaire de Mugron mentionne ainsi son décès : « Jean de Lapierre, pèlerin *valon* de nation, aagé de cinquante ans, mourut allant à Saint-Jacques pour la seconde fois, dans l'hôpital de Mugron, le 15 avril 1648. »

Les lieux de pèlerinage célèbres de France avaient des asiles gratuits pour ceux qui s'y rendaient. La route en offrait aussi de plus d'une sorte. Outre les monastères et les presbytères, de pieuses hôtelleries, des oratoires qui étaient aussi des refuges s'élevaient çà et là. On y trouvait de petites communautés de frères, quelque vieux prêtre, quelque bon ermite toujours prêt à ouvrir sa porte, à partager son gîte et son pain avec le voyageur fatigué.

Souvent aussi les grands chemins qui menaient aux lieux de pèlerinage étaient l'objet d'une protection spéciale de la part des rois et des seigneurs. Olivier de Clisson s'était rendu tout exprès à la cour de France pour demander au roi protection pour les dévots bretons qui allaient en pèlerinage à Notre-Dame-de-la-Fontaine de Saint-Brieuc. Ceux-ci jouissaient de privilèges et d'immunités en chemin. Près du sanctuaire vénéré une hôtellerie recevait les pieux voyageurs venus de tous les coins de la Bretagne et leur permettait d'accomplir à loisir leurs dévotions.

Des confréries desservaient souvent ces hospices de pèlerins. Beaucoup d'entre elles disparurent avec le temps, mais il en subsista jusqu'à la fin de l'ancien régime. Au XVIIIe siècle, on trouve encore dans le comté de Foix, « la confrérie impériale et royale de messieurs les pèlerins de Saint-Girons » avec son syndic, sa caisse, sa comptabilité et ses archives. Ce n'est pas le seul reste de ces pieuses associations qui avaient été autrefois si répandues.

Par la suite des temps, lorsque des hôpitaux ou hospices se furent élevés par toute la France pour le soin des malades et le refuge des infirmes, l'hospitalité exercée par les particuliers et les couvents passa en grande partie aux nouveaux établissements. Les hôpitaux servirent aussi bien à recueillir les pauvres de passage et les pèlerins que les malades. « Les mœurs, dit M. Léon Maître, en faisaient autant des hôtelleries gratuites que des infirmeries. » Les passants pauvres étaient admis un ou plusieurs jours, suivant les usages des lieux, dans toutes les maisons où l'on recevait les malades. On leur donnait un lit dans la salle commune et ils recevaient leur pitance de nourriture. L'hospitalité de jour et de nuit se pratiquait dans tout le royaume.

Dès le xve siècle, et même avant, l'usage général des hospices, comme le constate M. Martin-Doisy, était de recevoir les passants pour vingt-quatre heures au moins : c'était la coutume de la Touraine, de l'Anjou, de la Normandie et de la Picardie ; souvent l'hospitalité se prolongeait jusqu'au troisième et au quatrième jour.

L'hospitalité à domicile des premiers temps se perpétua donc dans les diverses maisons de charité fondées au cours des âges pour les divers besoins du prochain. Les hôpitaux étaient ordinairement à deux fins ; ils recevaient à la fois les malades et les gens sans gîte. C'est un trait caractéristique dans le régime hospitalier du moyen âge, où l'esprit administratif n'avait pas introduit ces règlements stricts qui président au fonctionnement des hôpitaux modernes. « Jamais, dans l'ancien temps, l'hospitalité n'est refusée à qui frappe à la porte d'un de ces nombreux hospices que la charité des monastères et des séculiers avait multipliés dans les villes et sur les routes fréquentées par les pèlerins et les voyageurs[1]. »

A cet effet, il y avait pour les passants des lits plus larges que ceux qui étaient réservés aux malades. La méconnaissance des usages du passé a induit certains écrivains et économistes modernes à critiquer la mauvaise organisation des anciens hôpitaux, qui condamnait le malades à coucher plusieurs ensemble dans le même lit. Ces lits communs étaient destinés aux étrangers, aux pauvres de passage qui n'avaient pas de quoi se loger autrement, et non aux malades. Ils étaient à plusieurs places pour pouvoir offrir un gîte à un plus grand nombre d'indigents.

Un état des hôpitaux d'Arras, dressé au xive siècle, cité comme

---

[1] Jules-Marie Richard, *Cartulaire de l'hôpital de Saint-Jean-de-l'Estrée*, à Arras, p. 22-3.

exceptionnellement grands les trente-quatre lits de l'hôpital Saint-Julien, où l'on peut coucher au moins quatre-vingts pauvres : « L'hospital Saint-Julien a XXIIII lis biaux et blans pour herbergier toutes manières de povres, et sont chit lit si grand qu'il n'est nulle nuis sans faute qu'ils ne herbergent du moins IIIIxx povres. » A l'hôpital Audeffroy-Louchart, au Grand-Marché, dans la même ville, à la même époque, douze lits servent d'asile à vingt-quatre pauvres. « Si y herberge on cascune nuit XXIIII povres. » Il faut observer que les hôtes de ces maisons ne sont pas des malades, « mais des voyageurs, des malheureux qui viennent chercher un asile pour la nuit, et à qui la charité chrétienne donne un lit, un bon feu et quelque nourriture [1]. »

Cette distinction entre l'hospice des pauvres et l'hôpital des malades est ancienne. L'acte connu sous le nom de « privilège » d'Hincmar, archevêque de Reims, daté de l'an 870, énumère parmi les revenus de la célèbre abbaye de Saint-Vaast ceux affectés à l'hospice des pauvres (*ad hospitale pauperum*), et ceux afférents à la maison des malades (*ad domum infirmorum*[2]).

Une partie des maisons hospitalières du moyen âge était à usage d'asile pour les pauvres. Ceux-ci y venaient loger la nuit quand ils n'avaient pas d'autre gîte, et même ils y prenaient domicile en certains cas. Ils trouvaient là du feu et de la nourriture. A défaut de maisons spéciales, les Hôtels-Dieu ordinaires servaient à l'hospitalité des indigents. Le comptable de l'hôpital d'Hesdin, en Artois, mentionne pour l'année 1334-1335, qui fut marquée par un froid très rigoureux, la dépense exceptionnelle occasionnée par le grand nombre de pauvres gens qui y vinrent chercher un abri contre le froid ; « le grant planté de povres trespassans qui venoient à l'ospital en l'iver pour le grant froidure qui faisoit. »

Ce caractère des Maisons-Dieu et autres asiles de charité du moyen âge est touchant; il témoigne du véritable esprit de fraternité qui régnait alors, de la bonne et simple liberté qui réglait toutes les institutions et présidait à tous les actes de la vie. Il y avait partout des asiles pour les pauvres passants, les voyageurs fatigués, les malheureux sans gîte, et partout il se trouvait de bons frères, de pieux laïques pour les desservir.

La plupart des établissements hospitaliers, ceux de la campagne comme ceux de la ville, étaient à deux fins. C'est ce qu'observe M. Prévost pour les hospices ruraux, dont les uns servaient à recevoir les malades ou à donner une retraite aux vieillards, tandis que d'autres avaient surtout le caractère d'hôtelleries gratuites.

---

[1] J. Richard, o. c., p. 23.
[2] Van Drival, *Cartulaire de Saint-Vaast*, p. 26.

« C'était là que chaque soir, après la journée de marche, l'artisan en voyage ou en quête de travail trouvait un souper et un lit sans être obligé de toucher à sa pauvre bourse. Les fondateurs, par une prévoyance charitable, choisissent particulièrement les endroits fréquentés et ceux qui sont le plus commodes pour les voyageurs et les pèlerins. Ici encore les règlements diffèrent d'une aumônerie à l'autre, mais tous se font remarquer par leur esprit de charité et la sollicitude dévouée de ceux qui les ont établis. Cent, deux cents livres de rente, quelquefois davantage, voilà les revenus; quant au personnel, il se compose ici d'un frère, là d'un laïque, ailleurs d'une petite communauté. Mais partout, que l'aumônerie soit riche ou pauvre, qu'elle soit desservie par dix personnes ou par une seule, l'hospitalité est aussi généreuse, aussi large, et, disons le mot, aussi chrétienne.

« Des détails sans importance, mais touchants par leur simplicité même, nous révèlent combien les fondateurs étaient intimement pénétrés des sentiments de la charité chrétienne. A Savenay, il est dit que les lits doivent être « bien garnis de leurs couettes, « draps et couvertures[1] ». Le règlement de l'Hôtel-Dieu de Gonesse prescrit que les malades seront servis avant les maîtres et les frères. Voici quelle recommandation contiennent les statuts de l'aumônerie de Maguelonne. Il s'agit du frère qui dessert l'hôtellerie : « Il sera « discret, doux, modeste, sachant discerner les personnes et s'ac-« commoder de leurs exigences, s'attachant à paraître affectueux et « dévoué, affable de visage et de paroles, de manière à séduire « doublement les hôtes par sa politesse et sa charité pour que nos « visiteurs puissent se louer de sa réception[2]. »

Les anciennes abbayes restèrent jusqu'à la fin des maisons hospitalières ouvertes aux voyageurs et aux pèlerins. Les congrégations nouvelles qui s'étaient fondées aux XVIIe et XVIIIe siècles adoptèrent, autant que le comportaient leurs règles et leurs emplois, les pratiques de l'hospitalité monastique.

Saint Vincent de Paul, en particulier, voulut que la maison de Saint-Lazare, où était établie sa congrégation des prêtres de la Mission, et qui était devenue avec lui comme le centre des œuvres de charité à Paris, fût ouverte à tous. Il y recevait tous ceux qui se présentaient. Après la mort du fondateur, l'hospitalité fut exercée à Saint-Lazare comme elle l'avait été de son vivant. La maison continua d'offrir un asile gratuit aux ecclésiastiques, aux gens du monde, aux pauvres.

---

[1] Léon Maître, *l'Assistance publique dans la Loire-Inférieure*. (Société académique de Nantes, t. IX de la 5e série; 1878, p. 289.)
[2] Ch. F. Aubert, *le Littoral de la France*, Ve partie, p. 283.

Jusque dans la première moitié du XVIIe siècle il se fonda encore des hôpitaux pour les étrangers. Tel fut celui d'Alise-Sainte-Reine, à la création duquel saint Vincent de Paul contribua. Alise, la cité gauloise immortalisée par la défense de Vercingétorix, possédait des eaux thermales et un sanctuaire illustre qui attiraient chaque année un grand nombre d'infirmes et de pèlerins. Un bourgeois de Paris, nommé des Noyers, ayant été avec sa femme chercher la santé au tombeau de sainte Reine, la glorieuse vierge et martyre de la Bourgogne, y fut ému de pitié de voir tant de pèlerins et de pauvres malades réduits, après les fatigues du voyage, à coucher sur la terre ou dans les granges, et ne trouvant pas même les consolations spirituelles du pèlerinage. Ce pieux étranger résolut, avec un prêtre de la Doctrine chrétienne et plusieurs autres personnes charitables, de venir en aide à tous ces malheureux en fondant un hôpital. Saint Vincent de Paul fut mis dans le projet. Il y contribua par ses prières et par ses aumônes. L'hôpital fut construit; le bon saint y plaça plusieurs de ses Filles de la charité, et lui procura en même temps la protection de la reine régente et des revenus suffisants pour que l'établissement pût recevoir chaque année, outre trois ou quatre cents malades à demeure, plus de vingt mille pèlerins étrangers de passage.

Mais ces pieux établissements, si nombreux par toute la France, devaient disparaître avec les besoins auxquels ils répondaient. « L'hôpital, qui avait été souvent fondé, comme l'indique son nom, pour donner l'hospitalité aux étrangers et particulièrement aux pèlerins, perdit cette destination lorsque, au XVIIe siècle, le vagabondage devint un délit et que les pèlerinages, entravés par les lois, tombèrent en désuétude; il fut dès lors affecté plus particulièrement aux malades, aux orphelins, aux vieillards. Il y eut bien encore quelques lits pour les étrangers. Le concierge de l'Hôtel-Dieu d'Angers devait recevoir tous les pauvres sans gîte. Lyon et Uzès possédaient encore au XVIIe siècle des hôpitaux destinés aux passants. L'hôpital Saint-Gervais, de Paris, les logeait trois nuits consécutives; l'hôpital Sainte-Catherine, de Reims, accueillait pour une nuit les femmes et les filles sans asile [1]. »

Parlant de sa visite à l'hôpital de la Charité à Dijon, le voyageur Rigby, du XVIIIe siècle, dit : « Mais ce qui me frappa le plus, ce fut une grande salle aménagée avec le même confortable pour la réception des étrangers sans ressources. Là le voyageur fatigué peut trouver à la fois un asile et le repos. On lui permet d'y rester trois jours, on le fournit de tout ce dont il a besoin, et s'il est sans le sou on

---

[1] Babeau, *o. c.*, p. 433-4.

lui donne un peu d'argent à son départ. Je n'ai jamais rien vu de si intéressant. Beaucoup de lits étaient alors occupés par des voyageurs dont la figure était brûlée par le soleil, et qui ronflaient avec une parfaite sécurité sans être troublés par ces appréhensions qui, dans bien des cas, interrompent le sommeil de ceux qui sont loin de chez eux. J'enviais réellement le fondateur de cet excellent établissement, j'enviais même les personnes qui ont l'agréable tâche de remplir ses charitables intentions [1]. »

Le dernier état de l'hospitalité, c'est l'institution des hôpitaux généraux destinés, comme on l'a vu plus haut, à héberger les pauvres sans gîte, les mendiants, les infirmes, les orphelins. Elle rendait inutiles les autres établissements dus à la charité privée. Beaucoup de ceux-ci avaient du reste disparu peu à peu, faute d'objet ou par manque de ressources ; l'hôpital général suffisait à tout dans la ville. Les étrangers, les pauvres de passage y étaient reçus.

Les pèlerins, beaucoup moins nombreux depuis les prohibitions légales de la seconde moitié du xviie siècle et du siècle suivant, trouvaient encore à se loger dans les couvents et chez les particuliers. Les lois et les règlements de police n'avaient pu interrompre les vieilles traditions ; les lointains pèlerinages à pied continuèrent jusqu'à la Révolution et au delà. Même au siècle de Voltaire, on rencontrait encore assez souvent de ces dévots voyageurs, le bourdon à la main, les coquilles sur la poitrine, cheminant vers l'Italie ou l'Espagne. Des bourgeois, des marchands se faisaient pèlerins ; tout le long de la route ils demandaient l'hospitalité. Ainsi avait vécu d'aumônes et de la charité d'autrui Benoît-Joseph Labre, qui avait embrassé héroïquement la vie de pèlerin.

Jusqu'à la fin, l'hospitalité privée, sans être organisée comme elle l'était dans les siècles antérieurs, continua d'être exercée un peu partout, au moins partiellement. Il était rare, avant la Révolution, qu'un passant pauvre, qu'un malheureux sans abri, ne trouvât pas à se loger pour quelques jours, pour une nuit au moins, dans quelque établissement hospitalier, dans la première maison venue.

Les mœurs survécurent aux institutions. Elles témoignent, jusqu'au dernier jour, ce zèle de la charité qui animait tout dans le passé et avait créé ces habitudes et ces institutions d'hospitalité qui ne furent nulle part plus générales qu'en France.

[1] Babeau, *les Voyageurs en France*, p. 379.

IX

ÉTABLISSEMENTS DE CHARITÉ

Caractère privé de la charité à l'origine. — Premiers établissements publics de charité en Gaule aux v⁰ et vi⁰ siècles. — L'hôpital de Saint-Landry, à Paris. — Les fondations d'hôpitaux à l'époque mérovingienne et à l'époque carolingienne. — Le rôle de l'Église. — Saints fondateurs. — Participation des fidèles. — Multiplication des Maisons-Dieu au temps de la féodalité et des communes. — Statistique des établissements hospitaliers au moyen âge. — Hôpitaux des villes, hôpitaux des campagnes. — Comparaison avec l'état présent. — La crise du xvi⁰ siècle. — Réorganisation du régime hospitalier au xvii⁰ siècle. — L'administration des hôpitaux. — Droit des fondateurs. — L'Église. — Les particuliers. — La législation du concile de Trente. — Le pouvoir civil s'immisce dans l'administration hospitalière. — L'administration des hôpitaux devient mi-ecclésiastique, mi-séculière. — Service des hôpitaux. — Personnel. — Congrégations de Frères et de Sœurs. — Leurs règles. — Le régime commun des hôpitaux. — Constitution des petites communautés hospitalières. — Vie et discipline intérieures. — Organisation similaire des hôpitaux des villes et de ceux de la campagne. — Types d'hôpitaux ruraux. — Gonesse. — Écouché. — Le gouvernement des établissements hospitaliers.

Dans les premiers temps du christianisme, la charité était tout individuelle. Le clergé s'occupait des besoins généraux des pauvres, mais chacun venait en aide, pour sa part, à ses frères nécessiteux. Rien de public n'aurait pu se faire. La condition des premières communautés chrétiennes en tout pays était de vivre obscurément, de peur d'attirer l'attention de l'autorité païenne et de la foule. On s'arrangeait pour se suffire entre soi.

Toutes les œuvres de charité avaient nécessairement un caractère privé. La maison de tout chrétien était une maison de charité ; tout chrétien était lui-même un ministre actif des diverses œuvres de miséricorde. Il n'y avait point alors d'établissements spéciaux pour les indigents et les malades. Tous ceux qu'unissait la même foi se considéraient comme de la même famille et se rendaient entre eux tous les devoirs et tous les soins de l'affection. Les pauvres étaient secourus chez eux par les diacres, au nom de l'Église, et par leurs frères plus fortunés, qui se faisaient les auxiliaires des diacres, ou bien ils étaient reçus dans les maisons et participaient à ces repas communs qu'on appelait alors les agapes fraternelles.

Ce fut le régime de la vieille Gaule chrétienne. Au iv° siècle, après la paix de l'Église, un changement se fait.

Avec la liberté octroyée par Constantin et ses successeurs, des établissements particuliers se fondèrent, à côté des églises et des maisons épiscopales, pour secourir les différentes sortes de souffrances, et suppléer aux soins souvent insuffisants de la charité individuelle.

C'est dans les grandes villes d'Orient, à Antioche, à Césarée, à Constantinople, à Alexandrie, que s'étaient élevés les premiers hôpitaux, sous le nom de *Xenodochia*. On y donnait l'hospitalité aux voyageurs, et l'on y recueillait les malades, les pauvres abandonnés, les orphelins. Plus tard, des maisons de secours spéciales avaient été fondées pour les diverses indigences et infirmités. Il y en eut pour les orphelins, les vieillards, les mendiants, les infirmes, les malades.

Ces institutions charitables, inconnues de l'antiquité, passèrent d'Orient en Occident avec les progrès du christianisme. Dès la fin du iv° siècle et au v°, on en voit à Rome, à Milan, en Afrique, en Espagne, en Gaule, dans les grandes villes.

Leur organisation fut à peu près la même en Gaule que dans les autres pays. A l'origine on trouve un prêtre, souvent un dignitaire ecclésiastique, nommé par l'évêque, à la tête de chaque hospice; il était assisté ou par des diacres qui avaient passé dans ces maisons au service des pauvres, ou par de simples clercs, et par des diaconesses faisant fonction d'infirmières.

Les riches citoyens contribuaient à la fondation et à la dotation de ces hospices, dont les noms variaient avec le genre de misère auquel ils étaient destinés. L'ancienne obligation de l'hospitalité imposée individuellement aux chrétiens, se transforma par suite de l'établissement des maisons publiques de secours. Au lieu de recevoir soi-même les étrangers de passage, les voyageurs, les pauvres qui se présentaient avec des lettres de recommandation de leur évêque, auxquels on était tenu de donner l'hospitalité, on subvenait de ses biens à l'entretien des établissements où ils étaient logés et nourris.

Certaines traditions locales font remonter les premiers hôpitaux publics aux origines mêmes du christianisme. A Châlons, par exemple, on veut que sainte Pome, avec son frère saint Memmie, premier évêque de la ville, y ait construit un hôpital où elle recevait les malades. La sainte se plaisait elle-même à les soigner, en se réservant toujours les besognes les plus pénibles et les plus rebutantes. Il est plus probable que cet hôpital de sainte Pome n'était que sa propre maison, que la charitable vierge avait convertie à cet usage.

On ne connaît guère en France d'hôpitaux proprement dits avant les ve et vi^e siècles.

Le premier hôpital célèbre du royaume fut celui de Lyon, fondé en 542 par Childebert, premier fils de Clovis, et Ultrogothe sa femme, sur l'emplacement de l'Hôtel-Dieu actuel. Il est mentionné par le concile d'Orléans de 549.

L'Hôtel-Dieu de Reims remontait à la même époque. Déjà Hincmar l'appelait au ixe siècle « l'ancien hôpital qui est auprès de la grande église ».

Au vi^e siècle, on nomme encore parmi les pieux fondateurs d'hospices, saint Syagre, évêque d'Autun. Ce saint évêque fonda à Autun un asile ouvert aux malades, aux pauvres, aux voyageurs, et particulièrement aux pèlerins qui venaient visiter les tombeaux de saint Symphorien et de saint Cassien. D'après la tradition, l'hospice ou *xenodochium*, placé sous le patronage de l'apôtre d'Autun, saint Andoche, fut construit sur le lieu même où saint Symphorien naquit et reçut le baptême, et où s'éleva le premier autel en l'honneur de Jésus-Christ, dans la cité encore païenne [1].

Saint Landry, évêque de Paris au viie siècle, est le fondateur du premier hôpital élevé dans la capitale du royaume franc. Non content de visiter les pauvres dans leurs demeures et de leur procurer des aliments et des remèdes dans la maladie, il voulut perpétuer l'effet de sa charité envers eux. Avant lui, Paris ne possédait que des sortes d'asiles, appelés *matriculæ*, qui étaient entretenus par les aumônes viagères des personnes généreuses. Saint Landry fonda auprès de la maison épiscopale un établissement pour les pauvres et les malades, qu'il dota de revenus fixes et assurés. Et il en fut lui-même le premier infirmier. Son bonheur était de consacrer aux malheureux les loisirs que lui laissait sa charge épiscopale.

Par une pieuse allusion à la légende de saint Christophore, le miraculeux porteur de l'Enfant Jésus, Landry avait placé sous son patronage cet hôpital, destiné à recueillir les membres souffrants de Jésus-Christ. Mais, plus tard, la piété du moyen âge inventa pour les hôpitaux ce beau nom d'Hôtels-Dieu, qui leur devint commun à tous.

Avec le développement de la monarchie franque, un plus grand nombre d'établissements hospitaliers s'élèvent dans les villes. Plu-

---

[1] Guérin, *les Petits Bollandistes*, t. X, p. 252.

sieurs ont dû à la sainteté de leur fondateur de rester célèbres. L'histoire de leur origine est inscrite dans la vie de ces saints personnages. Tel est celui de Clermont, en Auvergne, qui date du VIIe siècle.

Saint Genêt, évêque de cette ville, était d'une charité inépuisable à l'égard des pauvres. Non content d'employer ses biens à revêtir ceux qui étaient nus, à nourrir les pauvres, à recevoir les pèlerins, à soulager les malades et à délivrer les prisonniers, il consacra encore de grandes sommes à faire bâtir un hôpital pour les pauvres [1].

On pourrait dire que la plupart des bons évêques de l'époque mérovingienne et du temps de Charlemagne ont été des fondateurs d'hôpitaux, soit qu'ils aient aménagé spécialement quelque partie de leur demeure épiscopale à l'usage des malades, soit qu'ils aient construit eux-mêmes dans leur ville des établissements spéciaux pour le soin des pauvres. Les vies des saints fournissent bon nombre de renseignements à ce sujet.

Avant de devenir évêque du Mans, sous Clotaire II, saint Bertrand, étant tombé en captivité au cours des guerres entre les Austrasiens et les Neustriens, demanda sa délivrance à Dieu par l'intercession de saint Martin et fit vœu de fonder, en l'honneur du saint apôtre des Gaules, un hospice desservi par des moines, s'il recouvrait la liberté. C'est en exécution de cette promesse qu'il éleva par la suite le monastère de Saint-Martin de Pontlieue, qu'il dota richement. Le saint évêque voulut que cette fondation servît à plusieurs fins. Le monastère devait recevoir, nourrir, loger et soigner les étrangers et les pèlerins qui s'y présentaient. En outre, seize pauvres, aveugles ou infirmes, devaient y être inscrits sur la matricule, pour recevoir la nourriture suffisante. Pour assurer l'exécution de ses intentions, saint Bertrand confia ce ministère de la charité aux moines de l'abbaye de Saint-Pierre et de Saint-Paul de la Couture. Il plaça la maison sous la dépendance de l'abbé, le chargeant de veiller d'une manière particulière au soin des pauvres matriculaires de l'hospice et à la réception des étrangers.

Au siècle suivant, saint Barnard, après avoir occupé une haute situation à la cour de Charlemagne, s'était retiré dans la solitude, où il fonda l'abbaye d'Ambronay. Plus tard il devint archevêque de Vienne, et créa dans cette ville un hôpital qu'il dota de revenus considérables.

Les hôpitaux doivent leur origine à l'Église. Des évêques, des chefs d'abbaye, voilà leurs premiers fondateurs.

De bonne heure les riches particuliers contribuèrent, avec le

---

[1] *Petits Bollandistes*, VI, 131.

clergé, à l'établissement des maisons de charité, déjà nombreuses sous les rois mérovingiens et les carolingiens. A l'époque féodale, ce sont les grands seigneurs qui, exerçant sur leurs fiefs les droits de la souveraineté, en remplissent aussi les obligations. Par piété, par mesure d'administration, ils s'occupaient de pourvoir aux besoins des pauvres, en créant pour eux, quand il était nécessaire, des asiles pour les recevoir et les secourir, comme le magnifique Hôtel-Dieu que Jean de Montmirail, avant d'embrasser la vie religieuse à Cîteaux, avait fait édifier en 1207 près de sa ville seigneuriale.

Un peu plus tard, les communes, surtout les riches communes industrielles et commerciales, si prospères au XIII° et au XIV° siècle, les bourgeois, les confréries et corporations fondent des hôpitaux. On considérait comme l'œuvre municipale par excellence d'avoir des maisons de charité pour les pauvres et les malades.

Ainsi, d'âge en âge, le nombre des établissements hospitaliers de tout genre s'accroît dans toutes les provinces.

Il serait impossible d'établir une statistique exacte des hôpitaux et hospices existant en France à un moment donné. On peut affirmer seulement que, à toute époque du passé, depuis le XII° siècle surtout, le nombre de ces pieux établissements est très grand dans chaque province. On en trouve dans toutes les villes, et souvent plusieurs à la fois; on en rencontre jusque dans les bourgades et les villages.

Des historiens ont pu évaluer à plusieurs milliers le nombre des maisons de secours et de charité de toute sorte sous le règne de saint Louis. Dans la partie de la Champagne qui forme aujourd'hui le département de l'Aube, M. d'Arbois de Jubainville a relevé pour cette époque soixante-deux hôpitaux ou maladreries, dont vingt et un situés dans les campagnes[1]. M. Léon Maître a compté, tant dans les villes que dans les bourgs du comté de Nantes, équivalant à peu près au département de la Loire-Inférieure, cent vingt-quatre établissements qui lui ont paru mériter le nom d'aumôneries ou d'hôpitaux, et il estime que cette liste pourrait être allongée, « puisqu'il est établi qu'il n'existait pas de grande route, pas de pont, pas de faubourg, pas de bac, pas de passage sans un asile hospitalier[2]. »

Sur le territoire du département actuel de l'Aveyron, pays montagneux et d'une richesse moyenne, M. Claudio Jannet a signalé plus de quarante hôpitaux ou hospices, la plupart situés à la campagne et depuis longtemps disparus[3].

En Normandie, d'après M. Guillaume, « presque toutes les pa-

---

[1] *Voyage paléographique dans le département de l'Aube.*
[2] *L'Assistance publique dans la Loire-Inférieure avant 1789*, p. 611.
[3] Cours sur l'*Histoire du travail* à l'Institut catholique de Paris.

roisses possèdent des établissements de charité, hôpitaux et surtout léproseries[1]. »

Au XIIIe siècle, Troyes possédait, outre le grand Hôtel-Dieu fondé au siècle précédent par les comtes de Champagne, l'hôpital Saint-Nicolas, l'Hôtel-Dieu, Saint-Bernard, Saint-Abraham de la Trinité, la maison de Saint-Lazare et diverses autres institutions charitables qui furent peu à peu absorbées par l'hôpital principal.

Agen, ville de population moyenne, ne comptait pas moins de sept hôpitaux au XIVe siècle. C'étaient l'hôpital Saint-Antoine, l'hôpital Saint-Georges, l'hôpital Saint-Jacques, l'hôpital Saint-Michel, l'hôpital des Ladres, l'hôpital du Saint-Esprit, l'hôpital des Martyrs. Tous ces hôpitaux appauvris et désorganisés furent réunis en un seul en 1561, par Charles IX. C'était là une espèce de laïcisation qui devait préluder, là comme ailleurs, à la décadence des hôpitaux.

Arras possédait au XIVe siècle deux grands hôpitaux, celui de Saint-Jean-en-l'Estrée, qui contenait quarante-neuf lits, tant pour malades que pour femmes en couches, et celui de la Cité, alors distinct de la ville ; en outre l'hospice Saint-Julien, qui avait trente-quatre lits, l'hôpital d'Audeffroy-Louchart, au Grand-Marché, plusieurs maladreries, l'hôpital des Ardents, « et un grand nombre de maisons moins importantes, où étaient reçus les infirmes et les malades[2]. »

Il y avait à Paris, au XVe siècle, seize hôpitaux ou hospices, dont le principal était l'Hôtel-Dieu.

Les hôpitaux de campagne étaient fort nombreux aussi. Leur origine n'était pas moins ancienne non plus. C'était un des devoirs de la charge seigneuriale de prendre soin des pauvres vassaux. Le seigneur avait intérêt, du reste, à faire soigner le serf infirme ou malade qui travaillait sur ses terres. Souvent le château fort, comme le couvent, avait une salle d'infirmerie. D'autres fois il existait un hôpital distinct, dû à la pieuse libéralité du château ou de l'abbaye de qui relevait la localité. On peut constater d'une manière générale que les seigneurs ont contribué avec le clergé à la fondation des maisons hospitalières des campagnes.

Dans la partie du comté de Champagne qui forme aujourd'hui le département de l'Aube, et où, comme on vient de le voir, on comptait au moins soixante-deux hôpitaux ou maladreries, vingt et un d'entre eux se trouvaient dans des communes rurales qui n'ont pas semblé assez importantes pour être érigées en chefs-lieux de canton. Un seul hôpital subsistait au XVIIIe siècle dans ces

---

[1] *Thèse* de l'École des Chartes, 1890.
[2] J. Richard, *o. c.*, p. 23-4.

communes, et de nos jours le département n'a conservé que neuf hospices ou hôpitaux, tous situés dans des villes.

Il en était de presque toutes les parties de la France comme du département de l'Aube au moyen âge.

Tous les documents prouvent que, à cette époque, les établissements hospitaliers étaient beaucoup plus nombreux qu'aujourd'hui, particulièrement dans les campagnes.

Une statistique des hôpitaux et hospices de l'Empire français, publiée en 1869, évalue leur nombre à quinze cent cinquante-sept seulement. Encore la plupart étaient-ils de création antérieure à la révolution de 1789. La première République n'en avait fondé pour son compte que dix, l'Empire seize, la Restauration cinquante-trois, le gouvernement de Louis-Philippe soixante et onze, la deuxième République dix, et le second Empire cent soixante-douze [1]. Depuis, sous la troisième République, leur nombre n'a guère augmenté.

C'est par milliers qu'il faudrait compter les divers établissements charitables à un siècle quelconque du passé.

Les guerres de religion du XVIe siècle furent une époque néfaste pour les établissements de bienfaisance dont le moyen âge avait couvert le sol de la France. Dans les campagnes, la plupart des hôpitaux établis en si grand nombre par les siècles précédents furent fermés ou abandonnés, et leurs biens réunis aux établissements hospitaliers des villes voisines qui survécurent à la tourmente religieuse. Dans les villes, beaucoup avaient péri aussi par suite des troubles et des ravages causés par le protestantisme [2].

Il fallut attendre le XVIIe siècle, siècle de renaissance religieuse et de centralisation administrative, pour la reconstitution du régime hospitalier qui avait été l'honneur du moyen âge. Mais le nouvel état ne valut pas l'ancien, ni pour le nombre, ni même pour l'organisation générale des anciennes institutions de charité.

Longtemps les hôpitaux ne relevèrent que de l'Église. C'étaient, pour la plupart, des fondations ecclésiastiques qui gardèrent leur caractère exclusivement religieux jusqu'à l'époque où le pouvoir civil commença à s'immiscer dans leur administration.

Les hôpitaux tenaient de l'Église leur existence et leur législation. A partir du XIIe siècle, c'est le pape qui les institue canoniquement en raison de leur caractère religieux. Jusqu'à la fin ils restèrent soumis, au moins au spirituel, à la juridiction des évêques, qui y avaient droit de visite et de correction dans le ressort de leurs diocèses. Souvent ils étaient placés sous la protection du pape.

[1] Voir *Journal officiel*, août 1869.
[2] Babeau, *la Ville*, p. 116.

A l'origine, les hôpitaux appartiennent à ceux qui les ont créés. Ainsi l'Hôtel-Dieu de Paris, fondé par saint Landry, est d'abord la propriété des évêques de cette ville. Ceux-ci, du consentement des papes, qui interviennent toujours pour confirmer la donation des biens ecclésiastiques, le cèdent peu à peu au chapitre. Au XIIe siècle, on voit les chanoines de Paris investis de la possession de la totalité de l'Hôtel-Dieu et de ses dépendances. L'évêque de Paris en avait conservé la haute surveillance, qui était de droit, mais l'administration avait passé tout entière, avec la possession, aux mains du chapitre.

Celui-ci l'exerçait par procuration. Il déléguait ses pouvoirs à deux administrateurs pris parmi ses membres, qui portaient le titre de proviseurs. A leur tour, les deux proviseurs nommaient, pour la direction effective de la maison, un *maître* choisi parmi les frères desservant l'Hôtel-Dieu. Ce dernier devait être de préférence un prêtre. Le maître avait le gouvernement temporel de l'établissement sous l'autorité des deux proviseurs et la haute surveillance de l'évêque. Le ministère spirituel était exercé à tour de rôle, chaque semaine, par deux membres du chapitre.

Ce régime dura jusqu'au XVIe siècle. Pendant ce long laps de temps, les documents attestent la bonne tenue et la parfaite discipline de l'Hôtel-Dieu de Paris [1].

L'Hôtel-Dieu d'Orléans appartenait de la même manière au chapitre de l'église cathédrale de Sainte-Croix, et l'on voit, par des actes de 1360, que les comptes étaient rendus aux chanoines par le « maître et frère » de la maison qu'ils y avaient préposé.

Beaucoup d'autres hôpitaux, le plus grand nombre même, étaient dans la même condition. L'administration y était tout ecclésiastique. C'est ce que constate M. Martin Doisy. A l'époque du concile de Trente, « le clergé participait de deux manières à l'administration matérielle des hôpitaux, indirectement par la surveillance, directement en tenant les comptes de la recette et de la dépense, comme on le voit à l'Hôtel-Dieu de Paris, soumis à la direction des chanoines et à la gestion de leurs préposés, membres du clergé séculier et régulier [2]. »

Ce principe, que les hôpitaux dépendent de ceux qui les ont fondés, n'admet pas de restriction jusqu'au XVIe siècle. Ils étaient une propriété comme une autre et se transmettaient selon les règles ordinaires. Ils pouvaient être possédés collectivement ou à titre individuel. C'est ainsi que le clergé séculier et régulier possédait un grand nombre d'hôpitaux. Mais cette règle ne lui était pas propre. Elle

---

[1] Siméon Luce, *l'Administration de l'Hôtel-Dieu de Paris*, c. 13.
[2] Col. 92.

s'appliquait aussi bien aux communautés de citoyens et aux particuliers.

Ainsi les bourgeois et habitants de Caen, comme fondateurs et patrons de l'Hôtel-Dieu de la ville, en avaient la haute direction, quoiqu'il eût été érigé en prieuré. Des lettres royales de septembre 1466 constatent que, « comme *fondeurs* de l'Hôtel-Dieu, peuvent et ont accoutumé les bourgeois et habitants, quand le cas s'offre, eslire le *prieur* et lui donner le *prieuré*. » L'élection du prieur ou maître de l'Hôtel-Dieu se faisait par des jurés au nombre de six ; elle devait être confirmée par l'évêque diocésain. Les jurés présentaient au prieur les religieux nécessaires au service de la maison : ils recevaient les comptes ; ils avaient droit de surveillance et autorité à l'hôpital-prieuré.

C'est au même titre de fondateurs de la maladrerie de Beaulieu, que les bourgeois de Caen y ont la haute administration. De la maladrerie dépendait un monastère dont les religieux étaient employés au service hospitalier. Elle avait à sa tête deux bourgeois de la ville, administrant sous le contrôle des six jurés délégués par le corps d'habitants pour la surveillance.

Dans les villes, les hôpitaux appartenant aux évêques et aux chapitres, étaient régis par des administrateurs à leur nomination. Ces délégués de l'évêque ou des chanoines furent longtemps des ecclésiastiques. Dès le XIVe siècle, cependant, « on voit intervenir des laïques dans l'administration des hospices : l'Église elle-même leur confie cette charge [1]. »

A la campagne, durant toute la première période, c'est un clerc ou chapelain qui est préposé le plus souvent aux petits hospices ruraux, soit que leur fondation provienne de l'évêque ou de l'abbaye, soit qu'elle émane du seigneur du lieu.

Jusqu'à l'époque moderne, on ne concevait la charité que comme un service spécial du clergé.

« La charité, dit M. Léon Maître, étant une vertu chrétienne imposée dans la société barbare, il était naturel que la pratique de la bienfaisance ait été considérée comme une fonction ecclésiastique dont le clergé seul pouvait s'acquitter dignement. On ne connaissait pas d'autre intermédiaire que le clergé entre les classes pauvres et les riches, et d'autre tuteur souverain que l'évêque du diocèse. Chaque maison hospitalière vivait en liberté sous le gouvernement de son chapelain, avec la règle qu'avait tracée le fondateur, sans autre surveillance que celle des archidiacres délégués par l'évêché. »

Quand l'hôpital était de fondation laïque, comme cela se rencontre

---

[1] H. Valleroux, *o. c.*, p. 186.

dans plusieurs villes, dès le xiii⁰ ou xiv⁰ siècle, et même dans certaines campagnes, le préposé ecclésiastique, chapelain ou aumônier, rendait compte de sa gestion devant une commission de bourgeois ou marguilliers délégués par la communauté des habitants de la ville ou de la paroisse.

Les fondateurs laïques, que ce fussent des seigneurs ou des municipalités ou même des rois, faisaient leurs conditions, rédigeaient souvent eux-mêmes la règle du nouvel hôpital, et déterminaient à quelle autorité il serait soumis par la suite. Le célèbre Hôtel-Dieu de Pontoise, restauré par Louis IX, tenait du saint roi sa règle. Avant tout, le prince s'était préoccupé du régime intérieur de l'établissement; il l'avait soumis à un règlement fixe, et il y installa, sous la direction d'un prêtre, quatre religieux, tant clercs que prêtres, et des religieuses de Saint-Augustin, dont le nombre fut limité à treize ou quatorze. Du reste, les statuts de l'Hôtel-Dieu de Pontoise « offraient la plus grande ressemblance avec les constitutions de l'Hôtel-Dieu de Vernon, rédigées par ordre de saint Louis, et avec la règle de l'hôpital de Notre-Dame de Lille, promulguée sous l'épiscopat de Gautier, évêque de Tournai, du temps de Jeanne, comtesse de Flandre ».

Ainsi la charte de fondation de l'Hôtel-Dieu de Saint-Amet, près Savenay, érigé vers la fin du xiii⁰ siècle, en exécution du testament du duc Arthur de Bretagne, porte qu'il sera gouverné par un chapelain spécial assisté d'un laïque honnête, d'une matrone et d'autres auxiliaires sous sa dépendance. Le choix du chapelain appartiendra aux exécuteurs testamentaires du duc Arthur, puis à ses successeurs, avec approbation de l'évêque. Le chapelain rendra compte de son administration à l'Ordinaire, qui aura droit de correction et de réforme.

A la même époque, le baron d'Ancenis stipule que le directeur de l'hôpital qu'il fonde au chef-lieu de sa baronnie rendrait compte à ses héritiers, devant le curé et trois bourgeois de l'endroit; ce directeur serait lui-même nommé par le recteur de la paroisse assisté de quatre bourgeois.

La charte de fondation de Notre-Dame de Pailheroy (Drôme) contient ce qui suit : « Le 13 juin 1421, le chapitre de Saint-Bernard étant assemblé dans la salle capitulaire, se présente Didier de Villard (il était de Romans) en son nom et celui de Jacques. Il expose qu'il a récemment fait construire un hôpital situé à Romans dans la rue de Pailheroy, et se propose de le consacrer à Notre-Dame et à tous les saints pour y recevoir les pauvres de Jésus-Christ, les malades, les pèlerins et les autres personnes misérables. Le fondateur s'en réserve l'administration et le droit d'y placer un recteur. Il veut qu'à son défaut et de Jacques son frère et de ceux de sa race, deux des consuls de la ville de la qualité des marchands entendent chaque année les comptes et en fassent la clôture en y appelant le plus ancien des grands courriers de l'église Saint-Bernard ; il offre de pourvoir de vivres et de vêtements les deux chapelains nécessaires au service de l'hôpital, jusqu'à ce qu'ils puissent être entretenus sur ses revenus. Il veut que ses biens meubles et immeubles, présents et à venir, soient obligés pour la dotation nécessaire audit hôpital et suivant le nombre des personnes employées ou malades [1]. »

Dans les fondations privées, il était d'usage de donner à l'hôpital un ecclésiastique pour directeur ou maître, parce que la condition en était presque toujours de célébrer à perpétuité des messes et autres offices pour le salut de l'âme du fondateur et de sa famille. Ce prêtre était désigné par l'évêque. Ce fut la condition la plus ordinaire des hôpitaux jusqu'au XVIᵉ siècle d'avoir pour maîtres, c'est-à-dire pour agents intérieurs de l'administration hospitalière, des ecclésiastiques, soit qu'ils fussent choisis en leur qualité de prêtres par les fondateurs laïques, soit qu'ils fussent préposés par l'autorité ecclésiastique, dans les hôpitaux qui relevaient des évêques ou des chapitres.

Le concile de Trente fait époque pour tous les pays dans l'histoire de la charité. Ses prescriptions renouvelèrent solennellement les anciennes règles qui avaient présidé à l'organisation des services hospitaliers dans le monde chrétien. Dès le début de cette sainte assemblée, il est rappelé, dans le discours d'ouverture, que les biens de l'Église sont les biens des pauvres. De longues discussions furent consacrées aux abus qui s'étaient introduits çà et là dans l'administration temporelle des hôpitaux; plusieurs canons du saint concile posèrent les principes de la réforme.

Dans sa XXVᵉ session, le concile de Trente porta un décret de réforme générale ainsi conçu au sujet des hôpitaux : « A ceux qui possèdent, sous quelque titre que ce soit, des hôpitaux ou autres lieux établis pour recevoir les malades, les pèlerins, les vieillards et les pauvres, il est ordonné de s'acquitter des obligations qui leur sont imposées, suivant la constitution : *Quia contingit* du concile de Vienne, déjà renouvelée dans ce même concile [2]. Si, dans les endroits où se trouvent lesdits hôpitaux, il n'y a pas lieu à employer tous les revenus pour l'usage prescrit par la fondation ni pour celui que les fondateurs auraient pu assigner subsidiairement au défaut du premier, l'évêque, avec deux chanoines des plus compétents choisis par lui, ordonnera que le surplus soit converti en

---

[1] Chevalier, p. 89.
[2] Sess. 7, *Cap. ultim.*

d'autres œuvres qui se rapprochent le plus possible de l'objet de la fondation, et qui paraîtront les plus utiles. Si les administrateurs de ces hôpitaux, quand ce seraient même des laïques, après avoir été avertis par l'Ordinaire manquent de remplir les charges de la fondation, ils pourront y être contraints par censures et par d'autres voies de droit, et même ils pourront être privés à perpétuité de l'administration desdits établissements, et il en sera préposé d'autres à leur place par ceux à qui il appartiendra. Les mauvais administrateurs seront de plus tenus en conscience de restituer, sans qu'aucune remise leur puisse être accordée à cet égard. A l'avenir, l'administration ou le gouvernement des hôpitaux ne sera pas confié pour plus de trois ans à la même personne, à moins qu'il n'en ait été ordonné autrement dans la fondation. »

L'Église, à cette époque, considérait encore les établissements hospitaliers de toute nature comme sa chose, quoique en plusieurs pays, et notamment en France, ils eussent dès lors perdu le caractère exclusivement religieux de la fondation. Mais l'Église dominait encore l'administration hospitalière par ses règles et par son influence. Elle seule pouvait parler avec l'autorité dont elle use dans les canons du concile de Trente. Elle seule pouvait opérer les réformes devenues nécessaires, prendre les mesures générales pour remédier aux abus, en associant, quand il y avait lieu, le pouvoir civil à l'œuvre de surveillance et de réforme.

Le concile veut que les Ordinaires, c'est-à-dire les évêques diocésains, aient soin que les établissements hospitaliers de toute nature soient gérés et administrés fidèlement et diligemment, et par conséquent qu'ils les visitent et les surveillent. Il prescrit à tous gouverneurs des hôpitaux, maladreries et aumôneries, etc., de remplir exactement les obligations de leur charge, de recevoir et de sustenter les malades et les pauvres dans toute la mesure de leurs ressources, d'affecter uniquement les revenus des maisons hospitalières au soin des malades et infirmes et à l'entretien des pauvres, de ne pas en user pour eux-mêmes, de gérer soigneusement les biens de la charité, de n'en laisser rien perdre ou détourner. Il donne aux évêques tout pouvoir, en même temps qu'il leur en fait l'obligation, de recourir à toutes les censures, à toutes les voies de répression qu'ils jugeront opportunes contre les mauvais administrateurs, et de les remplacer par d'autres au besoin.

A tous ceux qui administrent ou qui régissent les hôpitaux, à tous tuteurs et curateurs de ces établissements il prescrit de gérer honnêtement, de veiller à la bonne tenue et économie de la maison, de faire exact inventaire des biens et de rendre des comptes annuels à tous supérieurs ecclésiastiques et civils ayant qualité pour les recevoir. Le concile n'excepte de la reddition de comptes que les ordres hospitaliers ou les couvents érigés en hôpitaux qui ne relèvent que de leurs supérieurs particuliers. C'était le plus petit nombre, ceux des établissements hospitaliers qui, en France, étaient exempts de rendre compte aux pouvoirs compétents ; les autres, Hôtels-Dieu, aumôneries, maladreries, léproseries, se trouvèrent assujettis à une comptabilité régulière dont le concile de Trente avait formellement posé le principe.

Les diverses dispositions du concile de Trente à l'égard des hôpitaux donnaient ouverture à l'ingérence du pouvoir civil dans l'administration hospitalière. La réforme des hôpitaux ordonnée par le concile devint pour les rois et les Parlements une occasion de s'immiscer plus avant dans leur direction, de prendre leurs intérêts en main, d'étendre sur eux leur tutelle et leur action. L'autorité séculière, unie alors par tant de liens à l'autorité religieuse, pouvait s'appuyer sur les décrets canoniques du concile pour exiger, concurremment avec l'évêque, que le gouvernement des hôpitaux fût confié à des personnes capables et expérimentées, que leurs revenus fussent uniquement appliqués à l'entretien des pauvres, et les comptes exactement rendus par les administrateurs.

Aussi, depuis le règne de François Ier, l'autorité civile intervient de plus en plus dans la gestion des hôpitaux ; le texte du concile de Trente passa dans les ordonnances royales et y devint le point d'appui de l'action du pouvoir temporel. Dès lors les conflits d'autorité des deux pouvoirs religieux et civil deviennent plus fréquents ; les causes des hôpitaux se traitent en première instance dans les Parlements et en appel devant le roi ; la sécularisation des établissements hospitaliers se fait de plus en plus par le partage de l'autorité, puis par l'absorption presque entière du pouvoir spirituel dans le pouvoir temporel.

François Ier commet d'abord à leur visite les juges royaux, concurremment avec les évêques. Henri II confirme l'institution du grand aumônier ou aumônier royal, qui tend, on l'a déjà vu, à se substituer à l'évêque dans ses attributions de surveillance et de haute direction, et il lui confère le droit d'inspection des hôpitaux; l'introduction de ce personnage, moitié ecclésiastique, moitié administratif, dans les hôpitaux où pouvait s'exercer l'autorité royale, opéra plus facilement la transition entre le régime ancien et le nouveau. Les droits respectifs du spirituel et du temporel, mal définis d'abord, finissent par se déterminer par l'usage ; la démarcation se fait par l'extension de plus en plus grande du pouvoir séculier. Le caractère originairement religieux de l'administration hospitalière s'efface, à mesure que l'autorité des évêques et des chapitres se restreint au profit de celle des représentants du pouvoir civil. Aux XVIIe et XVIIIe siècles, l'autorité royale domine presque exclusivement dans la plupart des hôpitaux, surtout dans ceux de la capitale et des principales villes du royaume. Elle en règle et en surveille l'administration ; la surintendance de l'évêque subsiste, mais les visites épiscopales n'ont plus lieu.

Le caractère du personnel administratif des hôpitaux change avec la substitution graduelle de l'autorité civile à l'autorité religieuse. « Les ordonnances de nos rois, dit Fleury, décidèrent que les administrateurs des hôpitaux ne seraient ni ecclésiastiques, ni nobles, ni officiers, mais des marchands et autres simples bourgeois, c'est-à-dire de bons pères de famille instruits des affaires, habitués à l'économie et que l'on pût facilement obliger à rendre compte[1]. »

Du reste, des abus s'étaient introduits à la longue dans le régime des établissements hospitaliers. Au XVIe siècle, on trouve dans les hospices et hôpitaux des administrateurs en titre ou à vie, à côté d'administrateurs effectifs nommés, selon la règle du concile de Trente, pour trois ans seulement ; les premiers étaient de véritables bénéficiers, qui avaient fini, en certains endroits, par considérer les établissements auxquels ils étaient préposés comme leur chose et en tiraient un revenu personnel. « Ils s'accoutumaient peu à peu, dit M. Martin Doisy, quand les circonstances favorisaient cette tendance, à se croire possesseurs exclusifs, et ces circonstances se rencontrèrent notamment lorsque les hôpitaux fondés à l'occasion des croisades cessèrent d'être employés à leur destination, lorsque les léproseries et les maladreries créées pour les lépreux devinrent de moins en moins utiles par la disparition graduelle de cette affreuse maladie.
« De là vint cette distinction entre les hôpitaux où l'hospitalité, comme on disait, était *gardée* et ceux où elle ne l'était pas... L'hospitalité n'était pas gardée quelquefois faute de ressources, quelquefois par une désuétude progressive. Les bénéficiers restaient en possession de l'hospice, et il en résultait une sorte d'usurpation obscure qu'il a fallu des siècles pour faire cesser entièrement[2]. »

Cet abus, auquel le concile de Trente s'était occupé de remédier, favorisa particulièrement l'intervention du pouvoir civil dans l'administration des hôpitaux.

Dès lors il y eut partage d'autorité et d'attributions dans le gou-

---
[1] *Hist. ecclés.*
[2] Martin Doisy, *o. c.*, t. I, col. 97.

vernement des établissements hospitaliers, avec une tendance de plus en plus marquée du pouvoir civil à y exercer la suprématie. A partir du XVIe siècle, l'Église devient étrangère à l'administration proprement dite des hôpitaux ; le pape continue à leur donner l'institution canonique, car ce sont des établissements spirituels autant que temporels ; l'évêque les approuve ; lui ou le chapitre de la cathédrale y a ses représentants dans la personne des prêtres préposés au service religieux, mais la gestion temporelle de la maison est confiée à des confréries laïques de bourgeois, qui deviendront plus tard les commissions administratives.

En résumé, voici l'idée que l'on peut se faire de l'économie générale de l'administration hospitalière en France au point de vue du double élément religieux et civil qui la constitue, et en tenant compte de la prépondérance plus ou moins marquée de l'un ou de l'autre, selon les temps.

« La papauté et l'épiscopat prennent part à l'assistance publique durant tout le cours de la monarchie. Un grand nombre de conciles, jusques et y compris le concile de Trente, réglementent l'administration des secours. Les chapitres tiennent dans la direction des hôpitaux la place des évêques ; les curés sont partout les membres nés de ce qu'on appelle les bureaux ordinaires, de même que les prélats sont les présidents nés de ce qu'on nomme les assemblées générales, ayant la haute direction et revisant les comptes annuels. Des prêtres désignés par les évêques sont longtemps les maîtres, c'est-à-dire les agents intérieurs de l'administration hospitalière ; des laïques, qu'on nomme frères et sœurs, sont placés sous leurs ordres. Des religieux et des religieuses remplacent ceux-ci, puis les religieux disparaissent et la desserte des hôpitaux est laissée aux seules religieuses. Les maîtres des hôpitaux reçoivent souvent, par délégation, les vœux des religieuses qu'ils emploient. »

Voilà pour l'intervention religieuse, et voici quelle est civilement la charpente administrative de la charité publique ; le faîte de l'édifice est le monarque, père commun et tuteur universel de l'indigent.

Les dépositaires des lois tiennent la place du roi dans toute l'étendue du royaume. Ils font la charité comme ils rendent la justice, au nom du roi ; les biens des pauvres, les asiles qui leur sont bâtis sont sous la sauvegarde du ministère public et sous la protection spéciale de toute la magistrature.

Les sièges inférieurs sont, comme les cours souveraines, dévoués au nom du roi, par son ordre et à sa place, au service des pauvres ; les procureurs généraux, leurs substituts et les subalternes de ceux-ci, sont les représentants et comme les intendants nés des établissements pieux, chacun dans son ressort.

Les ministres des lois sont trop occupés de l'administration de la justice pour se passer d'auxiliaires; on leur associe, dans chaque cité, dans chaque commune, les officiers muicipaux. Il est dans les paroisses un officier qu'on nomme syndic paroissial, et qui représente l'État dans la municipalité ; les officiers municipaux sont spécialement dévoués au service des pauvres, ils sont dans tous les hôpitaux et établissements de charité des administrateurs nés.

Les pouvoirs civil et religieux quelquefois s'unissent, quelquefois se confondent, quelquefois sont divisés par des conflits que tranchent tantôt les conciles, tantôt les Parlements, tantôt des édits, tantôt le conseil d'État [1].

Ce sont là les traits généraux de l'organisation de l'assistance publique en France.

Si la charité catholique est particulièrement admirable en France dans la création des milliers de maisons de secours pour les pauvres et les malades qu'on trouve à chaque siècle, elle l'est encore plus dans l'institution de cette multitude de petites communautés de frères et de sœurs établies pour le service de ces maisons. Il est curieux de voir comment étaient desservis autrefois les hôpitaux.

Au moyen âge, le soin des pauvres était communément partagé, dans le même hôpital, entre une congrégation d'hommes et une congrégation de femmes.

L'Hôtel-Dieu de Pontoise, par exemple, se composait d'une congrégation double qui pouvait compter au plus sept frères et treize sœurs. « La fixation du maximum des membres qu'on trouve dans le règlement et dans une charte de saint Louis, de 1270, était, dit M. le Grand, une mesure fort sage, qu'on rencontre dans bon nombre de statuts hospitaliers, et qui avait pour but de ne pas absorber par l'entretien d'un personnel inutile les ressources destinées aux pauvres [2]. »

A l'origine, les hôpitaux étaient généralement sous la direction des hommes; le supérieur s'appelait le maître. Dès la seconde moitié du XIIe siècle tend à s'établir la prédominance des femmes dans l'organisation hospitalière. Par les qualités de son sexe et son caractère, la femme, que la nature a formée pour être mère, était plus apte que l'homme à s'employer au service intérieur des hôpitaux. « On avait reconnu, dit M. le Grand, leur supériorité pour le soin des malades. » Le partage des rôles se fit peu à peu dans ces petites communautés d'hommes et de femmes attachées aux hôpi-

---

[1] Voir Martin-Doisy, t. 1, col. 219.
[2] Le Grand, o. c., p. 14-15.

taux. Aux femmes fut réservée la mission de « servir dévotement et bénignement lesdits povres malades », tandis qu'on demandait aux hommes, les uns prêtres, les autres laïques, d'êtres « souffisant ydoines et habilles pour le gouvernement et administration des biens, revenus et affaires de l'hôpital, et à célébrer messe haute et basse et les heures du jour ».

Généralement les sœurs étaient plus nombreuses que les frères. C'est parmi elles qu'était choisie la prieure ou supérieure de l'hôpital. Celle-ci, une fois élue, avait toute l'autorité spirituelle et temporelle dans la maison; elle devait pourvoir par elle, ou par les « officières » placées sous ses ordres, à l'administration et au soin des malades. Sa charge exigeait autant de dévouement que de capacité ; elle devait d'ailleurs rendre compte de son administration au conseil de l'établissement.

Les membres des petites congrégations, ou communautés mixtes, d'hommes et de femmes qui desservaient les hôpitaux, différaient de nature suivant les lieux et l'importance des établissements; le plus souvent on est en présence d'une de ces multiples confréries, au caractère mal défini, qui tenaient le milieu entre le religieux et le laïque et qui constituaient « une sorte de tiers ordre, où les membres portaient un habit religieux, prenaient le nom de frères et de sœurs, mais n'émettaient point de vœux et pouvaient s'engager dans les liens du mariage [1] ». Celles-là peuplaient les petits hôpitaux des campagnes et des bourgs.

« Dans les hôpitaux importants, comptant un personnel nombreux, les membres faisaient profession religieuse et prononçaient les trois vœux de chasteté, de pauvreté et d'obéissance [2]. »

Ces religieux, hommes et femmes, se dévouaient au service des pauvres, à l'exemple de Jésus-Christ « servant des pauvres malades ». C'est à cette fin qu'ils s'engageaient à vivre dans la continence, à ne posséder rien en propre, à avoir l'humilité du cœur et la parfaite obéissance envers les supérieurs. Étant de bons religieux, ils devenaient de vrais serviteurs des pauvres. Ceux qui manquaient aux engagements de leur vocation, aux règles de l'hôpital, étaient punis de peines qui allaient jusqu'à l'excommunication et à la privation de la sépulture ecclésiastique.

Quelle garantie il y avait pour les pauvres dans la rigueur de ces prescriptions ! « Si, par exemple, au décès d'un frère ou d'une sœur, on découvrait chez le défunt quelque bien caché dont il se fût réservé la propriété, on le traitait comme un excommunié et on lui

---

[1] Le Grand, o. c., p. 23.
[2] Id., ibid.

refusait la sépulture chrétienne. L'apostat, celui qui abandonnait l'hôpital, ne pouvait y rentrer qu'après avoir fait amende honorable et s'être soumis à une pénitence sévère [1]. »

Mais, le plus souvent, les trois vœux de chasteté, d'obéissance et de pauvreté étaient bien gardés et les règlements observés ; l'exercice de la charité était la sauvegarde continuelle de ces saints engagements.

Un des auteurs qui ont le mieux étudié l'histoire de l'organisation hospitalière au moyen âge fait ce tableau de la vie des frères et sœurs de l'hôpital de Pontoise, qui était celle de toutes les congrégations attachées aux Maisons-Dieu, si nombreuses alors :

« La vie des religieux et des religieuses était toute de labeur ; après la récitation des heures et l'assistance à la messe, qui suivaient immédiatement le lever, chacun se rendait au travail, s'occupant des affaires de la maison ou du soin des malades. Quand les sœurs avaient rempli leur tâche quotidienne, elles ne devaient pas rester oisives, mais s'assembler en « un lieu compétent » pour y travailler « de leurs propres mains » et vaquer à différents ouvrages, dont l'entretien du linge formait sans doute la partie la plus importante.

« Deux fois par jour, le son de la cloche interrompait ces occupations pour appeler les membres de la congrégation au réfectoire ; le repas était précédé et suivi d'une courte prière ; il se prenait en silence et était accompagné d'une lecture, au moins pour les frères. Ceux-ci vivaient, en effet, absolument séparés des sœurs ; leur réfectoire, leur dortoir, leur infirmerie étaient distincts. C'était, en somme, deux congrégations vivant dans la même enceinte, soumises à la même direction, tendant au même but, mais absolument isolées en fait ; la chapelle pour la célébration des offices, la salle du chapitre pour l'élection de la prieure et les affaires importantes de la maison étaient les seuls lieux de réunion des frères et des sœurs.

« A la fin de la journée, quand venait le moment du repos, on récitait à l'église les complies, puis tous se retiraient en silence au dortoir, qu'ils ne devaient pas quitter avant l'heure du lever. Il ne restait plus debout dans la maison que les sœurs désignées pour veiller les malades.

« Telle était en son ensemble la vie de communauté ; le rédacteur de la règle n'avait prescrit les exercices de piété que dans une mesure très sobre, pour laisser les sœurs tout entières à leur mission de charité, au soin des malades, qui restait leur devoir essentiel [2]. »

[1] Le Grand, p. 24.
[2] Id., o. c., p. 24-5.

Ce devoir, les frères et les sœurs le remplissaient, en général, avec un dévouement que l'esprit de foi et les pratiques de la piété entretenaient en eux. Et c'est un des plus beaux et des plus nobles traits de l'histoire nationale que l'existence de ces innombrables petites communautés religieuses vouées si humblement et si héroïquement, dans toutes les villes, dans un grand nombre de bourgades et de villages, au soin des pauvres malades, des infirmes, des lépreux.

Des différentes règles qui régissaient les innombrables hôpitaux du moyen âge, il se dégage un fond commun de prescriptions dictées par l'expérience et la similitude du but. Le régime était le même au fond dans toute la France.

« Il y avait à cette époque, dit M. le Grand, quelques ordres hospitaliers étendant leur règle sur diverses maisons, comme l'Ordre du Saint-Esprit et l'Ordre de Saint-Antoine, qui florissaient surtout dans le midi et dans l'est, celui de Saint-Jacques-du-Haut-Pas de Lucques, qui avait essaimé jusqu'à Paris, celui de Roncevaux, dont les statuts étaient observés à Bar-sur-Seine et à Avaux (Meuse). Dans le centre et dans le nord, les Hôtels-Dieu avaient habituellement leur organisation propre, et formaient autant de petites congrégations indépendantes, se rattachant plus ou moins étroitement à la règle de Saint-Augustin. Chaque Maison-Dieu possédait sa constitution basée sur des principes communs aux différents hôpitaux, mais susceptibles de mille variétés dans les détails; ces variétés étaient peu sensibles pour une même région, et l'on voit habituellement la règle d'un Hôtel-Dieu important de la province servir de modèle aux établissements les plus proches. C'est le cas de Troyes pour la Champagne, d'Amiens pour la Picardie, de Lille pour la Flandre. A Pontoise, on semble avoir suivi le même type qu'à Vernon, et il est à présumer que les villes voisines de la Normandie et de l'Ile-de-France voyaient leurs congrégations particulières se conformer à un règlement à peu près semblable [1] ».

Les statuts qui régissaient les hôpitaux de Paris et ceux du nord de la France, notamment à Amiens, à Saint-Pol, à Noyon, à Troyes, étaient à peu près les mêmes. « Le règlement de l'Hôtel-Dieu de Paris, constate M. Jules Richard, avait servi de type à beaucoup d'autres; entre tous d'ailleurs on retrouve des traits communs et des dispositions à peu près identiques inspirées par la même pensée charitable et chrétienne [2]. »

Cette ressemblance se remarque surtout à partir du XIIIe siècle.

[1] Le Grand, *o. c.*, p. 13-14.
[2] *Id.*, *o. c.*, p. 12.

« Partout, dit cet auteur, le personnel forme une sorte de petite congrégation chargée de la gestion des biens de l'hôpital et du service des pauvres et des malades, ayant au besoin sous ses ordres un certain nombre de domestiques; ils portent le nom de frères et de sœurs, souvent ils sont liés par les trois vœux de la vie religieuse qui leur rappellent le but de leur association, le service des malheureux, images touchantes de Dieu sur la terre.

« Une petite miniature d'un manuscrit de l'hôpital de Montreuil-sur-Mer, — où l'on retrouve l'office de la séparation des lépreux, — représente un de ces malheureux couché à terre à demi nu : un homme vêtu de l'habit religieux se penche sur le pauvre ladre et l'embrasse; sa tête est ornée d'un nimbe crucifère, c'est le Christ qui, sous les apparences d'un humble hospitalier, vient ainsi secourir et aimer ce malheureux que repousse la société des hommes. C'est l'idéal de la vie hospitalière.

« Des règles spéciales recommandent aux frères et aux sœurs certaines pratiques religieuses, la messe quotidienne, la confession, l'abstinence et le jeûne; souvent ils ne peuvent manger de la chair que trois fois par semaine; à Saint-Pol, ils n'ont à leurs repas qu'un plat, auquel le maître ou la maîtresse peuvent quelquefois ajouter du fromage, des fruits ou des « herbes crues »; les frères et les sœurs ont leur dortoir et réfectoire séparés, et les règlements prescrivent l'étoffe, la forme et le nombre des vêtements qu'ils doivent porter le jour et même la nuit. Les sœurs doivent être auprès des malades autant que l'intérêt de ceux-ci l'exige, l'une d'elles doit les veiller pendant la nuit; enfin des peines sévères, des réprimandes, des jeûnes et parfois la discipline, punissent toute violence de langage ou de geste commise par le personnel de l'hôpital envers les malades, ou par les confrères entre eux. Quelques-unes de ces dispositions sont inscrites dans la charte du duc de Bourgogne, datée du 7 juin 1438, notamment l'obligation pour les sœurs de « servir dévotement et bénignement les povres malades, « l'une après l'autre comme sepmainieres ou toutes ensemble, au « besoing et nécessité ». Le duc rappelle le but de la fondation, destinée « à recevoir toutes povres creatures, femmes gisans d'enfans « et autres malades et membres de Dieu, les alimenter, gouverner « et administrer leurs necessités, ensevelir les trespassés, les enterrer « en terre sainte, et autrement y faire les œuvres de miséricorde ». S'inspirant des généreuses pensées de ses prédécesseurs et des pieux désirs de sa femme la duchesse de Bourgogne, il veut que « géné- « ralement tous malades languoreux, couchans au lit, et povres « femmes gisans d'enfans soient receus audit hospital, sans que « lesdits frères ou sœurs en puissent refuser aucuns, si avant qu'il

« y ait lit, lieu et place pour les coucher, et leur soient administrés
« tant leurs nécessités de vivre comme autres choses, selon la qualité
« de leurs maladies et facultés de bien d'icellui hospital, comme
« les sacremens de sainte Église au salut de leurs âmes par ceulx
« et ainsi qu'il appartiendra. »

Cette constitution, plus ou moins modifiée selon les lieux, est propre à la plupart des hôpitaux, à ceux des villages comme à ceux des villes. Par exemple, l'Hôtel-Dieu de Gonesse, simple village du diocèse de Paris, était administré par un prieur et une prieure, avec le concours d'une communauté de frères et de sœurs, dont les uns étaient laïques, et les autres engagés dans les ordres sacrés. Le *procès-verbal* d'une visite faite en 1369, par l'évêque de Paris, à l'Hôtel-Dieu de Gonesse, constate qu'il y avait alors treize frères, y compris le prieur, et sept sœurs, y compris la prieure. La plupart des frères étaient prêtres. Il y avait cinquante lits pour les pauvres. Ceux-ci devaient toujours être servis avant le maître et les frères de la maison. L'office canonial était récité tous les jours par la petite communauté ; la messe était célébrée tous les matins, entre prime et tierce, dans la chapelle de la maison[1].

Il est particulièrement intéressant d'étudier le fonctionnement d'un de ces hospices ruraux, si nombreux dans toutes les provinces. M. Gustave Prévost en cite un exemple avec de nombreux détails, dans son ouvrage sur *l'Église et les campagnes au moyen âge*.

Il s'agit d'un hospice fondé, au XIV° siècle, dans la paroisse d'Écouché (Orne), village qui compte à peine aujourd'hui quatorze cents habitants. La Maison-Dieu d'Écouché fut fondée par de simples habitants de la paroisse, Guillaume le Mouz et Guillaume Coupigné, bourgeois d'Écouché. Le seigneur direct et le seigneur suzerain se firent un honneur de renoncer à toute espèce de droit sur le terrain occupé par l'hospice.

« Cet hospice, qui subsista jusqu'à la Révolution, dit M. Prévost, ne tarda pas à recevoir des bourgeois d'abondantes aumônes en argent et en terre. Plusieurs même poussèrent le dévouement jusqu'à se donner à la maison pour le service des pauvres. Ils prirent le nom de frères *condonnés, cumdonati.* »

Quand l'hospice eut fonctionné quelque temps, le besoin d'un règlement se fit sentir ; ce fut l'évêque de Séez qui le donna, à la demande des bourgeois d'Écouché.

Les circonstances au milieu desquelles le règlement fut rédigé montrent bien avec quel soin, quelle attention on s'occupait alors d'organiser un hôpital ; de façon qu'il répondit réellement aux

---

[1] Léopold Delisle, *Fragments d'une histoire de Gonesse,* Archives nationales Z, 7.771.

besoins de la localité qui le fondait. L'évêque estima qu'il ne pouvait créer ce règlement de toutes pièces, et encore moins le copier sur celui de quelque hospice voisin. Il fit venir près de lui six délégués d'Écouché, clercs et laïques, et ce fut seulement après avoir entendu l'avis de chacun que le prélat rédigea la règle demandée. Guillaume Coupigné, le principal fondateur, fut déclaré maître de l'hospice, et eut le droit d'y résider : les mêmes droits étaient assurés à ceux qui devaient lui succéder, afin qu'il leur fût plus facile de s'occuper des pauvres hospitalisés. Le maître était assisté d'un conseil comprenant les trésoriers en charge, les frères de l'hospice et six bourgeois honnêtes et capables, élus par les trésoriers. Le maître pouvait être révoqué. En cas de vacance de l'emploi, un nouveau maître était élu par quatorze bourgeois nommés à l'élection par les frères *condonnés* et les six bourgeois du conseil, lesquels s'unissaient aux quatorze élus de façon à former un petit collège électoral de vingt membres. L'élu était présenté à l'évêque de Séez et jurait entre ses mains de gérer fidèlement le bien des pauvres. Le maître étant obligé de consacrer tout son temps à l'hospice recevait une indemnité, mais les membres du conseil exerçaient gratuitement leurs fonctions ; il leur était interdit de percevoir quoi que ce fût à moins d'y être autorisés par le maître, les frères et l'évêque.

Ce petit hospice de campagne était bien modeste, néanmoins il était pourvu de tout, et fonctionnait avec une régularité que bien des hospices modernes pourraient lui envier. Et ce n'est là qu'un exemple entre mille : la France entière était couverte de ces humbles hôpitaux, tous organisés et administrés avec le même soin et le même zèle.

Les règlements des hospices s'occupent des moindres détails, tellement les fondateurs ont à cœur d'assurer le bien-être des malades. A Neubourg, en Normandie, le seigneur Amauri de Meulan, et sa mère Marguerite de Neubourg, convoquent les bourgeois de Neubourg, le prieur de la Maison-Dieu et même un des pauvres hospitalisés, pour régler en commun tout ce qui peut intéresser l'administration intérieure de l'hospice. Et ces seigneurs, qui sont d'une des plus puissantes familles de Normandie, ne jugent pas indigne d'eux de décider ce que chaque pauvre recevra comme vêtements, comme linge et comme nourriture. Le nombre des chausses, des chemises, etc., tout est réglé d'avance, et il y a un menu soigneusement établi pour chacun des jours de la semaine.

Ces quelques détails montrent quelle importance avait en ces siècles de foi l'hospitalisation des pauvres et des malades. On trouvait communément des hôpitaux dans les moindres bourgs, et chacun d'eux était l'objet d'une administration spéciale fort bien organisée.

On a vu que dans l'organisation des hôpitaux, telle qu'elle existait au moyen âge, toute l'autorité appartenait à la prieure de la congrégation de sœurs et de frères, proposée au service de chacun des établissements.

« L'étendue de ces pouvoirs exercés, dit M. le Grand, en dehors du contrôle direct et permanent d'une autorité supérieure, n'allait pas sans dangers. Lors de l'élection de la prieure, si l'on se renfermait dans le cercle des sœurs présentes à l'hôpital, on pouvait ne pas rencontrer de personnes capables de remplir ces fonctions ; si, au contraire, l'on s'adressait au dehors, on risquait de tomber sur une religieuse ne possédant pas l'expérience nécessaire. Dans le cas où les voix s'égaraient sur un sujet indigne, le gouvernement de la maison reposant alors tout entier en de mauvaises mains, de graves désordres étaient à redouter. C'était là un des grands défauts de cette organisation, où les établissements hospitaliers restaient isolés les uns des autres et ne profitaient pas de la direction éclairée qu'un ordre religieux important sait imprimer à ses membres[1]. » Saint Vincent de Paul y remédia, comme nous l'avons dit, par l'institution des Filles de la charité et des autres grandes congrégations formées sur le modèle de celle-là.

L'exemple si fréquent de l'exercice de la charité provoquait de pieux entraînements. Un grand nombre de bons chrétiens se sentaient attirés à s'enrôler dans ces petites congrégations hospitalières de toute forme qu'on trouvait partout. Malgré l'austérité du régime, le nombre des frères et des sœurs tendait toujours à augmenter. Souvent le personnel devenait trop nombreux pour les ressources de l'hôpital, dont il était obligé de vivre. Il arrivait qu'une partie des revenus de la maison était détournée de son but charitable que s'étaient proposé les fondateurs et donateurs. D'ailleurs, tous les membres de ces petites communautés n'étaient pas également aptes au service des malades. Il pouvait résulter, de cette multiplication des frères et des sœurs, des inconvénients et même des abus dans l'administration des établissements hospitaliers[2].

« De là, dit M. Jules Richard, ces règles du concile de Vienne en 1312, prescrivant de ne confier le gouvernement des hôpitaux qu'à des hommes probes et capables, qui emploieraient scrupuleusement leurs ressources au soulagement des malheureux. De là ces réformations fréquentes, limitant le nombre des frères et des sœurs. En 1285, c'est l'échevinage d'Arras qui réduit par voie d'extinction le personnel de Saint-Jean-en-l'Estrée à quinze frères et trente sœurs,

---

[1] Le Grand, o. c., p. 17.
[2] Richard, p. 15.

et ordonne l'expulsion immédiate des serviteurs et servantes inutiles; c'est, en 1338, le duc de Bourgogne, qui opère une nouvelle réforme : il n'y aura plus que « Wit frères, parmi le maistre, « liquel gouverneront le temporel dudit hospital, et administreront « ce qui y est à faire par la manière acoustumée » et « douze « femmes, parmi la prieuse, sereurs dudit hospital, lesquelles gar-« deront et serviront les povres, les malades et les femmes gisans « d'enfant par la manière acoustumée » ; défense est faite de recevoir des gens mariés : « Que nus homs maries qui ait femme vivant « ne puisse estre receus a frere u dit hospital, tant comme sa « femme vive, ne ensement femme mariée qui ait mari vivant ne « puisse estre receue a sereur tant comme ses meris vive. » En 1304, la situation de l'hôpital était, paraît-il, assez précaire; ses ressources avaient beaucoup diminué par suite « des mortalitez et des guerres ». La comtesse Marguerite réduit le personnel à quatre frères et huit sœurs. Enfin, en 1438, on comptait encore huit frères et huit sœurs; mais les longues guerres et les calamités de toutes sortes qui avaient marqué le commencement du xv° siècle avaient tellement appauvri l'hôpital, que le duc de Bourgogne, pour éviter qu'il « ne cheist en totale desolation et ruyne », dut imposer au personnel une nouvelle réduction et un règlement, qui resta en vigueur jusqu'au milieu du xvi° siècle, époque où la maison fut remise aux religieuses de Saint-Augustin, qui desservaient l'hôpital Saint-Julien de Cambrai. Un des articles de la réformation de 1438 fixe le nombre des frères à trois, dont deux prêtres, et celui des sœurs à sept; d'autres leur imposent un serment et déclarent qu'aucune sœur ne sera reçue âgée de moins de vingt ans et de plus de quarante, et « non impotente ne debilitée de leurs sens ou membres [1] ».

C'est un trait remarquable de l'esprit religieux et charitable du moyen âge, qu'il ait fallu ainsi modérer le pieux entraînement qui portait tant de braves gens des deux sexes vers ces humbles congrégations de frères et de sœurs attachées au service des hôpitaux, et restreindre, dans l'intérêt même de la charité, le nombre des serviteurs et des servantes des pauvres.

[1] P. 15.

X

ÉTABLISSEMENTS DE CHARITÉ (SUITE)

Condition des établissements hospitaliers. — Leurs biens et leurs revenus. — Fondations et aumônes. — Casuel. — Construction et aménagement des Maisons-Dieu. — Tenue de l'intérieur. — Lits. — Hygiène. — Service médical. — Visite du Tasse à l'hôpital de Bayonne. — Approvisionnement des hôpitaux. — L'hôpital d'Hesdin. — Destination des hôpitaux à la ville et à la campagne. — Asiles spéciaux. — Conditions d'admission à l'hôpital. — Mode de réception. — La confession et la communion du malade. — Théorie chrétienne de la maladie. — Le péché d'après l'Évangile. — Le service du pauvre à l'hôpital. — Règlement. — Durée de séjour. — Distribution de secours par les hôpitaux. — L'Aumône générale de Lyon, son organisation et son fonctionnement. — L'Hôtel-Dieu de Lyon, type des anciennes fondations hospitalières. — Réorganisation hospitalière au xviie siècle. — Centralisation. — L'hôpital change de caractère. — Constructions fastueuses du xviiie siècle. — Installation intérieure défectueuse. — L'Hôtel-Dieu de Dijon établissement modèle. — Projets de réforme de Louis XVI dans l'administration hospitalière.

La condition des établissements hospitaliers variait selon les contrées. Ils étaient plus ou moins riches. En général, les hôpitaux étaient suffisamment dotés pour leurs besoins. Comme c'est le bien des pauvres et des malades que s'étaient proposé leurs fondateurs, ils y avaient pourvu pour l'avenir aussi bien que pour le présent.

Il était d'usage, en fondant un hôpital, de le doter. On lui assignait à perpétuité les revenus d'une terre, d'un bois, d'un moulin; on lui constituait, à titre de propriété, des biens-fonds que les administrateurs de l'établissement faisaient valoir au mieux des intérêts de ses pensionnaires.

La charité publique contribuait volontiers à l'établissement et à l'entretien des maisons hospitalières; mais c'eût été imprudent de s'en remettre uniquement à elle pour l'avenir. Il fallait compter avec les années de mauvaise récolte ou de calamité qui tarissaient la source des aumônes. Aussi préférait-on d'ordinaire assurer le sort des hôpitaux et hospices au moyen de rentes perpétuelles qui y étaient affectées. La charité avait encore assez à faire, soit pour accroître l'établissement par de nouvelles dotations, soit pour améliorer l'ordinaire des malades ou permettre d'en recevoir un plus grand nombre.

Les biens des établissements hospitaliers se composaient, pour une part, de revenus fixes provenant des rentes et des loyers, et pour l'autre, de profits éventuels.

Les premiers, étant de leur nature inaliénables, s'accroissaient plutôt qu'ils ne diminuaient. Les libéralités des rois et des seigneurs, celles des simples fidèles venaient constamment les augmenter. L'hôpital était comme un tronc toujours ouvert aux générosités des personnes pieuses et compatissantes.

C'est à l'hôpital qu'allaient principalement les dons, les aumônes de ceux qui voulaient employer une partie de leurs biens aux œuvres de miséricorde. Dans la plupart des provinces, comme le constate M. Léon Maître, la charité publique s'était plu à fonder des établissements hospitaliers plutôt qu'à subvenir au jour le jour aux besoins des indigents. « On ne faisait guère de testament sans léguer à l'hospice de sa contrée une terre, un bois, une maison, des prés, de sorte qu'en 1789 les pauvres possédaient une partie de notre territoire presque aussi importante que celle du clergé. »

Souvent la fondation des hôpitaux, surtout dans les moyennes et petites villes, était œuvre collective. Quelqu'un plus généreux ou plus entreprenant que les autres en avait l'idée; il y mettait tout ou partie de sa fortune : les dons de ses amis et concitoyens faisaient le reste. C'est l'histoire de l'hôpital nantais de Bourgneuf. L'établissement de la maison avait absorbé tout l'avoir du fondateur. Celui-ci n'avait plus de quoi le doter : la charité publique vint à son aide. « Il était à peine terminé, dit un mémoire du temps cité par M. Maître, que chacun s'empressa d'y faire du bien. »

Il y avait unité, c'est-à-dire solidarité de personne morale entre les frères et sœurs chargés de l'administration des hôpitaux, les prêtres ou aumôniers qui en avaient la direction spirituelle, et les malades qui y étaient soignés. Aussi les dons ou legs étaient-ils faits indifféremment aux uns et aux autres. C'étaient les pauvres les vrais propriétaires. C'est à eux qu'appartenaient les biens et revenus de l'établissement, la propriété personnelle étant interdite aux frères et aux sœurs qui desservaient les Maisons-Dieu.

Les ressources normales des hôpitaux consistaient en rentes et revenus de différente sorte. Dans les années de mauvaises récoltes ou de crises politiques, elles pouvaient se trouver singulièrement diminuées. On voit, par une ordonnance royale du 23 juillet 1419, que l'Hôtel-Dieu de Paris en avait été réduit, pour faire face à ses dépenses, à engager ses vases sacrés, après s'être endetté envers plusieurs marchands en achetant à crédit « blé, vin, chair et bûches », pour la somme de trois mille livres. Depuis trois ans l'administration de l'Hôtel-Dieu n'avait pu rien tirer de ses granges et manoirs ni toucher ses rentes aux échéances.

C'est là un des exemples, plusieurs fois cité, de l'inconvénient pour les grands établissements charitables des revenus variables et éventuels. C'est aussi la justification de la règle moderne qui oblige les hôpitaux à placer leurs fonds en rentes sur l'État.

Les biens des hôpitaux se trouvaient souvent accrus par les dons et legs que leur faisaient les plus fortunés de ceux qui y étaient traités. Un Jean de Lieux, pour acquitter sa dette de gratitude, donne, en 1291, à la communauté des frères et sœurs de l'hôpital de Pontoise, une maison qu'il possédait dans la ville, en remerciement des bienfaits qu'il avait reçus de l'hôpital. Ces libéralités étaient assez fréquentes. La meilleure preuve de la bonne tenue ordinaire des hôpitaux au moyen âge, et des bons soins dont les malades y étaient l'objet, est dans le souvenir reconnaissant que leurs anciens hôtes conservaient de leur passage [1].

De leur côté les rois, patrons et protecteurs nés des hôpitaux, comme ils aimaient à s'intituler, leur avaient constitué, outre leurs libéralités directes, un patrimoine éventuel sur les dépouilles des morts, sur la vente exclusive de la viande en carême, sur les amendes de police, en y ajoutant des aumônes sur leurs recettes, des franchises de taxe et des droits d'usage dans les forêts.

Les villes leur assuraient aussi, en dehors des quêtes, qui étaient entièrement libres, et dans les églises et à domicile, des sources de revenus dans les divers droits et privilèges qui leur étaient octroyés.

On peut se faire une idée du casuel des hôpitaux dans les siècles passés par le détail des ressources que ceux de Nantes trouvaient dans ces profits, accessoires ou éventuels. Là le casuel l'emportait sur les biens-fonds et les revenus fixes.

Il y avait d'abord le produit des quêtes, et celui-ci était toujours à peu près le même. Il variait entre trois mille et cinq mille livres. Il se recueillait en ville avec le concours des marguilliers de chaque paroisse. Toutes les confréries y participaient. Dans tout le diocèse, chaque paroisse fournissait aussi sa petite contribution. L'Hôtel-Dieu affermait le produit de la quête et trouvait ainsi un revenu assuré et régulier.

Les aumônes du carême étaient une autre source de profits. La permission de faire usage d'aliments gras pendant la sainte Quarantaine était considérée comme une faveur qui devait être rachetée

---

[1] J. Depoin, *Cartulaire de l'Hôtel-Dieu de Pontoise*, n. 112.

à prix d'argent. Cette rançon servait aux pauvres. Elle se payait au boucher adjudicataire du monopole de la vente de la viande du carême. De ce chef, les hôpitaux percevaient une somme variable chaque année. En 1716, le prix du bail était de deux mille cinq cent dix livres, payables moitié en argent, moitié en viandes. Le privilège des fournitures des pompes funèbres était affermé également au profit de l'Hôtel-Dieu et du sanitat.

Aux aumônes du carême s'ajoutaient les amendes de police, tant celles qui provenaient des contraventions aux règlements municipaux, de voirie et d'ordre public, que celles qui frappaient les infractions à la police des corporations. Des ordonnances de Charles IX et de Henri III maintinrent aux amendes leur pieuse destination, après que la police de la ville eut passé de la juridiction du maire et des échevins à celle des officiers royaux.

Plus tard, une subvention sur les octrois fut accordée aux deux hôpitaux de Nantes par édit royal. Le fermier des octrois devait assurer une part du produit des taxes à chacun d'eux.

Le port et le mouvement de navigation procurait aussi des ressources particulières aux hôpitaux de Nantes par les divers droits de cure et de pont, de lestage et de délestage perçus à leur profit.

Vers la fin du siècle dernier, les recettes de l'Hôtel-Dieu, qui s'élevaient à cent cinq mille cent trois livres, ne comprenaient que vingt-sept mille huit cent quatorze livres du produit des fermes et loyers, et treize mille sept cent cinquante-trois livres provenant des rentes foncières et constituées. Le reste provenait du casuel et des appels fréquents à la pitié publique [1].

On le voit, le soin des pauvres, l'entretien des hôpitaux était une des principales préoccupations des villes sous l'ancien régime.

A Caen, une aumône spéciale, dite *denier à Dieu*, était recueillie chaque année, depuis le XVIe siècle, en faveur de l'Hôtel-Dieu, à l'occasion d'une procession générale à laquelle, suivant un ordre de préséance de 1509, chaque corporation était représentée par ses gardes-jurés, portant des flambeaux, des bouquets, un cierge spécial et une bannière. Cette coutume paraît avoir été générale et obligatoire, au moins en Normandie, car elle est prescrite dans une ordonnance du lieutenant de police d'Évreux en 1725.

Dans tous les hôpitaux il y avait le tronc des « pauvres malades », où les visiteurs charitables déposaient leurs offrandes, et celles-ci servaient à donner aux pensionnaires quelque pitance supplémentaire. Il y en avait également dans les églises destinés au même usage. Souvent aussi les évêques provoquaient, par des lettres pasto-

[1] Léon Maître, *le Casuel des hôpitaux de Nantes,* dans *Revue de Bretagne et de l'endée,* 7 janvier 1872.

rales, des aumônes publiques en faveur des hôpitaux. Les paroisses et les confréries contribuaient à l'entretien d'établissements charitables qui profitaient à tous. Des quêtes étaient faites régulièrement par les soins des marguilliers, et des cotisations recueillies par le procureur ou prévôt au sein des confréries.

Toutes les autorités publiques, toutes les classes de la société contribuaient à l'entretien des hôpitaux, qui étaient considérés par la foi et la charité comme les maisons de Dieu autant que comme les asiles des pauvres.

Avec les églises et les édifices municipaux, les Hôtels-Dieu étaient la gloire des villes et des bourgades au temps passé. Il n'y avait point alors de théâtres, ni d'hippodromes, ni de Bourses; mais il existait un grand nombre de maisons de charité érigées par la munificence du clergé et les libéralités des seigneurs et des particuliers. C'était là une des manifestations les plus communes de la vie sociale, un des signes les plus apparents de la prospérité publique.

Quelques types de ces hôpitaux de villes ou de villages, si nombreux dans les siècles passés, nous sont restés. On peut voir encore, parmi les plus remarquables, ceux d'Angers et de Beaune. Ils ne ressemblent pas à nos vastes établissements modernes. Les hôpitaux du moyen âge, même ceux des villes, étaient petits en comparaison des nôtres. « Ils se composaient, en général, d'une chapelle, d'une grande salle commune et de quelques chambres pour séparer les sexes, d'un jardin et d'un cimetière. » Ce plan comportait diverses modifications, selon les lieux et les besoins [1].

En général, ces milliers d'hôpitaux, grands et petits, étaient bien tenus. Les grands étaient bien bâtis. Par ceux qui restent aujourd'hui, on peut juger de ce qu'ils étaient alors. Voici la description qu'en fait M. Viollet-Leduc. On y trouve « un esprit de charité bien entendu et délicat. Bien bâtis, bien aérés, bien spacieux, ils ont sur les nôtres l'avantage de laisser à l'art une large place, de ne pas attrister les malades par cet aspect froid et désolé qui caractérise de nos temps les édifices publics de charité. Les malades ont de l'espace, de l'air, de la lumière. Ils sont souvent séparés les uns des autres, et ainsi leur souffrance ne s'accroît pas par la vue de la souffrance du voisin [2]. »

L'aménagement intérieur était aussi confortable que le requéraient les exigences du temps. La tenue des hôpitaux n'a guère laissé à

---

[1] Léon Maître, *o. c.*, p. 164.
[2] *Diction. d'Archit.*, t. VI. *Hôtel-Dieu.*

désirer qu'à certaines périodes de décadence, marquées au XVIe siècle par les funestes effets des guerres de religion, au XVIIIe siècle par le refroidissement de la charité et l'accroissement de la pauvreté.

Les malades ordinaires couchaient dans la grande salle commune, toujours largement ouverte de fenêtres et très élevée de voûte; des chambres ou cellules spéciales étaient réservées aux grands malades et aux contaminés. Les uns et les autres recevaient régulièrement la visite des médecins, et même plusieurs fois par jour, s'il était nécessaire.

« A partir d'une certaine époque et dans beaucoup d'hôpitaux, des cartons placés au lit des malades indiquaient le régime applicable à chacun d'eux. On prétend que c'est de Lyon que l'usage en est venu à Paris. Mais l'usage existait, dans cette dernière ville, d'afficher le règlement sur les murs des dortoirs. Nous en voyons un exemple, à l'hôpital des *Audriettes,* dès les XIVe et XVe siècles [1]. »

Il n'est pas exact que les malades fussent entassés à plusieurs dans le même lit. Cet abus n'a été constaté qu'en certains hôpitaux, lors de la décadence des institutions charitables, au XVIIIe siècle. Hors les cas de force majeure, qui pourraient être signalés çà et là, à certains moments, la règle était qu'il n'y eût que deux malades au plus dans le même lit, et un grand lit, chacun ayant son bord, la liberté de ses mouvements, son air à respirer. Le plus souvent même chaque malade avait son lit.

Une grande bienfaitrice des hôpitaux d'Arras, la comtesse Marchant, avait fondé, en 1320, à l'hôpital Saint-Jean-en-l'Estrée, dix lits. Les termes de l'acte de fondation prouvent que, selon l'usage, les lits établis par la comtesse d'Artois n'étaient destinés à recevoir chacun qu'un seul pauvre. Divers statuts d'hôpitaux, retrouvés aujourd'hui, prescrivent également l'isolement des malades. La disposition matérielle de certains Hôtels-Dieu, comme celui d'Auxerre, où chaque indigent avait sa cellule, prouve qu'on se préoccupait des meilleures garanties de guérison et de propreté.

Dans toutes les maisons des Frères Saint-Jean-de-Dieu c'était une règle du saint fondateur de ne jamais placer deux malades côte à côte dans le même lit. Ce n'était pas là seulement un progrès du temps, car ce nouveau législateur n'avait fait qu'établir en principe ce qui s'observait communément avant lui.

« On peut admettre, dit à ce propos M. Jules Richard, que la règle générale était alors de ne placer dans chaque lit, autant que possible, qu'un seul malade, deux au plus; mais si cette cohabitation ne devait être imposée aux malades qu'en cas de nécessité, il

---

[1] Dubreuil, *Antiquités de Paris,* liv. III, *Hôpital des Audriettes;* Martin Doisy, col. 101-2.

n'en était pas de même lorsqu'il s'agissait d'héberger des voyageurs ou des pauvres sans abri; jamais alors l'hospitalité n'est refusée à la porte d'un de ces nombreux hospices que la charité des monastères et des séculiers avait multipliées dans les villes et sur les routes fréquentées par les pèlerins et les voyageurs. Aussi ces maisons avaient-elles souvent des lits plus larges que ceux des hôpitaux et destinés à abriter plusieurs de ces malheureux [1]. »

Les critiques adressées parfois à ce sujet au régime hospitalier du moyen âge, ne proviennent que d'une confusion entretenue par l'esprit de dénigrement du passé. Ce n'est pas que les Hôtels-Dieu ne laissassent à désirer sous certains rapports.

« On ne peut pas s'attendre, observe très justement M. Hubert Valleroux, à trouver dans ces maisons si nombreuses, établies le plus souvent par la bienfaisance de quelques particuliers, toutes les règles de l'hygiène, science moderne, et aujourd'hui encore si peu observée dans les modernes hôpitaux. Ce qui était excellent dans ceux du moyen âge, c'était d'abord leur grand nombre, qui les mettait à la portée des gens de la campagne, ce qui ne se trouve plus aujourd'hui; c'était ensuite le petit nombre des malades, très bonne condition de guérison et très recommandée.

« Quant à cette disposition des maisons hospitalières avec quelques chambres de malades et une salle commune, elle est si raisonnable, que des hôpitaux cantonaux, construits récemment dans le département d'Eure-et-Loir, et que l'on cite actuellement pour modèles dans les campagnes, sont aménagés de cette manière. On y trouve quelques chambres séparées pour les malades des différents sexes et une salle commune où l'on place des lits au besoin. La différence est qu'il n'y a pas de chapelle et qu'on n'y reçoit pas de pauvres pour la nuit [2]. »

Les précautions hygiéniques n'étaient pas ordinairement aussi négligées qu'on pourrait le croire. On tenait compte de l'expérience. A Orléans des étuves à sécher le linge étaient primitivement attenantes à l'Hôtel-Dieu. Plusieurs épidémies successives ayant fait reconnaître l'inconvénient de ces dispositions, on transporta hors la ville, vers la fin du XVe siècle, le lavoir et le séchoir de l'hôpital, afin d'éviter à l'avenir la propagation des maladies contagieuses par l'évaporation de l'eau de lessive. On n'eût pas fait mieux aujourd'hui. Les salles, ordinairement spacieuses, étaient bien aérées; ni l'air ni la lumière ne manquaient aux malades. On prenait à leur égard toutes les précautions que la pratique et le dévouement inspiraient. En somme,

---

[1] P. 22-3.
[2] Valleroux, o. c., p. 27.

la mortalité dans les hôpitaux ne paraît pas avoir été plus grande, sauf les temps d'épidémie, que de nos jours.

Les soins médicaux étaient aussi bons que possible. Il n'est pas bien certain encore que la science médicale, malgré les progrès dont elle se vante, soit plus en possession de guérir aujourd'hui qu'autrefois. La nature, plus saine, moins débilitée, offrait souvent plus de ressources à la thérapeutique. La tradition suppléait à la science. La chirurgie était certainement moins avancée, pourtant elle s'exerçait souvent avec succès dans les hôpitaux.

La pharmacie était une des pièces principales de l'Hôtel-Dieu. Celle de l'hôpital de Baugé offre encore un curieux spécimen d'installation de cette partie des hôpitaux du temps passé. Une ancienne relation décrit en ces termes la pharmacie du célèbre Hôtel-Dieu de Lyon : « Il y a dans l'Hôtel-Dieu une boutique d'apothicaire bien meublée, et fournie de drogues et médecines, que les espiciers et apothicaires de la ville fournissent et entretiennent à leurs dépens, et pour l'amour de Dieu, charité et aumosne. Les conseillers municipaux (qui sont les administrateurs de l'établissement) y tiennent un apothicaire, homme de bien, aux gages de l'Hôtel-Dieu, lequel voit à toutes les heures les pauvres malades avec un médecin, duquel il reçoit les ordonnances qu'il fait aux malades. » Rien ne manquait à l'organisation du service médical. La visite du médecin avait lieu à heure fixe deux fois par jour. Un médecin et un chirurgien, « savants et expérimentés, » étaient attachés à l'Hôtel-Dieu.

Dans les siècles passés, la charité pénétrait toutes les institutions. Aucune d'elles n'avait le caractère purement administratif qui distingue aujourd'hui les établissements hospitaliers. Ainsi les médicaments de la pharmacie de l'Hôtel-Dieu de Lyon étaient fournis gratuitement par les épiciers et apothicaires de la ville. C'était une contribution volontaire qu'ils s'imposaient « pour l'honneur de Dieu, charité et aumône ».

A côté de la pharmacie il y avait la cuisine, et celle-ci n'était pas moins nécessaire que celle-là. Généralement cette partie de la maison était spacieuse, bien installée. Au cours d'un voyage en France, le Tasse, en passant à Bayonne, visita l'hôpital. Toutes les salles lui parurent dignes d'éloges; mais la cuisine lui sembla merveilleuse. Elle était aussi propre qu'une chambre de nouvelle mariée; les ustensiles nécessaires à la préparation et au service de la nourriture étaient rangés avec tant de goût, d'ordre et de symétrie, le fer poli y resplendissait de telle sorte aux rayons du soleil qui venait le frapper en traversant les fenêtres garnies du verre le plus transparent, que le Tasse croit pouvoir comparer cette cuisine aux arsenaux de Venise et des princes qu'on montrait avec orgueil aux étrangers [1].

Les autres pièces, affectées aux services accessoires de la maison, telles que buanderies, salles de bain, lingeries, remises, celliers et caves, étaient plus ou moins grandes, plus ou moins nombreuses, selon l'importance de l'établissement.

L'ordre régnait, en général, dans les anciens hôpitaux. Leur bonne administration, confiée à des personnes honnêtes et capables, soit à des ecclésiastiques, soit à des séculiers, était une garantie de bonne tenue. Le dévouement des frères et sœurs employés au service des malades et des pauvres faisait le reste. La dépense était bien réglée. Chaque année les comptes de gestion devaient être rendus.

L'approvisionnement des hôpitaux en denrées et combustibles était confié de préférence à ceux des administrateurs qui étaient commerçants ou mieux entendus en affaires. Tromper les pauvres, soit du fait des gérants et des économes, soit du fait des fournisseurs, eût paru autrefois un double vol, un véritable crime.

Les objets d'approvisionnement étaient serrés avec soin et surveillés depuis leur acquisition jusqu'à leur consommation. L'Hôtel-Dieu de Paris avait sa provision de blé dans une chambre grillée. Là, comme dans les autres hôpitaux bien administrés, tout était payé comptant, de première qualité et de première main. Deux administrateurs assistaient chaque jour à la visite des médecins. A Lyon, des tableaux de visite étaient dressés, et ces tableaux transcrits dans des casiers tenus régulièrement. Ces tableaux réglaient la distribution des aliments et des médicaments.

A Hesdin, en Artois, l'hôpital, qui avait été terminé dans le courant de l'année 1324, comprenait, pour sa partie principale, une vaste salle lambrissée, longue de cent soixante pieds, large de trente-quatre, que l'on peut comparer à celle de l'Hôtel-Dieu de Tonnerre, construit quelques années plus tôt par la reine de Sicile [2]. En le fondant, la comtesse d'Artois l'avait pourvu de quarante lits garnis et complets, nombre égal à celui des cellules de la grande salle de Tonnerre. L'hôpital possédait en outre une chambre spéciale à l'usage des femmes en couches, un appartement pour le maître et un autre pour la maîtresse, des lieux d'aisance, une chapelle, et divers bâtiments accessoires. Les comptes de l'hôpital de Saint-Jean-en-l'Estrée mentionnent parmi les parties de l'édifice la tour, la salle, le cloître, les dortoirs et réfectoires des frères et des sœurs, la cuisine, les chapelles, la lavanderie, etc.[3] « Le moyen âge, dit Viollet-

---

[1] Dial, *Il padre di famiglia*; Babeau, *les Voyageurs en France*, p. 46.
[2] J. Richard, p. 28.
[3] *Id.*, p. 29.

Leduc, montrait, dans la composition des établissements de bienfaisance, l'esprit ingénieux qu'on lui accorde dans la construction des monuments religieux [1]. »

Le mobilier était en rapport avec les bâtiments ; il donne l'idée d'un confortable qui n'a pas été dépassé aujourd'hui.

Généralement les Maisons-Dieu, ou hôpitaux du moyen âge, pratiquaient les différents genres d'hospitalité. Outre les malades de tout genre qu'on y soignait, ils donnaient asile aux passants, aux voyageurs ; ils recueillaient les abandonnés et les étrangers aussi bien que les habitants de la ville. Ces pieux établissements étaient destinés à toutes les souffrances, à tous les besoins.

Cependant les infirmes, tels que boiteux ou aveugles et autres incurables, en étaient exclus dans les villes où existait une organisation hospitalière complète, « afin, dit M. le Grand, de ne pas transformer l'hôpital en hospice et immobiliser en faveur de quelques malheureux les soins qui pouvaient, pendant le même espace de temps, soulager une foule de misères. » Ces infirmités exceptionnelles trouvaient un refuge ailleurs.

Il était rare que l'hôpital fût réservé aux seuls habitants de la ville ; le plus souvent il s'ouvrait sans distinction aux étrangers, à toutes les personnes malades de quelque pays et nationalité qu'elles fussent.

A la campagne, cependant, la règle était moins générale. Dans certaines localités, l'hospice était exclusivement réservé aux malades de l'endroit. D'autres fois, au contraire, plusieurs paroisses de moindre importance se réunissaient à un bourg plus considérable, à l'hospice duquel on envoyait tous les malades de la petite agglomération. C'est ainsi que les pièces d'un procès plaidé au milieu du XVe siècle devant l'échiquier de Normandie, nous apprennent que dix-sept paroisses, de la maladrerie de Saint-Jacques du Boishalbout, avaient le droit d'envoyer leurs malades à cet hospice.

Ces petits hôpitaux de ville et de campagne, si nombreux autrefois, avaient souvent une destination spéciale. A côté des léproseries et des maladreries affectées aux « méseaux » et aux « ardents », on rencontre fréquemment des maisons pour les femmes en couches. Tel était, par exemple, l'hôpital des Jassinières, fondé au XIIIe siècle ; il pouvait recevoir jusqu'à vingt-trois femmes [2]. On connaît aussi des asiles d'incurables. Plus loin, il sera question d'autres hospices spéciaux, tels que les *aveugleries*, les maisons d'orphelins et d'en-

---

[1] *Diction. d'Archit.*, t. VI. Hôtel-Dieu.
[2] Ulysse Chevalier, *les Hôpitaux de Romans*, p. 89.

fants trouvés. On peut dire que la charité des âges anciens avait subvenu à tous les besoins. Il n'y a pas d'exemple d'hôpital spécialement affecté aux soldats malades ou blessés avant l'origine des armées permanentes.

Le premier hôpital militaire qui ait existé en France fut établi à l'hôpital Saint-Jacques-du-Haut-Pas en 1582. Le besoin ne s'en était pas fait sentir jusque-là.

Grands ou petits, généraux ou spéciaux, les établissements hospitaliers étaient en si grand nombre autrefois, qu'aucune ville, aucune contrée n'en manquait. Partout ils étaient à la portée des malades.

Les seules conditions d'admission, dans la plupart des cas, étaient d'être souffrant, dénué de ressources, de n'avoir point de gîte à soi. C'étaient là des titres sacrés qui donnaient droit d'entrée dans toutes les maisons hospitalières.

« Les païens, dit Léon Gautier, avaient horreur de la maladie, comme ils avaient horreur de la mort. Ils s'efforçaient de jeter d'épais voiles sur ces choses désagréables à voir. Le Grec voluptueux et le Romain aimaient seulement les délicatesses du plaisir et ne pouvaient soutenir l'aspect des affres de la douleur et du râle de l'agonie. Aussi s'efforçaient-ils de prévenir la maladie pour n'avoir pas à la considérer[1]. »

En Grèce, suivant le conseil du plus sage des philosophes, on laissait mourir les enfants mal venus, ceux dont le corps était mal constitué. La maladie était un objet de dégoût pour les Romains comme pour les Grecs. Le plus souvent, ceux que le mal atteignait étaient abandonnés. D'eux-mêmes, pour ne pas souffrir, ils mettaient fin à leurs jours. Le suicide était le remède le plus commun à la maladie. Du reste, il n'y a pas un seul hôpital dans l'antiquité.

Dans la société chrétienne, au contraire, d'innombrables asiles s'ouvraient à tous ceux qui souffraient et qui avaient besoin de secours. Il suffisait de frapper à la porte au nom de la charité pour être reçu.

Le mode de réception, tel qu'on le « trouve décrit en termes à peu près identiques dans la plupart des statuts d'hôpitaux », indique bien dans quel esprit la charité était exercée aux âges de foi.

« A son entrée, le malade se confesse, et si les circonstances le requièrent, reçoit la communion. »

On a là toute la pensée qui inspirait à la fois et la vertu de compatissance envers les pauvres, et la thérapeutique chrétienne.

Pour mériter les soins dont il allait être l'objet, pour devenir vrai-

---

[1] L. Gautier, o. c., p. 84.

ment un membre souffrant de Jésus-Christ aux yeux de ces frères et de ces sœurs qui allaient lui consacrer leur dévouement, leurs soins, et même exposer pour lui leur vie, il fallait que le pauvre, en entrant à l'hôpital, fût purifié de toutes les souillures de l'âme, afin qu'il n'y eût plus dans sa sainte misère corporelle qu'un reflet de la divinité du grand Pauvre de Bethléem et du Calvaire. L'absolution de ses péchés le transformait, et ce malheureux, qui tout à l'heure n'eût inspiré dans son triste état de souillure morale que de la pitié, acquérait désormais le droit d'être traité avec tous les égards dus à un vrai pauvre de Jésus-Christ.

Une autre raison avait fait aussi établir l'usage de la confession préliminaire avant l'admission dans l'hôpital.

La science sacrée a sur la maladie des théories que ne connaît point la médecine profane, si souvent impuissante à guérir des maux dont elle ignore même la vraie origine. Aux yeux de la foi, la cause première de la maladie c'est le péché, ainsi que l'enseigne le Seigneur lui-même, lorsqu'il dit au malade qu'il avait guéri : « Allez, et ne péchez plus, de peur qu'il ne vous arrive pire. » La mort, d'après la doctrine catholique, est entrée dans le monde par le péché, et avec elle la maladie, qui en est l'occasion. Le péché, voilà l'origine du mal physique qui afflige l'humanité. Soit qu'il ait failli lui-même, soit qu'il expie pour la faute d'un autre, dont il est solidaire par la naissance et le sang, le malade est avant tout un pécheur. Avant tout aussi il faut le guérir de son péché.

C'est l'exemple donné par Notre-Seigneur et rapporté en vingt endroits de l'Évangile. Aux malades ou infirmes qu'on lui amène, Jésus commence par remettre les péchés. L'absolution des fautes est le préambule ordinaire des cures divines. Le Rédempteur du monde a ainsi enseigné aux hommes que le principe premier de tout mal c'est le péché. Cette leçon avait été retenue et mise en pratique dans les hôpitaux du moyen âge. Pour commencer la guérison du malade, on l'amenait d'abord au prêtre, qui recevait sa confession et l'absolvait de sa faute. Ainsi délivré du mal de l'âme, par où le démon s'était introduit en lui pour l'affliger dans son corps, il était préparé à recevoir les bons soins de l'hôpital et à ressentir tout l'effet des remèdes. La prière, la grâce allaient pouvoir donner leur efficacité aux médicaments.

N'était-ce pas là une profonde pensée de foi et la plus haute conception de la médecine ?

Comme le soin de l'âme était regardé aussi important pour la guérison que le soin du corps, les hôtes souffrants recevaient tous les secours spirituels que comportait leur état. Ils avaient la visite fréquente des aumôniers, des personnes pieuses de la localité qui venaient leur apporter les consolations et les encouragements de la foi. La salle des malades ouvrait communément sur la chapelle, de manière que tous pussent assister de leur lit à la messe et aux offices. Du reste, un autel était toujours établi à l'une des extrémités de la grande salle, pour rappeler aux malades que l'hôpital était, comme son nom l'indiquait, la maison de Dieu, parce qu'elle était celle des pauvres.

Une fois entré à l'hôpital, le pauvre malade est « traité comme le seigneur de la maison », selon l'expression consacrée. C'est pour lui que l'hôpital a été fondé; c'est à lui qu'il appartient. Les hôtes de ces demeures hospitalières changent de qualité: de mendiants et d'indigents qu'ils étaient, ils deviennent les véritables maîtres; tous les soins, tous les hommages leur sont dus.

« A leur repas, qui doit toujours précéder celui de la communauté, ils reçoivent les mets qu'ils désirent et que la nature de leur mal ou les ressources de la maison permettent de leur procurer; de petites cottes et des chaperons sont mis à leur disposition pour les préserver du froid durant leur réfection.

« Trois sœurs au moins pendant le jour, et deux pendant la nuit, avec le nombre de servantes nécessaire, sont de garde près des lits pour la sustentation et le réconfort des malades. Afin d'adoucir aux pauvres patients la longueur des nuits passées sans sommeil, une lumière doit toujours brûler dans la salle. De grosses pelisses et des bottes sont toujours à leur portée quand ils sont forcés de se lever pour aller « aux chambres nécessaires [1] ».

Outre les soins et la nourriture ordinaires qu'ils recevaient dans les hôpitaux, les pauvres malades étaient souvent l'objet de petites attentions charitables de la part des personnes pieuses de l'endroit, ils profitaient de certaines petites douceurs que des amis leur procuraient. Que de détails charmants les anciens testaments contiennent à ce sujet! Ainsi « un chanoine de Saint-Étienne lègue huit poules, le jour des morts, aux malades les plus exténués et souffrants pour lors soignés dans la Maison-Dieu »; une rente de vingt sols est destinée à acheter « les petits pots et écuelles dont les malades ont affaire pour leurs tisanes [2] ».

La durée de séjour dans les hôpitaux était illimitée. On n'en sortait que guéri. Des abus pouvaient avoir lieu. De faux malades, de faux pauvres, qui y avaient pension, prenaient quelquefois la place des vrais. Le bon régime des hôpitaux contribuait à faire naître ces fraudes. La satire n'a pas manqué de les relever. Monteil fait parler

---

[1] Le Grand, p. 28-29.
[2] De Witt, o. c., p. 72.

ainsi le mendiant qu'il met en scène dans un de ses tableaux du xv⁰ siècle : « Il me dit qu'avec un peu d'adresse, un peu de complaisance envers les malades, envers les supérieurs, envers les principaux domestiques, je pouvais être malade pendant un ou deux ans; je le fus pendant plus de quatre[1]. »

Ces abus, inhérents à l'institution, étaient inévitables. On pouvait se borner à en plaisanter.

Dans plusieurs villes, notamment à Dijon, les hôpitaux ne servaient pas seulement d'asile aux malades et aux pèlerins, ils subvenaient aussi, par des distributions de secours, aux besoins des pauvres. Ces distributions avaient lieu d'après un rôle écrit.

Les statuts de 1530 de l'hôpital de Mortagne, qui dépendait alors, comme la ville, du royaume de Navarre, montrent qu'il avait pour objet surtout de « substanter, nourrir et alimenter les vrais pauvres et gens nécessiteux de la ville et des faubourgs de la ville ». Hôtel-Dieu et hospice à la fois, l'établissement sert tout ensemble à recueillir les enfants abandonnés, à recevoir les pauvres incapables de gagner leur vie, les infirmes, les vieillards, et à secourir les malades.

C'est dans le siècle suivant surtout, par suite de l'institution des hôpitaux généraux et de la concentration des services de l'assistance publique, que les établissements hospitaliers eurent ce caractère centralisateur qui en faisait à la fois des asiles pour les malades, les pauvres, les mendiants, les vieillards, les orphelins, et aussi des bureaux de distribution de secours.

Peu de temps après la création des nouveaux établissements, « un édit de 1662 nous fait connaître que les administrateurs de l'hôpital général de Paris, outre qu'ils logeaient et nourrissaient dans cette maison et les succursales plus de six mille pauvres, donnaient de plus la nourriture en six endroits de la ville à trois mille autres pauvres mariés[2]. »

Pour avoir une idée plus complète de ce qu'étaient les anciens Hôtels-Dieu, il faut pénétrer dans l'un de ceux qui nous sont le mieux connus par leurs statuts et par les travaux des érudits. Leur organisation s'était un peu modifiée avec le temps. Sous ce rapport, il y a une certaine différence entre les hôpitaux du moyen âge et ceux de l'époque plus moderne. C'est surtout à partir du milieu du xvii⁰ siècle qu'elle apparaît. Jusque-là, à part le mélange de l'élément laïque avec l'élément religieux, les caractères généraux des établissements hospitaliers restèrent à peu près les mêmes.

Les règlements de l'Aumône de Lyon (ou Bureau des pauvres),

---

[1] Sauval, *Antiquités de Paris*, liv. V. *Hôpitaux*.
[2] Martin-Doisy, *loc. cit.* Col. 307.

instituée à la suite de la famine de 1531, nous font connaître aussi l'organisation de l'Hôtel-Dieu à cette époque. Ils montrent ce qu'était un grand hôpital au xvi⁰ siècle.

Il a pour recteurs et administrateurs, en vertu d'une bulle apostolique, les conseillers municipaux et échevins de la ville ; ceux-ci commettent des officiers de service et des domestiques à gages pour le desservir. Le personnel administratif du service intérieur est composé ainsi qu'il suit : un prêtre, un médecin, un chirurgien, un apothicaire, un procureur ou receveur, un clerc ou contrôleur, un pourvoyeur ou maître d'hôtel. Deux serviteurs ont l'emploi de porter et d'aller querir les malades. Des nourrices sont chargées des petits enfants trouvés et exposés. L'Hôtel-Dieu a en outre un boulanger et un portier.

Sont admis dans l'Hôtel-Dieu tous pauvres malades, les étrangers comme ceux de la ville ; ils sont reçus sur un billet signé de deux seigneurs conseillers au moins, ou de leurs commis en l'hôtel commun de la ville ; le malade est admis en présentant lui-même le billet à la mère religieuse, ou en le lui envoyant ; dans ce dernier cas, elle l'envoie quérir par les deux serviteurs avec la litière.

La maison est desservie plus spécialement par dix-huit ou vingt sœurs, ayant à leur tête une mère religieuse. L'institution de ces sœurs hospitalières remontait au xv⁰ siècle. D'abord recrutées parmi les filles repenties, elles s'étaient bientôt augmentées d'honnêtes personnes désireuses de se consacrer au soin des malades. Ces sœurs n'appartenaient pas à un ordre déterminé ; c'étaient de pieuses femmes portant un costume spécial qu'elles avaient reçu des recteurs de l'Hôtel-Dieu, en 1526, et menant la vie conventuelle, sans former de vœux ni suivre une règle religieuse proprement dite. Après quelques années de noviciat et d'assiduité à leurs devoirs, elles étaient admises à se consacrer au service des pauvres, et, en signe de ce saint engagement, elles recevaient une petite croix d'argent à l'image de Notre-Dame de la Pitié, patronne de l'Hôtel-Dieu. Elles devenaient les sœurs *croisées*.

En ce qui les concernait, voici ce que disait le règlement de la maison : « Pour servir les pauvres malades, il y a dix-huit ou vingt religieuses, tant repenties qu'autres, qui se sont rendues là dedans pour l'honneur de Dieu et pour servir les pauvres, et sont reçues par lesdits conseillers. Elles sont nourries et habillées aux dépens de l'Hôtel-Dieu. Celle qu'on nomme la mère est la maîtresse, les autres lui obéissent. Les religieuses ont leur réfectoire, où elles mangent toutes ensemble, et leur dortoir commun ou séparé ; jour et nuit elles servent les pauvres, leur donnent à manger et à boire, les lèvent et les couchent, font leurs couches, les nettoient et reblanchissent, les consolent le mieux et le plus humainement qu'il leur est possible.

« Quand elles ont donné à dîner et à souper aux pauvres, elles se retirent en la chapelle, où elles disent grâces. Tous les petits pauvres de l'Hôtel-Dieu, à l'exemple des sœurs, rendent grâces à Dieu et prient pour les bienfaiteurs de l'hôpital. Les sœurs sont logées, nourries et entretenues aux frais de la maison ; mais, pour gages et loyer, c'est-à-dire salaire, elles ont la grâce de Dieu et auront le paradis à la fin. »

L'Hôtel-Dieu était vaste; « il avait, disent les relations, une séparation par le milieu avec grands piliers à treillis, dans lequel il y avait six rangs de couches d'un bout à l'autre. Les chaslits (bois de lit) sont de noyer, les dessus (ciels de lit) de tapisserie tout nets blancs et bien accoutrez. D'un costé sont les hommes, de l'autre les femmes, qui se voient sans pouvoir se fréquenter les uns parmy les autres. Au milieu est une grande cheminée, où les pauvres se chauffent quand il fait froid, les hommes de leur costé, les femmes de l'autre. La cheminée avait, par conséquent, deux âtres adossés.

« En l'un des bouts de cette immense chambrée à compartiment existait une chapelle que tous les malades pouvaient voir de leur couche, où le prêtre disait chaque jour la messe. Quand il entre un malade à l'Hôtel-Dieu du xvie siècle, que son nom, son domicile, le jour de sa réception ont été enregistrés, on le fait confesser par le prêtre de la maison, on s'enquiert après s'il a or ou argent et les vêtements qu'il porte. On dresse l'état sur un livre *ad hoc* de tout ce qui se trouve sur lui. Un billet ou note en est donné à la mère religieuse, qui serre le tout jusqu'à ce que le pauvre sorte guéry et prêt à s'en aller. Alors, sur le commandement du médecin, la mère lui donne congé en lui rendant tous les objets contenus en son inventaire. On lui baille billet de congé, qu'il présente aux commis et administrateurs du bureau de l'aumône, et sur le vu duquel un secours lui est alloué, selon sa pauvreté. S'il est étranger, l'aumône lui est administrée par l'aumônier des étrangers, eu égard à sa pauvreté et à sa distance.

« Le soin des malades n'était pas le seul secours par lequel l'Hôtel-Dieu se rattachât à l'Aumône; il concourait avec ce bureau à tout ce qui concernait l'assistance des nécessiteux. » Ainsi il contenait un second corps de bâtiment pour les femmes en couches; un autre pour les petits enfants orphelins, trouvés et exposés. Les femmes étaient nourries et soignées jusqu'après leurs relevailles; les enfants étaient allaités et élevés par des nourrices jusqu'à ce qu'ils fussent d'âge à apprendre; alors ils en sortaient pour être instruits à l'hospice de Chana avec d'autres enfants. Après avoir reçu l'instruction primaire, ils étaient placés chez des maîtres chargés de leur donner un état, ou de leur procurer une condition toute faite en les faisant entrer dans leur famille, soit à titre de domestiques, soit même à titre d'enfants adoptifs [1].

L'Hôtel-Dieu de Lyon est le type parfait de ces anciens établissements hospitaliers de la seconde période, qui offraient un mélange de l'élément administratif civil et de l'élément religieux. Son organisation intérieure n'a guère varié depuis cette époque, et de nos jours, avant les modifications que lui a fait subir le régime républicain, il présentait encore une image des anciennes institutions charitables. Aujourd'hui encore, tous les hôpitaux de Lyon sont desservis par la même congrégation de sœurs hospitalières mi-religieuses, mi-laïques, qui avait pris naissance, au XVe siècle, dans le grand Hôtel-Dieu, et les mêmes règlements, en ce qui concerne le service et l'ordre de la maison, s'observent de la part des administrateurs et de la part des sœurs. De l'Hôtel-Dieu, l'institution des sœurs croisées s'était étendue à tous les autres établissements de Lyon à mesure qu'ils étaient venus se grouper sous la direction d'un même conseil général d'administration. C'est l'esprit d'unification des services hospitaliers qui a prévalu depuis le XVIIe siècle, et auquel répondait l'institution des Filles de la charité par saint Vincent de Paul et la vénérable Louise de Marillac.

Le XVIIe siècle, qui succédait à une époque de calamités et de ruines publiques, est le grand siècle de réorganisation de la charité, c'est le siècle de saint Vincent de Paul. Il avait commencé sous d'heureux auspices. Dès 1606, Henri IV rendit un édit pour la réforme des hôpitaux. En 1607, il posait la première pierre de l'hôpital Saint-Louis, un des plus beaux de l'Europe, bâti par Claude de Châtillon. Sous son règne, on constate diverses mesures d'ordre intérieur tendant à l'amélioration des services hospitaliers. Ainsi le bureau de l'Hôtel-Dieu de Paris, sur la proposition du premier président du Parlement, décide que les pauvres tombés malades dans les diverses maisons destinées aux pauvres valides seront transportés à l'Hôtel-Dieu pour y être spécialement soignés de leur maladie. Et cette mesure persista jusque vers la fin du siècle suivant, où il fut établi à l'Hôpital général et dans les maisons de la Salpêtrière, de Bicêtre et de la Pitié, qui en dépendaient, des salles spéciales d'infirmerie pour y traiter les malades de toute sorte de ces divers établissements.

Les idées de réforme étaient générales à cette époque ; l'exemple

---

[1] Voir Martin Doisy, *loc. cit.* Col. 89-90.

de Paris inspirait la province. En 1621, les administrateurs de l'Hôtel-Dieu d'Orléans se firent autoriser par la municipalité à emprunter douze mille francs pour faire de nouvelles constructions. En 1625, il est construit au premier étage deux salles spécialement destinées aux femmes. Jusque-là les malades, hommes, femmes et enfants avaient été confondus dans les mêmes salles. Les lits commencent aussi à être distincts. Auparavant c'étaient de vastes couches à plusieurs compartiments, pouvant recevoir quatre et six personnes à la fois. Il y avait à cette époque, à l'Hôtel-Dieu d'Orléans, une apothicairerie, des magasins de denrées, une lingerie, une buanderie, un ensevelissoir et une salle de dissection.

Dans beaucoup de villes on constate des progrès semblables sur l'âge précédent, qui avait été une époque de déclin pour les hôpitaux.

La principale réforme fut une réforme administrative en rapport avec le gouvernement centralisateur de Louis XIV.

« Les hôpitaux, dit M. le Grand, se transformèrent au xviie siècle. Les moins considérables furent réunis sous la même direction. Ceux des villages furent incorporés à ceux des villes ; on en supprima quinze à seize cents ; on aliéna ceux qui étaient inutiles; on répartit d'une manière plus commode les différents services dans les édifices conservés. » La plupart des vieux édifices du moyen âge commencèrent aussi à être remplacés par des constructions plus vastes, mieux aérées et mieux éclairées. Partout on se mit à rebâtir. Une plus stricte discipline, une réglementation plus compliquée présidèrent aussi à l'organisation intérieure des hôpitaux. La surveillance et le contrôle étaient plus sévères, les conditions d'admission et de séjour plus rigoureuses. L'influence du pouvoir central se faisait sentir davantage ; il y avait un peu moins de charité, il y avait plus de réglementation.

Avec la réforme du xviie siècle, l'hôpital perd le caractère libre, familier, qu'il avait dans les siècles précédents ; il devient davantage un établissement administratif. Le pauvre n'est plus autant chez lui, les religieux et religieuses voués au soin des malades sont moins les frères et sœurs des pauvres de Jésus-Christ, ils deviennent plutôt des infirmiers et des infirmières au service de l'établissement. On sent partout l'action de l'État; ce n'est plus la Maison-Dieu du moyen âge.

Ce caractère nouveau des hôpitaux ressort encore plus au siècle suivant. L'esprit de charité s'était refroidi au contact des idées nouvelles de la philosophie sophistiquée des Voltaire et des Jean-Jacques Rousseau. La philanthropie domine. Néanmoins les institutions de bienfaisance sont encore assez prospères, grâce au sentiment chrétien qui subsiste au fond de la société. Le mouvement de réforme et de reconstruction des établissements hospitaliers continue selon les idées du siècle.

Tout ne fut pas pour le mieux, il faut le reconnaître, dans cette rénovation des hôpitaux. C'est ce que M. Babeau constate en ces termes : « Quoique l'édit de 1561 eût prescrit de disposer des chambres spéciales pour le traitement des maladies contagieuses et incurables, on chercha dans l'aménagement intérieur des édifices la grande dimension des salles plutôt que leur nombre et leur affectation spéciale, on réunit sous le même toit des misères de nature différente que le moyen âge avait souvent recueillies dans des édifices distincts. Les administrations, stimulées par les intendants, qui leur fournirent les plans, se laissèrent aussi trop souvent entraîner par le désir d'élever de majestueuses façades, qui attestaient la richesse des hôpitaux, mais qui étaient hors de proportion avec leurs salles et leur mobilier[1]. Elles les faisaient précéder, à Troyes comme à Besançon, de grilles dont la richesse formait contraste avec la destination de l'édifice. Mais si la lumière pénétrait désormais dans les salles à travers de larges et hautes fenêtres, si les lits étaient entourés de rideaux et munis de matelas et de linge convenables, ils n'étaient pas en nombre suffisant. Il faut lire dans le rapport des commissaires de l'Académie des sciences les détails qu'ils donnent sur l'installation déplorable des malades à l'Hôtel-Dieu de Paris en 1786. On peut y voir que les conditions les plus élémentaires de l'hygiène et de la propreté n'étaient pas observées, et que certaines salles contenaient jusqu'à deux cent soixante-douze personnes, couchées quelquefois six dans le même lit[2], trois dans un sens, trois dans l'autre. Ce fut l'honneur du roi Louis XVI d'avoir provoqué les enquêtes qui révélèrent de pareils abus et d'avoir cherché à y remédier, en ordonnant que désormais les malades seraient reçus à l'Hôtel-Dieu dans des lits séparés[3]. En province, le mal n'était pas toujours aussi grand ; si à Granville les lits recevaient six personnes, à l'Hôtel-Dieu de Troyes ils n'en recevaient que deux ; à l'Hôtel-Dieu de Nantes il y avait des lits distincts pour les ouvriers de la manufacture de toile à voiles. De toutes parts on voulait améliorer les services hospitaliers, et ce fut dans ce but que l'intendant de Caen forma une commission spéciale, dont les maires et les échevins des villes firent partie[4]. »

[1] On peut citer les Hôtels-Dieu de Besançon (1703), de Rouen (1749-1753), de Troyes (1735-1760), de Lyon, de Sainte-Menehould (1737-1747).
[2] *Extrait des registres de l'Académie des sciences, du 22 nov. 1786.*
[3] Necker, *De l'Adm. des finances*, III, 149.
[4] *La Ville*, p. 435-6.

C'est dans cette dernière période de l'ancien régime que le voyageur anglais Digby, visitant le célèbre Hôtel-Dieu de Dijon, un des plus beaux types d'hôpitaux de ce temps, en parlait ainsi : « Jamais aucun établissement de ce genre ne m'a plu davantage. La charité et le bon sens semblent avoir présidé à la construction de cet hôpital. C'est un édifice vaste et élevé en dehors des murs de la ville, recevant l'air pur des montagnes voisines ; il contient trois cents lits, tous de fer, avec des draps et des couvertures de coton blanc, aussi propres que ceux d'un quaker à Norwich. Je ne pus trouver nulle part la plus légère odeur malsaine ou désagréable. Les salles sont très grandes et ont au moins trente pieds de haut. Quelques-unes sont destinées aux vieillards infirmes ou incurables ; d'autres, situées à l'écart, aux aliénés, et deux d'entre elles sont réservées aux enfants trouvés. Mais ce qui me frappa le plus ce fut une grande salle aménagée avec le même confortable pour la réception des étrangers sans ressources. La cuisine elle-même était également propre, et la pharmacie ou dispensaire la mieux tenue que j'aie jamais vue[1]. »

Les sages idées de réforme que Louis XVI voulait appliquer dans toutes les parties de l'administration de l'État auraient suffi, avec le concours du clergé, à restaurer partout le régime hospitalier sur le modèle de l'Hôtel-Dieu de Dijon, si les violences de la Révolution n'étaient venues tout empêcher et tout détruire. Un grand nombre d'hôpitaux de l'ancien temps ne survécurent pas à la période révolutionnaire.

[1] Babeau, *les Voyageurs en France*, p. 379-380.

XI

SECOURS AUX MISÈRES EXCEPTIONNELLES

État habituel de prospérité de la France. — Calamités exceptionnelles. — Guerres, famines et pestes. — L'époque des invasions. — Action charitable des évêques et des moines. — Concours du pouvoir civil. — Les grandes famines du xe au xiiie siècle. — Dévouement et bienfaisance du clergé et des ordres religieux. — La vente des vases sacrés. — Secours fournis par les abbayes et les hôpitaux en temps de calamité. — Les grandes pestes. — La peste noire de 1348 et l'invasion anglaise. — Dévouement général. — Héroïsme des religieuses de l'Hôtel-Dieu de Paris. — Les pestes sous Louis XIII. — Guerres et disettes. — Saint Vincent de Paul. — Son action admirable en Lorraine, en Picardie, en Champagne, dans le Berry, en Poitou. — La charité et la politique. — La lèpre au moyen âge. — Tendresse particulière des saints pour les lépreux. — Compassion charitable dans toutes les classes. — Héroïsme de saint Louis. — Hospices pour les lépreux. — Nombre considérable de léproseries et de maladreries. — Disparition graduelle de la peste au xviie siècle. — Retours terribles. — La peste de Marseille de 1720. — Le dévouement de Belsunce. — Action charitable des évêques au xviiie siècle. — Leur intervention dans tous les fléaux. — Charité des familles chrétiennes.

Il s'en faut bien que l'état des villes et des campagnes de l'ancienne France réponde, à aucune époque, au tableau que l'ignorance ou le parti pris de dénigrement ont souvent fait des misères et des souffrances du passé. Aussi loin que les documents privés, tels que les cartulaires et les pouillés des églises et des monastères, les dénombrements de fiefs, les contrats de toute nature, les testaments, les inventaires, les livres de raisons des familles, permettent de remonter, ils fournissent la preuve que, en dehors des époques de calamité, la condition générale de la France, du xiie au xixe siècle, a été bonne et le sort des populations aussi heureux qu'il peut l'être en aucun temps, avec l'inégale répartition de la richesse et l'affliction permanente des maladies dans la société humaine. A toutes les époques du moyen âge, et jusqu'en 1789, si l'on en excepte les temps de crise et de guerres exceptionnelles, l'agriculture et l'industrie ont été florissantes, et elles ont entretenu un bien-être général dans le pays jusqu'à la veille de la Révolution. Voltaire lui-même, si passionné contre l'ancien régime, constatait l'état prospère des campagnes.

Depuis la fin des invasions normandes et l'organisation politique du royaume de France, jusqu'à la guerre désastreuse de Cent ans, la population n'a cessé de croître. Et c'est là l'indice le plus certain de la condition satisfaisante du pays. « Il est maintenant hors de doute, écrit un historien très autorisé, M. Siméon Luce, que la population rurale de la France, pendant la première partie du xiv° siècle, avant la peste de 1348 et les désastres de la guerre de Cent ans, égalait au moins, si elle ne dépassait un peu sur certains points, celle de la France actuelle [1]. » Et le même écrivain observe, avec les documents les plus sûrs, que « cet accroissement de la population correspondait à une aisance générale dont notre pays n'a peut-être retrouvé l'équivalent qu'à une époque assez récente ».

Mais l'ancienne France a connu, dans le cours des siècles, trois grands fléaux qui sont venus, à des intervalles plus ou moins rapprochés, l'éprouver terriblement. Ces trois fléaux : la peste, la famine et la guerre, qui sont loin d'avoir entièrement disparu de la société moderne, affligeaient également les diverses contrées de l'Europe. Dans toute la chrétienté s'élevait périodiquement vers Dieu cette supplication des Litanies des saints : *A peste, fame et bello, libera nos, Domine.*

Lorsque l'un de ces fléaux, ou même tous les trois à la fois, venaient à fondre sur le pays, ils y causaient de terribles ravages.

La guerre, c'étaient les grandes invasions barbares, sarrasines, normandes, anglaises, qui, aux iv°, viii°, ix° et xiv° siècles, avaient mis tout à feu et à sang; c'étaient les conflits de l'époque féodale, où le roi de France avait des droits ou des intérêts à défendre contre les grands vassaux de la couronne; c'étaient les luttes fréquentes de seigneur à seigneur pour des questions de fiefs et d'apanages; c'étaient, plus tard, les expéditions extérieures, les hostilités de nation à nation. Les guerres du passé, beaucoup moins importantes en elles-mêmes que celles des temps modernes, étaient moins régularisées et causaient souvent plus de souffrances et de ruines locales. Elles laissaient toujours de longues traces dans les contrées où elles sévissaient.

La famine était une de leurs conséquences. Les champs dévastés, les troupeaux enlevés, réduisaient à la faim pour longtemps les populations au milieu desquelles avaient passé les armées ou, ce qui était plus redoutable, les bandes de pillards que celles-ci laissaient après elles. Les moyens d'approvisionnement manquaient. La contrée,

---

[1] *Histoire de Bertrand du Guesclin*, p. 55.

ruinée ou rendue inculte par la guerre, ne pouvant plus nourrir ses habitants, ne recevait pas facilement des pays voisins des subsistances suffisantes. La disette se faisait tout de suite cruellement sentir. Les mauvaises récoltes, les incendies, produisaient les mêmes effets que les guerres.

Il y eut, dans les longs siècles du passé, beaucoup de famines locales qui éprouvèrent plus ou moins l'une ou l'autre partie du territoire français; il y en eut aussi quelques-unes de générales, qui firent sentir les plus dures privations, souvent suivies de maladies et de mort, à toute la population.

Pour ces misères exceptionnelles, la charité avait aussi des secours particuliers. Aussi loin qu'on remonte dans le passé, on trouve de nombreux traits de cette fraternité chrétienne que l'Évangile avait inaugurée dans le monde et qui fait de l'histoire des fléaux publics de l'ère moderne, bien différente de celle de l'époque païenne, l'histoire des plus beaux dévouements, des plus généreux sacrifices.

Plus que jamais, le devoir de tous les chrétiens était de contribuer, chacun pour sa part, au soulagement des besoins des plus nécessiteux. C'est à ces moments-là surtout qu'il fallait se souvenir que tous les chrétiens étaient les fils du même Père, les frères du même Jésus-Christ. Le clergé, dans les temps de crise, le rappelait plus instamment que jamais, et il était le premier à organiser les secours publics qu'il tirait de ses appels à la solidarité chrétienne.

L'époque des grandes invasions barbares vit d'immenses misères. Dans la désorganisation de la société civile, les évêques, vrais chefs des cités, durent pourvoir aux besoins de leur peuple. De grands exemples de charité sont restés de ce temps-là. Il y en eut beaucoup de ces vrais pasteurs qui montrèrent tout ce que l'amour de Jésus-Christ pouvait inspirer de dévouement et de générosité au milieu des plus grandes épreuves.

Tel était Exupère, évêque de Toulouse au IVe siècle. Saint Jérôme, qui fut en rapport avec lui, dit de ce saint pontife que, « non content d'employer tout ce qu'il possédait et de se réduire au dénuement le plus complet pour soulager les indigents, Exupère alla, pendant une grande disette qui affligeait le midi de la Gaule, jusqu'à vendre tous les calices et les reliquaires de ses églises, et à se servir d'un simple verre pour y consacrer le précieux sang du Dieu sauveur, sacrifiant en quelque sorte, au soulagement des pauvres l'honneur dû au redoutable mystère de nos autels. » Et ailleurs le grand docteur s'écrie : « Que peut-on trouver de plus riche en vertus et en mérites que ce saint évêque, réduit par sa charité à porter le corps sacré de Jésus-Christ dans un panier d'osier et son sang précieux dans un simple verre ? » C'est là un des mille traits de la charité épiscopale de cette époque.

On voit les évêques occupés, après le passage des Barbares, à réparer les maux de l'invasion. L'exemple de saint Loup est resté célèbre. Le courageux évêque avait réussi à détourner de la ville de Troyes le fléau ; mais l'armée d'Attila avait dévasté les campagnes environnantes. Là on n'avait que trop expérimenté que l'herbe ne poussait plus où avait passé le cheval des Barbares. Saint Loup s'efforça d'être le père de son peuple après en avoir été le défenseur. Comme les anciens conquérants romains, on le voit fonder des colonies avec les populations de la campagne troyenne qu'il conduisit dans le pays du Lassois, près de Châtillon-sur-Seine, et au village de Mâcon, près de Nogent-sur-Seine ; il les y installa dans les tours abandonnées à l'approche d'autres Barbares, les Vandales, et leur donna en outre les biens patrimoniaux qui lui restaient dans cette contrée.

Ainsi les invasions elles-mêmes, qui avaient ruiné le pays, devinrent le point de départ d'un nouveau développement assidu.

Les grandes expéditions barbares furent suivies, après l'établissement des Francs, d'incursions de tribus germaniques qui venaient disputer la place aux premiers arrivés et prendre leur part du territoire de la Gaule. Les mêmes maux recommencèrent çà et là, et les mêmes secours extraordinaires furent prodigués sous la direction des évêques.

A la suite des dévastations des Bourguignons, il y eut à la fin du ve siècle une grande famine dans les provinces riveraines du Rhône et en Auvergne. Si ce fléau pesait terriblement sur les populations, il trouva aussi des adoucissements dans la charité. Saint Patient, archevêque de Lyon, se dépensa avec le plus grand zèle pour son diocèse. Dans le même temps, le sénateur Ecdice, beau-frère de saint Sidoine Apollinaire, s'illustra par une charité semblable à l'égard de la province d'Auvergne. Ce généreux chrétien fit le plus noble usage des grands biens de la famille de Sidoine et de la sienne, qui étaient les premières du pays. Saint Grégoire de Tours raconte qu'Ecdice, voyant que la famine s'étendait de plus en plus, envoya ses gens, avec des chevaux et des chariots, dans toutes les villes du voisinage, pour recueillir les plus malheureux. On alla de tous les côtés et on lui amena des troupes de pauvres faméliques qu'il répartit dans les diverses maisons qui lui appartenaient, où il les fit nourrir pendant tout le temps que dura la disette.

Au témoignage de Sidoine Apollinaire, la charité de saint Patient n'eut pas moins d'éclat, puisqu'elle s'étendit jusqu'aux extrémités des Gaules. Sidoine dit que ce qu'il faisait pour l'extirpation des hérésies, la conversion des barbares, la réformation des mœurs de son peuple, l'embellissement des églises de son diocèse, lui était commun avec les autres saints prélats de son temps, mais qu'il eut en propre la gloire de s'être épuisé en dépenses pour acheter des blés, de les avoir fait distribuer gratuitement par toutes les provinces des Gaules que les Visigoths, sous la conduite de leur roi Alaric, avaient ravagées le long du Rhône et de la Saône jusqu'à la Loire, et d'avoir établi des magasins sur les rives de ces fleuves, avec lesquels il avait pu alimenter les villes d'Arles, de Riez, d'Avignon, d'Orange, de Viviers, de Valence et de Saint-Paul-Trois-Châteaux, qui depuis lors le regardèrent comme leur sauveur et comme un second Joseph.

C'est dans les vies des saints, dans les chroniques des abbayes, qu'il faut aller chercher le souvenir des grands exemples de charité donnés, dans les temps de calamité extraordinaire, par les évêques, les moines, les princes, qui comprenaient le mieux leur rôle de serviteurs de Jésus-Christ et des pauvres.

« En 580, lit-on dans la vie de saint Gontran, roi de Bourgogne, il y eut dans une partie des Gaules des tempêtes, des incendies, des inondations, des tremblements de terre. Ces fléaux furent suivis d'une dysenterie contagieuse, appelée feu de saint Antoine, et qui n'est probablement rien autre que le choléra moderne. Après avoir désolé les provinces de Chilpéric, la contagion envahit le royaume de Bourgogne. Le saint roi Gontran fit alors faire une distribution de tout ce qui était nécessaire pour l'assistance des pauvres, et veilla à ce qu'on prît un soin particulier des malades. Il passa les nuits en prières, jeûna, veilla; enfin il se présenta à la justice divine comme une victime publique pour ses sujets [1]. » Cette conduite d'un pieux roi donne l'idée de tout ce qui pouvait se faire de bien, avec de pareils exemples et sous une telle impulsion, pour remédier aux maux qui désolaient toute une province, tout un royaume.

Pour les misères exceptionnelles, le clergé avait une ressource suprême : celle des ornements d'or et d'argent, et des vases sacrés des églises. Maintes fois il en usa, selon les enseignements et la pratique des plus saints évêques.

Pendant une dure famine qui affligea, en 651, le diocèse de Paris, son évêque, saint Landry, vendit ou engagea non seulement tous ses meubles, mais aussi les vases sacrés de l'église pour donner du pain à ceux qui en manquaient, et il prenait plaisir à le leur distribuer lui-même.

[1] *Petits Bollandistes*, IV, 26.

A toutes les époques les monastères furent comme des greniers d'abondance pour les pauvres dans les temps de disette. Dès l'origine de la vie monastique en France, on voit saint Jean de Resme distribuer, à une époque de famine, les provisions de l'abbaye aux nécessiteux, et Dieu, pour récompenser sa charité, multiplier miraculeusement le blé qu'il donnait en aumônes.

Les exemples abondent, dans le clergé et les ordres religieux, du dévouement aux époques de calamités publiques.

Pendant la famine et la peste qui désolèrent le Toulois, vers la fin du xe siècle, à la suite de la guerre entreprise par le roi de France, Lothaire, pour reprendre la Lorraine à l'Empire, sous la minorité d'Othon III, le saint évêque de Toul, Gérard, se dépensa avec une inépuisable générosité pour son peuple. Il vida ses greniers, fit venir des denrées des contrées voisines et nourrit ainsi les populations affamées jusqu'à la moisson suivante.

Les rois, les empereurs chrétiens des premiers siècles de la monarchie franque stimulaient la charité publique par leurs prescriptions. C'était la mission du pouvoir civil, tel qu'on la comprenait alors, de provoquer, et au besoin d'imposer la pratique du bien. Tous les princes ne la remplissaient pas également; mais du moins ils trouvaient dans leur autorité le moyen de pourvoir au bien public, surtout quand les temps de misère rendaient plus impérieux pour tous le devoir de la charité.

« Que les abbés, les évêques, les abbesses, les comtes, qui sont riches, dit un capitulaire de Charlemagne édicté pendant une famine, nourrissent les pauvres jusqu'au temps de la moisson, et que les comtes, dans une situation inférieure, faisant ce qu'ils pourront, en nourrissent ou deux, ou trois, ou un. »

Une des plus terribles famines dont souffrit la France au moyen âge, fut celle de 1030, qui dura trois ans. Sur une grande partie du territoire, des pluies presque continuelles empêchèrent les moissons et autres fruits de la terre de mûrir. Dans cette longue période de souffrances et de misères, l'Église vint en aide aux malheureux avec toutes ses ressources. L'abbaye de Cluny, la plus riche de la chrétienté, se distingua par son dévouement. Saint Odon, qui la gouvernait alors, n'hésita pas à la dépouiller entièrement. Il la rendit pauvre pour soulager la misère publique. Sa libéralité était si grande, qu'on l'accusa de profusion. Quand le saint abbé eut épuisé les provisions de son monastère, il vendit les calices, les vases sacrés et les ornements précieux de son église, et n'épargna pas même la couronne d'or que l'empereur saint Henri avait donnée à l'abbaye de Cluny. Comme malgré cela ses revenus et ses trésors étaient trop modiques pour soulager la misère de tous les pauvres, il allait de ville en ville et de château en château, afin d'exciter les princes, les seigneurs et les personnes riches, tant ecclésiastiques que laïques, à ouvrir leurs bourses pour soulager les nécessités pressantes de tant de misérables[1]. Les contemporains disent que saint Odon sauva ainsi de la mort des milliers de personnes.

On raconte, entre autres traits de sa charité, qu'allant un jour de Saint-Denis à Paris, au temps où la terrible famine sévissait sur la population, il rencontra sur le grand chemin deux enfants morts de faim et de froid qui étaient exposés à la vue des passants. Ce douloureux spectacle le remplit de compassion; il descendit de cheval, et, se dépouillant de la chemise de serge qu'il portait, il enveloppa de ses propres mains les deux petits cadavres, et ayant payé des fossoyeurs pour les enterrer, il les conduisit lui-même au cimetière.

De 1124 à 1125, l'hiver fut particulièrement rigoureux dans les régions du nord et de l'est de la France; de hautes couches de neige recouvraient la terre. Le froid était intense. Tous les cours d'eau étaient gelés. A cet hiver affreux succéda un printemps plein de bourrasques et d'orages. Il s'ensuivit une horrible famine qui sévit dans une grande partie de la France jusqu'en 1126[2]. Les populations mouraient de faim[3].

Un autre fléau non moins redoutable vint bientôt répandre partout la terreur. La peste s'abattit sur l'Europe occidentale, faisant d'innombrables victimes. Les chroniqueurs du temps rapportent, non sans quelque exagération, que les vivants suffisaient à peine à ensevelir les morts. La peste accrut encore la famine. Ce fut une année terrible.

Dans les pays où la disette se fit le plus cruellement sentir, elle reçut de la charité du clergé et des ordres religieux des soulagements extraordinaires.

En Bourgogne, elle fut tempérée par les largesses des grandes abbayes qui peuplaient la province. « Dans ces crises publiques, observe un hagiographe, le peuple sait toujours où sont ses vrais amis et de quel côté lui viendra le secours[4]. » On s'empressa partout autour des églises et des monastères.

Là même les ressources ne tardèrent pas à devenir insuffisantes. Les besoins augmentaient chaque jour avec les horreurs de la famine.

Saint Étienne, abbé de Cîteaux, ému de tant de misère, quitta

---

[1] *Petits Bollandistes*, I, 31-35.
[2] Pertz, *Monum. Germ. histor.*, VI, Sigeb. cont. Præm. 1125; — XVI, p. 618. *Annal. Floress.* 1124-5.
[3] Pertz, o. c. *Chron. Usperg.*, ann. 1125.
[4] Madelaine, *Hist. de saint Norbert*, p. 295.

son cloître, malgré son grand âge, et on le vit entreprendre de longues courses, se faire mendiant pour les pauvres, solliciter en leur faveur la charité des riches et des princes. Le « jeune abbé de Clairvaux, saint Bernard, ne montrait pas moins de zèle pour subvenir aux besoins les plus pressants. Quoique le monastère fût loin d'être riche, il s'était, — comptant moins sur les ressources ordinaires que sur la Providence, — constitué le père nourricier de trois mille indigents. Chaque jour, aidé de ses religieux, il distribuait du blé et du pain à ceux qui n'avaient d'autre espoir que la générosité des moines [1]. » Dans l'ardeur de sa charité, saint Bernard faisait même un crime à la célèbre abbaye de Cluny, sa voisine, du luxe qu'elle conservait dans le culte, au milieu des ravages de la famine : « Les murs de l'église, disait-il, sont étincelants de richesse et les pauvres sont dans le dénuement ; les prêtres sont couverts de dorures et les pauvres sont privés de vêtements [2]. » Cluny, pourtant, avait donné de grands exemples de charité. Au siècle précédent, un de ses moines, le célèbre Guillaume, abbé de Saint-Bénigne de Dijon, avait vendu les vases sacrés pour secourir les malheureux pendant la terrible famine de 1025.

Les indigents accoururent en grand nombre à Clairvaux. L'abbé, ne pouvant pas les nourrir tous, en choisit deux mille qu'il marqua d'un signe particulier, et il s'engagea à leur fournir également les moyens nécessaires de subsistance ; aux autres il dut se borner à faire des aumônes plus restreintes.

Sur d'autres points de la France, plusieurs évêques, tels que Hugues de Grenoble, vendirent les vases sacrés de leurs églises et jusqu'à leur anneau épiscopal, pour nourrir les malheureux.

L'Ordre naissant de Prémontré rivalisa de charité, pendant ces temps calamiteux, avec les grands ordres bénédictins et cisterciens. Chacun de ses monastères devint un centre de secours pour la contrée. Celui de Prémontré, qui était le berceau de l'Ordre, se chargea pendant cette terrible disette de la nourriture de cinq cents pauvres. « Les indigents étaient devenus des membres de la famille ; et l'on y fit, tant que dura la misère publique, des provisions pour les nécessiteux de tout le voisinage, en même temps que pour les frères de l'abbaye [3]. » L'année suivante, au retour d'un voyage à Rome, saint Norbert trouva l'usage encore subsistant de nourrir cinq cents pauvres par jour, quoique le fléau eût cessé. Il le maintint. Ainsi ce malheur tourna à bien pour les nécessiteux.

L'année de l'élection du B. Godefroy de London au siège épis-

---

[1] Chevallier, *Histoire de saint Bernard*, t. I, p. 125-6.
[2] *Apolog.*, c. 12, n° 28.
[3] Madelaine, *o. c.*, p. 296.

copal du Mans, et la suivante, une famine sévit dans le diocèse. Pour secourir la misère des indigents, le clergé, à l'instigation de son saint évêque, se dépouilla de ses biens et vendit une partie des ornements du sanctuaire. Les chroniqueurs disent que le chapitre de la cathédrale distribua aux pauvres le prix d'un riche baldaquin d'argent qui avait été donné au tombeau de saint Julien. Dans leur zèle, plusieurs chanoines voulaient aller jusqu'à vendre le magnifique reliquaire d'argent qui contenait le chef du saint apôtre du diocèse. L'évêque donna cent cinquante livres tournois de son patrimoine, et la fabrique de l'église cathédrale soixante, pour suppléer au prix de la précieuse relique.

De pareils traits sont communs à toutes les époques.

En temps de disette, les abbayes et les prieurés répartis sur tout le territoire pourvoyaient avec leurs réserves de blé, de vin, de fèves, aux besoins les plus pressants des affamés. Dans les villes, les établissements hospitaliers contribuaient, avec les couvents, au soulagement des nécessiteux.

Les hôpitaux ne servaient pas seulement au soin des malades; leurs revenus étaient employés aussi à secourir les misères publiques. On voit, par exemple, pour l'hôpital Saint-Jean d'Hesdin en Artois, que des distributions de blé sont faites aux pauvres pendant l'hiver selon les ressources de la maison. Les comptes de l'établissement mentionnent, sous le nom touchant de « blé pour Dieu et froidures de l'iver », les dépenses extraordinaires occasionnées par ces distributions. Dans l'hiver 1335-1336, le nombre des pauvres gens ainsi secourus chaque jour par l'hôpital, dans cette petite ville d'Hesdin, s'élève à trente-cinq [1].

Il en était partout de même. En cas de nécessité extrême, les approvisionnements des hôpitaux servaient à sustenter les bien portants comme les malades. Des distributions de vivres réglées par les administrateurs étaient faites à domicile, chez les nécessiteux, ou à la porte de l'établissement. Plus d'une fois même, des fondations d'hôpitaux ou maisons de charité furent faites en vue de besoins immédiats, à la suite d'une guerre ou à l'époque d'une famine.

Ainsi, l'hôpital de Beaune avait été fondé en 1441 par Nicolas Rolin, chancelier de Bourgogne, pour remédier à la misère causée dans la contrée par les dernières agitations de la guerre de Cent ans. Le fondateur en avait remis la direction à une communauté de Béguines qu'il avait fait venir exprès de Malines.

C'est au milieu d'une horrible disette que naquit à Lyon, en 1531, d'un élan généreux de la cité tout entière, l'institution de l'*Aumône*

---

[1] J. Richard, *o. c.*, p. 26.

générale, qui devint, comme on l'a dit, « une immense école de pauvres. »

Partout on trouvait cet esprit de fraternité. En cas de calamité publique, la ville s'unissait comme une famille. Magistrats, clergé, peuple, tout le monde se prêtait secours, tout le monde travaillait à arrêter le fléau ou à en réparer les effets. Toujours la prière accompagnait la charité. Aux soins envers les malades, on ajoutait de pieuses supplications publiques, des vœux collectifs à Dieu, à la sainte Vierge, aux Saints.

A la suite de la grande peste de 1462, qui enleva dans Amiens seulement les deux tiers des habitants, on érige dans la cathédrale, en exécution des trois ordres de la ville, la chapelle de saint Sébastien, dont le culte, avec celui de saint Roch, se répandit dès lors dans un grand nombre de paroisses de la Picardie.

Là où les secours étaient insuffisants, s'organisèrent des associations ou confréries pour assister les nécessiteux. A Abbeville, par exemple, lors de la peste de 1596, pendant laquelle tous les quartiers furent infestés, et où l'on ne trouvait même plus personne pour la sépulture des morts, fut institué une confrérie dite *de la Charité*, pour « assister et subvenir aux pestiférés ».

Parfois, la charité, sous le coup de grands malheurs publics ou de pressantes nécessités, avait des inventions héroïques. C'est ainsi qu'aux plus mauvais jours de la guerre de Cent ans et de la Jacquerie se forma à Lyon cette *Société des frères adoptifs*, dont les membres s'engageaient à mettre en commun tous leurs biens et à s'aimer et à s'entr'aider comme les fils d'une mère.

Plus redoutable que la guerre et que la famine était la peste, dont les ravages s'étendaient de proche en proche et atteignaient presque toujours plusieurs pays à la fois. Sous ce nom on désignait diverses sortes de maladies contagieuses, dont nos épidémies modernes de choléra, si mortelles qu'elles aient été en certaines années, ne reproduisent plus toute l'horreur.

« Renfermées dans d'étroites demeures, et à peine soucieuses des règles les plus élémentaires de la salubrité, les populations, dit un historiographe, ne savaient comment se défendre contre l'épidémie qui semait partout la mort. On avait bien les moyens spirituels de guérison, processions, pèlerinages, attouchements de reliques saintes; mais, d'un autre côté, l'ignorance des médecins de ce temps-là ne pouvait rien pour arrêter la marche du terrible ennemi, qui ne disparaissait qu'usé par sa propre violence et rassasié de victimes [1]. »

---

[1] Godefroy Madelaine, *Hist. de saint Norbert*, p. 291-3.

Quelques-unes de ces pestes, propagées d'Orient en Occident, causèrent les plus grands ravages. Le peuple chrétien y voyait de terribles « visitations de Dieu ». Aucune n'eut de plus épouvantables effets que la peste noire de 1348, qui enleva, au dire des chroniqueurs affolés, « la tierce partie du monde. »

« On ne croira pas, écrit Pétrarque, qu'il y a eu un temps où l'univers a été presque entièrement dépeuplé ; où les maisons sont demeurées sans familles, les villes sans citoyens, les campagnes incultes et toutes couvertes de cadavres. Comment la postérité le croirait-elle ? Nous avons peine à le croire nous-mêmes, et cependant nous le voyons sous nos yeux. Sortis de nos maisons, nous parcourons la ville, que nous trouvons pleine de morts et de mourants. Nous rentrons chez nous, et nous n'y rencontrons plus nos proches ; tout a péri pendant notre absence! Heureuses les races futures qui ne verront point ces calamités, et qui regarderont peut-être comme un tissu de fables la description qui en est faite dans ce récit[1] ! »

En France, les ravages de la peste noire s'ajoutèrent aux maux de l'invasion anglaise. Comme partout, le fléau fit d'innombrables victimes. Des familles nobles s'éteignirent à jamais. A Paris, la mortalité était de plus de cinq cents personnes par jour, nombre énorme eu égard à la population d'alors. Dans cette circonstance, le clergé et les ordres religieux donnèrent les plus beaux exemples de dévouement, affrontant souvent le danger d'une mort presque certaine pour donner les soins de l'âme et du corps aux malheureux pestiférés. Bien des laïques, hommes ou femmes, également dévoués, rivalisaient de zèle avec les prêtres et les religieux.

Les religieuses de l'Hôtel-Dieu, en particulier, montrèrent la plus héroïque charité. Pendant longtemps il y mourait chaque jour plus de cinquante pestiférés, que l'on transportait en masse, avec les autres morts de la ville, au cimetière des Saints-Innocents, qui ne tarda pas à devenir trop petit et infectieux. Témoin de la conduite des sœurs du grand hôpital de Paris, un chroniqueur du temps écrivait d'elles : « Ces saintes filles ne craignaient pas de s'exposer à une mort certaine en soulageant les pauvres. Elles les assistaient avec une patience et une humilité admirables. Il fallut renouveler leur communauté à plusieurs reprises à cause des ravages qu'y fit la contagion, mais on peut croire que la mort, en les enlevant de la terre, les a placées dans le séjour de la paix et de la gloire avec Jésus-Christ[2]. »

L'admirable charité de l'Église était stimulée en cette affreuse

[1] *Epist. Famil.*, ép. 7.
[2] *Contin. Nang., Spicileg.*, t. II, p. 807 et seqq.

calamité par la sollicitude toute paternelle du pape Clément VI. De sa résidence d'Avignon, il multipliait les indulgences en faveur des malades, comme de tous ceux, prêtres, religieux et laïques, qui ne craignaient pas de leur rendre les services spirituels et corporels. Cette charité s'est personnifiée éminemment en saint Roch, l'héroïque pèlerin de Montpellier, dont toute la vie fut un grand acte de dévouement envers les pestiférés.

Après la grande tribulation du xive siècle, on ne vit plus d'épidémie produire d'aussi épouvantables effets. Mais il y eut encore bien des atteintes du fléau dans diverses provinces, et chaque fois ce ne fut pas trop de toute la charité chrétienne pour en atténuer les horreurs. Dès le xvie siècle, la peste était devenue moins fréquente, moins pernicieuse ; mais elle eut des retours terribles. De 1629 à 1638, sous Louis XIII, elle fut générale. Chaque province était visitée tour à tour.

La Normandie fut une des plus atteintes. L'hôpital de la Santé de Rouen n'était plus qu'un sépulcre, écrit un contemporain, et l'hôpital qu'on nommait l'Évent un lieu de contagion et de mortalité. Guy Patin, doyen de la Faculté de médecine de Paris, assure que la peste, aggravée par les terreurs du fléau, enleva dans la ville de Rouen plus de quatre mille personnes en quinze jours.

La contagion atteignit l'Ile-de-France et Paris ; elle y fit un grand nombre de victimes, entre autres le poète Rotrou, enlevé dans toute la force de l'âge et du talent. Il était lieutenant du roi dans le bailliage de Dreux. Comme ses amis le pressaient de se mettre à l'abri du fléau : « Non, répondit-il à l'un d'eux ; c'est ici que me retient mon devoir. »

Le fléau s'était répandu dans tout le nord de la France, en Champagne, en Lorraine. Il éprouva cruellement la Picardie. En 1636, la peste y causa une effrayante mortalité.

A Saint-Quentin, elle enlevait trois mille personnes, et à Abbeville six mille au moins en dix-sept mois. En deux ans, dit un historiographe, le P. Daire, elle fit plus de vingt mille victimes dans la seule ville d'Amiens, soit les deux tiers au moins de la population. Cette calamité, ajoute-t-il, fit tomber tout à coup le commerce et réduisit à la mendicité huit mille ouvriers, qui durent la conservation de leur existence au seul secours de la charité. Il aurait péri un plus grand nombre encore de victimes sans l'admirable dévouement du clergé, des ordres religieux, des magistrats. On vit là ce que c'était qu'une cité chrétienne. Au milieu de l'affliction publique, l'échevinage, alors si religieux, fit vœu d'offrir à Notre-Dame de Liesse une statue de la Vierge en argent. C'est toujours ainsi que se terminaient ces grandes calamités.

« Les budgets communaux, dit M. Babeau, sont encore grevés au XVIIIe siècle de dépenses annuelles pour l'accomplissement des vœux que les consuls et les échevins avaient faits, au nom de leurs concitoyens, pendant les terribles épidémies des siècles précédents[1]. »

Dans le Languedoc, à l'autre extrémité de la France, régnaient le même mal, la même terreur. « A Nîmes, une sorte de lazaret avait été établi hors des murs, auprès des murs de l'ancien monastère de Saint-Bauzile. Les pestiférés y furent portés, et la plus touchante émulation entraîna les supérieurs de tous les couvents, comme les pasteurs protestants, à offrir aux consuls de la ville quelques-uns des leurs pour soigner les malades. Les magistrats firent choix des religieux Récollets : le père gardien de l'Ordre fit appel aux volontaires disposés à sacrifier leurs vies pour le service de Dieu et du prochain ; puis, embrassant les quatre frères qui furent ainsi désignés, il les laissa entrer dans la fournaise de la contagion. Lorsqu'ils furent morts, quatre jésuites les remplacèrent[2]. »

Saint Vincent de Paul était venu à temps au milieu des calamités qui désolèrent la France sous le règne de Louis XIII et pendant la minorité de Louis XIV. Les malheurs de cette longue période de peste et de guerre devaient montrer à l'œuvre cette charité immense, inépuisable, égale à toutes les misères. Aux ravages d'une cruelle épidémie s'étaient joints les maux des guerres étrangères suscitées par la fausse politique de Richelieu, et ceux des guerres civiles causées par l'ambition des grands. Saint Vincent de Paul fut la providence du pays ; avec ses deux communautés des prêtres de la Mission et des Filles de la charité, il pourvut à tout.

Son rôle est une des plus belles pages de l'histoire de la charité en France.

Durant cette période d'affliction, il n'y eut pas de province plus éprouvée que la malheureuse Lorraine, qui paya par les plus cruelles calamités l'avantage de devenir française. La peste, l'invasion, la famine, tous les fléaux réunis en avaient fait une terre de désolation, de carnage et de ruines.

La charité seule de saint Vincent de Paul pouvait entreprendre de porter remède à tant de calamités.

La France entretenait cinq armées, que Richelieu avait lancées à la fois sur la Flandre et dans le Luxembourg, en Alsace, en Italie et aux Pyrénées. Il semblait qu'elle ne dût plus avoir de ressources pour soulager les maux de la guerre ; mais Vincent avait ouvert le

---

[1] Babeau, p. 447.
[2] De Witt, p. 184.

trésor inépuisable de la charité. C'est là qu'il puisa comme à pleines mains pour secourir pendant tant d'années le malheureux peuple dont il fut la providence. Il commença par se mettre lui et les siens à contribution. Déjà, pendant l'invasion des Espagnols en Picardie, il avait diminué le petit ordinaire de la communauté de Saint-Lazare, trouvant juste de retrancher quelque chose « pour compatir et participer aux misères publiques ». A l'occasion des malheurs de la Lorraine, il la réduisit au pain d'orge. « Voici le temps de la pénitence, disait-il, puisque Dieu afflige son peuple. N'est-ce pas à nous autres prêtres d'être au pied des autels pour pleurer leurs péchés? Mais de plus ne devons-nous pas retrancher pour leur soulagement quelque chose de notre nourriture ordinaire? » Dès 1637, la maison de Toul, fondée deux ans auparavant, avait commencé la distribution des aumônes. En 1639, avec les secours qu'il reçut de l'assemblée des Dames de charité, de Mme de Goussault, de la duchesse d'Aiguillon, sa trésorière ordinaire, de la reine elle-même, Vincent envoie douze de ses prêtres et quelques frères pour secourir les tristes populations de la Lorraine. Toul, Metz, Verdun, Nancy, Bar-le-Duc, Pont-à-Mousson, Saint-Mihiel, vingt autres villes et des centaines de villages ressentirent successivement les bienfaits des envoyés de sa charité. Des sommes incalculables, des millions, au compte de notre siècle, arrivèrent par ses mains à la malheureuse Lorraine.

La guerre avait contraint un grand nombre d'habitants à se réfugier à Paris. Ils trouvaient encore à Saint-Lazare secours et consolation. Vincent leur procurait du pain ou du travail, des habits, un logement. Pendant que les émigrés affluaient, le saint envoyait un de ses missionnaires chercher en Lorraine les jeunes filles dont le délaissement et la pauvreté mettaient l'honneur en péril. Il en arriva successivement près de deux cents avec un grand nombre de petits garçons. Recueillies d'abord par Mademoiselle Legras, elles purent, avec la protection des Dames de charité, se placer honnêtement chacune suivant sa condition.

Parmi les réfugiés se trouvaient des gentilshommes et des femmes de qualité. Avec M. de Renty, ce généreux chrétien dont la vie si courte fut mêlée à tant d'œuvres et de fondations, Vincent réunit quelques riches gentilshommes que le devoir de religion autant que le point d'honneur disposait à venir en aide à leurs frères de Lorraine. Tous les mois il les assemblait à Saint-Lazare, et là on étudiait les besoins et on y pourvoyait par des cotisations régulières. Pendant sept ans, la pauvre noblesse de Lorraine, visitée et secourue avec des égards fraternels, vécut des bienfaits de cette association. L'assemblée des gentilshommes, devenue plus nombreuse avec le temps, se trouva toute prête aussi pour secourir les seigneurs anglais et irlandais que la persécution religieuse avait forcés à chercher un refuge en France. Pendant vingt ans qu'elle subsista, Vincent étendit encore son action à d'autres œuvres, sachant aussi bien se servir des instruments que Dieu lui mettait sous la main, que se prodiguer lui-même.

Les malheurs continuèrent pour la France, malgré les avantages de la victoire.

En même temps que la paix de Westphalie était signée éclataient les troubles de la Fronde. Au coup d'État contre le Parlement, le peuple avait répondu par la journée des Barricades. Devant l'émeute, la cour s'était retirée à Saint-Germain. Bientôt l'armée royale affamait Paris. Sans prendre parti dans la lutte, Vincent de Paul ne vit que la détresse de la population. Il ne tint pas à lui que le blé n'entrât librement dans les murs selon la promesse qu'il avait obtenue de la reine. Tous les jours il faisait faire à Saint-Lazare des distributions de potage à deux mille pauvres, et lui-même parcourait les quartiers de la ville à la recherche des pauvres infirmes et honteux. La misère s'aggravait avec la guerre civile.

Au milieu de ces troubles confus, le rôle de Vincent de Paul fut d'être le nourricier du peuple et l'ambassadeur de la paix. A Saint-Lazare, il institue devant l'autel une faction permanente d'expiation et de pénitence; il envoie les Dames de la charité aux sanctuaires consacrés aux saints patrons de Paris et de la France; dans toutes les communautés religieuses dont il est le directeur, il forme une ligue de prières et d'austérités; il étend, par les évêques, cette sainte propagande aux provinces, et enfin il intéresse le souverain Pontife lui-même à la cause de la paix. Ce n'est pas assez. Pendant qu'il détourne des intrigues et des armes un argent que sa charité reporte vers les pauvres, il s'interpose entre le roi et les princes.

Depuis le commencement des hostilités avec l'Autriche, la Picardie et la Champagne n'avaient point cessé de servir de champ de bataille aux deux armées impériale et française. Ravagées tour à tour par les amis et par les ennemis, ruinées, affamées, ces malheureuses provinces offraient, comme la Lorraine, le spectacle de la plus affreuse misère. A ces calamités, la guerre des Princes était venue ajouter des horreurs plus grandes encore. Profitant des discordes intestines du royaume, Espagnols et Impériaux avaient fondu de nouveau, par les Pays-Bas et la Franche-Comté, sur les contrées qui leur ouvraient la route de Paris. Massacres, incendies, dévastations des fermes, des moissons, des églises, viols et pillages, peste et famine, telles étaient les suites de ces guerres continuelles. La miséricordieuse Providence suscita encore une fois Vincent de Paul pour réparer les maux de la politique. C'était l'œuvre de la Lorraine à recommencer en plus grand. L'homme de Dieu ne se décourage point. Quoique Paris absorbe ses ressources pour ses propres souffrances, il fait appel à un surcroît de charité. Les Dames de son assemblée acceptent cette nouvelle œuvre, toutes les chaires de Paris retentissent à son instigation des cris de détresse de la Champagne et de la Picardie, et lui-même compose avec les relations des premiers envoyés un récit pathétique des besoins des deux malheureuses provinces, puis un petit traité sur l'*Aumône chrétienne*, suivi d'une *Instruction pour le soulagement des pauvres*, où il donne jusqu'à la recette pour composer ces potages économiques qui seront la principale nourriture de ces populations affamées. A mesure que les secours arrivaient de tous les points de la capitale, Vincent de Paul organisait les envois. Seize missionnaires accompagnés de sœurs de la charité partirent successivement. Dans les premiers temps, la dépense allait à dix mille écus par mois. En six ans elle s'était élevée à trois cent-quarante-huit mille livres, et jusqu'à la paix elle atteignit un million en secours de toute espèce.

Mais ce ne fut pas encore tout. Les provinces de l'Est et du Nord n'avaient pas été seules à souffrir des guerres. Avec tant d'œuvres de toute sorte à soutenir, Vincent de Paul trouva encore le moyen de secourir le Berry et le Poitou, l'Angoumois, la Beauce et le Gâtinais. Dans ces vingt-cinq années de guerres civiles et étrangères terminées au traité des Pyrénées, Saint-Lazare fut comme le grenier d'abondance de la France. Grâce à Vincent de Paul, il y eut du pain et des consolations pour des multitudes qui auraient péri de détresse sans son infinie charité. Paris et ses faubourgs ne ressentaient pas moins les effets des troubles que les provinces les plus abandonnées. La deuxième Fronde avait semé plus de calamités encore que la première. D'Étampes à Pontoise, toute la campagne était ravagée et couverte de morts. Pour commencer, Vincent envoie à Étampes les missionnaires revenus de Picardie. La ville venait d'essuyer un siège rigoureux, les maisons étaient détruites, les rues infectées de cadavres. Aussitôt les missionnaires établissent six grandes marmites pour la nourriture des pauvres, eux-mêmes président à l'ensevelissement des morts, et en l'absence du clergé, victime de la guerre, ils multiplient leur ministère spirituel auprès des habitants. Cinq d'entre eux avec plusieurs Filles de la charité moururent à la peine. Les autres vont d'Étampes à Lagny, puis à Athis, à Juvisy; et dans l'insuffisance de secours ils s'adressent à leur père. C'est alors qu'à l'instigation du saint, l'archevêque de Paris distribue son vaste diocèse en autant de parties qu'il y a de communautés religieuses prêtes à venir en aide au clergé des paroisses.

Par ses conseils, il organise une grande expédition de charité avec son magasin général d'approvisionnement, ses convois et ses centres de distribution. A travers les ruines et la contagion, cette pacifique armée s'avance sur tous les points à la fois pour porter partout secours à la faim, à la nudité. Les sœurs de la charité marchent à la suite des Capucins et des Jésuites, des prêtres de Saint-Nicolas et de ceux de Saint-Sulpice. Tout Paris contribue à la dépense, mais surtout Vincent de Paul, qui tire de la charité de ses Dames de nouveaux trésors en achevant de dépouiller Saint-Lazare. Mademoiselle Legras le seconde admirablement. Dans Paris ses filles distribuent chaque jour le potage à des milliers de pauvres, elles recherchent les honteux, recueillent les réfugiés de la campagne, abritent l'honneur des jeunes filles. Malgré la misère publique, la piété compatissante sait trouver des ressources. Le clergé rivalise de zèle avec les ordres religieux ; les seigneurs, les grandes dames, les bourgeois, tous, après avoir donné leur superflu, retranchent au nécessaire. C'est une sainte émulation dans toute la capitale, et la charité, douce messagère de la paix, prépare les cœurs à l'allégresse du retour du jeune roi.

Si jamais guerres civiles, batailles, invasions n'enfantèrent plus de douleurs et de calamités, jamais la charité ne répandit plus de soulagements et de consolations. Dans cette période malheureuse et glorieuse à la fois, entre Richelieu et Mazarin, Vincent de Paul, plus grand qu'eux peut-être par l'esprit politique, apparaît comme le bon génie de la France, et si c'est une gloire pour l'un et l'autre d'avoir présidé à la victoire et reculé les frontières du sol national, c'en est une plus grande pour lui d'avoir secouru un peuple souffrant, travaillé à la paix et ouvert les voies au règne réparateur et fécond de Louis XIV.

Vers la fin du même siècle, un autre grand serviteur de Dieu, bienfaiteur du peuple, Jean-Baptiste de la Salle, se dévouait avec une même charité dans la famine de 1684, et trouvait dans sa pauvreté, grâce à l'admirable abnégation de ses disciples et à la sienne, de quoi subvenir aux besoins des plus nécessiteux.

La peste, la famine, la guerre étaient intermittentes. Elles causaient chaque fois de grands malheurs ; mais elles ne duraient pas indéfiniment. Il y eut pendant toute la durée du moyen âge, et jusqu'aux temps les plus rapprochés de nous, un terrible fléau, importé de longue date d'Orient en Occident, qui nécessita des remèdes et des dévouements permanents. C'était une contagion endémique, une sorte de peste perpétuelle qu'il fallait soigner à part. La lèpre, dont le nom seul frappait d'épouvante les populations, causait des ravages périodiques dans toute la chrétienté. Les malheureux atteints par le fléau devenaient un objet d'horreur. Le nom populaire de « méseaux », qui s'attachait à eux, les rendait sinistres. L'instinct naturel les repoussait avec dégoût; la charité catholique vint à eux avec prédilection.

On reconnaît bien à cela que la religion de Jésus-Christ fut la sublime inspiratrice de tous les dévouements, de tous les sacrifices. « Personne, avait dit le divin Maître, ne peut témoigner une plus grande charité que d'exposer sa vie pour ses amis. » Les amis, pour le chrétien, ce sont tous les hommes ses frères, que le Fils de Dieu a également rachetés de son sang.

Le sacrifice du Rédempteur est resté le modèle du dévouement aux yeux des disciples de l'Évangile. C'est sur la croix qu'est né ce sentiment nouveau de charité, inconnu aux païens, qui porte les chrétiens à s'exposer et même à se sacrifier volontairement pour les autres. De là tant d'actes d'abnégation, tant de beaux dévouements, tant d'héroïques immolations de soi-même.

Nulle part cette vertu évangélique de charité ne s'est montrée avec plus d'éclat que dans l'assistance des pestiférés et des lépreux. C'était bien là une nouveauté dans le monde. Chez les peuples païens, la peste n'inspirait que des sentiments d'épouvante; ceux qui s'en trouvaient atteints étaient traités comme des maudits. Dès que l'on découvrait en eux une atteinte du mal on les chassait des maisons, on les rejetait hors de l'enceinte des villes. Les amis délaissaient leurs amis; les parents ne se connaissaient plus entre eux; les pères et les mères abandonnaient leurs enfants, les enfants leur père et leur mère. On exposait les malades à demi morts, dans les rues et sur les grands chemins, laissant dévorer leur corps par les chiens. Ils faisaient horreur à tous, et il ne se trouvait personne pour leur donner la sépulture.

L'Église honore comme saints, dans une fête particulière[1], plusieurs chrétiens, prêtres et laïques d'Alexandrie, qui, dans une terrible peste qui infesta la ville au temps de l'empereur Gallien, moururent en assistant les pestiférés. Cet héroïsme si manifestement inspiré par le zèle de la charité chrétienne, que l'Église y a vu une sorte de martyre, s'est renouvelé dans chacun des siècles chrétiens.

Souvent les saints se sont faits reconnaître de la foule à quelque trait héroïque de charité. Appelé à Paris auprès du roi Clovis, qui était malade, saint Séverin, abbé de Saint-Maurice-en-Valois, rencontra aux portes de la ville un lépreux, alla à lui et le baisa. Aussitôt les personnes présentes, reconnaissant en lui l'homme

---

[1] 28 février.

de Dieu, se répandirent en acclamations et en louanges, ce qui l'obligea de se réfugier dans une église pour éviter les ovations de la foule.

On raconte de sainte Radegonde, cette reine qui avait quitté la cour de Clotaire pour la solitude d'une vie religieuse à Poitiers, qu'elle avait une charité particulière pour les lépreux. Ces infortunés, déjà fort nombreux en ce temps-là, loin de lui faire horreur, lui inspiraient la plus tendre compassion. Lorsque par un signal, selon l'usage du temps, ils prévenaient de leur arrivée, Radegonde envoyait savoir combien ils étaient, et après leur avoir fait préparer des écuelles, des tasses et des couteaux, elle les introduisait en secret dans une pièce qu'elle leur avait fait préparer. Là, sans autre témoin et sans autre aide qu'une fille de service, elle leur lavait le visage avec de l'eau chaude; elle pansait de ses propres mains leurs plaies infectes; et si c'étaient des femmes, elle n'hésitait pas à leur donner le baiser de paix. Ensuite, elle les faisait manger, les servant elle-même avec une pieuse sollicitude; et elle ne les laissait pas partir sans leur avoir donné de l'argent et des vêtements.

Dans le même temps, on voit saint Arey, évêque de Gap, se dévouer de la même manière à ces malheureux. Au VIe siècle, la lèpre, jusque-là inconnue dans ces contrées, y avait fait des ravages à la suite des fréquentes irruptions des Lombards. Entre autres traits de charité du saint évêque, on rapporte que, trois lépreux étant venus solliciter ses aumônes et ses prières, il les reçut chez lui, les soigna de ses mains, lava leurs plaies, prépara leur nourriture et leur lit, et leur rendit enfin tous les services les plus bas et les plus rebutants.

Une longue tradition d'héroïsme s'attache au nom de la lèpre. Cette horrible maladie évoque avec elle le souvenir de mille traits d'admirable dévouement, qui embellissent la vie de nos saints français et les annales de la charité. Combien n'en pourrait-on pas citer!

Saint Romaric, ou Remiré, moine et plus tard abbé de Luxeuil, au VIIe siècle, s'était consacré particulièrement au soin des lépreux. Il avait établi une léproserie pour hommes près de son couvent, et il ne voulait que personne autre que lui s'occupât de la desservir. Il pansait sans répugnance les plaies les plus affreuses, et rien ne rebutait cet homme de famille noble et même royale, élevé dans les délicatesses du luxe [1]. »

Les saints, en général, avaient un amour de prédilection pour les plus rebutants des pauvres et des malades, et il n'y en avait pas

---

[1] *Petits Bollandistes*, XIV, 136.

de pires que les lépreux. Sainte Odile, abbesse de Hohenburg, en Alsace, au VIIIe siècle, avertie un jour qu'un lépreux à l'odeur infecte venait de se présenter, se hâta d'aller à lui, l'embrassa tendrement et lui servit de ses mains la nourriture qu'elle avait elle-même préparée.

Des exemples semblables se rencontrent dans toutes les biographies des saints évêques et des saints moines.

Un jour, Geoffroy de Molincourt, évêque d'Amiens, au XIIe siècle, voit arriver chez lui une troupe de lépreux à la figure repoussante, qui venaient demander l'aumône. L'évêque les accueille avec bonté et leur fait préparer un repas; mais comme ses ordres n'avaient pas été exécutés, les lépreux revinrent quatre heures plus tard. Le saint prélat descend alors lui-même à la cuisine, où il n'allait jamais, et en rapporte un gros poisson, qu'il distribue de sa main aux affamés, au grand mécontentement de son économe pour ses prodigalités envers les pauvres.

Si la lèpre causait une horreur générale, elle inspirait aussi dans toutes les classes de la société de sublimes compassions. Des traits comme le suivant n'étaient pas rares. Un jour, sous Philippe-Auguste, Jean de Montmirail sortait de son château d'Oisy, suivi d'une escorte de gentilshommes et de vassaux. Il rencontre en son chemin, près du village de Sancy, une troupe de vingt-cinq lépreux. Ces malheureux, qui connaissaient la grande charité du seigneur de Montmirail, se mettent à la solliciter de loin, humblement. Jean saute de cheval à terre, prend la bourse des mains d'un officier qui le suivait, et laissant en arrière toute son escorte, rebutée par l'odeur infecte de la lèpre, va droit à ces malheureux, et fléchissant le genou devant chacun d'eux, leur baise dévotement la main et leur donne à tous l'aumône.

Une autre fois, comme il parcourait les huttes des lépreux, révérant en eux le divin Sauveur, et les assistant avec toutes les marques extérieures du respect, une troupe de chevaliers, qui étaient de sa famille, le rencontre. Ceux-ci le blâment d'humilier ainsi l'honneur de leur race et de leur nom et de dégrader son rang par ses génuflexions devant les ladres. « Plaise à Dieu, mes chers parents, leur répondit-il en toute simplicité, que je puisse parvenir à la possession du Seigneur Jésus par le chemin de quelque ignominie que ce soit. »

On comprend l'horreur instinctive de l'homme pour une maladie aussi rebutante que la lèpre. Joinville en a donné un témoignage resté célèbre par sa sincérité et par la sublimité de la leçon qu'il s'attira du bon roi saint Louis.

Cette haute leçon avait toute son efficacité par l'exemple. Non seulement le saint roi montrait par sa conduite qu'il préférait la lèpre au péché, mais son ardente charité le portait à braver le danger de la contagion pour secourir et consoler les malheureux que tout le monde fuyait.

Un vendredi saint, à Compiègne, comme il visitait les églises, allant ce jour-là pieds nus, selon sa coutume, et distribuant des secours aux pauvres qu'il rencontrait, il aperçut de l'autre côté de la rue, près d'une mare bourbeuse, un lépreux qui, n'osant approcher, essayait pourtant d'attirer l'attention du roi. Louis traversa la mare, alla au lépreux, lui donna de l'argent, lui prit la main et la baisa. Tous les assistants, dit le chroniqueur, se signèrent d'admiration en voyant cette sainte témérité du roi, qui n'avait pas craint d'appliquer ses lèvres sur une main que personne n'avait osé toucher [1].

L'exemple d'un roi comme saint Louis prêchait à tous le plus généreux dévouement. Ses sujets l'admiraient. Un vitrail de l'église de Saint-Denis, du XIII° siècle, le représente donnant à manger à un lépreux. C'était comme la personnification de son héroïque charité.

De tout temps les malheureux atteints de la lèpre avaient été l'objet de soins touchants dans l'Église; mais ils étaient un fléau pour la société. Avec les croisades, il y eut, au XII° siècle, une recrudescence de cette terrible maladie. Des mesures nouvelles de charité durent être prises pour ceux qui en étaient victimes.

Autant dans leur intérêt que pour éviter la contagion, les lépreux furent recueillis et rassemblés dans des maisons spéciales, hors de l'enceinte des villes. Il s'éleva partout des léproseries ou maladreries, uniquement destinées à ces malheureux, que la peur faisait chasser de tous les lieux habités. Les évêques, les religieux, donnèrent l'exemple de les soigner au péril de leur vie.

On voit encore, sur la rive gauche du Rhône, au lieu dit la Maladieri, entre la Balme de Pierre-Chatel et la petite ville d'Yenne, l'hospice aujourd'hui transformé en maison particulière où saint Anthelme, général des Chartreux et évêque de Belley au XII° siècle, passait souvent des journées entières à soigner et à consoler les lépreux, sans crainte de contracter leur horrible maladie.

C'est le miracle de la charité chrétienne que l'établissement de ces hospices, où les malades les plus horribles et les plus dangereux étaient recueillis et soignés. On compte par centaines les maisons de lépreux en France au XIII° siècle; il en existait un grand nombre aussi pour les malheureux affligés du terrible « mal des

---

[1] De Witt, *la Charité*, p. 62.

ardents », aujourd'hui disparu. Le chroniqueur Mathieu Paris estime que de son temps il y avait dix-neuf cents léproseries dans toute la chrétienté. Ce nombre était bien au-dessous de la réalité.

Les documents de l'époque nous montrent le pieux frère de saint Louis, Alphonse, faisant des aumônes à trois léproseries en Saintonge, à huit en Auvergne, à cinq en Agenois, à six en Poitou, à six en Rouergue, à huit en Albigeois et à trente et une dans le Toulousain [1]. Et ce n'était là qu'une petite partie des maisons de lépreux. Dans les localités dépourvues d'établissements spéciaux, une salle particulière de la Maison-Dieu était affectée aux lépreux. Ainsi en était-il dans certains petits hôpitaux de campagne, comme à Gonesse [2]. C'est de la sorte qu'on a pu estimer à deux mille le nombre de léproseries et de maladreries existant en France aux XIII° et XIV° siècles. Ces hôpitaux étaient desservis comme les autres, mais avec une charité plus admirable encore.

Soit meilleure hygiène, soit épuisement du fléau, la lèpre cessa peu à peu de sévir aussi cruellement. Depuis le XVI° siècle le nombre et l'importance des léproseries diminuent. La charité, qui était souvent une forme de la pénitence, s'était plu à les doter abondamment. Leurs biens étaient considérables. Ils finirent par n'avoir presque plus d'emploi. L'autorité royale y avisa. Un édit de Louis XIV, de 1672, attribua les biens des léproseries à l'Ordre hospitalier de Saint-Lazare; un autre de 1693 les réunit définitivement à ceux des hôpitaux.

A partir du XVII° siècle, la peste s'éteignit peu à peu. Sous Louis XIV, en 1668 et 1669, elle ne frappa que quelques provinces; sous Louis XV, en 1720, elle fut confinée dans le Midi. Mais quelle terreur elle répandait encore! Les mesures sanitaires étaient mieux prises pour conjurer le fléau, les précautions hygiéniques mieux observées. Les administrations municipales et le pouvoir central y veillaient. Le clergé leur venait en aide par son influence sur les populations. Malgré tout, la peste faisait chaque fois un grand nombre de victimes.

C'étaient là autant d'occasions pour la charité de s'exercer, et sans elle le malheur eût été bien plus grand. Dans ces terribles circonstances, le clergé se montrait au premier rang, soutenant les courages, organisant les secours, apportant partout les consolations de la religion. Les magistrats de la ville, les bourgeois, les artisans, soutenus par la foi, se conduisaient, en général, avec courage en face du fléau. Il y avait des peureux, des déserteurs. « Mais, à côté de ces défaillances, combien de généreux citoyens, dit

---

[1] *Archives nationales*, J. 319, 4 *bis*.
[2] *Fragments de l'Histoire de Gonesse*, par Léopold Delisle.

M. Babeau, remplissent leur devoir sans hésiter; que de nobles sentiments l'on signale dans le clergé et parmi les magistrats municipaux, qui restent au poste où les a placés la confiance de leurs concitoyens! Il faut citer parmi les évêques un César d'Estrées, qui vint s'enfermer à Laon, en 1668, aussitôt que le fléau s'y fut révélé, fléau si terrifiant que les paysans refusaient d'entrer en communication avec les habitants pour leur vendre des vivres [1]. »

Le dévouement de Belzunce à Marseille, pendant la terrible peste de 1720, est resté célèbre. Le fléau avait été apporté d'Orient par un navire de commerce; en peu de jours il avait pris des proportions redoutables. Trois ou quatre cents personnes mouraient par jour. La population s'enfuyait affolée; mais un cordon sanitaire, établi par le Parlement d'Aix, concentrait l'épidémie dans le pays infesté. Marseille, abandonné au fléau, était devenu un objet d'horreur. L'épouvante et la désolation régnaient dans la ville. Les chroniques du temps, les historiens postérieurs ont célébré l'admirable conduite de son évêque Belzunce, du chevalier Rose, du P. Milley, des membres du clergé, des religieux, Augustins, Réformés, Capucins, Carmes, Trinitaires, Jésuites, dont beaucoup périrent frappés du terrible fléau, pendant qu'ils prodiguaient à la malheureuse population les secours de leur charité et de leur ministère. Parmi eux on avait oublié de rendre justice aux fils de saint Vincent de Paul, qui tombèrent aussi glorieusement que les autres à leur poste obscur et peu envié, au bagne et à l'hôpital des forçats. On avait omis également, avec les Lazaristes, les religieux Minimes de saint François de Paule, qui comptèrent une quinzaine de victimes parmi ceux qui étaient exposés au service des malades. Belzunce animait tous les courages, soutenait toutes les défaillances par son héroïque intrépidité. Il bravait continuellement la mort pour secourir et consoler les innombrables pestiférés. Enfin, le fléau continuant ses ravages, malgré tous les soins et toutes les précautions, le saint évêque résolut d'instituer une fête destinée à honorer le cœur de Jésus. L'ordonnance à peine rendue, le fléau continua de décroître. En attendant le jour de la fête, l'héroïque prélat fit une procession solennelle en expiation des péchés du monde et une consécration générale du diocèse de Marseille au sacré Cœur de Jésus. On le vit aller pieds nus par la ville, la corde au cou et une grande croix entre les bras, suivi des débris de son clergé, des notables survivants de la ville et de la population décimée. Sa piété acheva l'œuvre de sa charité, et, à partir de ce jour, l'épidémie disparut en très peu de temps.

---

[1] Babeau, p. 143-4.

Les fléaux eux-mêmes servaient au bien. Au cours de cette grande peste, les magistrats de Marseille avaient pris l'engagement, outre les actes de dévotion qu'ils devaient accomplir, de fonder une maison de filles repenties.

Les dernières années du règne de Louis XIV, marquées de revers, furent calamiteuses pour plusieurs provinces. La disette suivait la guerre. La Flandre française fut particulièrement éprouvée. C'est à cette occasion qu'éclata la charité de Fénelon, l'illustre archevêque de Cambrai.

« La guerre, dit M. Sicard, lui fournit l'occasion de déployer toute sa grandeur d'âme. Le sanglant combat de Malplaquet avait poussé à Cambrai une foule de blessés, de fuyards, tandis que les paysans de la contrée, voulant soustraire leurs bestiaux au pillage des troupes ennemies, n'avaient rien trouvé de mieux que de les conduire à la ville et dans le palais même de l'évêque. A un moment, les cours, les jardins, furent remplis de bêtes à cornes. C'est là sans doute ce qui a donné lieu à l'anecdote non historique de la vache cherchée toute la nuit par l'archevêque. Fénelon, si accueillant pour les bêtes, se multiplia pour les hommes, pour les blessés; les soignant de ses mains, prodiguant aux soldats et officiers de toute nationalité une bonté, presque une tendresse, qui toucha profondément tous les cœurs. En même temps, il achevait de se ruiner par le grand effort qu'il fallut faire pour soulager tant de misères et défrayer une table qui réunissait alors jusqu'à cent cinquante personnes. Il fournit en partie le blé qui empêcha les armées françaises de mourir de faim après le terrible hiver de 1709. »

Un trait de la charité catholique dans les XVIIe et XVIIIe siècles, c'est l'intervention constante de l'épiscopat dans les événements malheureux de la vie. Il ne survient pas dans un diocèse une épidémie, une inondation, une grêle, une calamité quelconque, sans que l'évêque ne publie un mandement pour faire appel à la pitié publique. Les évêques ne se contentaient pas de ces appels, qui mettaient en mouvement la charité de leur clergé et des fidèles, mais ils donnaient eux-mêmes l'exemple du dévouement et de la compassion; ils contribuaient de leurs revenus, qui étaient souvent considérables, au soulagement des misères publiques.

Dans le rude hiver de 1740 à 1741, à la suite d'un débordement de la Seine, l'archevêque de Rouen, le cardinal de Saulx-Tavannes, avait changé son palais épiscopal en hospice pour les victimes de l'inondation et du froid; il soignait lui-même tous ces malheureux réfugiés. « Sa charité était proverbiale, » dit un historien [2].

---

[1] Sicard, o. c., p. 463.
[2] Pingaud, les Saulx-Tavannes, 1876.

Des désastres inattendus, des inondations, puis le terrible hiver de 1766, avaient jeté dans le désespoir une partie de la population de l'Albigeois. Le cardinal de Bernis, archevêque d'Albi, « donna tout ce qu'il possédait et s'endetta pour cent cinquante mille francs. On le vit renvoyer ses domestiques et assister chaque jour deux cents indigents à son palais épiscopal [1]. »

Sous Christophe de Beaumont, archevêque de Paris, le feu ayant détruit une partie de l'Hôtel-Dieu, le prélat fit transporter les malades dans la cathédrale et dans son palais.

Pendant que Mgr de Juigné était évêque de Châlons, un incendie éclata à Saint-Dizier qui dévora la ville. A cette nouvelle, l'évêque accourt. Il emprunte tout l'argent qu'il n'a pas et distribue aux victimes d'abondants secours. Il se prodigue tellement au milieu des flammes qu'on le croit mort. Il ne s'arrête que pour rédiger une émouvante lettre pastorale à ses diocésains en faveur des incendiés, et, grâce à son appel, Saint-Dizier peut renaître de ses cendres avec l'argent de la charité publique.

Dans l'hiver de 1782 à 1783, Mgr des Nos, évêque de Verdun, épuise toutes ses ressources, et n'ayant plus rien à donner, il fait vendre toute son argenterie, à l'exemple des évêques des premiers temps. Pendant deux hivers consécutifs Mgr de Saint-Sauveur, évêque de Tulle, abandonne tous ses revenus aux pauvres.

En 1765, l'évêque de Montauban, Mgr de Breteuil, remédie aux ravages causés par l'inondation du Tarn. « Plus de huit cents pauvres, dit un contemporain, puisèrent dans la charité de Mgr de Breteuil de quoi couvrir leur nudité [2]. »

A la même époque, on voit Mgr de la Tour du Pin, évêque de Nancy, multiplier les secours et faire établir des chauffoirs publics dans les rigueurs de l'hiver; Mgr de Nicolaï réparer presque à lui seul les désastres causés à Cahors en 1783 par les débordements du Lot.

Beaucoup de particuliers suivaient l'exemple du clergé. La foi encore vivante, malgré les influences de l'esprit d'irréligion qui commençait à se répandre, entretenait dans les cœurs chrétiens la vertu de charité. Elle suscitait les plus beaux dévouements, les plus généreux renoncements. En temps de fléau, la générosité publique redoublait. « Ma mère, écrit le chancelier d'Aguesseau dans la biographie de son père, avait un carrosse qui ne pouvait plus lui servir, non seulement avec bienséance, mais avec sûreté; une province désolée par la grêle ou par un autre fléau du ciel reçut tout l'argent qu'elle avait destiné à acheter un autre carrosse, et elle se

---

[1] Sicard, o. c., p. 468.
[2] Id., ibid., p. 469.

réduisit à faire réparer le sien, autant qu'il fut possible, pour attendre que la misère des pauvres lui permît de faire cette dépense. Une autre fois, elle s'était réservé une somme pour acheter un meuble qui lui était nécessaire; mais une famine dont le Limousin fut affligé lui fit oublier le besoin qu'elle avait de ce meuble; et comme de pareils malheurs se succédèrent les années suivantes, elle est morte sans avoir pu se le donner. »

Il y avait en France beaucoup de familles chrétiennes comme celle de d'Aguesseau, où les devoirs de la charité étaient la règle de la conduite et de la dépense, où l'on savait se priver et se sacrifier pour les autres, où les malheurs publics émouvaient la pitié et déterminaient les plus généreux sacrifices. Il serait impossible, même pour une seule époque, même dans une seule contrée, de donner une idée de tout le bien qui s'y est fait pour remédier aux plus grands maux.

On peut tout résumer en disant que l'histoire des misères exceptionnelles qui désolèrent la France, pendant le long cours de son existence, est aussi l'histoire des charités extraordinaires que les guerres, les invasions, les pestes, les famines et les autres fléaux suscitèrent chez elle.

XII

ŒUVRES DE LIBÉRATION ET DE PATRONAGE

L'esclavage avant l'ère chrétienne. — Le christianisme tempère d'abord l'esclavage. — L'égalité religieuse principe de l'égalité civile. — Sentiments nouveaux de justice et de pitié pour les esclaves. — L'action du clergé favorise les affranchissements. — Recrudescence de l'esclavage à l'époque du mahométisme. — Le rachat des esclaves. — Rôle des évêques. — Beau trait de saint Césaire d'Arles. — Charité des riches particuliers. — Saint Eptade, évêque d'Autun; saint Éloi, saint Félix, de Nantes. — L'exemple du travail donné par les moines aux esclaves. — Action de l'Église pour la transformation de l'esclavage en servage. — Origine de la féodalité. — Persistance de l'esclavage par le mahométisme. — La traite des esclaves. — L'ordre de la Trinité pour la rédemption des captifs. — Saint Jean de Matha et saint Félix de Valois. — Extension de l'Ordre. — Ses résultats immenses. — Saint Vincent de Paul ajoute l'œuvre de la mission à celle du rachat des esclaves. — Les Lazaristes à Alger et à Tunis. — Travaux des Trinitaires aux xviie et xviiie siècles. — Avec les Lazaristes ils préparent l'occupation de l'Algérie par la France. — La visite des prisons. — Les enfants trouvés. — Usages païens. — Changement apporté par le christianisme. — Réforme de la législation civile. — Les églises reçoivent les enfants abandonnés. — Conciles en leur faveur. — Maisons spéciales pour eux. — Devoirs des seigneurs. — L'ordre hospitalier du Saint-Esprit. — Participation des villes à l'assistance des enfants abandonnés. — La maison de la *Couche* à Paris. — Saint Vincent de Paul et son œuvre. — L'hôpital des Enfants-Trouvés. — Les Filles de la Charité. — Accroissement du nombre des enfants abandonnés au xviiie siècle.

En paraissant dans le monde, le christianisme trouva l'esclavage établi partout. Depuis les temps les plus reculés, une dure servitude pesait sur la plus grande partie du genre humain. C'était un sort barbare que toutes les politiques et toutes les religions païennes entretenaient dans un but de domination et de cupidité. Quelle force, quelle autorité nouvelle pouvait changer un tel état de choses?

Ce fut l'œuvre du christianisme dans tous les pays.

« La foi nouvelle, dit un écrivain peu suspect de complaisance pour l'Église, rendait l'esclavage impossible... Le christianisme ne supprima pas l'esclavage, mais supprima les mœurs de l'esclavage. L'esclavage est fondé sur l'absence de l'idée de fraternité entre les hommes; l'idée de fraternité en est le dissolvant[1]. »

---

[1] Renan, *Marc-Aurèle*.

Le christianisme établit d'abord cette idée de fraternité dans son propre sein. A l'origine, les esclaves étaient en grand nombre parmi les fidèles. Le christianisme avait appelé à lui toutes les misères, toutes les souffrances. Il n'y avait point de classes de rebut dans l'Église de Jésus-Christ. La jeune vierge Blandine, illustre entre tous les martyrs de Lyon de l'an 177, était de condition servile.

Avec la multitude d'esclaves qu'elle comptait parmi ses membres, l'Église aurait pu déchaîner sur l'empire romain une guerre servile. Ce n'était point là son esprit. Elle se garda bien de prêcher la révolte à l'esclave. « C'est d'une façon indirecte et par voie de conséquence que le christianisme contribua puissamment à changer la situation de l'esclave et à hâter la fin de l'esclavage. » S'il « ne conseilla pas aux esclaves de secouer le joug, au risque d'amener un bouleversement politique, s'il n'ordonna pas aux maîtres de les rendre tous à la liberté, au risque de produire une soudaine et incalculable perturbation économique, il apprit aux maîtres et aux esclaves à se considérer comme égaux. »

Ce fut une révolution d'une portée bien plus profonde et d'un effet plus durable, cette égalité des esclaves et des maîtres dans le culte de Dieu, proclamée par la religion nouvelle; par là l'esclavage devenait impossible. « Les réunions à l'église, à elles seules, eussent suffi, dit M. Renan, pour ruiner cette cruelle institution. L'antiquité n'avait conservé l'esclavage qu'en excluant les esclaves des cultes patriotiques. S'ils avaient sacrifié avec leurs maîtres, ils se seraient relevés moralement. La fréquentation commune de l'église était la plus parfaite leçon d'égalité religieuse. Que dire de l'eucharistie, du martyre subi en commun? Du moment que l'esclave a la même religion que son maître, prie dans le même temple que lui, son esclavage est bien près de finir[1]. »

Le christianisme avait commencé par effacer toute distinction entre l'esclave et l'homme libre. Tout chrétien était un affranchi du Christ. La sainte égalité des chrétiens en Jésus-Christ, proclamée par saint Paul, fut le commencement de l'abolition de l'esclavage. Le temps et les mœurs firent le reste.

Sur les tombes chrétiennes on ne trouve pas de mention de la qualité civile d'homme libre ou d'esclave. Il n'y avait pour les chrétiens qu'une liberté, celle des enfants de Dieu; qu'un esclavage, celui que l'on contractait au service du Seigneur. Aussi l'esclave se disait-il indifféremment affranchi du Christ, et l'homme libre esclave du Seigneur. « Je suis esclave de César, répond l'esclave Euelpis, traduit pour sa foi devant le juge impérial, mais chrétien, ayant reçu

---

[1] Renan, *Marc-Aurèle*.

la liberté du Christ. » Interrogé également sur sa condition, saint Maxime répond : « Je suis libre de naissance, mais esclave du Christ[1]. »

L'Église n'eut pas besoin de créer d'œuvres spéciales pour l'abolition de l'esclavage, mais toutes ses institutions y tendirent. Elle releva l'esclave à ses propres yeux d'abord, et aux yeux des autres; elle apprit à le bien traiter; elle le prépara graduellement à la liberté, elle favorisa son émancipation.

C'est ce que nous voyons, pour les premiers siècles, en France.

En raison de l'organisation sociale du temps, les évêques, les églises possédaient à l'origine des esclaves. Le clergé donna partout l'exemple de la bonté et de la douceur envers eux.

Il est juste de lui faire honneur de ces sentiments, qui n'étaient pas encore généralement répandus. Malgré la diffusion du christianisme, l'ancienne barbarie des mœurs persistait trop souvent. L'humanité envers les esclaves était encore une vertu rare dans les premiers siècles. Le clergé et les vrais chrétiens la pratiquaient.

Dans son épiscopat, saint Nizier, évêque de Lyon, est loué d'avoir été bienveillant pour ses serviteurs. Sur la tombe d'une chrétienne distinguée de la même ville, on lit qu'elle fut chère à tous les pauvres et bienveillante pour ses esclaves.

Les préceptes de l'Évangile et les exemples du clergé devaient propager de plus en plus ces sentiments de compassion et de bonté pour des êtres qui, sous l'empire des lois romaines, étaient estimés moins que des animaux.

Ils firent considérer l'affranchissement des esclaves comme un acte méritoire pour le ciel. Aussi trouve-t-on plus d'une fois, en Gaule, sur les tombes des premiers siècles, la mention d'esclaves affranchis « pour le salut de l'âme [2] » du défunt.

Ces scènes touchantes d'affranchissement se trouvent aussi plus d'une fois représentées sur les monuments des premiers siècles chrétiens. Un sarcophage de Salone, du ve siècle, sculpté en bas-relief, montre dans sa partie centrale le Christ, sous la figure du Bon Pasteur, inspirateur de la charité, et de chaque côté le mari et la femme auxquels appartient le tombeau, entourés d'esclaves affranchis par eux comme d'une nombreuse famille d'enfants.

Grâce à l'influence des idées chrétiennes, l'ancien usage romain des affranchissements d'esclaves par testament s'étendit dans la société franque. Dans cet acte d'humanité, on voyait un moyen de gagner plus sûrement le ciel.

Aux ive, v^e et vi^e siècles, il y eut une recrudescence dans l'es-

---

[1] Le Blant, I, p. 122.
[2] *Id.*, II, 374, 379.

clavage, par suite des invasions barbares qui désolèrent la Gaule, comme toutes les autres parties de l'empire romain. Ce n'étaient pas seulement les ravages de l'envahissement, les destructions de la guerre et du pillage. Par un surcroît de malheur, plus grand encore, les habitants des contrées et des villes visitées par les barbares, qui ne périssaient pas dans l'horreur des massacres, étaient emmenés prisonniers et subissaient tous les tourments de la captivité. A chaque invasion, les Huns, les Goths, les Allemands, les Vandales, tuaient ou enlevaient des milliers et des milliers d'hommes.

L'épouvante régnait partout; des populations entières fuyaient à l'approche de l'ennemi, n'osant pas même se défendre, et le flot de l'invasion, disait un poëte contemporain, montait toujours, fléau « plus terrible que n'eût été le débordement de la mer[1] ».

Pendant plus de deux cent cinquante ans les invasions se prolongent. De nouveaux barbares succèdent aux premiers. Il en vient du nord, de l'est, du sud. Avant de se fixer sur le sol et de commencer, avec leur conversion au christianisme, à former la France chrétienne, les Francs, les Bretons, les Gascons, les Bourguignons, sont de terribles envahisseurs qui ravagent la vieille Gaule romaine et font sentir aux populations les maux de l'invasion et de l'esclavage. Longtemps encore, par suite des guerres de race ou de famille entre les nouveaux conquérants du sol, les vaincus, les opprimés, continuent à subir les malheurs de la captivité. Chaque fois qu'une guerre a lieu, qu'un territoire est envahi et ravagé, les habitants sont faits prisonniers et réduits en esclavage.

Rien n'égale l'horreur de cette condition. « Séparés dès l'heure du désastre, les époux, les parents, les enfants, suivaient le maître que leur donnait le sort. Les femmes subissaient des outrages, auxquels plus d'une préféra le suicide. Enchaînés par le cou comme des chiens, accablés sous le poids des fardeaux, offerts en vente sur la route, les anciens maîtres du monde marchaient tout souillés de poussière entre les chariots de l'ennemi; l'esclavage attendait les misérables que l'on avait dédaigné d'égorger; souvent leur dernière heure n'était que retardée, ils succombaient aux tortures de la faim ou périssaient sous le fer des vainqueurs quand la rançon se faisait trop attendre. Quelques captifs, revenus mutilés, rapportaient une terrible marque des tortures réservées à ceux que retenaient les Barbares. La foi même était en péril sous le joug d'un maître sauvage, redoutable jusque dans ses faveurs; les prisonniers étaient parfois contraints à se nourrir de viandes offertes aux sacrifices. Des fidèles souffrirent le martyre pour avoir refusé d'adorer les idoles[2]. »

[1] Prosper d'Aquitaine, *De providentia divina*.
[2] Le Blant, II, 287.

Jamais la charité de l'Église n'eut plus à faire. Devant cette immense tribulation, son premier soin fut de recourir à Dieu par la prière et par le jeûne. Sa pitié se portait surtout sur les malheureux tombés en captivité. Elle demandait pour eux des prières et des aumônes. Notre vieille liturgie gallicane a des prières spéciales pour la délivrance des captifs, et un souvenir pour ces infortunés qui ne peuvent prendre part aux saintes fêtes de Pâques.

« Mais l'Église ne borna point son rôle à implorer le secours du Seigneur, à solliciter la pitié des fidèles. Au temps des invasions, chaque page de son histoire témoigne d'un effort nouveau pour arracher ses enfants à l'ennemi. »

La rédemption des captifs était mise au premier rang parmi les œuvres de miséricorde corporelle.

« C'est la meilleure de toutes les charités, disait saint Ambroise, de racheter des captifs, d'arracher des hommes à la mort, des femmes au déshonneur, de rendre des enfants à leurs parents, des citoyens à la patrie, de les enlever à ces barbares dont l'inhumanité n'est tempérée que par l'avarice [1]. »

Cette parole du grand docteur faisait loi dans toute la chrétienté.

Là où ils le pouvaient, les évêques s'interposaient entre les envahisseurs et les populations, pour protéger leur troupeau des effets terribles de l'invasion. Partout le clergé s'efforçait d'en réparer les maux, en vendant jusqu'aux vases sacrés pour racheter ces multitudes de captifs, hommes, femmes et enfants, que chaque incursion des barbares venait ravir à leurs foyers.

Du vivant même de saint Domnin, comme le montre une inscription placée sous une image du pieux évêque de Vienne en Dauphiné, on célébrait son zèle particulier pour le rachat des captifs [2].

Saint Hilaire, évêque d'Arles, raconte Honorat, évêque de Marseille, son contemporain, distribua toute l'argenterie des églises de son diocèse pour racheter les captifs, et il ne crut pas devoir en excepter les vases sacrés, se réduisant pour cela à des calices et à des patènes de verre. Une telle charité ne fit que redoubler celle des fidèles, qui s'empressèrent de rendre aux églises tout ce qu'on leur avait pris pour les pauvres et qui demandèrent seulement que le premier usage qu'on fit de leurs libéralités fût de remplacer les vases sacrés qui servaient à l'autel et qu'on destinât les autres à la rédemption des captifs [3].

Ce généreux évêque avait eu en saint Honorat un digne prédécesseur. Il le loue d'avoir appauvri son église en distribuant ses

---

[1] *De off.*, II, c. xv.
[2] Le Blant, II, 404.
[3] *Honor. Massil.*, in *Vita Hilar. Arelat.*

trésors et de l'avoir enrichie par de solides vertus. « Il ne réserva, écrit-il de lui, que les vases nécessaires au saint ministère de l'autel, et il les eût, sans doute, sacrifiés aux nécessités publiques, s'il y en avait eu d'assez pressantes de son temps[1]. »

« En l'année 508, la ville d'Arles, alors défendue par les Goths contre les Francs qui l'assiégeaient, regorgeait de prisonniers; ils étaient là nus, affamés, remplissant les églises et les basiliques. Saint Césaire, évêque d'Arles, songea d'abord à les nourrir et à les pourvoir de vêtements; il s'occupa ensuite de les racheter. A défaut d'autres ressources, après avoir épuisé même ce que son vénérable prédécesseur Eonius avait laissé pour la mense de l'église, il vendit pour leur rançon les encensoirs, les calices, les plats d'argent, tout ce qui servait à l'autel et au culte. « A Dieu ne plaise, disait-il, « qu'un homme racheté par le sang de Jésus-Christ puisse devenir « esclave! » « Le Dieu qui s'est livré lui-même pour le rachat des « hommes, disait-il encore, ne peut voir de mauvais œil qu'on « engage le mobilier de ses temples pour la rédemption des captifs. » Bientôt, grâce aux largesses du roi Théodoric et de sa cour, une foule de prisonniers francs retenus en Italie, en particulier tous les habitants d'Orange, dont la plupart avaient été déjà rachetés à Arles par Césaire, revenaient chez eux joyeux et libres, bénissant leur libérateur. « Césaire ne tardait pas de rentrer aussi dans sa ville épiscopale, accueilli au chant des psaumes et des cantiques. De la ville éternelle, où il était allé vénérer le souverain Pontife Symmaque, il rapportait des privilèges pour son église, et huit mille sous d'or, qu'il se hâta d'employer à son œuvre de prédilection, lançant de tous côtés ses clercs et même les abbés de ses monastères à la recherche des captifs. »

Au temps de la terrible invasion des Goths, on voit un évêque de Périgueux, Chronopius, déployer un zèle admirable pour réparer les maux de sa ville. Non seulement il relève les églises dévastées, mais il délivre à prix d'argent ses malheureux concitoyens réduits en captivité par l'envahisseur et il les rend à leurs foyers[2]. Il se trouve heureusement un poète, Fortunat, pour célébrer sa charité et léguer à la postérité le souvenir de ses bienfaits. En 494, saint Avit, de Vienne, paye de ses propres deniers la rançon des Italiens que saint Épiphane, évêque de Pavie, était venu réclamer à la cour du roi de Bourgogne. Comme lui, saint Lô, évêque de Coutances, emploie la plus grande partie de ses biens au soulagement des pauvres et des malades, à la libération des prisonniers.

L'Église se dépouillait elle-même pour sauver ses enfants. La déli-

[1] In *Vit. S. Honorati*, c. XXII.
[2] Le Blant, II, 582.

vrance où le rachat de ces infortunés était une des principales œuvres de charité, et l'Église y employait jusqu'aux vases sacrés qui, après avoir contenu le corps et le sang du divin Rédempteur, servaient eux-même d'instruments de rédemption pour les captifs.

« Ainsi firent saint Césaire d'Arles, qui vendit les vases de son église, les reliefs d'argent arrachés aux colonnes, où l'on se montrait avec respect les marques de cette pieuse destruction; saint Hilaire de Poitiers, qui, comme cet illustre évêque, comme saint Exupère de Toulouse, n'eut plus bientôt que des vases de terre pour célébrer le sacrifice divin; saint Remi, qui sacrifia, pour enlever aux Normands leurs victimes, un calice demeuré célèbre[1]. »

L'Église possédait des biens pour ses besoins. Il était défendu aux évêques de laisser dépérir ceux de leur église propre, de les aliéner, excepté dans les cas d'urgence et pour des œuvres de charité, comme le rachat des captifs[2]. Le clergé usa largement de la faculté que lui laissaient les conciles pour employer une grande partie de ses ressources à la rançon des malheureux tombés en esclavage. « Que les païens, s'écriait saint Ambroise, nous citent de semblables exemples, qu'ils énumèrent les captifs délivrés par les temples des dieux. »

« La loi civile et la loi religieuse autorisaient et consacraient ces pieuses aliénations dans les nécessités suprêmes. Devant un malheur général et nouveau par son étendue, toutes deux alliaient leurs efforts pour créer des règles nouvelles, déterminer les droits des prisonniers, que la vieille loi romaine traitait en incapables, leur condition au retour, celle des époux séparés par le sort et que nul, d'après l'Évangile, n'a le pouvoir de désunir, par-dessus tout pour assurer l'œuvre sainte de la rédemption. Il n'est point seulement fait appel à la pitié, à l'affection des proches; habilement sollicité, l'intérêt devient même le gage de l'accomplissement du devoir. »

A côté de ces généreux efforts, la charité privée ne fut point inactive; l'histoire garde le souvenir de plus d'un fidèle illustré par sa piété pour les captifs.

« Au premier rang se distingue une Gauloise, Syagné, « le trésor de l'Église », suivant le mot d'Ennodius, noble femme qui prodigua ses richesses pour concourir, avec saint Épiphane et saint Avit, à délivrer des milliers de victimes. Nommons encore Sidoine, Bertechilde, Bestoura, Euphrasie, Chronopius, Léontius, dont Fortunat célèbre l'ardente charité; ce saint poète lui-même, qui adressa des vers à un évêque d'Autun pour obtenir la liberté d'un homme dont le père implorait son secours; saint Domnin, dont la bienfaisance est

---

[1] Le Blant, II. 292-3.
[2] Conc. de Reims de 625, can. XXII.

attestée en même temps par une légende épigraphique et par la chronique d'Adon; Namatius, comme lui évêque de Vienne; saint Aurélien d'Arles, Claudius, l'illustre ami de Sidoine Apollinaire; saint Martin de Tours, saint Remi; Sparchius, aux funérailles duquel se pressait un si grand nombre d'hommes délivrés par sa charité; saint Paulin de Nole; saint Éloi, qui rachetait à la fois des troupes d'hommes de nations si diverses, et qui, pour accomplir son œuvre, sacrifiait jusqu'à ses vêtements; « tout, excepté son corps, » dit un pieux historien. » (Saint Éloi.)

Parfois même la charité s'est élevée plus haut encore.

Le pape saint Clément dit que, de son temps, plusieurs fidèles s'étaient vendus eux-mêmes pour racheter des captifs. Ce trait s'est renouvelé en Gaule. Au témoignage de saint Grégoire le Grand, saint Paulin de Nole, s'étant volontairement substitué à un pauvre captif, devint l'esclave d'un roi barbare.

« L'œuvre du rachat des captifs, au milieu de l'invasion des barbares, sollicita surtout le zèle des riches chrétiens, et amena des prodiges de dévouement et de générosité sans cesse renouvelés. »

A Marseille, on conserve l'épitaphe d'une généreuse chrétienne de l'époque des invasions, Eugénia. Cette vertueuse femme « s'est glorieusement placée parmi ces âmes généreuses qui prirent en pitié les captifs », se souvenant qu'à l'heure du baptême nous revêtons tous Jésus-Christ et qu'ainsi, comme parle saint Cyprien, « le Seigneur lui-même est dans les fers avec le chrétien prisonnier. »

L'inscription tumulaire de saint Namatius, évêque de Vienne, et auparavant gouverneur de province avec le titre de patrice, énumère parmi ses œuvres de charité le rachat des captifs. La femme qu'il avait eue avant de devenir évêque, la pieuse Euphrasie, partageait sa sollicitude pour les captifs et les exilés [1].

Beaucoup d'anciens textes et de monuments attestent les efforts de la charité devant ce fléau de l'esclavage. Rien n'est plus commun que cet éloge donné à un défunt sur les tombeaux de ce temps dont les épitaphes nous ont été conservées : « Il a racheté des captifs. »

Les monastères devenaient souvent un lieu d'asile pour les esclaves. Malheur à qui les eût violés! On pourrait citer à ce sujet plus d'un exemple de la malédiction divine, comme ce trait miraculeux de la vie de saint Jean de Réomé, qui fut au VIe siècle un des principaux instituteurs de la vie monastique en France avec saint Benoît. Un esclave s'étant réfugié au monastère de Réomé, sur le territoire de la ville de Tonnerre, pour échapper à la colère de son maître, l'abbé Jean écrivit à celui-ci en faveur du fugitif. Le maître irrité,

---

[1] Le Baut, II, 425.

ayant reçu ce message avec fureur, jusqu'à cracher sur la lettre du saint, sa bouche se ferma par une juste punition du Ciel, au point qu'il ne pouvait plus prendre de nourriture. L'Église se posait ainsi en protectrice des malheureux.

Clovis avait reconnu le droit d'asile, en l'étendant même aux captifs et aux esclaves réfugiés dans les églises.

Lui-même se montra magnanime envers ses prisonniers. C'est dans la nuit de Noël 496 qu'il reçut à Reims, avec toutes les pompes liturgiques, le baptême des mains de saint Remi. Pour que cette heureuse nuit ne fût point troublée par les larmes des malheureux, Clovis, inspiré par sa nouvelle foi, fit mettre en liberté tous les captifs.

Les incursions continuelles des tribus barbares prolongèrent, pendant l'époque mérovingienne, les horreurs de la servitude et l'action bienfaisante de l'Église. La sollicitude des évêques et des moines des v° et vi° siècles s'exerça surtout envers les infortunés chrétiens tombés en esclavage au cours des invasions, ou faits prisonniers de guerre en ces temps troublés de luttes politiques, et qui n'avaient d'autre perspective que d'être retenus comme captifs ou vendus comme esclaves.

Plusieurs épisodes de la vie de saint Eptade d'Autun, solitaire à Cenon, montrent ce qu'étaient à cette époque l'esclavage de guerre et l'œuvre du rachat des captifs.

Sous le règne de Clovis, des bandes bourguignonnes avaient envahi le nord de l'Italie, ravagé une partie du pays et ramené de leurs courses de nombreux prisonniers. A cette nouvelle, Eptade, qui était d'une noble famille éduenne, quitte la solitude, va trouver les chefs de ces hordes et obtient par ses supplications le renvoi des malheureux captifs dans leurs pays. Peu de temps après, les troupes du roi de Bourgogne ayant fait une incursion dans le pays de Limoges, la ville forte d'*Edunum* est emportée d'assaut, et toute sa population réduite en esclavage et emmenée captive. Eptade l'apprend, il se met en prière, puis il écrit au roi Sigismond, fils et successeur de Fondebaud, qu'il connaissait, une lettre d'une sainte audace, dans laquelle il réclame du roi la libération de tous les captifs de condition libre. Le roi n'ose résister à cette injonction qui lui semble venir du ciel, et il rend à la liberté trois mille de ses prisonniers.

A la suite de la grande victoire de Clovis sur Alaric, roi des Visigoths, des multitudes d'hommes, de femmes et d'enfants avaient été emmenés en captivité et distribués aux guerriers francs. Il y en avait partout de ces malheureux. Eptade fut leur providence. Allant de ville en ville, de province en province, il paya la rançon d'un grand nombre d'entre eux avec les aumônes qu'il s'était procurées, et leur permit de retourner dans leur pays.

Ainsi les maux de la guerre étaient adoucis par la charité chrétienne. On cite un grand nombre d'exemples semblables dans la vie des saints personnages du temps. On rapporte de saint Aubin, évêque d'Angers, sous le règne de Childebert Ier, qu'il employa pour racheter les captifs de son diocèse toutes les ressources que les biens de son église, ses propres épargnes et la libéralité des âmes pieuses purent lui fournir. Il en rendit un grand nombre à la liberté.

A la même époque, saint Cybard, solitaire au diocèse d'Angoulême, est resté célèbre par sa tendre compassion pour les prisonniers et les captifs. Leur délivrance était son œuvre de prédilection. Il y employait les aumônes que les fidèles, attirés par le prestige de ses vertus, venaient verser abondamment dans ses mains.

La grande dévotion de saint Éloi, dit saint Ouen, archevêque de Rouen, son biographe, c'était de racheter les prisonniers de guerre. Il en délivrait à ses frais vingt, trente, quelquefois cinquante et jusqu'à cent à la fois. Tout ce qu'il gagnait par son industrie, avant d'être à la cour du roi Dagobert, il l'employait à ces pieux rachats. Il se dépouillait de tout, même de ses chaussures, lorsqu'il voyait des captifs. L'habile orfèvre exerçait cette charité avec un véritable esprit pratique. Aux captifs qu'il avait délivrés, rapporte encore son illustre biographe et ami, il offrait, ou de retourner dans leur pays, ou d'être entretenus à ses frais en Gaule, ou même de demeurer avec lui. Quand les prisonniers choisissaient ce dernier parti, Éloi les enrôlait parmi ses ouvriers, qu'il traitait comme des frères. Et telle fut, sans doute, la première de ces corporations du moyen âge, qui étaient pour les artisans comme des familles où ils trouvaient tous les secours temporels et spirituels.

Saint Félix, évêque de Nantes sous Childebert II, envoya de l'argent pour racheter des prisonniers qui étaient entre les mains des Saxons. Sous Clotaire II, roi de France, Thierry, roi de Bourgogne, ravagea la ville de Chartres, dont saint Bohair était évêque, et réduisit en captivité les principaux personnages. « Le pontife, raconte son biographe, partagea le sort de son peuple; il donna tout ce qu'il possédait pour payer la rançon des prisonniers les plus notables, et sacrifia jusqu'au trésor de son église pour arrêter le meurtre, le pillage et l'incendie. Chargé de fers, conduit devant le roi barbare, ce bon pasteur le supplie de prendre encore sa vie s'il le faut, mais d'épargner son cher troupeau. Thierry, touché de cet acte de dévouement, se sent porté à la clémence, tombe aux pieds du digne évêque et promet de ne plus l'affliger. » Thierry tint parole et fit cesser les violences, rendit la paix et la sécurité aux Chartrains, répara le mal qu'il avait fait, et restitua le bien de l'Église.

Les exemples de dévouement et de zèle donnés par l'Église se continuent dans les âges suivants, lorsque le règne organisateur de Charlemagne eut fait place à l'époque agitée des invasions normandes. Rappelons seulement la sollicitude de saint Alaric, évêque du Mans au IXe siècle, pour le rachat des captifs. Il fut un des saints personnages qui firent le plus pour l'abolition de l'esclavage.

Il n'avait pas été possible à l'Église d'abolir l'esclavage dans les premiers temps. Loin de là, elle trouva même dans la servitude volontaire un moyen d'exercer sa charité. La conquête des Francs, venue à la suite des invasions barbares, avait causé de grands troubles et de grands dégâts en Gaule. La culture des terres était abandonnée. Les conquérants n'étaient pas accoutumés aux travaux des champs; ils eussent dédaigné de demander au travail paisible et sédentaire ce qu'ils pouvaient se procurer par la force. De leur côté, les anciens habitants du sol gaulois, élevés selon les idées romaines, regardaient toute occupation manuelle, et surtout le travail des champs, comme le propre des esclaves.

Le clergé, heureusement, était là qui enseignait d'autres idées et inspirait d'autres mœurs. Il donnait l'exemple du travail des mains dans les monastères, où l'une des principales occupations était le défrichement des terres et des bois et la culture des champs. Les églises et les monastères avaient reçu de la pieuse libéralité des premiers rois francs de grandes concessions de terres. La règle monastique, imposant l'obligation du travail manuel, fournissait d'innombrables légions d'agriculteurs. Des travailleurs de bonne volonté vinrent s'offrir aussi en grand nombre aux églises cathédrales, qui possédaient, comme les abbayes, d'immenses domaines. Les anciennes familles de la Gaule restées libres après la conquête franque, mais en grande partie dépouillées de leurs biens, et dont la liberté, comme l'existence, était devenue précaire, venaient en masse se remettre entre les mains des évêques. Un contrat intervenait de part et d'autre. « En échange d'un travail ennobli par la liberté qui l'offrait et le sentiment généreux qui l'inspirait, » ces familles recevaient la sécurité avec une existence honorable. Beaucoup d'autres, qui avaient été affranchies de l'esclavage, venaient se placer sous la tutelle et la protection du clergé.

Cet usage de s'offrir soi-même en don aux églises perpétua une certaine forme de servitude qu'il n'y eut pas sujet d'abolir, tant qu'elle fut ainsi volontaire et avantageuse à ceux qui l'embrassaient. Ce fut même une forme de la charité, à ces époques troublées, de recueillir un grand nombre de personnes et de familles, et d'utiliser leur travail. La nécessité multiplia ces cas d'asservissement volontaire; il s'ensuivit une grande transformation sociale.

C'est ainsi que commença la féodalité, qui fut autant ecclésiastique que seigneuriale à l'origine, et c'est par là que s'opéra la transformation de l'esclavage en servage.

L'Église n'eut pas autant à faire ensuite pour supprimer le servage. Cette dernière condition sociale, imposée par les circonstances, offrait des avantages qu'il eût été imprudent de faire perdre trop tôt au profit d'une liberté illusoire. La charité de l'Église put laisser subsister le servage aussi longtemps que l'état social n'en permettait pas la suppression.

C'est une erreur encore trop répandue de croire que le système féodal s'est établi de haut en bas, comme s'il ne représentait qu'un état de domination violente du plus fort sur le plus faible. Tout autres sont les faits. La féodalité fut, à l'origine, un système de protection qui s'établit de lui-même par la nécessité. C'est le petit, le faible, l'esclave affranchi, le paysan pauvre qui viennent se placer sous le patronage du seigneur, ecclésiastique ou laïque, et qui reçoivent, en échange de leur liberté et de leur travail qu'ils aliènent, la nourriture et le logement pour eux et leur famille.

Il n'y avait rien d'intolérable dans cette condition. Néanmoins l'esprit même de la société chrétienne tendait à faire arriver tous les hommes à un degré supérieur de liberté. L'Église contribua grandement à cette seconde évolution sociale. Le temps vint où les masses qu'elle avait graduellement élevées de l'esclavage au servage passèrent, par son action, par son influence, du servage à la liberté. Ses évêques, ses moines, ses conciles, y aidèrent surtout par cette association populaire pour la *Trêve de Dieu*, qu'on vit s'organiser à sa voix, d'un bout de la France à l'autre, et qui contenait en germe le principe d'initiative et de liberté d'où sont sorties les corporations et les communes, ces deux éléments constitutifs de la société du moyen âge, ces deux institutions par excellence de liberté.

Dès le XIIIe siècle, le servage avait disparu d'une grande partie de la France. Il n'y avait plus entre les personnes que des liens hiérarchiques de vassalité qui tenaient à la constitution d'alors. C'est ainsi que s'était accomplie la grande œuvre d'affranchissement des hommes commencée du jour où l'Église s'était levée sur le monde.

L'esclavage avait été aboli dans la société chrétienne par les affranchissements volontaires et le rachat des captifs. Tous les hommes égaux en Jésus-Christ étaient devenus égaux en droit et en liberté. Mais, en dehors du monde chrétien, l'horrible institution du paganisme continuait à régner et à faire des victimes, par la guerre et par la piraterie, jusqu'au sein des nations catholiques. Pendant que la charité de l'Église travaillait à la supprimer, la tyrannie mahométane la faisait revivre avec toutes ses horreurs.

A peine, au sortir des grandes invasions barbares, l'Europe chrétienne avait-elle commencé à se constituer par la formation d'États nouveaux, qu'un nouveau péril avait surgi pour elle. Avec Mahomet, de nouvelles hordes conquérantes étaient venues fondre sur l'Occident. D'Arabie, elles s'étaient répandues dans tout le nord de l'Afrique, sur les rives du Danube et jusqu'en Espagne. Depuis le VIIIe siècle, la Péninsule ibérique était tombée aux mains des Sarrasins. Il fallut six siècles de luttes héroïques aux populations chrétiennes d'Espagne pour reconquérir leur indépendance et leur territoire. Il fallut aussi que l'Europe occidentale, France, Allemagne, Italie, Angleterre, entreprît les grandes expéditions des croisades pour refouler et contenir à l'Est la puissance musulmane.

Au XIIe siècle, les Sarrasins ou Maures occupaient encore une grande partie de l'Espagne; ils étaient maîtres de tout le littoral africain; ils dominaient en Palestine et en Syrie; ils régnaient sur la Méditerranée et ses îles. L'attrait du pillage autant que l'ardeur du prosélytisme leur faisait prétendre à l'empire du monde. La lutte engagée contre eux par les nations chrétiennes avait ses alternatives de succès et de revers. Sur terre et sur mer, un grand nombre de chrétiens tombaient entre leurs mains Les corsaires arabes et turcs attaquaient les vaisseaux, pillaient les côtes, emmenaient les habitants en esclavage. Ces ennemis de Jésus-Christ tenaient captifs de nombreux fidèles; ils les obligeaient à abjurer le christianisme, ou ils les soumettaient aux plus cruels traitements. Ils les vendaient comme des bêtes de somme sur les marchés publics.

C'était une désolation dans la chrétienté, une terreur nouvelle dans le monde. Les armes chrétiennes ne suffisaient pas à contenir les excès de la domination musulmane. Au plus fort de la lutte contre le mahométisme, en pleine phase des croisades, la charité catholique créa une nouvelle œuvre de miséricorde et de fraternité. Presque en même temps, saint Jean de Matha et saint Félix de Valois, en France, saint Pierre Nolasque, un Français d'origine avec saint Raymond de Pennafort et Jacques Ier, roi d'Aragon, en Espagne, fondaient les deux ordres de la Trinité et de Notre-Dame-de-la-Merci pour la rédemption des captifs chez les Sarrasins.

C'est une des gloires de la France d'avoir donné naissance aux deux institutions.

L'une et l'autre se développa admirablement. Les nouveaux religieux, outre les trois vœux ordinaires de pauvreté, d'obéissance et de chasteté, s'obligeaient, par un quatrième vœu héroïque, à se livrer eux-mêmes comme otages aux musulmans, lorsqu'il le fallait pour délivrer les malheureux chrétiens tombés en leur pouvoir et exposés à l'apostasie. Les démarches, les travaux, les sacrifices des Pères Trinitaires furent admirables.

Si des marchands d'esclaves suivaient les armées musulmanes pour acheter les malheureux chrétiens tombés au pouvoir des infidèles, il y avait aussi derrière les armées chrétiennes des religieux pour le rachat des prisonniers. Sur l'annonce des préparatifs de la guerre qui allait éclater entre les Espagnols, commandés par le roi de Castille Alphonse VIII, et Méhémet-el-Nasser, roi de Maroc, qui avait envahi le midi de la péninsule ibérique, saint Jean de Matha était accouru lui-même en Espagne. Il assista avec ses religieux à la mémorable bataille de Navas de Tolosa, en 1212, où l'on rapporte qu'une grande croix bleue et rouge, insigne de l'ordre de la Trinité, apparut dans les airs au plus fort de la mêlée et assura la victoire aux chrétiens.

Les religieux trinitaires marchaient avec les armées royales des croisés sous Philippe-Auguste et saint Louis, soignant les malades et les blessés, s'employant à la délivrance de ceux que les infidèles avaient faits esclaves. Plusieurs seigneurs délivrés par eux, Geoffroi, baron de Châteaubriant, Baudouin d'Estaires, Gilbert des Essarts, Boucicaut et bien d'autres étaient devenus leurs bienfaiteurs et avaient contribué au développement de l'ordre.

Pendant plusieurs siècles la charité des religieux rédempteurs trouva à s'exercer. Les croisades avaient contenu l'islamisme sans le supprimer. L'Espagne s'était affranchie de son joug odieux par les armes victorieuses de Ferdinand le Catholique et d'Isabelle de Castille, mais il continuait à régner sur la côte d'Afrique. L'empire turc entretenait le fanatisme musulman; les corsaires sillonnaient la Méditerranée, arrêtant les bateaux chrétiens, faisant prisonniers leurs équipages; ils opéraient des descentes sur les côtes et pillaient les villes et les villages du littoral. Avec leur butin humain, ils regagnaient Alger, Tunis, Tripoli, l'Égypte; ils vendaient leurs captifs ou les employaient aux travaux les plus durs.

De concert avec les religieux de la Merci, ceux de la Trinité cherchaient tous les moyens de se mettre en rapport avec ces maîtres cruels pour négocier le rachat de leurs prisonniers. Grâce aux aumônes qu'ils recueillaient de tous côtés, ils constituaient un capital de rançon, qu'ils employaient à payer la délivrance et la vie des malheureux chrétiens enfermés dans les bagnes musulmans.

Cette œuvre admirable de la rédemption des captifs offrait bien des difficultés. Outre le danger d'être surpris en route et capturés par les corsaires turcs qui écumaient les mers, les Pères Rédempteurs rencontraient mille obstacles dans les négociations relatives à la délivrance des chrétiens faits esclaves et au payement de leur rançon. « Les Turcs, gens avisés et âpres au gain, débattaient le prix avec une ténacité proverbiale ; ils se laissaient fléchir avec peine, dans l'espoir d'un chiffre toujours plus élevé. »

Faute d'argent pour racheter les malheureux esclaves, les Pères Trinitaires se mettaient volontiers à leur place, ou se livraient eux-mêmes pour donner le moyen, à ceux qu'ils ne pouvaient délivrer, d'aller recueillir eux-mêmes dans leur patrie le prix de leur rançon. Beaucoup de ces libérateurs périrent de mort violente ou de faim dans les cachots où ils étaient retenus en otage.

Quel plus bel éloge de la charité de cet héroïque institut que la statistique de ses œuvres? L'ordre fondé par saint Jean de Matha et saint Félix de Valois n'avait cessé de se développer. Aux xve et xvie siècles, au moment de sa plus grande extension, il compta jusqu'à huit cent quatre-vingt-six maisons dans toutes les contrées de la chrétienté. A la fin du xviiie siècle il en avait encore deux cent cinquante, dont quatre-vingt-quatorze en France. « C'est par centaines de mille que l'on compte les esclaves rachetés par des religieux, et encore une quantité considérable de registres a été perdue. Du vivant des deux saints fondateurs, sept mille captifs avaient été délivrés, mais depuis lors jusqu'en 1787, on en compte plus de neuf cent mille[1]. »

Ni l'expédition malheureuse de Charles-Quint contre Alger, ni les inefficaces efforts diplomatiques et militaires de la France et de l'Angleterre pour faire cesser les courses sur mer et les atrocités de l'esclavage en pays barbaresques, n'avaient pu mettre fin à un état de choses qui était la honte de la civilisation. Dès que les navires des puissances chrétiennes s'éloignaient, les consuls chargés de la protection des Européens restaient impuissants contre les excès des corsaires. Sous Louis XIII, saint Vincent de Paul compta parmi les plus illustres victimes de la piraterie musulmane. Pris dans une traversée de Cette à Narbonne, il resta deux ans en captivité, convertit ses maîtres et se sauva avec eux à Aigues-Mortes. Ce lui fut une occasion plus tard de s'occuper lui-même de l'œuvre de la rédemption des captifs. Il avait vu de près les horreurs de cet esclavage qui opprimait des milliers et des milliers de chrétiens faits prisonniers chaque année, et qui les exposait à l'apostasie par la rigueur des mauvais traitements. A Tunis, il avait vu de malheureux captifs de toute condition, de tout âge, hommes et femmes, Français, Italiens,

---

[1] *Corsaires et Rédempteurs*, par le P. Calixte de la Providence, p. 224.

Espagnols, Portugais, Grecs, Flamands, Allemands, Suédois, exposés en vente comme des bêtes : les uns, après avoir été achetés par un maître inhumain, ne quittaient la chaîne que pour être employés aux plus durs travaux, les autres servaient sur les galères et les brigantins à la piraterie; tous, horriblement maltraités, souffraient des cuisantes ardeurs du soleil dans les bagnes, de la faim et de la fatigue et des sévices exercés contre eux.

Quarante ans plus tard, l'inépuisable charité de saint Vincent de Paul trouva le moyen d'accommoder les travaux de la congrégation de la Mission aux besoins de ces malheureux.

A côté des pères de la Merci et des Trinitaires qui venaient racheter des esclaves et repartaient ensuite avec eux, il y avait une autre œuvre à fonder pour leur soulagement. Avec le concours de l'admirable duchesse d'Aiguillon, et à la faveur des traités qui permettaient aux rois de France d'entretenir des consuls dans toutes les villes maritimes de l'empire de la Porte, et aux consuls d'avoir un chapelain pour le service religieux de leur maison, Vincent, encouragé par le pieux roi Louis XIII, trouva le moyen d'organiser l'œuvre nouvelle; ce fut la Mission ajoutée à la Rédemption des captifs.

En vantant aux siens les services des autres ordres religieux, Vincent leur disait : « Cela n'est-il pas excellent et saint ? Néanmoins il me semble qu'il y a quelque chose de plus en ceux qui non seulement s'en vont en Barbarie pour contribuer au rachat de ces pauvres chrétiens, mais qui, outre cela, y demeurent pour vaquer en tout temps à faire ce charitable rachat et pour assister à toute heure, corporellement et spirituellement, ces pauvres esclaves, pour courir incessamment à tous leurs besoins, enfin, pour être toujours là, prêts à leur prêter la main et leur rendre toute sorte d'assistance et de consolation dans leurs plus grandes afflictions et misères. »

Ainsi, sur les plages barbaresques, saint Vincent de Paul s'unit à saint Jean de Matha pour le soulagement corporel et spirituel des chrétiens captifs. Pendant les quinze dernières années de sa vie, Vincent consacra plus d'un million de livres au rachat des esclaves et il en délivra jusqu'à douze cents; mais qui pourrait compter le nombre bien plus grand des malheureux que ses enfants consolèrent, assistèrent et soutinrent dans la foi ? Comme toujours, il commença l'œuvre nouvelle par un essai. Ce fut l'héroïque Louis Guérin qui partit le premier, en compagnie du frère François Francillon; ils arrivèrent le 22 novembre 1645 à Tunis, sur cette terre deux fois sanctifiée par la mort de saint Louis et par la captivité de saint Vincent de Paul.

La France prenait possession par la croix de ces contrées barbares, où, deux siècles après, le drapeau blanc de la monarchie très chrétienne devait annoncer au monde civilisé la fin de la domination turque sur les mers. Les missions, autant que les armes, lui donnèrent comme un droit de conquête par la longue possession d'état de l'influence française. Apôtres de l'Évangile, ouvriers de la civilisation et représentants de la France, les missionnaires ouvrirent la voie aux flottes de Louis XIV et de Charles X, et la Barbarie s'étonna moins de devenir terre de France, ayant connu depuis longtemps la vertu de sa religion et le prestige de son drapeau.

Au bout de deux ans de travaux auprès des malheureux esclaves, Louis Guérin obtenait la faveur du dey de Tunis, avec la permission de faire venir d'autres prêtres avec lui. Bientôt arrivait M. Levacher, et tous deux firent admirer l'héroïsme de leur charité au milieu de la peste. Le fléau emportait le premier missionnaire; Levacher, resté seul, en même temps qu'il lui succédait, remplaçait le consul de France, atteint aussi par la contagion, et plus tard, chargé lui-même par le roi du consulat, il expiait de sa vie, à la bouche d'un canon, le bombardement d'Alger.

La toute-puissance de Louis XIV ne vint pas à bout de faire cesser les déprédations des corsaires turcs et mauresques. Aux XVIIe et XVIIIe siècles, beaucoup de chrétiens tombaient encore au pouvoir de ces écumeurs de mer qui les emmenaient en esclavage. Les religieux Trinitaires, communément appelés les Mathurins, continuèrent avec le même zèle leur œuvre. Des quêtes avaient lieu à Paris et dans les provinces à leur intention. La plupart des églises avaient un « tronc pour les captifs ». Les Mathurins organisaient aussi dans les grandes villes des processions d'esclaves rachetés par eux. C'était à la fois pour rendre publiquement grâce à Dieu de leur délivrance et pour exciter par la vue de leur infortune la pitié des fidèles en faveur de leurs compagnons d'esclavage restés en Barbarie. Des processions de ce genre eurent lieu à Rouen en 1720, 1725, 1737 et 1766, pour un certain nombre d'esclaves qui avaient été ramenés du Maroc. Chacun de ces captifs avait à ses côtés deux enfants habillés en anges, qui les tenaient par l'extrémité d'une petite chaîne. Les archives du chapitre de la cathédrale de Reims ont conservé le souvenir de la procession solennelle de 1732, organisée par le P. Guillaume Jehannot, général député de l'ordre de la Trinité, qui conduisait trente-quatre captifs rachetés à Constantinople en 1731. Elles constatent que ce dévoué religieux « avait eu commission de se rendre à Constantinople pour y racheter des captifs des libéralités du roi, de la reine et des fidèles; que partout où il avait passé, comme à Marseille, Toulon, Arles, Lyon, Châlons, etc., on l'avait autorisé à conduire processionnellement les captifs dans les cathédrales, et que partout on les avait reçus avec beaucoup d'honneur au son des cloches et des orgues, quelquefois en présence de l'évêque du lieu ».

Les religieux de Saint-François établis en terre sainte travaillaient aussi à racheter et à délivrer les chrétiens de la tyrannie des Turcs.

Le dernier document de l'œuvre française de la rédemption des captifs avant la Révolution, c'est une liste de trois cent seize esclaves français rachetés à Alger en 1785 par les deux ordres de la Trinité et de la Merci et rapatriés à Marseille par leurs soins. Quelques années après, la Révolution allait supprimer l'ordre des Trinitaires comme tous les autres ordres religieux; mais heureusement la miséricordieuse Providence allait abolir elle-même les derniers restes de l'esclavage en Europe, en se servant de la France pour détruire à Alger, en 1830, le principal repaire de la Barbarie, et rendre libre pour l'Évangile la route de la Méditerranée et du Levant.

Il n'y avait pas de captifs que ceux que la guerre ou la piraterie faisait esclaves. Même après la suppression de l'esclavage, il restait des malheureux privés de la liberté, dont le sort, quoiqu'il ne fût pas le plus souvent involontaire, était digne aussi de pitié. Les prisons publiques renfermaient un grand nombre de pauvres gens qui y étaient détenus pour dettes ou en punition de leurs fautes; une législation rigoureuse multipliait, soit pour les débiteurs, soit pour les délinquants, les cas de réclusion. Parfois les abus d'autorité, surtout à l'époque féodale, enfermaient dans de tristes cachots d'innocentes victimes. L'Église mit au nombre des œuvres de miséricorde corporelle la visite des prisonniers. Les saints furent les premiers à l'exercer, quelques-uns s'en firent une dévotion particulière.

On a vu plus haut que le XXe canon du cinquième Concile national d'Orléans de 549, en confirmant la fondation de l'hôpital érigé à Lyon par le roi Childebert, avait ordonné, en outre, que l'archidiacre ou le prévôt de l'église visitât tous les dimanches les prisonniers, afin que leur misère fût, selon le commandement de Dieu, adoucie par la miséricorde.

De combien de pieux personnages on raconte, à toutes les époques, qu'ils allaient dans les prisons visiter les malfaiteurs que leurs crimes y avaient fait enfermer, et les malheureux qui y étaient détenus pour dettes envers les particuliers ou envers le fisc royal ou seigneurial, et là qu'ils les consolaient, les assistaient et même qu'ils les rachetaient quand ils le pouvaient!

L'Église s'assura aussi des droits ou prérogatives qui lui permettaient d'exercer souverainement sa charité envers les malheureux détenus. « En vertu du Code théodosien, la procédure et les poursuites furent ajournées, dès les premiers siècles, durant la semaine sainte, et les dignitaires ecclésiastiques, pénétrant dans les cachots, brisaient les chaînes des prisonniers et rendaient les captifs à la liberté. » C'est ainsi que la religion venait de temps en temps adoucir la rigueur des arrêts judiciaires. Dans un sermon prononcé le jeudi saint l'évêque saint Eloi préconise cette amnistie.

Au témoignage de l'auteur anonyme de l'ancienne *Vie de saint Léonard*, solitaire en Limousin, saint Remi, usant de son influence auprès de Clovis, l'avait persuadé de porter un édit en vertu duquel, toutes les fois que lui ou ses successeurs viendraient à Reims ou passeraient dans le voisinage de la ville, tous ceux qui se trouveraient alors détenus dans les prisons seraient délivrés.

Clovis accorda une faveur plus grande encore au saint solitaire du Limousin, pour qui il avait la plus grande vénération, moins à cause de son illustre naissance qu'en raison de sa sainteté. Léonard, fidèle disciple de saint Remi, obtint du roi le privilège de délivrer tous les prisonniers qu'il jugerait dignes de cette grâce. Par son zèle à visiter ces malheureux, plus souvent victimes de la mauvaise fortune dans leurs affaires ou des exigences du fisc que coupables de fautes, il mérita le surnom de patron des prisonniers, sous lequel il est resté le saint des premiers siècles le plus illustre en Limousin après .t Martial.

Les capitulaires de Charlemagne confèrent aux évêques le droit d'exiger des juges la délivrance des prisonniers pendant les jours qui précèdent la Pâque.

Dès le xi° siècle, en vertu d'une concession royale, on voit les évêques d'Orléans en possession du privilège de délivrer, à leur entrée dans leur ville épiscopale, tous les prisonniers auxquels les rois de France eux-mêmes pourraient faire grâce en connaissance de cause. Jusqu'à la fin du xviii° siècle, le chapitre de la cathédrale de Rouen a usé de la prérogative qu'il tenait d'une très ancienne faveur royale, de délivrer, le jour de l'Ascension, un condamné à mort. C'était le privilège de la Fierte de saint Romain.

« Sous la troisième race de nos rois, Charles VII ordonne pendant la « Semaine Peineuse » d'élargir plusieurs centaines de Rouennais qui se sont révoltés contre le représentant du pouvoir royal. Une ancienne tradition prescrit que, le vendredi saint, les magistrats scellent des « lettres rémissoires ». Le roman de *Gérart de Roussillon* parle d'une reine qui pria le roi son époux de faire grâce, en ce jour, à des criminels dont il avait confisqué les biens.

« Jusqu'à la fin de son existence, le Parlement de Paris se montre fidèle à ce pieux usage. Dans le dernier siècle, les cours commencent à vaquer le mercredi saint pour ne se rouvrir qu'après le dimanche de Quasimodo. Le mardi saint, dernier jour d'audience, le Parlement se transporte, en somptueux appareil, aux prisons du palais, et l'un des grands présidents, d'ordinaire le dernier promu, tient séance à la chambre. On pose aux prisonniers quelques questions sommaires, puis, sans aucun arrêt, le geôlier délivre, au milieu des acclamations populaires, les détenus qui paraissent les plus dignes d'intérêt. »

La Révolution s'empressa de biffer ces vieux usages si touchants et si pleins de religieux et salutaires enseignements.

Depuis que les prisons avaient été sanctifiées, à l'origine, par la présence des martyrs, que la rage païenne y enfermait, depuis que les chrétiens avaient appris à aller dans ces repaires odieux baiser les chaînes des confesseurs de la foi, il était resté de tradition dans les mœurs chrétiennes de visiter les prisons, de chercher à soulager leurs malheureux hôtes. Tyranniques ou légitimes, les prisons n'ont pas cessé d'être visitées par les pieux fidèles depuis l'ère des persécutions jusqu'à l'époque actuelle. En France, comme en Italie, il existait des confréries, des œuvres, qui avaient uniquement pour but l'assistance des prisonniers.

Le sort de ceux-ci était souvent des plus misérables. Les prisons royales et seigneuriales étaient assez mal tenues. On comptait sur la charité privée pour l'entretien et le soin des malheureux qui y étaient enfermés.

En 1570, fut fondée, à Toulouse, en l'église Saint-Sernin, une confrérie dite *de la Miséricorde, pour le soulagement des pauvres prisonniers* « *qui estoient,* dit la préface des statuts, *la plupart sans chemise et couchoient sur la terre ou sur la paille pourrie, n'ayant lict, cochette ou mathelas, et d'ailleurs privés de la pâture tant corporelle que spirituelle* ».

Des membres du Parlement, des chanoines, des capitouls, des bourgeois de la ville s'étaient concertés dans ce dessein, sous le patronage du cardinal-archevêque Georges d'Armagnac ; ils avaient rédigé des statuts qui furent approuvés par le pape Grégoire XIII.

La confrérie avait pour mission de pourvoir à tous les secours que peut exiger l'état des prisonniers ; de procurer les soins particulièrement nécessaires aux malades et de leur fournir les consolations religieuses. Elle subsista jusqu'en 1793.

Un grand nombre de confréries de ce genre existaient partout. Du reste, la visite des prisons était entrée dans les habitudes de la vie chrétienne. On considérait comme un devoir de piété et de charité d'aller porter assidûment aux pauvres prisonniers les secours spirituels et corporels que comportait leur triste état. Il y avait dans les églises des troncs dont le produit était destiné à leur soulagement. C'était un des emplois de toutes les confréries pieuses et charitables que la visite des prisons.

Dans le règlement modèle des assemblées de charité des paroisses à Paris, au XVII° siècle, il est dit que leurs membres « auront soin des prisons qui seront dans l'étendue de la paroisse, pour y remarquer les besoins spirituels et temporels, et soulager les prisonniers selon leur possible, particulièrement les ecclésiastiques, étrangers, pauvres veuves et artisans du travail desquels dépend toute la subsistance de la famille, mais par préférence ceux qui sont de la paroisse et dans l'impuissance de leur délivrance. Comme aussi, s'il y a de pauvres paroissiens en d'autres prisons hors l'étendue de la paroisse, ils en auront pareil soin et leur procureront tous les soulagements possibles, spirituels et temporels, et à leur famille pendant leur détention [1] ».

Dans les derniers temps de la monarchie, le pouvoir royal s'occupa avec plus de sollicitude des condamnés. Il était activement aidé par la charité privée.

« L'œuvre des prisons, la plus difficile et la plus rebutante de toutes, écrit Mme de Witt, n'avait pas été négligée à Paris, lorsque arriva le célèbre philanthrope anglais Howard, auquel l'Europe a dû le commencement de la réforme de son régime pénitentiaire. Il parle dans son journal d'une « société, fondée par l'abbé Breton, « pour fournir du linge aux prisonniers du grand Châtelet. Le roi « et la reine, l'ayant encouragée par leurs dons, le même secours « put être accordé aux prisons, de manière que sept cents personnes « en profitent chaque jour de la semaine et que, pour y suffire « sans cesse, il fallait instituer dès l'abord un fonds de cinq mille « chemises ».

« Outre cette société, ajoute-t-il, il n'est pas une prison qui n'ait une protectrice, trésorière ou dame de charité, personne d'un certain rang, qui donne du bois de chauffage et du linge, et se sert de l'inspection générale qu'elle a sur la maison pour le soulagement de ceux qui l'habitent; elle sollicite autour d'elle la charité des femmes sensibles et procure ainsi à ces malheureux les secours et les consolations qui leur sont nécessaires; elle leur fait même donner, à ses frais, de la soupe deux fois la semaine et de la viande tous les quinze jours. »

Il restait néanmoins beaucoup à faire pour améliorer le régime des prisons et la condition de leurs habitants. Le biographe d'une de ces grandes dames de bien, comme la haute société en comptait

---

[1] Laurentie, *A Travers l'ancien Paris*, p. 99.

beaucoup au xviie et au xviiie siècle, écrit à l'éloge de Mme de Quatremère de Quincy, morte en 1790 : « Le mauvais état des prisons et la manière indigne, pour ne pas dire barbare, dont on traitait ceux qui y étaient malades, affectaient profondément cette mère des pauvres et des malheureux. Elle voyait avec la plus profonde douleur ces malheureux entassés les uns sur les autres et dans une malpropreté insupportable, d'où s'ensuivait une espèce d'épidémie qui en enlevait presque chaque jour un nombre prodigieux. Un des principaux exercices de la dévotion fut de les visiter et de descendre dans ces lieux d'horreur. Pendant la semaine sainte, elle ne se trouvait pas seule à soulager les prisonniers, et elle était souvent accompagnée par des femmes de la Cour, entre autres par la princesse de Chimay et la duchesse de Duras, qui voulut conduire son fils dans la prison du Châtelet, le jour de sa première communion, afin de frapper son esprit par ce dernier degré de la misère humaine. »

Sous Louis XIV et Louis XV, les prisons furent renouvelées comme les hôpitaux dans beaucoup de provinces. Un sentiment de charité autant qu'une idée de réforme présidait à cette rénovation. Dans ses lettres de voyage, Mme Gauthier, femme d'un secrétaire d'intendant, au xviiie siècle, fait à la fois l'éloge du nouvel hôpital et des nouvelles prisons de Langres, dues à la sollicitude de l'intendant de Champagne [1].

Sous l'influence des idées philanthropiques et humanitaires, notre siècle a plus fait que le moyen âge pour l'amélioration matérielle des prisons; mais il a beaucoup moins favorisé la pratique chrétienne de la visite des prisonniers, qui était pour ceux-ci un si précieux soulagement.

Il y avait encore d'autres infortunés à tirer de la servitude et de la mort, que ceux que la guerre ou la piraterie faisait tomber aux mains de maîtres barbares. Il y avait d'autres reclus à consoler et à aider dans leur abandon que les pauvres prisonniers qui, par leur faute ou par leur malheur, avaient perdu la liberté et le droit à la vie publique. C'étaient les malheureux petits enfants abandonnés en bas âge par des parents coupables ou indigents, et que leur délaissement vouait à la maladie et à la mort, ou bien aux spéculations d'étrangers cupides. La plupart du temps ces innocentes petites créatures étaient le fruit de la débauche.

A l'époque païenne, on les sacrifiait sans pitié, surtout lorsqu'ils étaient mal venus. Et il en était de même, souvent, pour les enfants nés dans le mariage, mais avec quelque vice de conformation qui

---

[1] Babeau, *les Voyageurs en France*, p. 327.

devait les rendre impropres aux occupations et aux carrières publiques.

L'antiquité païenne était souvent atroce à l'égard des enfants. Dans le monde soumis aux lois romaines, le vieux droit de puissance paternelle avait laissé partout cette idée que le père pouvait disposer à son gré de ses enfants en bas âge, et ainsi les abandonner, les exposer, les vendre, suivant son intérêt ou sa commodité. La vie des enfants comptait peu. C'était le cas pour les enfants nés difformes ou infirmes. L'exposition des nouveau-nés était une des plus inhumaines coutumes de Rome. Elle s'était plus ou moins propagée dans tous les pays conquis où régnaient les mœurs romaines, et elle a fait jusqu'à l'époque des empereurs chrétiens d'innombrables victimes.

Ces pauvres petits êtres, abandonnés ou exposés par leurs parents, se voyaient, pour la plupart, condamnés à mourir de faim et de froid dans le lieu solitaire où ils avaient été délaissés. Ceux que l'on recueillait n'en étaient que plus malheureux. Ils servaient à l'exploitation la plus cupide et la plus odieuse. « Aux uns, dit Sénèque, on crevait les yeux, aux autres on rompait les cuisses; à ceux-ci on coupait les jambes, à ceux-là on enfonçait les épaules d'une manière grotesque, et tous ces infortunés étaient destinés à gagner la vie du monstre qui les avait ainsi torturés. » D'autres étaient élevés pour la prostitution ou les jeux du cirque.

Un certain adoucissement avait été apporté à cette pratique barbare à l'époque de Trajan. Pline, gouverneur de Bithynie, en ayant référé à l'empereur, au sujet de la conduite à tenir vis-à-vis des enfants exposés, réduits en esclavage, même ceux de condition libre, par les gens qui les recueillaient, l'empereur opinait qu'ils pouvaient, devenus grands, réclamer la liberté. Trajan avait pris aussi diverses mesures et fondé une institution alimentaire pour permettre aux parents pauvres d'élever plus facilement leurs enfants. La législation de Rome n'alla pas au delà de ces palliatifs, sous le règne des empereurs païens.

Le soin de l'enfance fut un des premiers soucis des chrétiens. Le divin Maître s'était montré l'ami, le protecteur particulier des enfants. L'Évangile contient à leur sujet les enseignements les plus touchants. C'est de là que découlent les diverses œuvres de protection et d'éducation qui sont une des gloires de la charité catholique.

Dès le principe, l'Église se préoccupe d'arracher les enfants nés hors mariage au triste sort que leur réservaient les mœurs et la législation païenne. Elle inspira pour eux un pieux intérêt, jusqu'à les faire adopter comme leurs propres enfants par les fidèles les plus riches ou les plus généreux.

« L'adoption d'orphelins, pris parmi les enfants abandonnés, était très fréquente, dit M. Claudio Jannet, chez les premiers chrétiens. A la différence des païens, qui en faisaient des esclaves, les chrétiens les élevaient comme des hommes libres. Constantin, puis Honorius, sanctionnèrent cette pratique en donnant au *nutritor* le droit de fixer l'état civil de l'*alumnus*[1]. »

Constantin et ses successeurs commencèrent à prendre des mesures de protection pour l'enfance. Le grand empereur est l'auteur du premier édit en faveur des enfants abandonnés.

« Plus tard, dit M. Léon Lallemand, la misère universelle engendrée par la mauvaise administration impériale, la dilapidation des revenus de l'État et les premières invasions des barbares ne purent que multiplier les expositions si funestes pour la vie et l'avenir des pauvres créatures qui en étaient les victimes[2]. »

Telle était certainement la situation en Gaule, dans les centres nombreux de population où régnait la vie romaine. La bienfaisante influence du christianisme changea peu à peu ce triste état de choses. Elle eut à lutter à la fois contre les vieilles pratiques du monde païen et contre les usages non moins barbares des tribus franques de la conquête. Le clergé s'efforça d'assurer aux enfants trouvés une meilleure situation et même d'abolir l'usage des expositions de nouveau-nés.

Il fallut procéder graduellement. L'Église sanctionna, comme on l'a vu plus haut, la législation civile dans les régions où le droit de Rome, heureusement modifié par les empereurs chrétiens, faisait encore loi. L'Orient chrétien avait déjà des établissement consacrés à l'enfance, des *Brephotrophia* pour les enfants pauvres; des *Orphanotrophia* pour les orphelins. L'Occident en eut bientôt à son tour.

Dès que l'Église put légiférer librement, elle s'occupa du sort des enfants exposés. Dans le dernier état de la législation civile, pour les pays soumis au droit romain, il était défendu d'abandonner ses enfants sous peine de privation des droits paternels et d'autres sanctions pénales. « Que chacun, dit une constitution de l'an 374, des empereurs Valentinien, Valens et Gratien, nourrisse ses enfants; s'il les expose, qu'il soit puni conformément à la loi; si des personnes miséricordieuses les recueillent, il ne pourra plus les réclamer; il ne peut plus compter comme siens ceux qu'il a délaissés en les exposant à périr[3]. »

En 412, Honorius et Théodose renouvelèrent l'interdiction faite au père de revendiquer les enfants exposés et recueillis par des

---

[1] *C. Theod. T. de Expositis*, et concile de Vaisons en 442, *can.* 10; concile d'Arles en 452, *can.* 51.
[2] *Histoire des enfants abandonnés*, p. 66.
[3] *Cod. Justin.*, 1, viii, t. LII, l. 2.

personnes ayant fait constater l'acte d'adoption par l'évêque. A cette époque l'Église ne put aller plus loin en faveur des enfants délaissés ; elle n'était pas encore en mesure ni de prendre soin d'eux elle-même, ni de les affranchir de la domination de ceux qui les avaient recueillis. Mais elle sanctionna de son autorité les mesures protectrices qui avaient déjà tant amélioré leur condition.

Dans la période de transition de l'empire romain à l'empire franc, les conciles de Vaison (442), d'Arles (452), d'Agde (505), s'occupèrent des enfants trouvés et confirmèrent les dispositions législatives prises par les empereurs Honorius et Théodose. Plus tard, l'autorité ecclésiastique mit en vigueur les pénalités édictées par les codes pénitentiaux et destinées à protéger l'enfance. Celles-ci frappaient sévèrement les coupables. « S'agit-il du meurtre d'un enfant après sa naissance, dix ans de pénitence peuvent être ordonnés, et la peine est toujours augmentée dans le cas où l'enfant n'est pas baptisé. On punit également les négligences ayant amené la mort.

« Le chrétien qui a vendu son enfant est tenu de le racheter et de faire une pénitence de sept semaines ; s'il ne le peut pas, la pénitence est de vingt-huit semaines ; certains pénitentiaux accordent cependant, en raison d'une grande pauvreté, la vente pour sept ans [1]. »

A partir de Clovis, l'influence de l'Église s'exerça plus directement. Dans la Gaule, devenue la France, la vie de l'enfant commença à être protégée par un ensemble de dispositions légales qui punissaient de fortes amendes les divers crimes dont il pouvait devenir l'innocente victime. Au-dessus de cette législation, inspirée par le christianisme, se trouvait le droit canonique, « qui atteignait les coupables par ses excommunications et ses pénitences sévères. »

Mais les évêques ne pouvaient pas toujours assurer la liberté de l'enfant, en le faisant élever aux frais de l'Église ; ils durent souvent se contenter, d'après les dispositions des conciles de Vaison et d'Agde, de protéger leur vie en permettant à ceux qui les trouvaient de les vendre à leur profit, sous la garantie des sanctions canoniques qui leur assuraient un sort humain.

Ce ne pouvait être assez pour la charité maternelle de l'Église. Elle chercha à faire mieux en faveur des pauvres enfants trouvés. Des asiles spéciaux commencèrent à s'ouvrir çà et là pour eux, à l'instigation des évêques et des conciles. Ils étaient en trop petit nombre pour les besoins. Les édifices sacrés y suppléèrent d'abord. On voit par la vie du bienheureux Goar, du diocèse de Trèves, que

---

[1] Voir les textes dans Léon Lallemand, *Histoire des Enfants abandonnés*, p. 94.

dans cette partie de la France mérovingienne, les enfants du pays étaient déposés dans une coquille à l'entrée de l'église.

Ce touchant usage se généralisa et persista longtemps. Il marque un grand progrès. L'exposition des enfants, si répandue, si générale dans l'ancien monde, continue, comme le fait observer M. Martin-Doisy, après l'ère chrétienne; mais elle a changé de nature. « Au lieu d'exposer les nouveau-nés au bord des fleuves, sur la grève des mers, ou sur la lisière des forêts, à la dent des bêtes féroces ou aux serres des oiseaux de proie, on les déposa à la porte des églises. Là, du moins, on était sûr que les vagissements de l'innocente créature trouveraient des entrailles sensibles à la miséricorde. Un lit était dressé pour les recevoir dans l'intérieur des églises ou sous le porche du lieu saint, et un étal devant la porte des Maisons-Dieu [1]. »

Pendant longtemps il y eut à l'entrée des églises de ces grandes vasques disposées pour recevoir les enfants délaissés. Comme une mère universelle, l'Église recueillait dans ces berceaux de pierre les nouveau-nés que la honte ou la misère lui confiait. Elle les remettait ensuite à des personnes sûres pour en prendre soin, moyennant salaire. Un modèle d'acte, rédigé au VII° siècle, par le moine Marculfe, du diocèse de Tours, pour la réception à l'église des enfants abandonnés, montre la sollicitude du clergé pour ces malheureux petits êtres. Un prêtre ou un sacristain dressait procès-verbal de l'exposition, après recherche des parents, et la personne charitable qui recueillait l'enfant pour en prendre soin, recevait une indemnité fixée par l'acte.

Un concile des évêques de France, du VIII° siècle, présidé par un légat du pape Boniface, promulgue un canon en faveur des enfants abandonnés. « Si un enfant exposé est recueilli par un fidèle qui en donne un reçu, et si, dans les dix jours, l'enfant n'est pas réclamé, le fidèle doit le garder. » Un capitulaire de Charlemagne de 789 renouvelle cette prescription. Un autre enjoint de protéger les pères adoptifs et de priver de toute espèce de secours les mauvais pères qui auraient dû élever et nourrir leurs enfants.

Mais déjà la charité catholique s'était mise à l'œuvre pour doter les enfants orphelins ou abandonnés de maisons de secours, comme les malades ou les infirmes.

Sainte Bathilde, épouse de Clotaire II, achetée sur le marché par le maire Archambault, mérita d'être appelée la nourrice des orphelins et la consolatrice des enfants sans famille, parce que, non seulement elle en racheta beaucoup pour les mettre en liberté ou les

---

[1] Introduction, p. 22-3.

placer dans les monastères, mais aussi pour qu'elle établît pour eux des maisons hospitalières sous la direction de pieuses femmes, veuves ou vierges [1].

Au commencement du VII° siècle, saint Lézin et saint Mainbœuf, évêques d'Angers, fondent des asiles pour les enfants trouvés. Saint Landry, évêque de Paris, établit à côté de l'Hôtel-Dieu la maison dite plus tard de « la Couche ».

Les hôpitaux qui commencent à s'élever sur divers points de la France, les monastères qui couvrent déjà le territoire, leur servent aussi de maisons de refuge et d'éducation. Durant toute la période du IX° au XII° siècle, les enfants trouvés sont comme les autres indigents « l'objet de la sollicitude des institutions hospitalières créées par l'Église ». En outre, ils trouvèrent un secours nouveau dans les institutions sociales du temps.

Un des caractères du régime féodal, c'est que la détention du pouvoir comportait des charges corrélatives. Au XI° siècle, l'obligation incombait à tout seigneur haut justicier, laïque ou ecclésiastique, de pourvoir à la subsistance des enfants trouvés sur le territoire de leur juridiction. Par compensation, ces petits abandonnés, qui étaient considérés comme des épaves, entraient dans leur dépendance à titre de serfs. C'était un grand adoucissement à leur ancienne condition sous le régime païen. L'organisation sociale de l'époque impliquait des devoirs de protection dont le seigneur s'acquittait par intérêt, autant que par charité, envers les enfants trouvés. « Cette situation, dit M. Semichon, explique comment, au milieu de la féodalité, il n'existait que peu d'établissements consacrés à ces infortunés. Le remède se trouvait à côté du mal, et c'est un fait important qu'il ne faut pas perdre de vue pendant plusieurs siècles [2]. »

Plus d'une fois les enfants trouvés étaient l'objet de tendres soins, de sollicitudes particulières de la part des bons seigneurs. Un biographe contemporain nous a laissé de l'un d'eux, le comte Robert, seigneur de Sillé-le-Guillaume, époux de la bienheureuse Jeanne-Marie de Maillé, ce trait touchant : « Je tiens, rapporte-t-il, de la bouche de la dame Marie, qu'un jour son mari trouva, abandonnés sur un chemin, trois petits enfants inconnus et qui paraissaient à peu près du même âge. Il en met un sous chaque bras, prend entre ses mains le troisième, et revenant avec eux à son château, il les montre tout joyeux à sa femme, qui les garde et les fait élever au château jusqu'à leur mort. »

De pareils traits n'étaient point rares en un temps où l'esprit de

---

[1] Tougard. *Quid ad profanos mores dignoscendos... conferant Acta SS. græci Bollandiana*, p. 50-53.
[2] *Histoire des Enfants abandonnés*, p. 72.

loi formait comme le fond de la société et se trouvait aussi bien dans les degrés supérieurs de la hiérarchie que dans les derniers rangs.

Ordinairement, les seigneurs plaçaient les enfants trouvés dans un des hôpitaux existants de la contrée, où ils les faisaient admettre en payant un abonnement. Les sires de Beaujeu donnaient, de ce chef, au XIII° siècle, à l'hôpital de Villefranche en Beaujolais, douze livres. Au XVII° siècle, la duchesse de Longueville payait cinq cents livres à la Maison-Dieu de Châteaudun.

L'époque féodale vit naître l'ordre hospitalier du Saint-Esprit de Montpellier, institué principalement pour les enfants trouvés. On en attribue la fondation à Olivier de la Craie ou de la Traie. Mais son origine est obscure. Le premier hôpital de l'ordre destiné à recevoir les enfants exposés est créé au XII° siècle par Guy, seigneur de Montpellier. Il servit de modèle à ceux qui furent établis plus tard à Rome et dans toute l'Europe. L'hôpital de Montpellier était desservi par la confrérie de l'Arche du Saint-Esprit, entièrement composée de laïques. « Les pauvres femmes arrivées à un état avancé de grossesse, étaient admises gratuitement dans l'hôpital du Saint-Esprit. Des berceaux et des layettes étaient préparés pour les nouveau-nés. Les mères de ces enfants avaient la faculté de les laisser dans la maison où ils étaient élevés jusqu'à leur adolescence, ou de les reprendre avec elles à leur sortie de l'hôpital[1]. » Les hôpitaux de l'ordre du Saint-Esprit se multiplièrent rapidement en France. Il eut des maisons à Marseille, à Toulon, à Arles, à Beaucaire. De la Provence, il s'étendit au Languedoc, dans la haute Bourgogne, en Champagne, en Franche-Comté, où il possédait principalement les maisons de Toulouse, de Bergerac, de Dijon, de Troyes, de Poligny. Quoique l'institut fût de fondation laïque, les hospices furent d'abord dirigés par des administrations ecclésiastiques, mais desservis par des confréries laïques. Plus tard, les autorités municipales se substituèrent souvent aux corporations hospitalières, et l'ordre, qui avait tenu une place si importante dans les fondations charitables du moyen âge, finit même par disparaître avec la nouvelle organisation de l'assistance publique sous Louis XIV.

« A côté des frères du Saint-Esprit, il convient, dit M. Semichon, de citer les chevaliers de l'ordre de Saint-Jean de Jérusalem, dont la création remonte à la fin du XI° siècle. Ils devinrent plus tard, en 1340, les chevaliers de Rhodes; puis, en 1566, les chevaliers de Malte. Le grand Hospitalier et les chevaliers prud'hommes se chargeaient de nourrir les enfants, de les instruire aux frais de l'ordre jusqu'à l'âge de dix-huit ans[2]. »

[1] Semichon, p. 75.
[2] Id., p. 77.

D'après la tradition, le tour pour la réception des enfants abandonnés aurait été employé pour la première fois dans la maison des confrères du Saint-Esprit à Marseille. Il paraît plutôt que ce mode d'admission, destiné à remplacer l'ancienne coquille des églises et la table de marbre des Hôtels-Dieu, est d'invention italienne, et n'a même pas été usité en France avant la fin du XVIII° siècle. Dans les établissements ou commanderies de l'ordre du Saint-Esprit, il est plus probable que l'on se servait pour la réception des enfants, non d'un tour, mais d'une ouverture appelée fenêtre, qui laissait voir la mère ou la personne chargée de l'enfant.

L'ancien régime continuait de s'appliquer dans les villes non dotées de maisons de l'institut du Saint-Esprit. Les évêques, les chapitres, les seigneurs hauts justiciers, et les villes, depuis l'établissement des franchises communales, s'occupaient des enfants exposés. A Paris, durant tout le moyen âge, le chapitre de Notre-Dame, directeur et propriétaire de l'Hôtel-Dieu, avait la charge de ces malheureux petits êtres. Il les faisait élever à ses frais dans une maison spéciale. Une confrérie du Saint-Esprit fut autorisée par Charles VII à s'établir dans la capitale, mais l'hospice fondé par ses soins ne devait recevoir que des enfants orphelins nés en légitime mariage. Les autres restèrent à la charge du chapitre de Notre-Dame. Toutefois les autres chapitres et monastères ayant fief dans la ville furent obligés, par arrêts du Parlement de 1546, 1552 et 1570, de contribuer, conjointement avec l'évêque et le chapitre cathédral, à la nourriture et à l'entretien de ces enfants, moyennant l'offre par celui-ci de deux autres maisons où ils seraient reçus et élevés.

Si, en règle générale, les Maisons-Dieu ne recevaient pas, dans la première partie du moyen âge, les enfants trouvés, « ces dispositions exclusives de certains établissements cédèrent peu à peu, et, en dehors des maisons hospitalières recevant les enfants trouvés à la suite de conventions pécuniaires avec les seigneurs justiciers ou le fondateur, on voit ces pauvres petits admis au XIV° siècle à Malestroit; et dans le même temps, à Marseille, à l'imitation de l'hôpital du Saint-Esprit, les enfants trouvés sont reçus à l'hôpital de l'Annonciade et à Saint-Jacques de Galice. » A Douai, l'hôpital des enfants trouvés remontait au XIII° siècle. A Issoudun, on recevait à l'hôpital ces petits abandonnés dès la fin du XIV° siècle, et on les confiait ensuite à des nourrices. En 1520, l'Hôtel-Dieu Saint-Julien de la Ferté-Bernard élevait ces mêmes enfants; à Bordeaux, l'hôpital Saint-Jamme existait particulièrement « pour les enfants exposez n'estans advouez de père ni mère[1]. »

---

[1] L. Lallemand, o. c., p. 122, 123.

Dès le XIIIe siècle, certaines municipalités eurent une part considérable dans l'organisation des secours publics aux enfants abandonnés. En Bretagne, où les seigneurs n'étaient point tenus, comme dans les autres provinces du royaume, de pourvoir à la subsistance des enfants exposés dans le ressort de leurs justices, la coutume imposait cette obligation aux généraux, c'est-à-dire aux corps municipaux préposés au soin et gouvernement des revenus temporels des paroisses où ces enfants étaient trouvés. C'était aussi la coutume en Dauphiné, comme on le voit par les comptes consulaires de Romans, que les villes pourvussent à l'entretien de ces enfants[1]. Dans le nord de la France, l'assistance des enfants exposés est organisée par le soin des administrations municipales. « Chaque bailliage, chaque municipalité avait la surveillance, la responsabilité, et supportait la dépense des enfants abandonnés par des parents domiciliés sur son propre territoire[2]. »

Une charte de 1343 renfermant un accord passé entre « le maieur et esquevins de la ville d'Amiens d'une part, et les maistres, frérez et serveurs de l'ostelerie d'Amiens d'autre part », témoigne que les enfants trouvés vivaient des aumônes de la commune et étaient reçus depuis longtemps déjà à l'Hôtel-Dieu de cette ville[3].

Les comptes de l'hôtel de ville de Lille, qui fournissent un curieux état des dépenses faites au XVe siècle par les échevins, montrent que les enfants étaient confiés à des nourrices fort bien appointées pour le temps, et recevaient des soins assidus des médecins et chirurgiens payés par la ville.

Lyon avait au XVe siècle une maison pour les enfants trouvés, qui y étaient l'objet des meilleurs soins.

Plus tard, l'autorité royale mit directement à la charge des villes et des paroisses les enfants que la honte ou la misère faisait abandonner de leurs parents.

Les enfants trouvés, appelés souvent dans les derniers temps enfants de police, étaient recueillis dans les Hôtels-Dieu. Ils devenaient comme les enfants adoptifs de la commune. On les élevait jusqu'à ce qu'ils fussent en état de se suffire à eux-mêmes. De leur côté, ils rendaient service à l'établissement auquel ils appartenaient. Moyennant une petite rétribution qui leur était allouée, ils figuraient dans les cérémonies d'enterrement ; à certaines époques de l'année, ils parcouraient les rues vêtus de leur petit costume particulier d'hôpital, robe bleue ou grise, et sollicitaient la charité publique pour la maison qui les entretenait.

---

[1] Ulysse Chevalier, *Essais hist. sur les hôpitaux de Romans*, p. 250.
[2] Desnoyers, *Bulletin du Comité historique du département du Nord*, t. III, année 1856.
[3] Léon Lallemand, o. c., p. 118.

Des arrêts du Parlement, déterminant la part respective de charges des divers seigneurs ecclésiastiques de fief, conjointement avec le chapitre de Notre-Dame, avaient décidé que les enfants exposés à Paris seraient reçus dans les trois maisons mises à leur disposition par le chapitre et y seraient nourris et élevés sous la direction d'un administrateur nommé par lui, aidé de trois veuves, de médecins et de bourgeois de la ville. Les troubles et les ruines causés par les guerres de religion avaient mis le désarroi, à la fin du XVIe siècle, dans la plupart des institutions charitables de la capitale. Les taxes établies par le Parlement étaient devenues insuffisantes en raison du nombre croissant d'enfants exposés. Au temps de saint Vincent de Paul, la misère et le dérèglement avaient accru le nombre de ces innocentes victimes. L'odieux de leur naissance illégitime pesait aussi sur elles et détournait la charité. Les rapports du lieutenant du Châtelet constataient qu'il n'y avait pas moins de trois à quatre cents enfants exposés chaque année à la porte des églises ou des établissements de charité. La police les ramassait et les faisait porter principalement à la maison du port Saint-Landry, dite de *la Couche,* où ils ne recevaient que des soins mercenaires. C'est alors que le grand restaurateur des œuvres charitables vint donner des mères à ces pauvres petits êtres délaissés et sans famille, en leur donnant les Filles de la charité.

Un soir, Vincent de Paul aperçoit aux portes de la ville un mendiant occupé à déformer les membres d'un de ces nouveau-nés dans le dessein d'exploiter son infirmité. Ému de pitié, il vient à lui : « Ah! barbare, s'écrie-t-il, vous m'avez bien trompé : de loin je vous avais pris pour un homme. » Et il lui arrache sa victime, l'emporte dans ses bras, traverse Paris en faisant appel à la pitié des passants, et, suivi de la foule, il le porte à *la Couche* Saint-Landry. Une femme veuve, avec deux servantes seulement, tenait la maison. Les enfants trop nombreux étaient mal soignés, mal nourris. La plupart mouraient dans le premier âge, et quelques-uns sans baptême. Souvent ils servaient à d'indignes trafics. La cupidité des servantes les livrait pour quelque argent à des bateleurs, à des gueux qui venaient soi-disant les réclamer, et qui se servaient d'eux pour leurs ignobles professions, ou à des spéculateurs qui les introduisaient dans les familles pour troubler l'ordre des successions ou même aux entrepreneuses de débauche. Quand ces pauvres petits êtres n'étaient pas l'objet de ces odieuses spéculations, ils passaient aux mains de nourrices criminelles, dont l'industrie était de les faire mourir promptement.

Vincent de Paul chargea plusieurs Dames de charité d'étudier le service de *la Couche;* elles lui rapportèrent que ces enfants étaient plus malheureux que les petits innocents massacrés par Hérode. Vincent aurait voulu les prendre tous sous sa protection. Il fallut se borner. On en tira douze au sort. Le saint bénit ces élus de la Providence, et leur donna pour mère Mademoiselle Legras, avec ses Filles de la charité. A mesure que les ressources augmentaient, le bon père courait à *la Couche* et ramenait dans ses bras quelques-uns de ces petits êtres.

Saint Vincent de Paul intéressa aussi la reine à l'œuvre nouvelle. Par la reine, il arriva jusqu'au roi. En deux fois, Louis XIII donna douze mille livres de rentes aux pauvres enfants trouvés de Paris, « imitant la piété et la charité de Notre-Seigneur et Père, qui sont vertus vraiment royales, » disait ce monarque.

Mais les besoins de l'institution ne cessaient d'augmenter. Plus de cinq mille enfants trouvés étaient entretenus, et la dépense atteignait quarante mille livres. Les Dames de charité voulaient y renoncer. Vincent de Paul, qui nourrissait dans le même moment la Lorraine, quêtait, empruntait pour sa chère famille ; Mademoiselle Legras et ses Filles de la charité travaillaient de leurs mains et donnaient tout pour soutenir la dépense. L'œuvre menaçait de tomber. Alors l'homme de Dieu réunit les dames en assemblée. C'est là qu'il eut ce mouvement célèbre d'éloquence qui décida du sort de tant d'infortunés petits êtres.

Sur ses sollicitations, Louis XIII affecte d'abord le château de Bicêtre au logement des enfants trouvés ; puis on les transporte dans une maison du faubourg Saint-Lazare, où l'air est moins vif. Douze Filles de la charité sont préposées à leur éducation. Des nourrices de campagne élèvent les nouveau-nés ; après le sevrage, les petits reviennent apprendre à parler et à prier Dieu ; les plus grands s'exercent, sous la direction des sœurs, à quelque travail manuel, en attendant l'âge de prendre un état.

Tel fut le premier hospice des Enfants-Trouvés. Vincent de Paul avait réalisé merveilleusement la parole du prophète : que s'il se trouvait des mères assez dénaturées pour oublier et délaisser leurs propres enfants, la divine Providence prendrait soin d'eux et leur rendrait des mères meilleures. L'œuvre qu'il avait fondée, il la soutint toute sa vie de ses conseils et de ses bienfaits. Père nourricier, il visitait souvent sa petite famille, encourageant les sœurs, excitant le zèle des dames, apportant les aumônes de la générosité publique. Sa sollicitude s'étendait sur les nourrissons de la campagne qu'il avait placés sous le patronage des confréries de charité, et qu'il faisait inspecter chez leurs nourrices.

Pour continuer Vincent de Paul, ce n'était pas trop de Louis XIV. A la mort du saint, le roi prit l'œuvre à sa charge et bâtit l'hôpital des Enfants-Trouvés dont il unit la direction, par l'édit de 1670, à celle de l'Hôpital général. L'institution était si sagement établie sur les règles que lui avait données son fondateur, qu'elle s'étendit avec la même organisation à toutes les provinces. Elle eut plus tard pour complément le tour, ingénieuse invention de la charité chrétienne, qui recevait les enfants exposés, sans voir la mère coupable ou malheureuse, sans connaître le secret de la faute ou de la honte que la crainte d'une révélation eût changée en crime.

La licence des mœurs développée à la faveur des idées nouvelles d'irréligion, qui commençaient à gagner la classe bourgeoise au XVIIIe siècle, avait accru successivement dans les villes le nombre des enfants trouvés. Sous la régence du duc d'Orléans en 1720, le grand hospice de Paris contenait quatorze cent quarante et une de ces malheureuses victimes de la débauche; vers le milieu du règne de Louis XV, trois mille deux cent vingt-quatre; sous Louis XVI, le nombre s'en était encore beaucoup accru dans tout le royaume, au point que le roi dut créer ou favoriser partout la création de nouveaux hospices pour les recueillir. Ce progrès du mal annonçait la fatale période révolutionnaire, où les institutions elles-mêmes, destinées à le combattre ou à en réparer les effets, allaient disparaître.

En résumé, il avait été pourvu de bien des manières en France, avant 1789, à l'entretien et au soulagement des enfants trouvés. La charité chrétienne, plus particulièrement représentée par des ordres hospitaliers, avait recueilli et élevé ces pauvres abandonnés; elle leur avait assuré le secours des seigneurs et des villes; elle avait enfin établi pour eux des hospices spéciaux, en leur donnant, dans les sœurs de charité, des mères et des tutrices. Ils ne gagnèrent, avec la Révolution, qu'à devenir « les enfants de la patrie ».

XIII

INSTITUTIONS DE PROTECTION ET DE PRÉVOYANCE

Afflictions particulières. — Vieillards pauvres. — Assistance domiciliaire. — Asiles publics. — L'hôpital du Nom-de-Jésus. — Veuves. — Leur condition dans le passé. — Les Haudriettes. — Orphelins. — Entretenus par les seigneurs et les villes. — L'hospice du Saint-Esprit. — Aveugles. — Secourus individuellement puis recueillis dans des asiles. — Congrégation d'aveugles. — Saint Louis et « les Quinze-Vingt ». — Établissements analogues. — Les « aveugleries ». — Valentin Haüy et l'éducation des aveugles. — L'institution des jeunes aveugles. — Sourds-muets. — Le moine Ponce de Léon en Espagne et l'abbé de l'Épée en France. — Méthode d'éducation des sourds-muets. — L'abbé Sicard. — Aliénés. — On commence à les traiter au xvie siècle. — Saint Vincent de Paul et la maison de Saint-Lazare. — Les frères de Saint-Jean-de-Dieu et autres religieux employés au soin des fous. — Besoins accidentels par suite de chômage ou de pénurie de ressources. — Organisation charitable de l'ancienne société. — Les corporations et les confréries, sociétés de secours mutuels. — Constitution et fonctionnement des *Charités*. — Associations pour la paix. — Assistance publique par les monastères. — Greniers de réserve. — Institutions de prêt. — La Bourse de saint Évre. — Les Monts-de-piété. — Institutions d'assistance, de mutualité et de prévoyance au xviiie siècle. — Le rôle des évêques. — Assurances contre l'incendie. — Les religieux pompiers. — Œuvres d'amélioration sociale.

A côté des grandes calamités publiques qui atteignaient, pour un temps, tout un peuple, toute une province, bien des misères, en dehors même de la pauvreté et de la maladie, affligeaient les individus et requéraient des secours particuliers. La vieillesse impotente, l'enfance abandonnée, les infirmités de tout genre, d'esprit et de corps, étaient des accidents trop communs pour qu'on ne cherchât pas à y subvenir dans une société toute pénétrée de l'esprit de charité.

Tous ces pauvres vieillards sans soutien, ces orphelins sans parents, ces veuves sans protecteurs, ces malheureux fous qui étaient à la fois un embarras et souvent un danger, ces infirmes de tout âge, privés les uns de leurs yeux, les autres de leurs oreilles, de leur langue, et incapables de subvenir eux-mêmes à leurs propres besoins, formaient autant de catégories exceptionnelles d'infortunés pour lesquels les hôpitaux ordinaires n'étaient point faits principalement, ni les distributions intermittentes d'aumônes ne suffisaient.

Ils ne manquaient point pour cela d'aide et d'assistance.

Dès le commencement, des hôpitaux spéciaux avaient été établis pour les vieillards sans famille et sans ressources. Il en subsista toujours, mais en assez petit nombre. Le pape Pélage II avait donné l'exemple à la chrétienté de convertir sa maison en un hôpital pour les vieillards pauvres. Plus d'un évêque, plus d'un grand personnage, plus d'un simple bourgeois même, suivit cet exemple en France. Les vieillards pauvres étaient recueillis, comme les enfants orphelins, par des personnes charitables qui leur donnaient le logement, la nourriture, tous les soins nécessaires. Le plus souvent ils étaient assistés chez eux par de bons voisins, par de pieux fidèles, qui employaient leur vie aux œuvres de charité. Ils avaient part, et les premiers, aux distributions de secours organisées par le clergé; ils étaient les pauvres préférés des monastères qui servaient partout d'asiles aux nécessiteux.

Mais, dès que les premiers Hôtels-Dieu furent établis, les pauvres vieillards y eurent leur place. Ils devenaient pensionnaires de la maison. Les frères et sœurs qui desservaient ces établissements s'occupaient d'eux comme des malades. Il en fut ainsi pendant tout le moyen âge.

Souvent aussi les vieillards qui possédaient quelque petit bien s'assuraient une place à l'hôpital, surtout dans les campagnes, moyennant l'abandon de leur avoir à l'établissement. Ils pourvoyaient ainsi eux-mêmes à leur sort. Les libres institutions d'assistance publique du moyen âge se prêtaient à ces combinaisons de convenance personnelle.

Voici, entre autres, un exemple de ce qui pouvait se faire autrefois en faveur des vieillards par la seule initiative privée.

Un document, tiré des archives de l'hospice d'Écouché, en Normandie, nous donne certains détails pleins d'intérêt sur un emploi nouveau auquel servaient les fondations charitables dans les campagnes. Ce n'étaient pas seulement des hôpitaux, c'étaient aussi, en certains cas, des maisons de retraite.

En 1449, deux habitants d'Écouché, Jehan le Vieul et sa femme, passèrent devant les tabellions du pays un acte par lequel ils déclaraient donner à la Maison-Dieu leurs personnes d'abord, et en outre une modeste rente de vingt-deux sous tournois et six deniers, tout leur petit avoir. Ils donnaient encore quelques animaux, du linge et de la vaisselle. En échange de ces dons, ils devaient être logés à l'hospice, vêtus et soignés en cas de maladie. Le maître et le conseil acceptèrent ces conditions, et Jehan le Vieul et sa femme entrèrent à l'hospice, non pas précisément en qualité de *donnés,* mais plutôt comme pensionnaires.

L'hospice de campagne servait donc encore à assurer une retraite honnête et à l'abri de tout souci aux paysans âgés qui, en échange de leurs petites économies, avaient le vivre et le couvert jusqu'à la fin de leurs jours. Évidemment l'hospice y perdait tant que se prolongeait la vie de ses pensionnaires; mais à leur mort il jouissait pleinement de la rente laissée, sans avoir aucune dépense à faire désormais. C'est précisément cette qualité de maison de retraite qui permettait à l'hospice d'Écouché, et aux hôpitaux en général, d'acquérir des ressources parfois considérables qui n'étaient qu'une juste rémunération de charges fort lourdes supportées autrefois. Grâce à cette combinaison, pensionnaires et hospices profitaient également les uns immédiatement, les autres après un certain délai [1].

Ces sortes de contrats paraissent avoir été assez communs. Ils se passaient, non seulement avec les hôpitaux ruraux ou urbains, mais avec les établissements de tout genre qui avaient plus ou moins le caractère d'institutions de charité. Ainsi les femmes âgées pouvaient trouver une retraite dans les béguinages, moyennant l'apport de leur avoir à la communauté. Les petites communautés de frères et de sœurs, attachées au service des hôpitaux, s'ouvraient aussi aux vieillards des deux sexes qui voulaient y entrer comme pensionnaires.

Malgré les secours de diverse nature que les institutions charitables et les mœurs plus fraternelles du moyen âge offraient à la vieillesse, c'est l'Hôtel-Dieu qui était l'asile ordinaire des pauvres gens arrivés au terme de leur vie, sans ressources et sans famille. Sous le rapport des soins et des consolations nécessaires à leur âge, cette sorte d'établissements ne leur offrait pas toutes les conditions désirables de bien-être et de satisfaction. Ils auraient eu besoin d'être recueillis dans des maisons spéciales, en compagnie les uns des autres, et d'être servis à part.

Saint Vincent de Paul, que l'on retrouve dans toutes les œuvres modernes de charité, avait devancé les Petites Sœurs des pauvres dans leur œuvre si bienfaisante d'hospitalisation des vieillards.

Un pieux bourgeois de Paris, plein de confiance en la charité inventive et inépuisable du grand intendant des pauvres, était venu le trouver sans autre dessein que de consacrer une somme considérable à quelque œuvre de piété, et sans autre condition de sa libéralité que de rester entièrement inconnu aux hommes. Avec cet argent, saint Vincent de Paul conçut le projet de fonder un hôpital de retraite pour les pauvres artisans réduits par l'âge à la mendicité, estimant que ce serait exercer une double charité envers eux que de subvenir tout ensemble aux besoins de leurs corps et aux nécessités

[1] Prévost, o. c.

spirituelles de leurs âmes. L'idée agréa au donateur ; celui-ci mit seulement pour condition que l'administration spirituelle et temporelle de l'hôpital demeurerait toujours au supérieur général de la congrégation de la Mission.

Immédiatement Vincent achète deux maisons avec un grand terrain au faubourg Saint-Laurent, les meubles de lits, de linge, de tous les ustensiles d'un hôpital, établit une petite chapelle, et avec l'argent de reste constitue une rente annuelle à l'établissement. L'installation terminée, il reçoit quarante pauvres vieillards, vingt hommes et vingt femmes, qu'il place en deux corps de logis séparés l'un de l'autre, mais disposés de telle sorte que tous les pensionnaires, chaque sexe à part, peuvent entendre la même messe, assister à la même lecture de table, prendre le repas en commun, sans se voir ni se parler. Pour les occuper selon leurs faibles forces et leurs industries, il fit préparer des métiers convenables aux différentes professions, voulant que le travail régnât dans la maison. Enfin il établit des Filles de la charité pour leur service, et leur donna pour aumônier un prêtre de la Mission. Lui-même fut le premier à les diriger et à les instruire, leur recommandant l'union entre eux, la piété et la reconnaissance envers Dieu qui les avait tirés du besoin pour leur procurer une retraite si douce à leur indigence et si avantageuse à leur salut. La nouvelle maison des vieillards s'appela l'hôpital du Nom-de-Jésus.

Ce fut là l'origine des hôpitaux généraux, dont la création marque le règne de Louis XIV, et ce premier établissement des vieillards est devenu le modèle des maisons fondées par les admirables Petites Sœurs des pauvres du XIXe siècle.

Les veuves, si elles étaient pauvres, abandonnées, avaient pu dès l'origine se retirer dans les couvents de femmes, et y trouver, en dehors même de la vie religieuse proprement dite, un abri honnête et une existence assurée. Plus tard, les béguinages leur offrirent aussi, moyennant une modique pension ou le louage de leurs services, un asile honorable. Elles pouvaient encore s'engager dans l'une de ces mille communautés hospitalières qui assuraient le gîte et la nourriture à celles qui se faisaient les servantes des pauvres et des malades. Il se créa aussi, grâce à la générosité de pieuses personnes, des refuges spéciaux pour la viduité.

Étienne Haudry, ancien secrétaire de saint Louis, et Jeanne la Dolomie, sa femme, avaient fondé à Paris un hôpital pour trente-deux veuves qui embrassèrent, sous leur conduite, une sorte de vie religieuse. Pierre d'Ailly, évêque de Cambrai, donna à ces pieuses femmes, en 1414, une règle dérivée de celle de saint Augustin. Elles s'appelèrent les Haudriettes, du nom de leur fondateur, et créèrent plusieurs maisons par la suite des temps. L'hôpital primitif de veuves finit par devenir, au XVII° siècle, une simple communauté religieuse, sous le nom de l'Assomption de Notre-Dame.

Dès le commencement, l'Église avait pris un soin particulier des orphelins. Sa sollicitude s'étendait sur eux comme sur les enfants trouvés. Les uns et les autres furent traités de la même manière, trouvèrent les mêmes secours dans les couvents, dans les établissements spéciaux qui leur furent affectés aussi. Les seigneurs, à l'époque féodale, eurent la charge des orphelins. Bientôt les villes prirent soin à leur tour de ces petits abandonnés. Dans la coutume d'Amiens du XIII° siècle on lit : « Suivant li usages de la cité d'Amiens (art. 66) li enfant qui sont orfelin de père et de mère sont a le ville, a conseillier et au maieur et as eskievins. » A Lille, dès le XIV° siècle, des officiers appelés « gard'orphènes » veillaient aux intérêts des orphelins; ils étaient nommés par les échevins et devaient être bourgeois de la ville. On voit, d'après des lettres de Charles V, de 1366, relatives à la commune de Douai, que les orphelins étaient entretenus par la ville.

A cette époque il existait aussi à Paris, à Toulouse, dans d'autres villes, des confréries qui se chargeaient spécialement des pauvres enfants sans parents, et les faisaient élever en apprentissage. Souvent les particuliers les recueillaient chez eux; ils les adoptaient comme leurs propres enfants, ou leur faisaient apprendre quelque métier lucratif.

A Paris, le grand hospice du Saint-Esprit était spécialement affecté aux orphelins des deux sexes, pourvu qu'ils fussent légitimes. Les lettres patentes de Charles VII, délivrées en faveur de cet établissement, constatent que les « pauvres enfants, orphelins et orphelines, sont audit hôpital couchés, lavés, vêtus et chaussés, alimentés et gouvernés de toutes choses à eux nécessaires, introduits et enseignés à l'école, tant de l'art de musique et autrement, et ensuite instruits à quelque métier pour savoir gagner leur vie honnêtement, et de plus, lorsque lesdites filles orphelines sont en âge de se marier, on les marie du mieux qu'on peut, selon leur état, aux dépens dudit hôpital ».

Cette utile institution fut complétée plus tard par la création de l'hospice des Enfants-Dieu, nom touchant donné à la maison qui devait recueillir les petits enfants de la Providence.

En fondant cet établissement, appelé vulgairement les *Enfants rouges*, la reine Marguerite de Navarre, sœur de François Ier, avait eu surtout en vue les enfants restés orphelins par la mort de leurs parents à l'Hôtel-Dieu; mais bientôt les libéralités royales avaient permis de l'agrandir et d'en étendre le bienfait indistinctement à tous les orphelins de la capitale et du diocèse.

Dans d'autres villes existaient, comme on l'a vu, des hospices du Saint-Esprit également affectés aux orphelins et aux enfants trouvés. Il ne manquait pas ailleurs de maisons d'orphelins entretenues à divers titres, et sous différents noms, par la charité privée.

Beaucoup de ces institutions particulières se trouvèrent plus ou moins absorbées, à partir de l'édit de 1662, dans le système des hôpitaux généraux. Le plus souvent le sort des enfants sans parents se trouvait confondu avec celui des enfants abandonnés. Les uns et les autres trouvèrent place dans les nouveaux hôpitaux entretenus aux frais des villes, et ce fut là leur condition ordinaire jusqu'à la Révolution. La charité moderne a mieux fait en les recueillant dans les orphelinats créés spécialement pour eux, où ils retrouvent, dans les religieux et les religieuses préposés à leur éducation, des pères et des mères.

Une autre misère, non moins digne de compassion que la vieillesse pauvre et délaissée et que l'enfance sans parents, était celle des pauvres aveugles, des sourds-muets, des incurables, des aliénés, les uns et les autres en si grand nombre dans tous les temps.

« On pourrait affirmer, *a priori,* écrit M. Léon le Grand, que la cécité n'a pu, en aucun temps, échapper à cette sollicitude admirable de la charité chrétienne qui embrasse toutes les misères humaines. Quand des asiles spéciaux étaient ouverts aux vieillards, aux enfants, aux étrangers, aux malades de toutes sortes, il serait bien invraisemblable que les aveugles n'eussent pas profité de cette tendre prévoyance qui s'étendait à toutes les infortunes [1]. »

Longtemps cependant les pauvres aveugles, jeunes ou vieux, n'eurent pas d'autre asile que celui qu'ils pouvaient trouver dans leur propre famille. Ceux qui étaient sans parents étaient abandonnés à la sollicitude d'amis ou de voisins charitables. C'était là une infirmité plus pénible et incommode que douloureuse, et malheureusement incurable, qui n'exigeait pas de traitement particulier. Les aveugles nécessiteux étaient assistés à domicile, comme tous les pauvres, par les diacres de la primitive Église ou par les fidèles ; ils avaient part aux distributions d'aumônes où ils allaient eux-mêmes, conduits par une main charitable, solliciter les secours des riches.

Les guides ne leur manquaient pas. La Bible, que tous les chrétiens connaissaient, apprenait à chacun à se faire le bras du faible et l'œil de l'aveugle.

---

[1] *Les Quinze-Vingts.* p. 290.

La charité de l'Église rencontrait en France un préjugé barbare importé de Germanie par les conquérants. Bien des siècles après, on se rappelait encore le mépris cruel que les Germains avaient pour les aveugles de naissance. Un hagiographe du XIIe siècle rapportait, dans la vie de saint Érard, qu'Étichon, créé duc de Germanie par Childéric II, avait voulu mettre à mort sa fille, parce qu'elle était venue au monde privée de la vue. L'enfant n'avait été sauvée que grâce à l'abri que sa mère avait trouvé pour elle dans un monastère[1]. Il fallut que Charlemagne joignît ses efforts à ceux de l'Église pour triompher de ces mœurs barbares. Un capitulaire du grand empereur, de l'an 805, édicte des peines sévères contre ceux qui maltraiteraient les aveugles ou autres infirmes. En ce temps-là, le pouvoir civil légiférait pour le bien.

Les évêques s'étaient préoccupés du sort des aveugles. Ils avaient soin, autant que possible, qu'ils fussent recueillis dans les maisons charitables. Souvent c'était une condition spéciale de la fondation d'un hôpital ou d'une hôtellerie qu'on y recevrait ou qu'on y nourrirait un certain nombre d'infirmes et d'aveugles. Ainsi, au VIIe siècle, saint Bertrand, évêque du Mans, en créant à Pontlieue un hospice, sous le patronage de saint Martin, destiné à recevoir les voyageurs et les étrangers, avait voulu que sur le registre matriculaire de la maison fussent perpétuellement inscrits seize pauvres, aveugles ou infirmes, auxquels on donnerait chaque jour la nourriture.

On commençait même déjà, aux VIe et VIIe siècles, à établir, en dehors des monastères et des hospices, où toutes les infortunes trouvaient un abri, des asiles spéciaux pour les malheureux privés de la vue.

Le plus souvent, cependant, ceux-ci en étaient réduits à se pourvoir eux-mêmes. Conduits par un enfant ou un voisin obligeant, ils demandaient l'aumône à la porte des maisons, sur les places publiques, dans les lieux de pèlerinages; partout ils recevaient l'hospitalité. Ils avaient encore la ressource, ou de se retirer dans les monastères, pour y mener avec les frères la vie religieuse, ou d'exercer quelque petit métier facile, comme celui de chanteur ambulant, de berger, de sonneur de cloches.

Ce fut là le régime ordinaire de ces malheureux jusqu'à l'époque féodale et même au delà, pour beaucoup d'entre eux.

« Dans le cours du XIe siècle, après la constitution définitive de la société féodale, on voit apparaître encore une fois des établissements consacrés au soulagement des malades et des infirmes, et l'assistance des aveugles entre dans une période nouvelle.

« Guillaume le Conquérant, ayant encouru les censures ecclésias-

---

[1] *Act. Sanct.*, 8 janvier, I, 536.

tiques par suite de son mariage avec Mahaut de Flandre, qui était sa parente, fit, pour expier sa faute, diverses fondations pieuses. Dans ce nombre figurent quatre hôpitaux créés à Cherbourg, à Rouen, à Bayeux et à Caen pour recueillir des aveugles et autres infirmes [1] ».

À l'exemple du duc de Normandie, d'autres puissants seigneurs fondèrent dans leurs États quelques asiles spéciaux pour ce genre d'infortune. Ordinairement, les Hôtels-Dieu ordinaires en tenaient lieu. En réalité, les établissements spéciaux d'aveugles ne datent que de la création des Quinze-Vingts par saint Louis.

Mais avant lui les malheureux atteints de cécité semblent avoir subvenu eux-mêmes à leur infirmité au moyen d'associations de secours mutuels, entretenues par les cotisations des plus aisés d'entre eux ou par les aumônes de la pitié publique. Ces ressources leur permettaient de s'entretenir, de s'aider, d'avoir même des maisons où ils vivaient ensemble fraternellement et pieusement. C'est une communauté de ce genre qui paraît avoir été l'origine de la fondation de saint Louis, en dépit de la légende des trois cents chevaliers aveuglés par les Sarrasins en terre sainte, que le pieux roi aurait recueillis, dans la maison des Quinze-Vingts, à leur retour de Palestine.

« L'existence à Paris d'une congrégation d'aveugles avant saint Louis serait très possible, dit M. le Grand, et bien en harmonie avec les mœurs du moyen âge, où le principe de l'association joue un si grand rôle. Alors que les bourgeois se groupaient dans les communes, les artisans dans les corporations, les serfs dans les communautés *paisibles,* il eût été fort naturel que les aveugles cherchassent un remède du même genre à la misère qui engendrait leurs infirmités, et l'on rencontrait, en effet, en Angleterre, des guildes ou sociétés de secours mutuels contre les maladies, et en particulier contre la cécité [2]. »

Quoi qu'il en soit, saint Louis est le fondateur, à Paris, de ce bel établissement resté si célèbre jusqu'à la Révolution, sous le nom des « Quinze-Vingts ». Le génie du moyen âge, fait de piété et de charité, ce génie personnifié si éminemment dans le saint roi, est tout entier dans cette création, une des plus belles et des plus originales à la fois de l'ancienne monarchie. M. Léon le Grand la décrit ainsi :

« Observée dans les divers actes de sa vie, dès les premières années qui suivent sa fondation, cette institution nous apparaît comme une confrérie, une congrégation (c'est le nom que lui donnent tous les actes de cette époque), où les aveugles de Paris trouvent un abri

---

[1] L. le Grand, p. 291-293.
[2] *Id.*, p. 19.

contre l'isolement que leur infirmité rend si pénible. Ce n'est pas un hôpital proprement dit, c'est seulement par analogie qu'on finit par lui appliquer cette désignation : rien n'y est organisé pour soigner des malades et on n'y trouve pas comme dans toutes les Maisons-Dieu d'alors une de ces congrégations religieuses qui se dévouaient au service des pauvres.

« La congrégation, ici, ce sont les aveugles qui la forment. Comme le disent, en 1345, les abbés des principaux monastères de Paris, qui recommandent l'établissement à la charité des fidèles, c'est une maison de refuge, *domus hospitalitatis*, où les aveugles de Paris viennent habiter ensemble sous le nom de frères et sœurs, et mettent leurs biens en commun et se donnent eux-mêmes à la confrérie. Un maître ou proviseur, nommé par le roi, les dirige avec l'assistance d'un ministre et de six jurés, choisis par la communauté, en même temps que tous les membres prennent part au gouvernement de la maison au moyen des assemblées du chapitre [1]. »

L'organisation intérieure de cette congrégation d'aveugles témoigne à la fois de la sagesse et de la piété de son royal fondateur. Aussi l'institution traversa-t-elle les siècles, en conservant, aujourd'hui même encore, à peu près la forme sous laquelle, depuis saint Louis, elle s'est développée, moins son nom primitif et trop chrétien pour la société moderne, de « Fraternité des Quinze-Vingts ».

Enrichie par les donations des papes et des rois de France, dotée de toutes sortes de privilèges spirituels et temporels qui lui donnaient rang de paroisse et l'autorisaient à faire librement des quêtes dans tous les diocèses, dans toutes les provinces, accrue constamment par les aumônes des particuliers, surtout des bourgeois de Paris, la maison des « Quinze-Vingts » eut toujours une existence prospère ; elle vit le nombre de ses pensionnaires augmenter en proportion de ses ressources. Elle subsista sur le même emplacement où elle est encore aujourd'hui, après avoir passé la période révolutionnaire sans périr comme tant d'autres institutions du passé.

« En souvenir de saint Louis et comme une aumône due à la piété filiale, les rois de France continuèrent toujours leur protection à l'établissement des aveugles, qui restèrent constitués sous une forme quasi monastique, soumis à la direction du grand aumônier. La maison des Quinze-Vingts resta toujours exempte de toutes taxes, tailles et impositions depuis le temps de saint Louis, lors même que la France se trouva momentanément sous le joug des étrangers, pendant la guerre de Cent ans. Le roi d'Angleterre Henri V leur en donna des lettres patentes en 1423 [2]. »

[1] L. le Grand, p. 23.
[2] De Witt, p. 63.

L'établissement cher à la piété de saint Louis, et l'un des plus favorisés par le bon roi, devint célèbre par tout le royaume ; il exerça son influence aussi loin que s'étendait sa réputation. La Fraternité des Quinze-Vingts ne tarda pas à servir de modèle à des institutions du même genre.

D'autres villes imitèrent Paris. Chartres eut, dès 1292, sa maison des *Six-Vingts*. A cette époque, un bourgeois de la ville, Renaud Barbon l'aîné, ancien conseiller de saint Louis et de Philippe le Hardi, construisait sur le modèle des Quinze-Vingts une maison destinée à « loger, recueillir et consoler les pauvres aveugles et autres misérables personnes de la ville ». A la fin du XIIIe siècle remonte également l'hôpital d'aveugles placé sous le vocable de Saint-Mathurin, à Orléans. Comme celui de Chartres, on en a plus tard attribué la création à saint Louis, tant la grande charité du pieux roi semblait devoir être la source de tout ce qui s'était fait de bien sous son règne dans le royaume.

On a retrouvé le souvenir et la date de l'établissement d'autres maisons d'aveugles, telles que l'asile créé, en 1314, à Angers, par l'évêque de Dol, pour quatre aveugles et neuf pauvres ; l'hospice fondé à Meaux, en 1356, par Jean Rose, bourgeois de la ville, pour recevoir vingt-cinq aveugles et donner douze lits aux pauvres passants ; l'hôpital Saint-Léger, de Châlons-sur-Marne, du même siècle. D'autres furent créés postérieurement.

En général, ces hôpitaux avaient peu d'importance, et ils ont fini par être réunis aux Hôtels-Dieu, et surtout, à partir du XVIIe siècle, aux hôpitaux généraux. Comme la maison des Quinze-Vingts de Paris, ils offraient plutôt le caractère d'une congrégation que d'un hôpital. C'est, en effet, la forme habituelle sous laquelle se présentent les « aveugleries » du moyen âge, et c'est là un des traits touchants de leur institution. Quelques-unes cependant, comme celle de Meaux, étaient une Maison-Dieu ordinaire, desservie par des religieux hospitaliers de l'ordre de Saint-Augustin, où chaque aveugle avait sa chambre et ses soins particuliers.

Soit dans les asiles spéciaux qui continuaient à recevoir les aveugles, soit dans les hospices ordinaires qui recueillaient les pauvres affligés de cécité par naissance ou par accident, on s'en tint pour ces malheureux à leur donner les soins que comportait leur triste état, jusqu'au jour où un homme de cœur encore plus que de génie, eut l'idée de les tirer de leur isolement et de leur inaction pour les faire rentrer dans la société des vivants.

Valentin Haüy comprit qu'il y avait autre chose à faire pour les aveugles que de les traiter en incurables. Les mœurs de l'époque moderne ne comportaient plus guère ces pieuses congrégations d'aveugles qui offraient à leurs membres les avantages de la vie commune et les secours spirituels de la religion. Il fallait les mettre en état de se suffire à eux-mêmes afin de les soustraire à la mendicité. La première condition pour leur procurer le moyen de gagner leur vie, c'était de leur donner une instruction convenable. Instruire les aveugles, on n'y avait peut-être jamais songé avant Valentin Haüy. Ce fut l'œuvre de ce vrai bienfaiteur de l'humanité de fonder un système d'éducation pour les jeunes aveugles, et ce fut un des derniers actes de la monarchie de l'aider dans cette entreprise.

Valentin Haüy s'appliqua surtout à faire sortir les aveugles de leur isolement moral et intellectuel en trouvant d'ingénieux moyens de leur rendre accessibles la lecture et l'écriture, et de les mettre ainsi en communication avec leurs semblables. Il fut le premier directeur de l'Institution royale des jeunes aveugles, fondée par Louis XVI presque à la veille de sa déchéance, en 1791. Le programme de la maison comportait l'enseignement primaire, l'instruction professionnelle pour l'apprentissage de certains métiers manuels, auxquels la sensibilité du toucher rend propres les aveugles, et surtout l'étude de la musique et des instruments, pour laquelle la délicatesse de leur ouïe, qui compense si merveilleusement chez eux l'absence de la vue, leur donne une aptitude particulière.

C'est de la France, c'est de l'exemple des « aveugles travailleurs » de Valentin Haüy, que les autres pays se sont inspirés pour établir chez eux des œuvres semblables. Lui-même avait fondé l'école de Saint-Pétersbourg et préparé la fondation de celle de Berlin. Grâce à lui, toutes les nations civilisées ont aujourd'hui leurs institutions de jeunes aveugles.

Les sourds-muets rentraient dans la catégorie des pauvres et des infirmes ordinaires. S'ils n'avaient pas de famille, pas de ressources, ils étaient reçus dans les diverses maisons de charité accessibles à tous les nécessiteux. On ne paraît pas avoir pris un soin particulier d'eux jusqu'au jour où l'abbé de l'Épée conçut l'idée de les instruire. Ce fut encore là une œuvre toute chrétienne.

La France, cependant, avait été devancée par l'Espagne. Dès le XVIe siècle, un moine bénédictin du monastère d'Ona, Ponce de Léon, avait cherché le moyen de former l'esprit des pauvres infirmes recueillis dans le couvent. « On raconte qu'il leur faisait tracer les caractères alphabétiques, dont il leur indiquait la prononciation par le mouvement des lèvres et de la langue; puis, lorsqu'ils en vinrent à prononcer des mots, il leur montrait les objets qu'exprimaient ces mots. Il leur enseigna ainsi à lire, à écrire, à calculer; il leur fit connaître les principes de la religion, plusieurs langues étrangères et leur donna une teinture des sciences étudiées de son temps. » Le bon moine avait fait école dans son pays, et plusieurs de ses compatriotes, en même temps que des Anglais et des Hollandais, avaient poursuivi ses expériences. « Ce fut seulement au commencement du xviii° siècle, à cette époque de réveil général pour la curiosité et les découvertes nouvelles que stimulait partout la philanthropie, qu'un autre Espagnol, Périen, éducateur des sourds-muets de son pays, vint à Paris avec quelques-uns de ses élèves, qu'il présenta à l'Académie des sciences avec le plus grand succès [1]. »

Dans le même moment, l'abbé de l'Épée, natif de Versailles, préludait à Troyes à ses bienfaisants essais. La Providence lui avait fait rencontrer deux pauvres filles sourdes-muettes, pour lesquelles il s'était épris de pitié. Naturellement bon et compatissant, il avait cherché le moyen de leur venir en aide. C'est alors qu'il conçut l'ingénieuse méthode de langage qui devait immortaliser son nom. Le principe de son système était qu'il fallait suppléer à un sens par l'autre et faire entrer par les yeux dans l'esprit des sourds-muets ce qui entrait par les oreilles dans celui des autres. A cette fin il imagina l'alphabet manuel par signes. Il ne tarda pas à venir à Paris faire l'application de sa méthode aux sourds-muets réunis par ses soins. « Tout ce que pouvait accomplir le dévouement personnel le plus absolu à l'aide d'une étroite fortune, l'abbé de l'Épée le fit pour ses élèves. Rassemblant peu à peu autour de lui un certain nombre des infortunés auxquels il avait consacré sa vie, il les soutint pendant quelque temps de ses seules ressources, si soigneusement et exclusivement réservées à leur usage que le fondateur, le père de la maison hospitalière, se refusait le feu nécessaire à sa santé pour entretenir une douce chaleur dans les salles où travaillaient les sourds-muets, et qu'il regardait à renouveler sa soutane usée afin de consacrer la somme dont il pouvait disposer aux habits de ses protégés [2]. »

Ouvert à toutes les idées de bien et de progrès, Louis XVI seconda l'œuvre de l'abbé de l'Épée. Après avoir aidé de sa propre cassette le généreux instituteur, il dota, en 1778, aux frais de l'État, la maison des sourds-muets, fondée à Paris, d'un revenu de six mille livres.

L'abbé de l'Épée eut dans l'abbé Sicard un digne continuateur de son œuvre. Appelé d'abord à diriger l'établissement de sourds-muets fondé à Bordeaux par l'archevêque Champion de Ticé, sur le modèle de celui de Paris, comme lui, il consacra tous ses soins,

---

[1] De Witt, o. c., p. 264.
[2] Id., ibid., p. 268.

tous ses efforts à l'amélioration du sort de ces malheureux infirmes. A la mort de l'abbé de l'Épée, survenue au début de la Révolution, l'abbé Sicard fut désigné par les trois Académies au gouvernement royal pour succéder à l'immortel fondateur de la maison des sourds-muets de Paris. Le disciple avait perfectionné la méthode du maître; il termina le dictionnaire des signes de la langue des sourds-muets, auquel l'abbé de l'Épée avait travaillé jusqu'à ses derniers moments; il publia la grammaire à leur usage.

C'était un nouveau bienfait ajouté à tous ceux que la charité catholique avait apportés au monde. L'abbé de l'Épée et l'abbé Sicard avaient réussi à faire rentrer dans la société humaine, à rendre à la vie de l'esprit et du cœur les infortunés que leur infirmité condamnait à une espèce de mort morale et intellectuelle. C'est dans la voie ouverte par eux que se sont continuées les expériences qui, de nos jours, ont conduit à un système complet d'éducation pour les sourds-muets, où la vue remplace si bien l'ouïe, qu'elle arrive, par une suite d'exercices méthodiques, à lire sur les lèvres la parole que l'oreille ne peut saisir et à la faire reproduire par la langue. La charité a fait ce miracle de permettre aux sourds-muets d'entendre et de parler, comme aux aveugles de voir.

Les aliénés étaient encore plus dignes d'intérêt que les sourds-muets. Mais il n'y avait guère autre chose à faire pour eux qu'à les recueillir, aussi longtemps que l'attention de la médecine ne se porta pas sur les moyens pratiques d'améliorer leur état. L'Église ne pouvait être, sous ce rapport, en avance sur la science médicale ; la charité catholique eut assez à faire de leur assurer les secours que réclamait leur triste infirmité.

Dans les idées populaires, les fous inspiraient souvent plus d'horreur que de pitié. On ne distinguait pas toujours les aliénés des possédés ; ces grands troubles de raison, beaucoup moins communs autrefois que de nos jours, paraissaient plus volontiers une obsession diabolique ou un châtiment divin qu'une maladie naturelle. Plus d'une fois les malheureux énergumènes furent condamnés par les autorités publiques comme sorciers ou démoniaques; le plus souvent ils étaient enfermés comme dangereux. A partir du XVIe siècle on commence à les recevoir plus communément dans les hôpitaux et à les traiter avec plus d'intelligence et d'humanité.

Au siècle suivant, un médecin brabançon, Jean de Wyer, entreprend de soigner les aliénés, et dès lors la charité chrétienne redouble à leur égard. Saint Vincent de Paul est encore un des premiers dans cette œuvre de miséricorde.

Il avait fait de la maison de Saint-Lazare un asile pour tous les genres d'affliction et comme une école universelle de charité. Lépreux rebutés du monde, malades sans famille, pauvres fous à charge à leurs parents, jeunes libertins soustraits à la honte de la prison et mis à l'école du repentir, mendiants ramassés dans la rue : il y avait là de toutes les misères et de quoi en faire l'apprentissage.

Le bon saint avait une prédilection pour les fous : « Bénissons Dieu, disait-il à ses disciples, et le remercions de ce qu'il nous applique au soin de ces pauvres gens, privés de sens et de conduite ; car, en les servant, nous voyons et touchons combien sont grandes et diverses les misères humaines ; et par cette connaissance, nous serons plus propres à travailler utilement pour le prochain ; nous nous acquitterons de nos fonctions avec d'autant plus de fidélité, que nous saurons mieux par notre expérience ce que c'est de souffrir ; c'est pourquoi je prie ceux qui sont employés auprès de ces pensionnaires d'en avoir grand soin, et la compagnie de les recommander souvent à Dieu et de faire estime de cette occasion d'exercer la charité et la patience envers ces pauvres gens, autrement Dieu nous punirait. Oui, qu'on s'attende de voir tomber la malédiction sur la maison de Saint-Lazare s'il arrive qu'on y néglige le juste soin qu'on doit avoir d'eux. Je recommande surtout qu'on les nourrisse bien et que ce soit du moins aussi bien que la communauté. J'aimerais mieux qu'on me l'ôtât à moi-même pour le leur donner. »

Telles étaient les tendres sollicitudes de la charité chrétienne à l'égard de ces malheureux que la société avait si longtemps repoussés.

Plusieurs congrégations religieuses se donnèrent pour mission spéciale de soigner les pauvres fous. La plus célèbre est celle des frères hospitaliers de Saint-Jean-de-Dieu, dont les emplois se sont étendus jusqu'aux œuvres les plus rebutantes de la charité.

Les frères de Saint-Jean-de-Dieu avaient pour fondateur Jean de Ciutad. Avant de devenir un grand serviteur des pauvres et de Dieu, il avait été malade et fou ; ses longues souffrances lui avaient suggéré l'idée de se dévouer au soin de ses frères malades et infirmes, en même temps qu'elles lui avaient appris à les soigner. Ce pauvre moine, naguère mendiant et insensé, était devenu le chef d'une nombreuse famille religieuse, qui avait déjà couvert l'Espagne et l'Italie de ses maisons de charité, quand elle fut appelée en France, dès 1602, par la reine Marie de Médicis, pour y soigner aussi les pauvres infirmes, les malades, les fous. C'est à ces humbles frères hospitaliers que remonte la fondation du grand hôpital de la Charité de Paris.

Ils se consacraient de préférence au service des aliénés. D'autres congrégations religieuses, à la même époque, se partageaient le soin de ces malheureux. Une branche des religieux augustins, les Cellites, s'en occupait spécialement; la congrégation dite des Bons-Fils ou des Bons-Fieux, principalement établie dans le Nord, recevait les déments dans ses maisons de Lille, de Tournai, de Saint-Venant.

Dans le Comtat-Venaissin, sous la domination pontificale, le soin des aliénés fut confié, en 1681, à la confrérie des pénitents de la Miséricorde. Au siècle suivant, la charitable association faisait construire, au moyen de divers dons et du produit d'une quête générale faite en Provence, une maison à Avignon, qui survécut à la confiscation révolutionnaire.

A Paris, le pouvoir royal seconda l'action de la charité privée. Un établissement spécial fut fondé pour les aliénés à Charenton, en 1644. Les frères Saint-Jean-de-Dieu, « chirurgiens-médecins et gardes-malades, » furent appelés à la desservir; le gouvernement y envoyait ceux que l'on appelait alors les insensés et dont les extravagances et les fureurs troublaient l'ordre public ou causaient du danger. Les familles y faisaient enfermer, moyennant une pension, ceux de leurs membres atteints de démence qui ne pouvaient être gardés à domicile.

La maison de Saint-Yon, près Rouen, où le bienheureux Jean-Baptiste de la Salle avait établi la maison mère de sa congrégation, recevait parmi ses pensionnaires des aliénés privés de tout secours, ou que leurs familles confiaient aux bons soins des disciples du saint fondateur des Frères des Écoles chrétiennes.

Là où des établissements spéciaux n'existaient pas, les hôpitaux généraux en tenaient lieu. En 1725, la Chambre des pauvres de Dijon faisait construire dix loges dans l'hôpital général pour les aliénés. Des aménagements semblables avaient été faits dans le même but dans plusieurs autres de ces vastes établissements, devenus comme le réceptacle commun de toutes les misères.

Sans être pauvre ni habituellement malade, sans être infirme comme les infortunés privés de la vue ou de l'ouïe, on pouvait se trouver dans le besoin, faute de travail ou de moyens actuels d'existence, souvent par suite de perte d'argent ou d'une maladie accidentelle; on pouvait être mis dans l'embarras à défaut d'une avance de fonds, d'un approvisionnement de marchandises pour le commerce, de grains et de bestiaux pour les travaux agricoles; on pouvait être ruiné par des fléaux, des incendies.

C'étaient là autant de nouvelles catégories de nécessités auxquelles la charité chrétienne n'avait pu rester étrangère.

La principale institution de secours et de protection au moyen âge, c'était l'organisation elle-même de la société, fondée sur le principe d'association.

En dehors des corporations d'arts et de métiers, dans lesquelles se trouvaient réparties par groupes toutes les catégories d'artisans et d'ouvriers, il existait, on l'a déjà vu, sous le nom de frairies, confréries, fraternités, charités, une multitude d'associations pieuses et charitables qui englobaient toutes les classes de la société. Les unes et les autres étaient comme des sociétés de secours mutuel, constituées librement et hiérarchiquement, dont chacun des membres trouvait aide et assistance dans ses divers besoins.

Une des causes de la misère de l'ouvrier moderne, c'est son isolement. Dans les villes, et souvent même à la campagne, il est séparé du reste de la société; il vit seul, sans appui et sans secours. Les institutions d'assistance publique existent en dehors de lui; elles ne l'atteignent pas directement. Cette charité, en quelque sorte officielle et administrative, qui s'exerce par des fonctionnaires publics, d'une manière tout impersonnelle et anonyme, pénètre rarement dans la vie intime des familles qu'elle a pour objet de secourir; elle laisse l'ouvrier à lui-même, dans l'état de besoin et d'abandon où il se trouve.

Au moyen âge, au contraire, « la charité, comme le dit M. Demolins, était personnelle et hiérarchique; elle s'exerçait du patron à l'ouvrier, du maître au serviteur, du seigneur au serf. Chacun se croyait chargé en conscience du personnel qu'il avait sous ses ordres; par là s'établissaient entre les diverses classes de la société des rapports de protection et de dévouement qui, en prévenant le paupérisme, arrachaient le pauvre à l'isolement, plus dangereux peut-être que la misère [1]. »

L'ancienne organisation sociale prémunissait le pauvre et l'ouvrier contre l'isolement; le système d'association englobait tout. Les corporations ouvrières et les confréries pies ont eu le rôle le plus important dans la vie du moyen âge.

Nées de l'esprit de piété et de fraternité chrétiennes, les confréries sont aussi anciennes que les paroisses.

Dans les actes du concile provincial de Nantes de 658, qui s'en est occupé, elles apparaissent comme des sociétés de « vraie charité », de « mutuelle consolation fraternelle », établies sous l'œil de l'autorité ecclésiastique, « conformément à la justice et pour le salut des âmes. » Les Pères du concile recommandent la prière en commun, les offrandes à l'église, l'aumône aux pauvres, les devoirs envers les défunts.

Au IXe siècle, les capitulaires d'Hincmar nous apprennent qu'il existait au sein des confréries un tribunal d'arbitres, destiné à arranger à l'amiable les différends qui pouvaient surgir entre leurs membres.

---

[1] Le journal *l'Univers*, 31 octobre 1878.

La paroisse favorisa la formation des confréries ; les fidèles qui se trouvaient rapprochés par les mêmes emplois, les mêmes intérêts, les mêmes sentiments de piété et de charité, s'unissaient plus intimement pour un même but religieux, pour les mêmes intérêts temporels. Ces sortes d'associations devinrent surtout nombreuses au xiii° siècle. En France, comme en Italie, les âmes généreuses, éprises d'un nouveau zèle pour leur propre salut, d'un nouvel amour pour le prochain, embrassèrent avec empressement, à la suite de saint François d'Assise, la fraternité du tiers ordre. En même temps, du mouvement populaire qui tendait à grouper les intérêts sortirent, plus nombreuses, plus variées, les confréries des paroisses. A la faveur des libertés communales, les diverses professions avaient cherché naturellement à s'unir pour protéger leurs droits, leurs intérêts. Les ouvriers, les marchands, les gens de petite condition, aussi bien que les avocats, les médecins, formèrent des corporations. « Comme l'esprit chrétien exerçait une puissante influence sur les âmes, la corporation se plaçait sous le patronage du saint qui était le plus en vénération dans la contrée ou dont la vie pouvait servir de modèle : saint Crépin et saint Crépinien pour les cordonniers ; saint Éloi pour les forgerons, les orfèvres ; saint Jude pour les tisserands, etc. C'étaient les confréries. »

Au nord, au midi, ces pieuses associations devinrent très nombreuses. Elles ne se multiplièrent nulle part plus qu'en Normandie, dit M. Prévost. Un exemple, celui de la *Charité* de Surville, montrera quelle importance elles avaient dans cette province. D'après les registres de cette Charité, il n'y eut pas moins de deux mille cinq cents membres inscrits en l'espace relativement court de quatre-vingt-deux ans : ces membres, tant hommes que femmes, appartenaient à toutes les classes de la société, puisqu'au milieu des bourgeois et des clercs on peut relever les noms de soixante-dix nobles.

« En Normandie, un des objets particuliers des confréries étaient les funérailles des membres défunts, et chaque confrère devait assister lui-même aux obsèques et y faire personnellement le service. Les membres les plus riches ou les nobles s'astreignaient, dans les premiers temps, à faire eux-mêmes, tout comme les autres, le service effectif. Souvent, pour s'affranchir du payement de la cotisation annuelle, ils donnaient une somme d'argent, payée une fois pour toutes à leur entrée... Il n'était pas rare non plus que des confrères donnassent, de leur vivant ou par testament, de petites rentes de deux, trois, quatre, cinq sols, etc. [1]. »

En eux-mêmes ces dons étaient bien minimes, mais comme ils

---

[1] Prévost, *o. c.*, p. 138.

étaient fort nombreux, la quantité finissait par former un total assez important. Ces revenus avaient toujours une destination charitable : le soulagement des pauvres ou l'assistance des confrères sans ressources.

M. Prévost a très bien marqué le rôle social de ces confréries, et à la campagne encore plus qu'à la ville.

« Les confréries proprement dites, les confréries rurales surtout, qui, en général, se renfermaient exclusivement dans le champ des œuvres de piété, d'édification mutuelle et de charité, ont eu une réelle portée et rendu à la société de grands services dans le domaine des faits sociaux, des institutions et des mœurs. »

L'assistance réciproque des confrères, les secours aux membres indigents en faisaient de véritables sociétés de secours mutuels. Par l'emploi d'une partie de leurs ressources en aumônes diverses, elles remplissaient le rôle d'une sorte de bureau de bienfaisance. « Par leur composition, qui englobait et unissait dans des devoirs et dans des observances uniformes le seigneur de la paroisse, les nobles des localités voisines, les clercs et les paysans, elles rapprochaient les distances, et opéraient, sous le couvert de la piété et de la religion, un nivellement et une égalité de bon aloi. Enfin, la surveillance et le contrôle réciproque des membres les uns sur les autres, le pouvoir confié aux chefs de la confrérie de pouvoir retrancher de leur sein ceux « qui causent du scandale », constituaient un puissant levier moralisateur. La crainte d'une expulsion devait être souvent un frein efficace pour retenir sur la pente du vice ou du crime [1]. »

L'Église, naturellement, s'était occupée de régler le rôle et les attributions de ces confréries. Plusieurs conciles ont légiféré à ce sujet. Voici un canon d'un concile, tenu à Bordeaux en 1255, qui montre pour combien de buts divers des confréries pouvaient se former, dans les campagnes spécialement.

« Nous défendons que quelqu'un, ou quelques-uns, compagnons ou confrères, ne publient ou établissent des statuts, si ce n'est ceux qui sont connus pour avoir trait à la fabrique ou au luminaire de l'église, à l'entretien ou à la réparation, soit des livres, ou autres ornements ou vêtements, soit de l'église; aux sépultures, aux veilles ou aux obsèques des morts, à la réparation des chemins publics ou privés, à l'exemption de l'église, à la réparation des ponts, à la garde des parents malades, ou des animaux et des troupeaux contre l'ennemi, ou à la protection des champs contre l'inondation des fleuves ou l'envahissement des eaux, ou pour

---

[1] Prévost, o. c., p. 132-133.

chasser les loups ou autres calamités nuisibles, ou pour recueillir les aumônes données ou laissées par les vivants ou les morts; et alors nous voulons qu'avec le conseil du prêtre du lieu, cet argent soit employé à l'usage pour lequel il a été donné ou légué, ou à d'autres pieux usages, si l'emploi n'en a pas été fixé par le donateur ou par le légataire. Si on a établi d'autres statuts pieux, qu'on ne les observe point; qu'on les fasse rayer des registres dans le délai d'un mois, et que l'on n'en fasse point d'autre sans la permission spéciale de l'évêque, de peur qu'il ne s'y glisse quelque ruse ou quelque fraude[1]. »

On voit par cette énumération quel esprit de solidarité toute chrétienne animait autrefois les habitants des campagnes, là où les secours publics étaient le moins abondants, et sous combien de formes il se manifestait. Il n'est pas exagéré de dire qu'à ces époques de foi et de religion on travaillait au moins autant pour le prochain que pour soi-même. Tout, ou à peu près, se faisait en commun. Pas plus à la campagne qu'à la ville, l'individu n'était isolé et livré à ses propres forces; au contraire, il se sentait entouré, soutenu, encouragé; il savait qu'il trouverait toujours quelqu'un auprès de lui pour l'assister et lui prêter main-forte. Grâce à l'esprit chrétien, il y avait dans chaque cité, dans chaque village, une union, une force, que l'on y chercherait vainement de nos jours, et la vie de chacun en devenait plus facile, en même temps que la communauté y trouvait aussi son avantage. Et cette assistance des uns par les autres se faisait même en dehors des confréries, charités ou autres associations pieuses et bienfaisantes, tellement la religion avait mis dans les esprits les sentiments de la vraie fraternité[2].

Partout la confrérie, qui était la forme religieuse de la corporation, se présente à la fois comme une œuvre de piété et une association d'intérêts. Son principal but était de maintenir la paix et l'union parmi les citoyens, au moyen d'un lien religieux plus étroit; elle tendait à établir la vraie charité et la vraie fraternité; elle groupait les forces, elle établissait une communauté d'action pour le bien public. Souvent même, elle était une sauvegarde pour les droits individuels. On voit, par exemple, d'après les archives de la fraternité de Saint-Michel de Salins, que les marchands qui en faisaient partie savaient agir de concert pour garder leurs privilèges, défendre leurs intérêts, comme le monopole de vendre à certains jours de foire ou de marché.

---

[1] Labbe, *Concilia*, t. XI, col. 744, 745.
[2] Cf. Prévost, *o. c.*, p. 139 et suiv.

Il y avait une caisse de la corporation et de la confrérie, alimentée par les cotisations de ses membres, par les quêtes qui se faisaient à certains jours de fête, dans la chapelle des confrères, et au dehors les jours de marché; elle servait aux usages de tous. L'organisation de ces pieuses associations permettait de se rendre compte des besoins de chacun et d'y subvenir. Toutes étaient plus ou moins constituées sur le même modèle. A la tête de la confrérie de la Croix, de Lons-le-Saunier, se trouvent le prieur avec le sous-prieur et six conseillers. Ils s'adjoignaient un syndic, chargé de procurer l'exécution des statuts; un trésorier, pour faire les recettes et fournir aux dépenses; un aumônier, qui faisait la visite des prisons et s'informait avec soin des pauvres honteux; un secrétaire, pour enregistrer les délibérations du conseil.

On a retrouvé, parmi les documents privés intéressant la confrérie des pénitents blancs, au Puy, un billet de semaine invitant de la part de la confrérie un de ses membres à visiter les confrères malades, les hôpitaux, les prisons, les familles des pénitents qui se trouveraient dans le besoin, et à rendre compte de sa mission à la compagnie, « pour y être charitablement pourvu[1]. » Ces visites avaient lieu à tour de rôle, chaque semaine.

Les confréries et les corporations possédaient des biens plus ou moins abondants, qui leur permettaient, non seulement de distribuer des secours en cas de maladie ou de besoin à leurs membres, et des aumônes aux autres indigents, mais aussi d'accomplir d'autres œuvres de charité, de faire des fondations, de procurer des établissements.

A Nantes, pendant la peste de 1572, un sanitat put être créé, grâce au concours des nombreuses confréries de la ville, et être en mesure de recevoir un assez grand nombre de pestiférés. C'est là un exemple de ce que l'on faisait ailleurs.

Dans la petite ville de Trigance, les recteurs de la confrérie du Saint-Esprit, outre la distribution des aumônes, avaient à doter chaque année une fille pauvre. C'est ce qui avait lieu presque partout, selon les ressources de l'association.

La puissante corporation des chaudronniers de Normandie, qui formait au XVe siècle une véritable fédération, comprenant les villes de Rouen, Caen, Évreux et autres, dotait les filles pauvres de « la nation », pourvu qu'elles fussent de bonnes mœurs et loyale conduite, « en toute la province et duchié de Normandie. »

L'esprit d'association, étendu à tout, était venu en aide à l'Église

___
[1] Voir *Semaine religieuse* du Puy, 22 novembre 1895.

dans l'action sociale qu'elle exerça si heureusement, sous tant de formes, pour le bien des populations.

Parmi les plus grands actes publics de charité accomplis par l'Église au moyen âge, on doit compter l'établissement de « la trêve de Dieu », qui restreignait les guerres privées et les violences, et souvent même les empêchait. Mais l'influence religieuse ne suffit pas toujours à faire observer cette sage et bienfaisante loi.

Des seigneurs l'enfreignaient. Alors les calamités de la guerre, que l'Église avait cherché à prévenir, se produisaient. Il restait à en réparer les maux, tout au moins à en atténuer les conséquences. « Dans quelques pays, sinon dans tous, dit M. Prévost, on voit, sous l'inspiration de l'Église et sous la direction du curé de la paroisse, s'organiser des associations mutuelles dans ce but, quelque chose comme nos compagnies d'assurances contre les incendies et contre les accidents [1]. »

Voici, par exemple, ce qu'avait établi l'évêque de Rodez dans son diocèse.

« Pour la protection de cette paix et de cette sécurité, il est décidé que les abbés, les archidiacres, les prêtres, les moines, les prieurs, tous les clercs qui gouvernent leurs églises, tous les nobles ou chevaliers, marchands, ainsi que les bourgeois aisés, tous les hommes, tant clercs que laïques, qui ont une paire de bœufs ou d'autres animaux avec lesquels ils peuvent labourer, ou ceux qui auraient une bête de somme, cheval ou jument, mulet ou mule, qu'ils louent pour porter les fardeaux, payeront douze deniers de Rodez, ou autres monnaies ayant même valeur. Ceux qui ont un troupeau de moutons donneront pour lui six deniers de la même monnaie ou autre équivalente, de même pour ceux qui ont un bœuf ou un autre animal avec lequel ils puissent labourer. Les roturiers, les gens de travail..., les artisans, tous les hommes, donneront six, huit ou douze deniers, selon l'appréciation de leur curé. Si le père, les enfants, les frères, vivent encore ensemble, et que leurs biens soient en commun, un seul payera pour tous, sinon chacun pour soi. »

La « trêve de Dieu » était née des multiples associations pour la paix formées sous l'influence du clergé; c'est par d'autres associations issues d'elle que la bienfaisante institution put remplir tout son but.

Tout cet ensemble d'associations, corps de métiers, jurandes, maîtrises, confréries, assuraient à l'artisan le travail de chaque

---

[1] *L'Église et les campagnes au moyen âge*, p. 232.

jour, le pain, l'assistance, les soins en cas de maladie, une sépulture honnête. Elles étaient les meilleures institutions de secours publics pour les villes et les campagnes. Il y avait beaucoup de ces confréries qui, à côté de leur but religieux, poursuivaient un but social, et avaient organisé pour leurs membres des caisses de maladie, de retraite, de secours mutuels. Elles étaient en même temps des bureaux de placement et de renseignements.

Par le fait, elles tenaient lieu de toutes ces institutions modernes de mutualité et de prévoyance qui ne réalisent encore que bien incomplètement leur objet, et elles avaient en plus l'esprit de charité dont elles étaient animées.

C'est dans les villes surtout que les associations et confréries de tout genre fonctionnaient le plus utilement. A la campagne, les populations rurales trouvaient un secours dans les innombrables abbayes et prieurés qui couvraient le sol. Au moyen âge, principalement, et jusqu'à la décadence de la vie monastique dans la seconde moitié du XVIII° siècle, les religieux de tout ordre, de toute règle, établis dans les campagnes, assistaient en toutes manières les paysans qui les entouraient, et souvent les faisaient vivre et leur procuraient du travail.

Les moines n'exerçaient pas seulement la charité dans leurs couvents, en donnant l'instruction aux enfants pauvres, en secourant les malheureux. Leur action était plus générale; elle s'étendait au dehors et avait souvent le caractère d'un service public. C'est ainsi qu'il faut mettre au nombre des grandes œuvres de charité des ordres religieux les services rendus par eux à l'agriculture et aux populations agricoles.

« On se fait souvent, observe M. Hubert Valleroux, une idée très fausse de la bienfaisance que pratiquaient alors les bénéficiers ou les ordres religieux. Avec les philosophes du siècle dernier et les écrivains de ce siècle-ci, on se figure leur charité réduite à des distributions de soupe faites périodiquement aux portes des monastères, et faites à tout venant; si bien qu'au lieu d'être utiles, ces charités ne faisaient qu'entretenir une population oisive[1]. » Elles étaient utiles ces distributions d'aliments, parce qu'elles profitaient à de vrais pauvres, à ceux des campagnes surtout, privés souvent de travail, et à qui ce secours régulier constituait un supplément de gain. Ces distributions, destinées à venir en aide à l'indigence, faisaient souvent l'objet de fondations charitables.

Mais à côté de ces aumônes quotidiennes, les monastères avaient d'autres moyens de subvenir aux nécessités des pauvres habitants des

---

[1] *La charité dans les campagnes avant et après* 1789, p. 21.

campagnes. On a oublié ou l'on méconnaît de nos jours les bienfaits opérés pendant de longs siècles par les moines. Ils étaient nombreux. Ordinairement les couvents, surtout les grandes abbayes, avaient des greniers de réserve, bien garnis de grains, qui servaient en temps de disette à alimenter la contrée. Là aussi, les cultivateurs dans l'embarras trouvaient à emprunter à un taux modique des capitaux dont les intérêts n'étaient jamais rigoureusement exigés. A défaut d'argent, le monastère prêtait des grains pour les semailles, des bestiaux pour l'engrais des terres, des instruments de labour. C'était la maison de ressource pour les campagnes. La grande extension de la propriété monastique, qui n'avait point pour objet la spéculation, maintenait à un taux inférieur le loyer des terres et permettait ainsi au plus humble des paysans de devenir fermier ou colon. Des avances d'argent, facilement consenties par le monastère, lui rendaient toujours possible un petit établissement. Les moines assuraient encore les paysans au milieu desquels ils vivaient, en leur procurant, en cas de maladie, des médicaments et des soins.

Cette organisation générale de la société, qui faisait trouver dans la multitude des établissements de charité, couvents, corporations et confréries, des secours de tout genre, se compléta, dans les derniers temps, par diverses institutions particulières, que l'affaiblissement de l'esprit corporatif et charitable devait rendre plus nécessaires.

Une d'elles se rattache à la vie d'un des plus admirables serviteurs de Dieu et des pauvres de l'époque moderne.

Le B. Pierre Fourier, curé de Mattaincourt et instituteur de la congrégation de Notre-Dame, était un modèle de charité. Il donnait tout son revenu aux pauvres de sa paroisse, et il ne cessait de les encourager à lui demander librement les choses dont ils avaient besoin, leur disant toujours que son bien leur appartenait. Cependant, pour mettre de l'ordre dans ses charités, il les réunissait deux fois la semaine et leur distribuait du pain pour trois jours, en ayant soin d'en donner du plus blanc le dimanche, avec de la viande et du vin, selon les nécessités de chacun.

C'est à lui que l'on doit l'institution de la *Bourse de saint Èvre*. Attentif à tous les besoins et ingénieux à les secourir, il ne se contentait pas de soutenir de ses avances les artisans et les marchands qui se trouvaient dans la gêne; il eut l'idée, pour relever ceux qui étaient tombés dans de mauvaises affaires, de fonder une caisse commune, qu'il appela la *Bourse de saint Èvre*, en mémoire du saint évêque de Toul de ce nom qui fut, au VIIe siècle, un des plus beaux modèles de charité. C'était une sorte d'association de prévoyance et d'assistance mutuelle, destinée à procurer des fonds aux victimes de la mauvaise fortune. La bourse était alimentée par les cotisations de ses membres, par des dons volontaires, des legs pieux, le produit des amendes. Lorsqu'un artisan avait besoin d'une avance, lorsqu'un marchand se trouvait arriéré dans ses affaires, on leur prêtait une somme en rapport avec leurs besoins, pour permettre à chacun d'eux de continuer son travail, son négoce. Cet établissement réussit à merveille; la Bourse de saint Èvre eut tant de succès, que de l'argent remboursé et recueilli par les dons et les legs on put constituer un fonds qui resta longtemps affecté à la même œuvre. Ainsi la charité d'un saint prêtre devançait, au commencement du XVIIe siècle, par une institution aussi ingénieuse que pratique, nos caisses d'épargne et nos compagnies d'assurance modernes.

Cette création du B. Pierre Fourrier ne resta pas isolée; elle inspira des fondations analogues dans plusieurs endroits. A une autre extrémité de la France, on voit un évêque de Montpellier, Mgr de Pradel, établir dans son diocèse, sur la fin du XVIIe siècle, une œuvre du même genre, le *prêt gratuit et charitable*. Cette création, soutenue par ses successeurs, est encore vivante à Montpellier depuis deux cents ans. En 1742, l'évêque Jean de Caulet, frappé des services rendus par cette œuvre, l'inaugurait dans sa cité épiscopale de Grenoble, et, dit l'historien de la ville, « comme tous ses prédécesseurs, faisait bénir sa mémoire par les bienfaits de sa charité. »

Le prêt sur gages était une ressource toute trouvée en cas de gêne ou de détresse momentanée. Aussi a-t-il été pratiqué de tout temps, et de tout temps a-t-il donné lieu aux abus de l'usure. Pour y remédier, un moine italien, Barnabé de Terni, avait eu l'idée de fonder à Pérouse, au XVe siècle, le premier Mont-de-piété. De là l'institution nouvelle s'était propagée rapidement en Italie; mais, contrairement à l'intention du fondateur, qui avait voulu le prêt gratuit, un grand nombre de ces établissements, s'écartant de la pensée charitable primitive, exigeaient, malgré de nombreuses protestations de théologiens, un intérêt. Il fallut l'intervention du pape pour réglementer l'institution des monts-de-piété, de manière à leur permettre de trouver dans un modique intérêt, qui n'eût rien d'usuraire, les ressources nécessaires pour subsister avec les dons de la charité publique.

Mais, chose remarquable, les monts-de-piété tardèrent longtemps à passer d'Italie en France. Les tentatives faites pour les y implanter échouèrent, soit qu'ils y fussent moins utiles, soit que les répugnances pour le prêt à intérêt fussent plus vives de ce côté-ci des

Alpes que de l'autre. L'intervention du pouvoir royal eut de la peine à vaincre les résistances que les monts-de-piété rencontraient dans l'opinion. Par les lettres patentes du 9 décembre 1777, les administrateurs de l'hôpital général de Paris avaient été autorisés à en créer un eux-mêmes.

« L'archevêque d'alors, Christophe de Beaumont, se montra défavorable à l'institution. Comme on lui représentait que cet établissement procurerait, chaque année, cent cinquante mille livres à ses pauvres : « Eh bien, répondit-il, je m'oppose encore à cette usure publique, et je fournirai moi-même aux pauvres deux cent mille livres [1]. »

Cette charité toute spontanée valait mieux ; mais à son défaut l'institution des monts-de-piété, sagement réglementée, était appelée à rendre des services dont la société moderne, avec son organisation plus égoïste, ne pouvait plus se passer.

Au XVIII° siècle, le clergé a eu l'idée ou même a été l'initiateur de plusieurs des institutions de prévoyance et d'assistance publique dont on a fait honneur à notre temps.

Ce ne sont pas seulement les évêques qui étaient à la tête du mouvement pour l'amélioration du sort de la classe ouvrière, au moyen de la création des ateliers de travail, des manufactures publiques, des bureaux de charité, des institutions de prêt charitable et de mutualité : on voit aussi de simples prêtres, des curés de campagne, donner un concours actif à ces diverses œuvres nouvelles d'assistance. Voilà, par exemple, deux prêtres normands, du diocèse de Bayeux, dont les œuvres, par hasard, ont été remises en lumière. L'un d'eux, Jean-Louis Coulombet, fut curé de la paroisse de Saint-Denis-sur-Sarthon pendant trente ans. On le voit instituer successivement une œuvre de secours en pain, une manufacture de dentelles en faveur des pauvres, des prix aux ouvrières fileuses, participer à la fondation d'une société d'agriculture à Alençon, de concours agricoles, avec prix dans la région et d'écoles gratuites, établir l'œuvre du prêt charitable en blé de semence, créer un bureau de conciliation, pour prévenir et arrêter les procès. L'autre, Robert le Goux, curé de la Chapelle-Gautier, consacre une somme de six mille livres à diverses œuvres de bienfaisance, notamment à fonder plusieurs dots de deux cent cinquante livres pour des filles pauvres de la paroisse, de dix-sept à vingt-sept ans, devant épouser de préférence des garçons de la Chapelle-Gautier [2].

---

[1] Sicard, o. c., p. 493.
[2] *Congrès des sociétés savantes* à la Sorbonne, 1892.

« A cette époque, dit l'abbé Sicard en parlant des derniers siècles, où les évêques, par leur rôle religieux, politique et social, par une longue tradition de bienfaits, étaient encore véritablement les pères de leur peuple, leur sollicitude s'étendait sur tout le diocèse, et il n'était pas un progrès pouvant améliorer la condition matérielle ou morale de leurs ouailles, qu'ils ne fussent prêts à provoquer, à appuyer de leur crédit et de leur bourse.

« On ignore généralement que c'est à eux que l'on doit, sous l'ancien régime, le fonctionnement de nos assurances contre l'incendie, sous forme de contribution à une quête annuelle. Dans l'est, dans le nord, les maisons couvertes de chaume étaient fréquemment la proie des flammes. Les victimes de ces désastres faisaient des quêtes sans fin dans les diocèses. Pour parer à ces abus, les prélats établirent un bureau de secours pour les incendiés. »

Dans plusieurs diocèses il s'appelait la *Caisse des incendiés*. C'était une institution tout ecclésiastique, et que les intendants des provinces se bornaient à favoriser et à recommander.

Un mandement de Mgr de la Luzerne, évêque de Langres, daté de 1771, explique le fonctionnement de cette institution. Les curés avaient ordre de choisir dans leur paroisse une ou plusieurs personnes, qui avaient mission de faire la quête pour les incendiés deux ou trois fois par an. Ils étaient eux-mêmes exhortés les accompagner chez leurs paroissiens. Le curé inscrivait le produit de la quête sur un registre. Tous les curés versaient à leur doyen les sommes reçues; les doyens, à leur tour, remettaient cet argent au trésorier général, qui était un chanoine de la cathédrale. Si quelques paroisses n'avaient pas contribué à cette quête générale, il leur était signifié qu'elles ne participeraient pas aux secours si elles ne prenaient point part aux charges. Les curés qui avaient ainsi réuni les fonds avaient mission de les répartir. En cas d'incendie, ils appelaient un ou deux experts pour connaître le dommage. Ils leur adjoignaient deux ou trois des principaux habitants, et des plus honnêtes gens, pour voir et estimer la perte du mobilier, bestiaux, grains, denrées. Tous devaient signer le certificat.

« Cette forme d'assurance, ajoute avec raison M. Sicard, ne valait-elle point la nôtre ? Elle avait l'avantage d'enrôler tous les habitants d'un diocèse, alors qu'aujourd'hui encore c'est le petit nombre qui se prémunit contre le danger, de leur donner une sauvegarde par le versement d'une aumône modique, d'entretenir enfin un sentiment de fraternité en faisant concourir tout le monde à réparer le malheur de chacun. » La *Caisse des incendiés* fut établie en 1774 par Mgr de Juigné, pour le diocèse de Lyon.

Ce fut une heureuse innovation du xviiie siècle, que cette initiative prise par les évêques pour établir une administration générale de secours contre l'incendie. Plusieurs d'entre eux, même, s'efforcèrent de supprimer la cause la plus générale des incendies à la campagne, en exhortant les paysans à remplacer leurs toits de chaume par des tuiles. L'archevêque de Reims, Talleyrand-Périgord, s'engagea à payer la différence du prix de la toiture; la Rochefoucauld, évêque de Saintes, offrit de fournir à ses frais le bois de charpente aux indigents. C'était de la meilleure charité pratique.

Sous l'impulsion des évêques, le bureau des incendies s'organisa partout où il y avait nécessité. L'institution s'était généralisée au moment de la Révolution. Comme tant d'autres choses, elle fut détruite à cette époque. Dans les départements quelques préfets essayèrent de rétablir l'ancienne organisation sous le nom de *Caisse des incendies*. Il fallut attendre jusqu'en 1820 pour l'établissement des premières sociétés d'assurance. Mais ici il n'est plus question de charité. L'intérêt est tout, de part et d'autre, dans le contrat d'assurance contre l'incendie.

Mais avant que la charité chrétienne n'organisât cette forme d'assurance contre l'incendie, elle s'était déjà employée à porter secours contre le fléau. En France il n'y avait point, dans les villes, de corps de pompiers. C'étaient les religieux mendiants, à robe de bure, à pieds nus, capucins, récollets, cordeliers, observantins, jacobins, carmes, qui en remplissaient les fonctions, avec les « étouffeurs de feux », charpentiers, maçons, couvreurs et autres ouvriers de bonne volonté. Plusieurs veillaient la nuit dans les couvents. Dès qu'un incendie était signalé par quelque guetteur, ils donnaient l'alarme. Les autres accouraient immédiatement sur le lieu du sinistre, munis de seaux, de cordes, de haches, de crampons et d'échelles. Les secours s'organisaient aussi bien que possible, avec l'insuffisance des moyens, à l'aide des voisins et des passants. Le feu du Palais de justice, en 1618, celui de l'Hôtel-Dieu, en 1643; l'incendie des Tuileries, de l'Opéra et plusieurs autres, au xviiie siècle, montrèrent à l'œuvre le simple et admirable dévouement des pauvres religieux. Leur courage était légendaire.

Le souvenir en a été conservé pour l'incendie de l'Hôtel-Dieu, dans les *Mémoires* de Mme de Longueville. Les capucins, les carmes et les jacobins, au nombre de plus de deux cents, pénétrèrent dans les salles déjà envahies par les flammes, et chargèrent sur leurs épaules les malheureux malades, qui poussaient des hurlements effroyables. Le curé de Notre-Dame mit l'église à la disposition des victimes. Bientôt la nef, les bas-côtés et les chapelles s'encombrèrent de moribonds. Tous les malades furent ainsi sauvés, mais les moines payèrent le plus cruel tribut au fléau : plus de vingt succombèrent au milieu des plus affreux tourments [1].

Mᵐᵉ de Sévigné signale aussi dans ses lettres le dévouement des capucins lors de l'incendie de l'hôtel de Guiraud. « Pleins de charité et d'adresse, ils travaillèrent si bien qu'ils coupèrent le feu. »

Même après la création des « gardes des pompes du roy », les bons religieux continuèrent de se charger d'éteindre, sous Louis XV, les feux. Ils faisaient même le service de pompiers dans les théâtres. Par deux fois, en 1763 et en 1781, l'Opéra fut sauvé par eux. Dans le premier incendie il en périt deux. Cela parut plaisant aux beaux esprits du temps. « On dit, écrit le comédien Favart dans ses *Mémoires*, qu'il a péri quinze personnes dans cet affreux désastre : cela n'est pas vrai, nous en sommes quittes pour un récollet et un capucin. » On ne disait même pas leur nom. C'est vers la fin du règne de Louis XVI seulement que fut organisé le corps des pompiers civils. La charité avait encore ici devancé l'administration.

A une époque où l'on ne parlait que de progrès et de réforme, on voit le clergé coopérer activement à toutes les œuvres sociales propres à améliorer la condition des ouvriers et des pauvres. Il encourage l'industrie et les travaux agricoles. Il favorise les institutions nouvelles de secours et de prévoyance. L'évêque de Pamiers, d'Agoult de Bonneval, inaugure les états généraux de Foix, qu'il présidait en 1788, par un discours dans lequel il expose les améliorations qui lui paraissent le plus désirable pour la contrée : ouverture de chemins, extension des prairies artificielles, établissement de manufactures. L'évêque de Coutances, Talaru de Chalmazel, établit un atelier de blonde pour les ouvrières et une tissanderie pour les hommes. Mgr de Luynes, évêque de Bayeux, crée une manufacture de dentelles, et Mgr d'Autichamp, évêque de Tulle, une manufacture de serge.

C'est un prêtre, l'abbé Salignac de Fénelon, neveu de l'illustre archevêque de Cambrai, qui a créé l'industrie minière dans la région de Montceau-les-Mines. Bienfaiteur du pays, il développe les travaux d'exploitation de la houille, et en facilite le transport en perçant des voies de communication. Il tira ainsi de la misère une population pauvre et perdue au fond des bois.

Du Bellay, évêque du Mans, s'était appliqué avec ardeur à perfectionner le jardinage dans son diocèse ; il faisait venir des arbres

---

[1] O. Havard, le *Monde*, 6 juillet 1893.

de l'étranger. Un autre évêque du Mans, Mgr de Goussans, achète du blé de semence pour les cultivateurs en détresse. A Embrun, l'évêque, Mgr de Leyssin, établit un grenier public. Un prêtre, l'abbé Rosier, savant agronome, publie un *Dictionnaire d'Agriculture* des plus considérables et des plus utiles.

Dès 1755, de Barral, évêque de Castres, propageait activement la culture de la pomme de terre. Pour détruire le double préjugé qui faisait considérer ce nouveau tubercule comme pouvant engendrer des fièvres pernicieuses et appauvrir à jamais par sa culture le terrain, il adresse de nombreuses instructions à ses prêtres sur les véritables propriétés de ce précieux végétal, et même leur en impose par mandement la culture comme un devoir sacré. Ainsi, un évêque avait devancé les efforts si louables de Parmentier pour la propagation d'une plante alimentaire, que l'on a appelée avec raison le « pain des pauvres ».

Le besoin général de réorganisation sociale et d'améliorations publiques qui possédait la société de la fin du xviiie siècle avait trouvé le clergé prêt à prendre toutes les initiatives généreuses, à seconder toutes les entreprises utiles. Avec son concours et l'appui de la royauté, une sage rénovation de la société aurait pu s'opérer pacifiquement, sans les destructions ni les violences du régime révolutionnaire.

XIV

L'ENSEIGNEMENT POPULAIRE

Reproches adressés à l'Église. — Mission charitable de l'Église dans l'enseignement primaire. — Conception chrétienne et caractère de cet enseignement. — Existence générale des écoles populaires. — Fondation et entretien de ces écoles par les évêques, les monastères, l'autorité royale, les communes, les simples particuliers, les écoles rurales. — Le personnel enseignant : curés, vicaires, maîtres laïques; condition de ces derniers. — Matières d'enseignement. — Régime des petites écoles. — Organisation intérieure : aspect d'une école, récompenses et punitions, congés et fêtes. — Instruction des filles. — État de l'enseignement populaire; goût pour cet enseignement. — Nombre des écoles à chaque époque : dans les provinces, à Paris. — Statistique des conjoints. — Changement profond dans le personnel enseignant, à la fin du xvii° siècle. — Création de congrégations enseignantes, spécialement pour les filles. — Précurseurs du Bienheureux de la Salle : le P. Barré, le Bienheureux de Montfort, l'abbé Démia, M. Bourdoise. — Le Bienheureux Jean-Baptiste de la Salle. — Caractères et opportunité de son œuvre. — Création et débuts de l'Institut des Frères des écoles chrétiennes. — Épreuves et difficultés. — Premières écoles. — L'Institut à Paris. — Perfectionnement de l'enseignement primaire. — Méthodes et idées nouvelles. — Résultats. Diffusion des Frères; extension de l'œuvre. — Services rendus par l'Institut. — Conclusion.

Instruire les ignorants, c'était l'œuvre de miséricorde spirituelle par excellence. L'Église avait reçu de son divin fondateur la mission d'enseigner toutes les nations, tous les hommes. Elle n'y a point failli. Loin de là, elle l'a remplie, pendant le cours des siècles, avec une sollicitude toute maternelle. Tandis que dans ses hospices, ses asiles, ses fondations charitables de toutes sortes, elle donnait aux malheureux les soins et le pain du corps, dans les monastères, à l'ombre des palais épiscopaux, elle réunissait les enfants, pauvres ou riches, vilains ou nobles, pour leur donner le pain de l'intelligence.

Il n'y a pas longtemps encore, il était de mode de dire que l'instruction primaire datait de la Révolution, et qu'il avait fallu attendre 1789 pour voir s'ouvrir les premières écoles destinées à l'enseignement du peuple[1].

[1] Un des maîtres de l'Université actuelle, M. Michel Bréal, ne craignait pas de reprocher à l'Église cette prétendue absence d'écoles populaires : « La foi catholique, disait-il, a dominé pendant de longs siècles, chez nous, sans *songer à fonder l'enseignement primaire.* » (*Quelques mots sur l'Instruction publique en France.*)

On a fait justice de ces accusations contre l'Église[1]. L'ignorance du peuple sous l'ancien régime est un mensonge insoutenable. Il faut plutôt s'étonner du prodigieux développement de l'instruction à tous les âges, et au lieu de se demander s'il y avait des écoles en France autrefois, on chercherait plutôt le coin de terre ignoré qui pouvait en être privé.

Dès l'établissement même du christianisme, une des premières préoccupations des papes comme des évêques fut la fondation et l'entretien d'écoles destinées aux enfants du peuple. Le but était évidemment avant tout de répandre la foi chrétienne au moyen de l'instruction, mais il était aussi d'exercer envers ces écoliers un véritable ministère de charité, en éclairant leur intelligence et en leur donnant les moyens de cultiver ces dons de Dieu d'une façon conforme à leur condition.

Le christianisme, à ne prendre que son côté temporel, travaille plus efficacement qu'aucune autre doctrine au complet développement de l'homme, car il donne à l'instruction, même la plus élémentaire, un caractère qui la relève et l'ennoblit. Pour l'Église, l'éducation de l'enfance n'est pas un but, mais un moyen : elle se sert de l'instruction comme d'un auxiliaire puissant pour préparer les enfants à bien remplir plus tard leurs devoirs de chrétiens et d'hommes. Conçu de cette façon, l'enseignement populaire se relève grandement de son humilité : il ne s'agit plus d'apprendre aux enfants un peu de grammaire, d'arithmétique, d'histoire; il s'agit de les mettre en état, par une éducation sérieuse et chrétienne, de se subvenir plus tard et d'être de bons ouvriers, de bons citoyens en même temps que de vrais chrétiens.

C'est à cette grande et noble mission d'éducatrice du peuple que l'Église a toujours travaillé, particulièrement en France. On a reconnu que ce sont les évêques qui ont fait la France ; et ils l'ont faite surtout en préparant, dans les écoles fondées par eux, ces générations fortes, sensées et chrétiennes qui ont illustré en particulier le XIIIe et le XVIIe siècle.

Toutes proportions gardées, l'instruction populaire et gratuite était plus florissante et plus répandue, aux siècles où l'Église la dirigeait, que dans les temps modernes, où l'État s'est attribué le droit de réglementer seul l'enseignement. Elle avait surtout un caractère plus familial, plus paternel, qui en faisait la haute moralité.

Il en a été de l'instruction comme du reste; du jour où elle

---

[1] La question a été étudiée, dans l'ensemble, par de savants ouvrages, tels que ceux de l'abbé Allain [*] ou du R. P. Bernard [**]; dans le détail, par une foule de chercheurs qui ont écrit l'histoire pédagogique de leur département ou de leur province.

[*] *L'Instruction primaire en France avant la Révolution.*
[**] *De l'Enseignement élémentaire en France au XIe et XIIe siècle.*

est devenue un service public, elle est tombée au même rang que le service des ponts et chaussées ou de la voirie. Ce n'est plus qu'une des innombrables ramifications de cette organisation savamment centralisatrice qui enserre actuellement la France : il y manque l'esprit de dévouement, de bienveillance, de charité que l'Église seule pouvait donner et sans lequel l'âme tendre des enfants ne peut pas se développer ni leur cœur se former.

Avant d'être accaparé par les pouvoirs publics, l'enseignement populaire n'a pas été donné en France d'une façon uniforme. Sans doute l'esprit chrétien, l'esprit charitable anime toute cette grande œuvre; mais si l'on descend aux détails, on constate la plus grande diversité. Tantôt les écoles sont placées sous la surveillance d'un évêque, tantôt sous la dépendance d'un monastère, tantôt sous l'autorité d'un haut dignitaire ecclésiastique, comme le grand chantre de Notre-Dame à Paris, ou laïque, comme le chancelier de l'université à Rouen. Pour les fondations, même variété : ici l'école a été établie par l'autorité diocésaine, là elle appartient au seigneur du lieu; ailleurs, elle doit son origine au legs d'un bourgeois généreux; à certaines époques, comme sous Charlemagne, c'est le pouvoir royal qui se charge du premier établissement. Mais la plus grande différence se marque surtout entre l'enseignement tel qu'il fut organisé jusqu'au milieu du XVII° siècle, et l'enseignement de la période suivante jusqu'au temps actuel.

Un changement très important s'est produit en effet, vers la fin du XVII° siècle, dans la composition du personnel enseignant. C'est à ce moment que se place la fondation de l'Institut des Frères des écoles chrétiennes, par un chanoine de Reims, Jean-Baptiste de la Salle, aujourd'hui déclaré bienheureux par l'Église. Jusqu'alors l'enseignement avait été donné par toutes sortes de personnes : on n'exigeait du maître que deux conditions, instruction suffisante et vertu irréprochable. Par ailleurs, il pouvait être prêtre ou laïque, religieux ou simple clerc tonsuré, la qualité n'avait aucune importance, et jusqu'au XVII° siècle l'idée n'était pas venue de faire de l'enseignement l'occupation unique d'une congrégation exclusivement fondée pour cette fonction. Aussi ce changement si complet dans le personnel enseignant permet d'établir, dans l'histoire de l'instruction en France, deux époques naturellement séparées et distinctes à plus d'un égard.

Aussi loin que l'on peut remonter dans l'histoire chrétienne de la France, on constate que l'instruction élémentaire a été, dès l'origine, donnée largement aux enfants et spécialement aux enfants des pauvres. Ce serait une erreur de croire que l'Église ne s'occupait que des enfants ayant le désir d'entrer dans les ordres, que des clercs en un mot; elle voulait, au contraire, que tous les enfants reçussent également ce que l'on appellerait aujourd'hui l'instruction primaire.

Et ce n'est pas seulement dans les villes ou dans les agglomérations importantes qu'il existait des écoles. Les villes, sans doute, ont été plus favorisées : il en est de même encore maintenant, mais les villages, voire les simples hameaux, avaient souvent une école, soit dans le pays même, soit dans quelque gros bourg voisin. Les écoles rurales existaient dès le moyen âge.

Mais qui se chargeait de fonder et d'entretenir ces écoles de ville ou de campagne? La plupart du temps les évêques; d'autres fois, les monastères; souvent aussi les communes elles-mêmes ou de simples particuliers. Le pouvoir royal, lui, n'intervenait guère que pour favoriser ces écoles, et, par des ordonnances sagement pressantes, inviter les parents à y envoyer leurs enfants. En bien des endroits, en effet, nous voyons l'instruction primaire rendue obligatoire, sinon de par la loi, du moins par des exhortations du pouvoir royal ou épiscopal tellement instantes, qu'elles ressemblent à des ordres. Instruction populaire, également donnée dans les villes et les campagnes, gratuite, obligatoire ou peu s'en faut, voilà ce que la charité chrétienne avait su inventer pour le bien du peuple, six cents ans et plus avant 1789 !

Le droit de fonder et de surveiller les écoles a beaucoup varié suivant les lieux et les époques : cependant on peut dire, en règle générale, qu'il appartient avant tout à l'autorité ecclésiastique et spécialement aux évêques.

Au IVᵉ siècle, la Gaule possède encore les écoles fondées par les Romains, mais elles disparaissent bientôt dans le grand bouleversement qui suit l'invasion des Barbares. C'est alors que l'Église se met à l'œuvre, encouragée dès le début par la royauté mérovingienne. Dès 529, le concile de Vaison donne les instructions que voici : « Il nous plaît que tous les prêtres de la campagne reçoivent chez eux des jeunes gens non mariés, pour les élever et nourrir spirituellement, leur faisant apprendre les psaumes, lire les divines Écritures, et les instruisant dans la loi du Seigneur, afin de se préparer dans ces jeunes élèves de dignes successeurs, et de recevoir pour cette bonne œuvre une récompense éternelle. Lorsque ces jeunes gens seront parvenus à l'âge parfait, si quelqu'un veut se marier, on ne lui en ôtera pas le pouvoir. » Ce qui prouve que ces écoles n'étaient pas uniquement destinées à préparer des prêtres.

Deux cent cinquante ans plus tard, nous entendons l'évêque d'Orléans, Théodulphe, prescrire les mesures suivantes aux curés de son diocèse : « Que les prêtres établissent des écoles dans les villages et dans les bourgs, et si quelques-uns de leurs paroissiens veulent leur confier leurs enfants pour leur apprendre les lettres, qu'ils ne les refusent pas, mais qu'ils accomplissent cette tâche avec une grande charité. » De nombreux évêques, trouvant la prescription bonne, la font leur et enjoignent à leur clergé de la suivre.

Pendant ce temps, les conciles et les papes ne cessent pas de travailler à donner une impulsion vigoureuse à cet enseignement populaire. A Mayence, qui faisait alors partie de la Gaule, les évêques réunis en 813 menacent de peines sévères les parents qui n'enverraient pas leurs enfants aux écoles. Le but charitable apparaît bien dans cette conclusion du pape Léon IV : « Comment pourrait-on être capable de bien servir Dieu, quand on n'a pas été convenablement instruit ? »

Les invasions normandes ne ralentissent qu'un instant ce zèle. Les conciles de Meaux (845), de Paris (846), de Valence ordonnent la réouverture des écoles, et ce dernier le fait avant tout pour chasser l'ignorance, « cette rouille des esprits. »

Vers le même temps, nous voyons Hébrard, archevêque de Tours, Gauthier, évêque d'Orléans, Hincmar, évêque de Reims, exiger que chaque curé ait « un clerc qui puisse tenir école ».

Le mouvement immense du réveil chrétien qui se produisit au lendemain de l'an 1000 ne resta pas sans atteindre les petites écoles elles-mêmes. C'est l'époque où les fondations apparaissent les plus nombreuses. Par ordre des évêques, des écoles se fondent à Chartres, Laon, Metz, Toul, Cambrai, Angers, Tours, Orléans, comme le prouvent les documents du temps. Du reste, c'est une époque de développement par excellence : c'est l'âge des cathédrales, c'est l'ère de la chevalerie et des croisades, c'est le temps des Universités. Depuis le XIe siècle jusqu'au XIIIe, c'est une période de merveilleuse activité chrétienne. Comment croire que l'instruction du peuple aurait seule été laissée de côté ? Les contemporains eux-mêmes constatent avec étonnement cette diffusion de l'enseignement. Guibert de Nogent écrit, au XIIe siècle : « Voyant que de tout côté on se livre avec fureur à l'étude de la grammaire, et que le nombre toujours croissant des écoles en rend l'accès facile aux hommes les plus grossiers, nous aurions honte de ne pas raconter cette gloire de notre temps. »

En même temps, nous voyons reparaître les ordonnances des évêques. En 1207, Pierre de la Chapelle, évêque de Carcassonne, oblige les curés et vicaires « d'enseigner gratuitement à lire aux enfants de quatre à huit ans ». En 1411, l'évêque d'Amiens, Bernard de Chevenon, donne des ordres semblables.

Nous voici arrivés au XVIᵉ siècle : bientôt le vent destructeur de la Réforme va souffler, et le protestantisme ne laissera sur son passage que des ruines. Les petites écoles disparaîtront comme le reste dans la tourmente. Avec une vigueur toujours nouvelle, l'Église reprend sa tâche, une fois la tempête passée : c'est en vain que les protestants, pour recruter des adhérents, ont tenté d'organiser l'enseignement. L'exemple des deux principales villes protestantes est frappant. A la Rochelle et à Montauban, les écoles sont fermées. « La jeunesse, dit le syndic de Montauban, est tellement desbauchée par les guerres civiles, qu'elle est entièrement desbordée et ne s'adonne qu'à la dissolution, sans aucunement vacquer à l'étude des bonnes lettres, dont aussi les moyens sont oustés en cette ville, puisqu'il n'y a ni escoles ni colliéges. »

Le concile de Trente donne le premier signal. A sa voix, les évêques reprennent partout l'œuvre des écoles, car ils ont décidé à la fois de ne laisser aucun pauvre sans secours, et aucune paroisse sans maître. Les synodes de Poitiers (1544), d'Auxerre (1552), d'Arras (1570), de Besançon (1573), d'Évreux (1576), de Lyon (1577), de Rouen (1581); les conciles provinciaux de Bourges (1528), de Meaux (1579), de Tours (1583), se préoccupent tous des petites écoles, ne voulant pas cesser d'accomplir cette œuvre de charité, instruire les pauvres et les ignorants. On pourrait citer de même Chartres (1526), Cambrai (1565), qui sont pourvues d'écoles par le zèle de leurs évêques. L'instruction, grâce à leurs efforts, se répand tellement que Michel Giustiniano, ambassadeur de Venise auprès de François Iᵉʳ, peut, en 1535, écrire au doge : « En France, il n'est personne, si pauvre qu'il soit, qui n'apprenne à lire et à écrire. »

Au XVIIᵉ siècle, les prescriptions épiscopales apparaissent plus rarement : la raison en est simple. L'enseignement, sérieusement organisé partout, n'a plus besoin de l'impulsion des évêques. Au XVIIIᵉ siècle, la nécessité de l'instruction se fait plus vivement sentir, en présence des doctrines dangereuses qui commencent à se répandre. Un évêque de Grenoble écrit : « Nous exhortons les curés de s'appliquer à l'établissement des petites écoles dans les paroisses, par toutes les voies que la charité leur inspirera. » L'évêque de Boulogne donne les mêmes conseils; celui de Dijon est plus ferme encore, ce sont des ordres qu'il envoie : « S'il se trouve dans votre diocèse quelques paroisses qui soient sans recteur d'école, nous ordonnons aux curés et vicaires desdites paroisses de veiller à ce qu'il y en soit établi. »

On pourrait multiplier ces citations pour montrer quelle influence décisive les évêques ont eue sur la diffusion de l'enseignement populaire. Pourtant, de même qu'ils n'étaient pas les seuls à posséder le véritable esprit chrétien, de même aussi ils n'ont pas été les seuls à exercer leur charité envers les ignorants. Quoique tenant, comme il convient, la première place, ils ont eu au-dessous d'eux de nombreux auxiliaires ou imitateurs. Sans parler des curés, qui ne se contentaient pas de recevoir les ordres de leurs évêques, mais qui mettaient tout leur dévouement à les accomplir, on doit encore citer, sans sortir de l'Église, les ordres religieux.

On se figure malaisément de nos jours ce que pouvait être autrefois un couvent. Nous sommes habitués à appeler ainsi quelque pauvre et étroite maison contenant à peine une dizaine de religieux. L'aspect d'un monastère était tout autre aux belles époques de la foi chrétienne. Les bâtiments couvraient la superficie d'un village, les terrains représentaient d'immenses domaines; c'était par centaines que pouvaient se compter les moines. Il était donc facile de recevoir les petits paysans des environs pour leur donner l'instruction : ce n'étaient ni les maîtres ni les ressources qui manquaient pour cela.

C'est ainsi que nous voyons saint Benoît imposer à ses moines l'obligation rigoureuse d'instruire la jeunesse, qu'elle se destine ou non à la vie monastique. Saint Maur, fondant les communautés bénédictines, veut que chaque couvent abrite une école. Les enfants d'ailleurs ne manquent pas : il y en a de toutes classes, des riches et des pauvres. On leur donne à tous, indistinctement, l'instruction, et s'il y a une préférence, c'est pour les derniers, car les bons moines s'arrangent pour leur trouver le repas que les parents ne sont pas toujours en mesure de leur donner. L'abbaye de Jumièges, par exemple, nourrit ses écoliers pauvres. A Saint-Benoît-sur-Loire, on instruit jusqu'à cinq mille enfants de la campagne. Tout monastère bénédictin a ses deux écoles : l'une pour les moines, l'autre réservée aux laïques. C'est le « scolastique » qui dirige l'une et l'autre, et c'est un homme de grand savoir, dont les connaissances s'étendent jusqu'à l'astronomie. De ces écoles monastiques, on en trouve partout : Tours, Poitiers, Lérins, Saint-Victor, Fontenelle, Condat, Saint-Médard de Soissons, Sithien, Issoire, Ligugé, Saint-Germain d'Auxerre, Solignac, Grandval, Saint-Taurin d'Évreux, Moutiers-la-Celle, Micy, Agaune, Corbie, Luxeuil, sont autant de foyers d'instruction. Et cette activité dure pendant tout le moyen âge, c'est-à-dire tant que les ordres religieux, indépendants et riches, sont libres d'exercer leur charitable mission. L'enseignement donné par les moines ne cesse qu'avec les moines eux-mêmes; et ces dévoués éducateurs, si parfaitement appropriés à leur rôle par leur vie d'austérité et de renoncement, n'auraient jamais cessé d'instruire les enfants, si les malheurs des temps n'étaient venus les arracher à leurs emplois.

De nos jours, l'enseignement est un monopole dont l'État s'est réservé l'exercice à peu près exclusif. L'Église n'a jamais songé à restreindre à ses seuls prêtres ou moines le droit de fonder, de surveiller ou de diriger des écoles. Les fondations dues à de simples laïques, à des seigneurs généreux, à des communes, ne sont pas rares au moyen âge. Chose curieuse, ce qu'on voit apparaître le moins souvent, c'est l'autorité royale. Le fait d'ailleurs s'explique sans peine. La royauté, n'ayant jamais cessé d'être chrétienne depuis Clovis jusqu'à Louis XVI, trouvait que l'Église, mieux qu'aucun autre pouvoir, était dans sa mission en se chargeant de l'instruction populaire : d'autre part, les soins du gouvernement, la guerre, les malheurs publics, tels que l'invasion anglaise ou les troubles du protestantisme, ne laissaient guère aux rois le loisir de s'occuper des écoles. Si parfois nous les voyons intervenir, c'est pour encourager les évêques, les prêtres, et les aider dans leur tâche. Pourtant il serait injuste d'accuser le pouvoir royal d'indifférence. L'omnipotence de l'État est un principe moderne; la centralisation à outrance ne date que de Napoléon I*er*. On ne se fait pas bien l'idée, aujourd'hui, de la vie provinciale au moyen âge : c'était une quasi-indépendance, et nul ne songeait à attendre l'intervention du roi pour organiser les différents services de la province. Au contraire, c'eût été une surprise, un mécontentement général, si l'autorité royale s'était mêlée de choses ne rentrant aucunement dans ses attributions : l'instruction populaire était de ce nombre.

Il est possible, cependant, de relever plus d'une preuve de la sollicitude chrétienne et charitable de nos rois pour les enfants du peuple. Dociles à la voix de l'Église, ils s'empressent d'approuver ses décisions. Chilpéric, roi d'Austrasie, par exemple, ordonne, pour obéir aux instructions du concile de Vaison, que « les garçons, dans toutes les villes, apprendront à écrire avec les lettres latines ». Qui n'a pas lu l'anecdote de Charlemagne examinant lui-même les enfants des écoles et les récompensant suivant leurs mérites?

L'empereur, qui en même temps qu'un grand monarque fut un saint, n'eut pas de désir plus cher, durant toute sa vie, que de répandre les bienfaits de la civilisation chrétienne. C'est dire qu'il ne négligea pas l'instruction élémentaire.

En 789, il écrit : « Que chaque monastère et chaque abbaye entretiennent une école où les enfants puissent apprendre la lecture, le psautier, le comput (calcul), le chant et l'écriture. Ne possédez que des livres purgés de toute faute, et veillez à ce que les enfants ne les altèrent pas en lisant ou en écrivant. »

Charlemagne ne s'en tient pas à des prescriptions : ses *missi dominici* sillonnent sans cesse l'empire et surveillent spécialement les écoles. Sous l'heureuse influence d'Alcuin, son collaborateur, l'instruction se répand rapidement. Dans le palais impérial même, il existe une sorte d'académie ouverte aux enfants de toute condition. « Au retour d'une expédition, dit le moine de Saint-Gall, l'empereur se fit amener les écoliers qu'il avait confiés à Clément l'Irlandais. Après avoir placé les studieux à sa droite, et les paresseux à sa gauche, il promit aux premiers des évêchés et des abbayes, et menaça les autres de sa disgrâce; or il paraît que ceux de droite étaient d'origine obscure, et ceux de gauche de famille noble. »

Aussitôt après les invasions normandes, au cours desquelles ont disparu les écoles fondées par Charlemagne, Louis le Pieux tente de relever l'œuvre du grand empereur. Plus tard, c'est à la prière même de Lothaire que le concile de Valence s'occupe de la restauration des écoles de la région. Dans les siècles qui suivent, et jusqu'à la Réforme, l'enseignement est si bien organisé par l'Église, que les rois n'ont aucune raison d'intervenir, sinon pour enregistrer purement et simplement les décisions des conciles et des évêques, dont ils n'ont jamais cessé de reconnaître la souveraine autorité en matière d'enseignement populaire.

Ainsi, le 20 janvier 1560, sous François II, paraît une ordonnance connue, celle d'Orléans. Quel est son but? Simplement incorporer dans cet édit les résolutions synodales et conciliaires prises à la suite du concile de Trente. Cet accord entre le pouvoir civil et le pouvoir ecclésiastique se maintient pendant tout le XVIIe siècle, car des deux côtés le résultat cherché est le même : il s'agit de donner l'enseignement aux pauvres et d'en faire de bons chrétiens. Les lettres de Louis XIII et de Louis XIV montrent bien comment ils avaient compris ce grand devoir de charité et quel respect ils professaient pour l'autorité épiscopale. En somme, le rôle du pouvoir royal est surtout de protéger et d'encourager les efforts particuliers sans se mêler aucunement de la fondation ou de l'entretien des écoles. Et à cela il y avait un double avantage : d'abord l'enseignement, soumis à une surveillance constante de l'Église, ne cessa jamais d'être rigoureusement chrétien; et, d'autre part, les petites écoles, bien que répandues par milliers sur tout le territoire, ne coûtaient pas un centime au Trésor. Le budget de l'instruction publique est, comme celui de l'assistance publique, une invention moderne; il ne paraît pas que ni l'une ni l'autre y aient gagné, tandis qu'on voit très clairement ce que les contribuables y perdent au point de vue pécuniaire comme au point de vue religieux.

En dehors du rôle de ces grandes autorités, le pouvoir ecclésiastique et le pouvoir royal, il reste encore une large part laissée à l'initiative privée : communes, assemblées ou simples particuliers. Les communes tenaient généralement à leur droit d'entretenir et de surveiller les écoles.

Une transaction passée, en 1412, entre l'évêque de Lisieux et les habitants d'une paroisse rurale de basse Normandie, montre combien était apprécié ce droit d'avoir une école. « Il y avait alors, écrit M. Prévost, dans la paroisse de Saint-Martin-de-Villers, un *siège d'escolle* tenu par messire Thomas des Camps, prestre. Un jour l'évêque de Lisieux l'assigna en justice, soutenant et donneur d'icelles escolles, il [et] ses successeurs pour le temps advenir. » Mais qu'allait devenir messire Thomas des Camps? On n'oublia pas ses services ni son rôle au procès. Johan de Villers et Guillaume du Val demandèrent à l'évêque de vouloir bien user, en sa faveur, du droit de présentation, qui venait de lui être reconnu. Celui-ci y consentit, après qu'il lui « oult esté tesmoigné icelui « messire Thomas habille estre et suffisant ».

« Cet acte est précieux pour l'histoire de l'instruction élémentaire dans les campagnes. On y voit un village en possession de nommer lui-même son maître d'école, sans doute parce que la communauté lui avait assuré un local et des avantages. Cette école est dirigée par un prêtre. Les habitants tiennent à leur école, donc ils en apprécient l'importance et les avantages. Somme toute, ils parviennent à la conserver, mais en perdant, il est vrai, leur droit de présentation. »

De semblables exemples pourraient être facilement multipliés. On remarquera que jamais l'école ne perd son caractère chrétien et charitable, et qu'en fin de compte, bien qu'appartenant à la commune, elle relève toujours, directement ou non, de l'autorité diocésaine.

Voici d'autres détails, relatifs ceux-là au xviiie siècle. « A défaut de la sollicitude des pouvoirs publics, les habitants même des campagnes connaissent déjà les bienfaits de l'instruction, et savent fort bien mener eux seuls leurs petites affaires. « On voit, dans la *Correspondance* des contrôleurs généraux, que l'un des premiers soins d'une humble commune, déchargée de ses dettes et libre désormais de sa petite fortune, est de se procurer un maître d'école ou de traiter avec quelqu'une des grandes congrégations enseignantes, oratoriens et jésuites [1]. »

---

[1] Brunetière, *Revue des Deux Mondes*.

Il existe encore de nombreux exemplaires de contrats passés entre une commune et un maître d'école : on y relève une foule de détails curieux concernant les obligations réciproques des deux parties, la question des fonctions supplémentaires du magister, telles que celles de sacristain, de sonneur, le règlement des honoraires qui lui sont alloués. Souvent aussi, on fait passer une sorte d'examen au candidat, en insistant particulièrement sur les garanties qu'il offre au point de vue religieux et moral ; car il est considéré dans la paroisse comme l'auxiliaire respecté du curé, qu'il supplée même dans plusieurs fonctions où le caractère sacerdotal n'est point exigé. Ceci prouve également le soin tout particulier donné par les communes à l'entretien et à la direction de leurs écoles.

Au-dessus des communes il y a les assemblées provinciales. Certains États se préoccupèrent de l'enseignement populaire au point d'en imposer l'obligation, au moins en théorie ; car en pratique on se heurtait à la volonté et aux droits des pères de famille, qui, à ces époques, comptaient pour quelque chose, et n'étaient pas violés continuellement par un pouvoir tyrannique. En 1560, par exemple, les états d'Orléans réclament l'école non seulement gratuite, mais obligatoire. Aux états de Blois, en 1576 et en 1588, le corps de la noblesse propose de contraindre, sous peine d'amende, les pères à envoyer leurs enfants aux écoles. Et cette insistance s'explique, car il s'agissait alors d'arracher, à tout prix, l'âme des pauvres aux doctrines protestantes.

L'ardeur des particuliers n'est pas moins grande pour fonder des écoles et en assurer l'existence. Ces fondations sont au rang des bonnes œuvres, et l'on voit, par exemple, de pieuses personnes créer une école dans le but de plaire à Dieu et de soulager ainsi l'âme d'un parent ou d'un ami défunt : tant est profondément enracinée dans les esprits cette idée que procurer l'instruction aux enfants pauvres, c'est faire le bien dans ce qu'il y a de plus élevé. « Inspirez, disent les statuts synodaux de Toul et de Châlons en parlant des écoles, inspirez à ceux qui veulent faire des fondations au profit de l'Église de les attribuer à cette bonne œuvre. » Les chrétiens, nobles ou bourgeois, répondent avec empressement à ces appels.

Ainsi, pour la Haute-Marne, M. Fayet a prouvé qu'avant 1789 il y avait eu quatre-vingts maisons affectées à l'établissement des écoles, et vingt-huit mille deux cent quatre-vingt-une livres de rentes, représentant un capital de cinq cent soixante-cinq mille six cent vingt livres destinées à leur entretien. Dans le Maine, M. Bellée a relevé cent quatre-vingt-une donations ou legs faits aux écoles. On trouve, pour le Maine-et-Loire, la preuve de soixante-dix-sept fondations en faveur des petites écoles. Il en est de même de l'Eure-et-Loir, où l'on rencontre de nombreuses fondations faites en faveur du diocèse de Chartres, pour l'instruction des enfants. En Bretagne, terre classique de religion et de charité, les fondations apparaissent extrêmement nombreuses : elles se font généralement sous forme d'établissement de chapellenies, avec obligation pour le desservant de donner aux enfants l'instruction élémentaire. M. de Beaurepaire a fait une liste des plus détaillée pour le diocèse de Rouen : les dons et legs y sont fréquents et importants. Dans le Nord, pour le seul arrondissement de Lille, M. de Resbecq signale soixante-onze fondations scolaires. Il cite, par exemple, Louis de Croix, écuyer, seigneur de Gourguemez, qui donne un capital de vingt-huit mille florins pour l'instruction de « douze pauvres orphelins »; ailleurs, c'est une simple bourgeoise, « Jeanne Ramery, veuve du sieur Beaudoin Sturtellaghem, en son vivant marchand, » qui laisse une rente avec une maison, dans laquelle « trois filles dévotes et craignant Dieu seront tenues de recevoir les pauvres honnêtes filles n'ayant moyen de payer écolage jusqu'au nombre de cent cinquante ».

On le voit, les fidèles savent quelle est l'importance d'une instruction primaire sérieuse et chrétienne, et ils donnent, comme savaient donner nos ancêtres, se souvenant du devoir qu'ils ont à remplir envers les pauvres, devoir éloquemment exprimé par l'évêque d'Arras en 1678 : « La plus grande charité qu'on puisse exercer envers les pauvres est de leur procurer les moyens de se faire instruire. »

Les petites écoles, avons-nous vu, ne se trouvaient pas seulement dans les villes ou les centres importants. Les documents prouvent que les campagnes n'en étaient pas dépourvues, et que chaque village, ou peu s'en faut, possédait la sienne. Mille traits curieux attestent l'existence et le fonctionnement de ces écoles rurales. Il suffit de compulser les archives des paroisses de campagne, de parcourir les anciens comptes de fabriques, et en général tous les actes publics ou privés du moyen âge et des siècles suivants pour s'assurer que la charité chrétienne avait multiplié partout les écoles. Souvent aussi c'est un mot, un trait relevé par hasard, qui fait connaître une école dont on ignorait jusqu'à l'existence. Témoin l'anecdote suivante : « Un jour, à Saint-Laurent-de-Brédevent, dans la Seine-Inférieure, on est obligé d'ouvrir une enquête à propos de dîmes. Parmi les témoins se trouve un vieillard de soixante-dix ans, qui reconnaît sur un papier qu'on lui présente l'écriture et la signature de son ancien maître. » Ailleurs, à Auxonne, en 1491, à propos d'une autre enquête, Jean Delisle déclare « qu'à l'âge de neuf ans, en se rendant à l'école, il a vu des bois là où sont des terres ».

Une autre source de preuves, ce sont les contrats d'apprentissage : il y est, en effet, souvent stipulé que l'enfant devra continuer de fréquenter l'école, ce qui montre qu'il en existait partout. Voici deux de ces contrats : en 1393, un artisan de Saint-Claude-le-Jeune, « baillant à un maître mirouer, de Toucques, son jeune fils, Perrin, pour neuf ans, l'oblige à tenir son apprenti à l'escole pendant les trois premières années, à lui trouver les livres nécessaires, à lui payer son escolage... » En 1398, nous voyons que J. Miles, « baillant pour six ans à J. Louvet, de la paroisse de Royville, son fils Colinet comme serviteur, exige que le maître fournira l'enfant de toutes ses nécessités de livre, mangier, chaussier et tenir à l'escole. » Preuves nouvelles qui montrent que l'autorité paroissiale ne négligeait nulle part la fondation des écoles. On constate même avec étonnement que les plus humbles bourgades, aujourd'hui à peine sections de communes, sont pourvues d'une école fréquentée par les enfants dès l'âge de cinq ans.

M. Ch. de Beaurepaire, dans ses *Recherches sur l'instruction publique dans le diocèse de Rouen avant* 1789, constate qu'au XIe siècle un grand nombre de petites localités possédaient des écoles gratuites et ouvertes indistinctement aux enfants de toutes les conditions, même aux serfs. Des travaux spéciaux étendent au reste de la France les observations de M. de Beaurepaire pour la Normandie.

Les *Vies* de Saints du moyen âge montrent souvent avec quelle ardeur les enfants cherchaient à apprendre et combien ils sentaient les bienfaits de l'instruction. « Parmi les saints du moyen âge, un très grand nombre appartient non seulement aux familles de la bourgeoisie ou du peuple, mais encore aux classes rurales. Or, souvent, on voit formellement ou qu'ils ont pu se procurer, dans les campagnes mêmes, les premiers éléments de l'instruction, ou qu'ils la désiraient avec une ardeur extrême [1]. »

L'instruction élémentaire mise à la portée de tous était beaucoup plus répandue qu'on ne le supposait. M. Siméon Luce cite le cas d'un « povre varlet de laboureur de bras » qui était chargé de la comptabilité de la fabrique dans sa paroisse de Solers, près Tournon. Cette fonction honorable et relativement importante prouve que l'instruction du « povre varlet » avait déjà une certaine étendue [2].

La plupart du temps, on l'a vu, l'école dépendait directement de l'autorité paroissiale ou épiscopale. Il n'y a donc rien d'étonnant à voir, dans un bon nombre de cas, le curé se charger lui-même ou charger un de ses vicaires du soin de faire la classe. Pourtant nos

---

[1] Prévost, *op. cit.*, p. 149.
[2] *Histoire de Bertrand du Guesclin*, t. I, p. 66.

ancêtres, malgré leur grand esprit de religion, admettaient parfaitement qu'un laïque reçût la mission d'instruire les enfants quand il se montrait suffisamment instruit et surtout pieux et vertueux : on passait parfois sur la première condition; sur la seconde, on se montrait intraitable. Cela ne veut pas dire pourtant que l'instruction proprement dite fût négligée, mais on s'occupait d'abord de l'éducation. Les enfants, moins farcis de connaissances accessoires, connaissaient mieux leurs devoirs de toute nature. D'ailleurs, quel que fût le caractère du maître, l'école demeurait toujours soumise à l'autorité et au contrôle de l'Église.

Le mode de nomination du maître d'école varie suivant les lieux. Tantôt il est proposé (car c'est l'évêque qui ratifie le choix et qui examine lui-même ou fait examiner le postulant) par le seigneur de l'endroit, tantôt par le curé et ses paroissiens, quelquefois par ces derniers seuls.

Quand l'école est trop importante pour être dirigée par un seul maître, il s'adjoint un sous-maître. Il existe encore bon nombre de ces contrats passés par-devant un tabellion, et où se trouvent énoncées les conditions que le maître et le sous-maître s'imposaient réciproquement. Ils sont intéressants à étudier : dans certains cas, c'est le maître qui concède certains avantages et un certain traitement à son auxiliaire; dans d'autres, au contraire, c'est ce dernier qui paye au maître une redevance plus ou moins forte moyennant laquelle il aura le droit de prendre pour lui tout ou partie des présents faits par les élèves et prélever quelque chose sur la petite rétribution que payent les plus aisés d'entre eux. Le sous-maître aussi se réserve parfois quelques semaines de vacances pour aller chez lui faire la moisson ou la vendange. Ces contrats contiennent aussi d'autres détails curieux; par exemple, qu'en certains endroits le maître, moyennant pension, recevait chez lui des élèves auxquels il donnait le logement et la nourriture.

La situation de maître d'école n'avait rien de misérable. Outre la considération et l'estime dont il jouissait, en plus des petits présents et cadeaux faits par les élèves ou leurs parents, il avait un traitement fort honnête. Le sous-maître lui-même était très raisonnablement rétribué.

« En juin 1397, le recteur des écoles de Vittel prend à ses gages, comme sous-maître un clerc de Besançon; il le nourrira, le logera et lui donnera quinze francs d'or, » somme équivalente à plus de huit cents francs d'aujourd'hui [1]. »

Le programme d'enseignement, pour employer l'expression mo-

---

[1] Prévost, *op. cit.*, p. 155.

derne, n'était pas chargé, mais il était solide. La liste presque invariable des matières enseignées était : le catéchisme, l'Évangile, souvent les psaumes et l'office du dimanche, puis la lecture, l'écriture, le calcul, appelé alors « comput », parfois même quelques notions de latin et de grammaire de l'une et l'autre langue. On ne s'étonnera pas de voir l'orthographe absente, si l'on se rappelle que, même au XVIIe siècle, c'était encore le domaine de l'arbitraire et que chacun orthographiait comme il l'entendait. Pour enseigner, les livres étaient rares et généralement coûteux ; pourtant chaque école avait ceux qui lui étaient nécessaires, au moins pour apprendre à lire. Pour apprendre à écrire, il fallait ménager le parchemin ; aussi commençait-on par faire faire aux enfants leurs premiers exercices sur des tablettes de cire, qu'ils barbouillaient tout à leur aise au moyen de « styles » ou poinçons.

Voilà l'ensemble des connaissances que le maître inculquait à ses élèves de toute catégorie ; l'enseignement était le même pour tous, il n'y avait qu'une seule division, et les enfants étaient confondus dans la plus parfaite égalité chrétienne, cette bonne égalité qui rapproche les rangs sans les confondre et qui fait disparaître les différences des classes sans faire cesser pour cela le respect. C'est ainsi que M. Siméon Luce rapporte que du Guesclin allait à l'école avec ses vassaux ; il est probable que c'était à la sortie que se livraient ces fameuses batailles, bien propres à resserrer les liens de fraternité et d'où le preux chevalier revenait parfois notablement endommagé. Et ce n'est pas là un exemple isolé : il en était de même dans toutes les écoles, où l'on voyait assis côte à côte le fils du seigneur, le gars du riche paysan et l'enfant de l'humble serf, auxquels l'Église prodiguait également l'instruction et l'éducation.

A mesure que les siècles s'écoulent, nous voyons le système d'enseignement se perfectionner. Au XVIIe siècle apparaissent les premiers manuels d'éducation. Claude Josly, grand chantre à Paris, écrivit le *Traité historique des écoles épiscopales et ecclésiastiques*, puis ensuite les *Avis chrétiens et moraux pour l'institution des enfants*. A la même époque à peu près paraît l'*Escole paroissiale ou la manière de bien instruire les enfants dans les petites écoles;* ce livre curieux prouve une fois de plus avec quelle ingéniosité la charité chrétienne avait su organiser l'enseignement.

L'organisation intérieure de la classe ne différait pas sensiblement de ce qu'elle est de nos jours ; nous y retrouvons le même matériel de bancs, de tables, les mêmes dispositions, les mêmes accessoires, les mêmes récompenses, mais pas les mêmes punitions, car nos écoliers efféminés et leurs parents trop faibles ne supporteraient pas les solides corrections que nos ancêtres enduraient vaillamment, ne les trouvant pas superflues et sachant parfaitement que c'était pour leur bien.

Voici les curieux détails donnés sur nos vieilles écoles par M. Prévost : « Si nous pouvions pénétrer dans ces écoles du moyen âge, je crois que nous y trouverions des traits frappants de ressemblance avec les nôtres. Les livres coûtaient très cher alors; pour y suppléer il y avait, dit un vieil écrivain, des peaux pendues aux murs, sur lesquelles étaient représentées, en forme d'arbre, les histoires et les généalogies de l'Ancien Testament, et le catalogue des vertus et des vices. Pierre de Poitiers, chancelier de Notre-Dame de Paris, est loué dans un nécrologe pour avoir inventé ces espèces d'estampes à l'usage des pauvres étudiants. Sans doute l'invention du chancelier du XIIIe siècle se répandit, et dans les écoles ou les presbytères de village des peaux ainsi tendues représentaient les caractères de l'alphabet, des modèles d'écriture et les éléments des premières connaissances. Ces écoles devaient avoir à peu près le même aspect que les nôtres avec leurs cartes géographiques et leur tableau du système métrique [1]. »

Telle était l'école au moyen âge, telle elle est encore au XVIIe siècle. Les enfants, à Paris, sont assis devant de grandes tables munies d'encriers de plomb. Sur un des côtés de la salle se trouve une vaste cheminée « large de douze pieds au moins, et, s'il se peut faire, sans jambages afin que plusieurs se puissent chauffer à la fois »; tout à côté il y a des bancs sur lesquels les enfants viennent s'asseoir à tour de rôle. Et, détail inattendu, deux cents ans avant notre époque, les écoles étaient chauffées. Aux murs se trouvent des portemanteaux et des tablettes pour les vêtements et les livres; plus loin se trouve le tableau noir, et à côté, quelques images représentant le Christ en croix, la sainte Vierge, saint Joseph et saint Nicolas, patron des écoliers. Dans un coin se trouve l'armoire du maître, contenant tout ce qui est nécessaire à la classe : livres, papier, plumes et canifs pour les tailler, chapelets, médailles, images et autres menues récompenses au moyen desquelles on peut se racheter de certaines punitions. Parmi celles-ci l'on trouve les coups de baguette sur les mains, les verges tout à l'opposé, et même le traditionnel bonnet d'âne; la punition est même aggravée, car le coupable ainsi affublé est attaché par le bras à un râtelier plein de foin, qui se trouve dans l'angle le plus noir de la classe, et tous ont permission de le huer, ce qui s'exécute à merveille comme on peut le croire.

L'hygiène est loin d'être négligée; les classes sont vastes, claires

---

[1] Prévost, *op. cit.*, p. 157.

et bien aérées. En voici une qui mesure vingt-six pieds de long, dix-huit de largeur et douze de hauteur, ce qui représente une surface de cinquante-deux mètres carrés et un cube d'air de deux cent sept mètres. On trouve dans le *Dictionnaire de Pédagogie,* de Buisson, une requête d'un maître d'école de Foix, au xve siècle, sollicitant des officiers municipaux l'assainissement du local occupé par les élèves.

La condition générale de ces écoliers est l'externat; pourtant les maîtres d'école et certains particuliers sont parfois autorisés à recevoir chez eux des pensionnaires.

Ne quittons pas ces gentils écoliers des temps passés sans dire un mot de leurs fêtes. Outre les fêtes religieuses, qui sont nombreuses et que l'on célèbre exactement, il y a aussi certains jours de réjouissances propres aux enfants des écoles. La plus connue de ces fêtes et la plus populaire est celle de saint Nicolas, si honoré autrefois en France. Bien entendu, tout l'après-midi du jeudi est donné comme congé; les enfants participent en outre aux fêtes de la ville, du royaume, ils célèbrent le saint du pays. Toute occasion leur est bonne pour solliciter un congé et se livrer à la joie : tantôt c'est la fête du roi, tantôt l'entrée d'un grand personnage, tantôt une victoire. Il y a naturellement des usages particuliers à certains endroits; ainsi, à Paris, les écoliers de la maîtrise de Notre-Dame fêtent solennellement le jour des saints Innocents et même, dans certaines fonctions, remplacent... les chanoines; au jour des Rogations, ce sont les fidèles qui, reconnaissants des efforts des jeunes choristes pour embellir de leurs chants les cérémonies religieuses, viennent les régaler de gâteaux. Ailleurs, d'autres usages apparaissent et nous montrent que chez nos ancêtres la gaieté et les fêtes étaient en grand honneur, sans que cela ait jamais paru nuire aux études. Au contraire, pendant ces jours de repos, si sagement institués par l'Église, les petits corps se fatiguaient, mais la détente se faisait dans ces jeunes cervelles, et le lendemain tous se retrouvaient frais et dispos pour retourner auprès de leur bon magister.

La charité de l'Église ne s'est pas occupée seulement de l'instruction des jeunes garçons; l'enseignement des filles est aussi ancien et à peu près aussi bien organisé que l'autre.

En l'an 880, Riculphe, évêque de Soissons, écrit dans ses statuts : « Nous avertissons les prêtres d'élever leurs écoliers dans la modestie, de les former aux bonnes mœurs. Ils ne devront jamais recevoir les jeunes filles dans leurs écoles pour les enseigner avec leurs écoliers. »

Ce qui nous montre que les jeunes filles cherchaient dès lors à s'instruire, et que très évidemment, ne pouvant être reçues dans les écoles de garçons, elles devaient avoir des classes spéciales. Du reste, ce que les moines faisaient pour les garçons, les couvents de femmes le pratiquaient de leur côté pour les enfants de l'autre sexe. Les Bénédictines, en particulier, sont obligées par leur règle de tenir des écoles de filles. Au XIIIe siècle, l'institut des Béguines s'adonnait spécialement à cet enseignement. Dans son beau livre de la *Chevalerie*, M. Léon Gautier nous représente la jeune fille de cette époque allant à l'école avec son alphabet pendu à la ceinture et ses tablettes d'ivoire à la main. Les romans de chevalerie sont pleins de traits qui montrent des filles de toute condition suffisamment instruites pour lire le français et même le latin. Les jeunes filles nobles ont une instruction beaucoup plus étendue.

Comme pour les écoles de garçons, ce sont des détails étrangers à la question qui nous révèlent l'existence d'un enseignement réservé aux filles. A Paris, dans le rôle de la taille, pour l'an 1293, on voit figurer une dame Tiphaine, maîtresse d'école, résidant rue aux Ours. Moins d'un siècle après, le même document, pour l'année 1380, permet de constater la présence à Paris de vingt et une maîtresses d'école. Des écoles existent aussi dans les villages, quoique en nombre moins considérable que celles des garçons. Les registres paroissiaux, les documents notariés, en attestent l'existence et le fonctionnement. Une pièce, d'origine normande, mentionne en 1405 une maîtresse de village à laquelle on accorde une exemption d'impôt motivée par « l'excellence de ses fonctions ». Le trait suivant, emprunté à Thomas de Catimpré, nous montre, dans sa touchante simplicité, le goût de l'instruction répandu jusqu'au fond des campagnes :

« Une petite paysanne, dévorée de l'envie de savoir lire, conjurait sans cesse son père de lui acheter un psautier pour lui permettre d'apprendre.

« — Comment, répondit le père, pourrais-je t'acheter un psautier, c'est à peine si chaque jour je gagne de quoi t'acheter du pain ? »

« La sainte Vierge apparut un jour en songe à l'enfant et lui conseilla d'aller, les jours de dimanches et de fêtes, se placer auprès de la maîtresse qui apprenait à lire aux demoiselles de la paroisse. Elle suivit ce conseil, et les riches écolières, touchées de son ardent désir de savoir, se cotisèrent et lui achetèrent le livre objet de ses vœux. »

Nous retrouvons, au XVIIe siècle, un trait semblable :

« Une pauvre bergère, Marguerite Naseau, avait été possédée toute jeune du désir de s'instruire. Seule, dans les champs, elle étudiait avec ardeur son alphabet, courant au-devant des passants qu'elle supposait instruits et leur demandant des indications sur la manière de prononcer les lettres ou les mots. Plus tard elle sentit s'éveiller en elle le désir de communiquer à d'autres le peu qu'elle savait : elle se fit maîtresse d'école, allant de village en village, tournée en dérision par les rustres qui ne la comprenaient pas, manquant souvent du nécessaire. Elle continua ainsi cette vie de dévouement à la jeunesse jusqu'au jour où elle rencontra saint Vincent de Paul, qui la fit entrer dans ses œuvres. »

Au même siècle, les écoles de filles, à Paris, sont extrêmement nombreuses ; elles se divisent, comme celles des garçons, en *petites écoles,* placées directement sous l'autorité du grand chantre du chapitre de Notre-Dame, et en *écoles de charité,* créées par l'initiative privée et relevant plus particulièrement du curé de chaque paroisse ; ces dernières sont, bien entendu, absolument gratuites. Les congrégations de femmes se distinguent par leur zèle : Ursulines, religieuses de l'Annonciation, filles de la communauté de Sainte-Geneviève, filles grises de Saint-Lazare, etc., rivalisent d'ardeur pour la création et l'entretien des écoles. Elles fournissent le plus grand nombre des maîtresses. Pourtant la charité des particuliers ne se laisse pas devancer non plus. Nous voyons ainsi dans la paroisse Saint-Eustache, en 1642, Louise Bellanger, veuve de François Parvison, obtenir du grand chantre la permission d'être « maîtresse de quarante filles de la paroisse, qu'elle entreprend d'enseigner sans en tirer d'autre émolument que les gages que les gouverneurs et administrateurs de la confrérie de Notre-Dame-de-Bon-Secours lui doivent donner ».

Dans une autre occasion, c'est la femme d'un procureur du Parlement, dame Gabrielle Danson, qui est autorisée par son mari à établir une école pour les filles pauvres de la paroisse Saint-Nicolas du Chardonnet. Ailleurs, une veuve, la dame Rousseau, établit, en 1657, dans sa propre demeure, une école et un ouvroir pour les petites filles pauvres.

Ainsi, dans les villes de province, dans les campagnes, à Paris spécialement, l'enseignement des filles est intelligemment organisé, grâce à la maternelle vigilance de l'Église, qui forme des chrétiennes fortes et sérieuses, bonnes épouses et bonnes mères.

De la quantité de documents prouvant l'existence des écoles depuis Charlemagne jusqu'à Louis XVI, il résulte que l'enseignement était donné dans la France entière. La statistique fournit à cet égard de précieuses indications pour chaque époque.

Au XIIIe siècle, par exemple, les travaux de divers érudits ont permis de retrouver la trace de bon nombre d'écoles. M. de Beaurepaire, pour la Seine-Inférieure seule, en cite cinquante-huit ;

M. Quantin en mentionne vingt-huit dans l'Yonne ; M. Port, treize dans le Maine-et-Loire ; M. de Resbeq, onze dans le Nord ; M. Sérurier, dix dans les Pyrénées occidentales ; M. Bellet, neuf dans la Sarthe ; M. de Charmassé, huit dans le pays d'Autun ; M. Babeau, sept dans l'Aube ; M. Maître, six dans la région de Nantes ; M. de Jussieu, cinq en Savoie. Encore n'avons-nous ici que celles dont l'existence est sûre ; combien plus nombreuses apparaîtraient-elles si les documents prouvant leur existence n'avaient péri par milliers, grâce aux destructions des huguenots ou des révolutionnaires !

Le nombre des clercs à chaque siècle est également intéressant à connaître. Que sont les clercs ? Tout simplement d'anciens élèves des petites écoles qui paraissent suffisamment instruits pour recevoir ce titre, accordé aussi bien à des hommes mariés qu'à des célibataires, à des nobles ou à de pauvres artisans. M. de Beaurepaire, d'après une charte ancienne, constate que, de la Saint-Michel 1458 à la Saint-Michel 1465, l'archevêque de Rouen reçut treize cent cinq jeunes clercs. En une seule année, leur nombre s'élève jusqu'à trois mille neuf cent cinquante-quatre, et M. Babeau établit que, dans la banlieue de Troyes, on compte, à la fin du XVe siècle, trente-quatre clercs sur trois cent vingt-cinq contribuables.

Au XVIIe siècle et au XVIIIe siècle, bien entendu, la proportion augmente notablement. Dans le diocèse de Rouen, les tournées pastorales de l'archevêque lui permettent de constater, *de visu*, l'existence des écoles ; en 1683, sur trente-huit paroisses visitées, il y a vingt-deux écoles ; en 1687, il trouve quarante-deux écoles pour cinquante-six paroisses. Plus tard, entre 1710 et 1717, il y a onze cent cinquante-neuf paroisses visitées et onze cent soixante et une écoles. Certaines paroisses en ont donc deux, et sur le total il y en a trois cents exclusivement réservées aux filles. Pour le diocèse de Coutances, cruellement éprouvé par les guerres de religion, le nombre des écoles, en 1675, est tombé à cent trente-six pour quatre cent quatre-vingt-treize paroisses ; il n'y en a que trente-deux de filles ; mais l'évêque, Mgr de Loménie de Brienne, en crée à lui seul trois cent soixante-seize nouvelles, dont près d'une moitié pour les filles. M. de Resbeq montre que la province de Flandre, aussi riche que chrétienne, possède à la même époque plus de quatre cents écoles de campagne. Au cours de ses visites dans le diocèse de Châlons, Mgr de Saulx-Tavannes note, dans ses procès-verbaux, l'existence de deux cent trente-cinq écoles dans trois cent dix-neuf paroisses rurales qu'il a visitées. Pour l'Aube, M. Babeau prouve qu'avant 1700 on pouvait compter jusqu'à quatre cent vingt écoles, réparties entre quatre cent quarante-six communes. Tout à côté, la Haute-Marne, au compte de M. Fayet, présente cinq cent cinquante-huit paroisses dotées de cinq cent vingt-sept écoles. Le diocèse de Reims en renferme plus de six cents, répandues sur tout son territoire. A Nancy, c'est bien autre chose; des délégués viennent se plaindre à l'intendant de la trop grande diffusion de l'enseignement : « Il n'y a pas de hameau qui n'ait son grammairien, » disent ces braves gens désolés. Et de fait, ils n'ont pas absolument tort, puisque le diocèse possède seulement sept cent cinquante-huit paroisses et neuf cent soixante-six écoles. Le Lyonnais est couvert d'écoles florissantes. Dans l'Ardèche, les Cévennes, le Béarn, elles ne manquent pas non plus. M. l'abbé Allain en compte cent quatre-vingt-quatre dans la Gironde, sur deux cent quatre-vingt-sept communes. Les provinces de Saintonge, d'Auvergne, ont également les leurs.

Paris est, comme il convient, exceptionnellement favorisé. Il a d'abord sa maîtrise de Notre-Dame, d'une antiquité vénérable, puisque sa fondation remonte au IVe siècle, au moment où l'empereur romain, Julien l'Apostolat, résidait à Lutèce. Durant ses seize siècles d'existence, elle a fourni à l'Église, sa bienfaitrice, une quantité d'hommes illustres, parmi eux quatre papes et six personnages élevés aux honneurs des autels. Auprès d'elle existent toutes les écoles dépendant du grand chantre de Notre-Dame : il y en a deux par quartier, une de garçons et une de filles, ce qui en donne déjà cent quatre-vingts au total. Si l'on ajoute à cela les écoles de charité et les écoles privées, extrêmement nombreuses, on arrive à un chiffre de plusieurs centaines, ce qui est fort remarquable eu égard à la population relativement faible du Paris d'alors.

La statistique des conjoints, autrement dit le relevé des époux, hommes et femmes, ayant signé leur acte de mariage, fournit aussi de curieuses données.

En Normandie, où l'instruction a toujours été en grand honneur, grâce à la méfiance normande, qui croit plus aux papiers qu'aux paroles, la proportion est très élevée. Le département de la Manche présente, au XVIIIe siècle, jusqu'à quatre-vingt-dix hommes sur cent qui ont signé correctement leur acte de mariage; les femmes se sont trouvées quatre-vingt-dix-sept.

Un changement considérable s'opère dans le mode de recrutement des instituteurs vers la fin du XVIIe siècle.

Jusque-là l'enseignement populaire avait été donné par des maîtres d'origine très variée. Tantôt nous voyons le curé s'occuper d'instruire les enfants; tantôt c'est son vicaire; ailleurs ce sont des moines, autre part ce sont des clercs tonsurés; en certains endroits de pieux laïques célibataires, en d'autres des hommes mariés et pères de famille. Non seulement ces instituteurs sont de dix catégories différentes, mais aucun d'eux, sauf peut-être les prêtres, n'a été préparé aux fonctions qu'il remplit. Ici, le magister occupe ses loisirs à l'exercice d'un métier; là il a les fonctions de sacristain, de chantre, fonctions qui, souvent, priment ses devoirs d'instituteur. Le premier venu peut enseigner, pourvu qu'il ait quelques connaissances et qu'il soit approuvé par l'autorité ecclésiastique; souvent, avant d'être maître d'école, il a fait autre chose. En somme, l'instituteur de profession, voué uniquement à l'enseignement populaire, spécialement formé dans ce but et exercé à ses futures fonctions dès sa jeunesse, est un type inconnu jusqu'au XVIIe siècle.

C'est encore à l'Église que revient l'honneur d'avoir créé cette classe nouvelle et si éminemment utile. C'est elle qui a songé à grouper des jeunes gens de bonne volonté, capables de dévouement et de sacrifices, à les unir les uns aux autres par des liens religieux en en formant une congrégation, en un mot à créer des écoles normales d'instituteurs; mais d'instituteurs avant tout chrétiens et vertueux. C'est à cette grande œuvre que les P. Barré, les Jean-Baptiste de la Salle, les Grignon de Montfort, le P. Février et bien d'autres moins illustres, ont attaché leur nom.

Tandis que, pendant la période du moyen âge, l'instruction des filles, sans être négligée, a été pourtant inférieure à celle des garçons, les fondateurs du XVIIe siècle semblent, de préférence, lui donner leurs soins. De nombreuses congrégations s'attachent à l'enseignement des filles, alors que les garçons paraissent un peu délaissés. A cela il y a une raison. Jusqu'au moment où nous sommes, les garçons, pourvus de bons maîtres, fréquentant régulièrement l'école, ont pu se conserver à l'abri des funestes doctrines du protestantisme et des mœurs perverties nées du relâchement général qui suivit la Renaissance. Les filles, au contraire, ont été bien plus exposées aux dangers de toute sorte, car elles ont eu moins de ressources pour se préserver, pendant que, d'autre part, les adversaires les attaquaient de préférence, les sachant plus faibles et connaissant bien toute la puissance de l'influence féminine dans une famille, particulièrement en France. C'était donc de ce côté qu'il fallait d'abord porter le remède. « Il faut, disaient les Ursulines, renouveler par la jeunesse ce monde corrompu; les jeunes filles réformeront leurs familles, leurs familles réformeront leurs provinces, leurs provinces réformeront le monde. »

Parmi les premiers, le plus connu, sinon le plus ancien, fut le P. Barré, religieux de l'ordre des Minimes. L'année 1678 marque la date de sa première fondation : c'est à Paris, rue Saint-Maur, qu'il établit sa maison mère. Il avait été élevé au collége des Jésuites d'Amiens; sa piété l'avait porté à se faire prêtre et même à entrer dans l'ordre des Minimes. Ayant eu l'occasion de venir à Rouen pour y prêcher, il remarqua avec peine la négligence apportée à l'enseignement des jeunes filles, et fut surtout frappé des funestes conséquences de cet abandon. C'est alors que la Providence lui inspira la première idée de sa fondation et mit sur sa route la personne qui devait le seconder si efficacement, Mme de Maillefer. Jusqu'alors Rouen connaissait cette noble dame pour de toutes autres raisons que sa piété et son austérité.

C'était la mondaine la plus en vue de la ville, qu'elle étourdissait par son luxe et sa vanité. Elle rencontra le P. Barré. Touchée soudain par la grâce, elle se mit sous la direction du saint religieux. Elle entra complètement dans les vues du P. Barré, mettant à son service temps, dévouement et fortune. Ce fut de cette noble coopération que naquit l'institut du Saint-Enfant-Jésus, dont les religieuses sont connues, à Paris, sous le nom de Dames de Saint-Maur; à Toulouse, sous l'appellation de Dames des Feuillants; ailleurs, sous celle de Dames-Noires. La mission de la nouvelle congrégation était de fournir des maîtresses aux *Écoles charitables* fondées en même temps. L'œuvre ne tarda pas à prendre une grande extension. M. Roland, théologal de Notre-Dame à Reims, l'établit dans cette ville, et reçut du P. Barré la première supérieure. Dans le midi particulièrement les maisons se multiplient : le P. Barré en fonde une lui-même à Nîmes; d'autres se créent à Alais, au Vigan, à Saint-Jean-du-Gard, plus tard à Saint-Ambroix, à Uzès, car ce malheureux pays, qui forme aujourd'hui le département du Gard, est infesté par les erreurs protestantes contre lesquelles luttent victorieusement les pieuses maîtresses sorties des maisons de l'institut des Dames de Saint-Maur. Ce furent elles, en particulier, qui eurent l'honneur d'être appelées par Louis XIV pour diriger la maison de Saint-Cyr, sous la haute autorité de Mme de Maintenon.

Le P. Barré voulut également assurer aux garçons des maîtres capables et chrétiens ; mais cette fois le succès ne répondit pas à ses efforts, et il dut céder la place à l'abbé J.-B. de la Salle, dont l'œuvre était appelée à un si merveilleux développement. Du reste, en voyant son insuccès, le P. Barré, avec la modestie et le désintéressement d'un saint, tourna ses soins vers l'œuvre naissante des Frères des Écoles chrétiennes, et seconda de ses conseils et de ses encouragements le pieux chanoine de Reims. C'était assez pour lui d'avoir fondé l'institut des Dames de Saint-Maur : il put de son vivant en constater la prospérité, et il mourut, le laissant en face d'un avenir plein d'espérances. Qui pourrait compter les milliers de jeunes filles instruites par ces pieuses religieuses, qui pourrait nombrer les âmes sauvées ou affermies par elles? Et l'auteur de tout cela n'est qu'un humble prêtre, mais animé de cette charité chrétienne qui fait faire des prodiges.

A peu près au moment où le P. Barré établissait ses premières *Écoles charitables,* naissait un saint personnage, récemment déclaré bienheureux par l'Église, Grignon de Montfort, dont la vie courte (1673-1716), mais admirablement remplie par les bonnes œuvres, devait s'écouler tout entière au service des pauvres et des déshérités. Son but principal fut toujours l'évangélisation des villes et spécialement des campagnes, mais il considérait les écoles comme des auxiliaires indispensables de ses missions. « Partout où il faisait la mission, dit le P. Clarivière, un de ses principaux soins était de pourvoir les paroisses de bons maîtres et de bonnes maîtresses d'école, disant que les écoles étaient les pépinières de l'Église. » C'est ainsi qu'à la Rochelle, demeurée malgré tout le boulevard du protestantisme, il fonde des écoles fixes; car jusqu'à présent il s'était contenté, faute de mieux, d'établir des écoles provisoires, durant seulement autant que la mission qu'il prêchait.

Comprenant que son œuvre serait inutile si elle n'était pas assurée du lendemain, voyant d'autre part que, lui parti, les écoles fondées ici ou là ne tarderaient pas à disparaître faute de bons maîtres, il résolut de grouper autour de lui quelques hommes de bonne volonté pour continuer ce qu'il avait entrepris. Sans doute, en raison du but spécial que poursuivit le B. de Montfort, sa fondation principale ne concerna pas les écoles; mais à côté de missionnaires et des frères auxiliaires du Saint-Esprit, il établit les frères de Saint-Georges, plus particulièrement voués à l'enseignement, quoique les premiers s'en soient aussi souvent occupés.

Le même P. Clarivière fournit ces détails sur un des premiers établissements du Bienheureux : « Les écoles des garçons (à la Rochelle) furent ouvertes les premières; M. de Montfort y établit trois maîtres, à la tête desquels il mit un prêtre qui devait veiller sur leur conduite, dire la messe aux enfants et les confesser au moins tous les mois. »

On ne peut douter qu'il n'y ait eu là une véritable communauté d'instituteurs sous la direction d'un prêtre, à la fois supérieur et aumônier.

Ce qui fut fait à la Rochelle se répéta sur bien des points de la France, en ce sens que le Bienheureux établit des écoles partout où il passait, mais sans pouvoir en général les doter des instituteurs modèles qu'il rêvait, car le nombre de ses premiers compagnons fut très limité. Pourtant l'existence de la congrégation est certaine et la tentative du Bienheureux aussi : « Des maîtres revêtus d'une soutanelle (c'était le costume prévu par la règle) pour inspirer plus de respect; qui se soumettent à la discipline d'un supérieur ecclésiastique; qui enseignent gratuitement tous les enfants de leur école, se confiant à la Providence pour le pain de chaque jour; qui s'engagent, sous peine d'exclusion, à ne solliciter ni directement ni indirectement des parents aucun don, aucun secours; qui renoncent à tous les avantages temporels et embrassent le rude labeur de l'enseignement, ayant pour unique objectif la gloire de Dieu, le salut des âmes, leur propre perfection : voilà les maîtres tels que les formait Montfort, tels qu'il les plaçait à la tête de ses écoles charitables. »

Dans l'Église catholique, la charité, l'amour du prochain ne sont pas l'apanage de quelques-uns; aussi les bienfaiteurs de l'enfance sont-ils nombreux. A côté du P. Barré, du B. Grignon de Montfort, soit parmi les prédécesseurs, soit parmi les contemporains, brillent les noms de Mme de Miramion, fondatrice des Filles de Sainte-Geneviève, qu'elle institue en 1636, « afin d'instruire les petites filles, de former des maîtresses d'école pour la campagne, et de recevoir et nourrir celles-ci pendant quelque temps »; de M. Tronson, supérieur de Saint-Sulpice, qui inspire à Mlle Martel l'établissement des Demoiselles de l'Instruction, au Puy, en 1665; de M. Antonin de la Haye, curé de Saint-Amand de Rouen, fondateur des Sœurs de la Providence, dont les maisons couvrent actuellement la France; de Mme Tulard, grâce à laquelle s'établissent à Évreux, en 1679, les Sœurs de la charité, qui comptaient avant la Révolution quatre-vingt-neuf établissements.

Cette glorieuse liste pourrait s'allonger si l'on voulait citer les noms de toutes les âmes chrétiennes dont les efforts ont tendu à arracher les enfants à l'ignorance et à l'erreur. Une place à part doit être encore réservée à trois hommes de bien que leurs mérites désignent particulièrement à notre reconnaissance. Le premier est le B. Pierre Fourrier de Mattaincourt. Il affirmait que « l'instruction élémentaire était la chose la plus nécessaire et propre au siècle »; c'est lui qui établit la congrégation, devenue si florissante et si renommée, des Religieuses de Notre-Dame, en l'an 1600, au seuil même du XVIIe siècle.

Vers le milieu du siècle, un prêtre de Bourg, dans le Lyonnais, M. Démia, frappé de l'ignorance et de la dépravation des enfants de Lyon, arriva à force d'énergie à fonder dans cette ville des écoles gratuites pour les enfants pauvres. Là, le pieux fondateur applique certaines méthodes qu'il a imaginées et qui lui donnent d'excellents résultats, particulièrement l'enseignement mutuel et la surveillance des élèves les uns par les autres. Tout est soigneusement déterminé, et des règlements minutieux assurent le bon fonctionnement des écoles. Mais les maîtres manquent. L'abbé Démia groupe autour de lui des hommes de bonne volonté, prêtres ou laïques ; il leur donne des instructions et des règlements, et les unit les uns aux autres par les liens de la piété. Peu à peu l'œuvre s'étend, se fait connaître et apprécier, et de tous côtés les demandes affluent : des évêques mêmes ne craignent pas de supplier le pieux fondateur de leur envoyer des maîtres pour leur diocèse. En 1672, il établit de ses propres deniers un séminaire lyonnais, destiné particulièrement à fournir des instituteurs ecclésiastiques. La mort de l'abbé Démia marqua malheureusement la fin de sa fondation : l'œuvre mourut avec lui.

L'idée d'où il était parti n'était pas juste : des prêtres ne conviennent pas pour la mission à laquelle il les destinait. Tôt ou tard, les fonctions d'instituteur primaire cèdent la place aux devoirs du prêtre : le maître d'école revient au latin, à la littérature, se transforme enfin en professeur d'enseignement secondaire. Pour les enfants du peuple, il fallait des maîtres spéciaux.

Un dernier nom mérite mention, c'est celui de M. Bourdoise, prêtre de Paris et ami de saint Vincent de Paul ; il mettait tant de zèle à l'œuvre des écoles, qu'il écrivait un jour à M. Olier : « Je mendierais volontiers de porte en porte, pour faire subsister un vrai maître d'école. » Il essaya également de fonder une association ayant pour but de soutenir les écoles, mais surtout par la prière. L'association fut placée sous le patronage de saint Joseph, et ses membres, au nombre de soixante-dix dès l'origine, et tous prêtres ou religieux, s'engageaient à prier et à travailler de toute leur âme pour donner aux enfants le bienfait de l'instruction, pour ouvrir partout cette école dont M. Bourdoise disait qu' « elle est le noviciat du christianisme, le séminaire des séminaires ».

Voilà les efforts qui avaient été tentés jusqu'à l'époque de Jean-Baptiste de la Salle. Beaucoup d'activité, beaucoup de zèle, beaucoup de charité surtout avaient été dépensés pour un résultat, en apparence, bien médiocre ; des idées nouvelles avaient vu le jour ; l'amour chrétien du prochain, toujours ingénieux et chercheur, avait fait trouver des méthodes, avait inspiré des règlements, avait donné naissance à des congrégations, mais l'œuvre était restée à l'état de formation. L'éducation primaire des filles était à peu près organisée, le recrutement de leurs maîtresses assuré ; mais, pour les garçons, en dépit de quelques tentatives isolées, tout ou presque tout restait à faire. Pourtant les efforts faits çà et là n'avaient pas été perdus ; le terrain se préparait lentement, mais la moisson devait être plus riche. Tandis que sous les inspirations du saint concile de Trente, qui donne une vie nouvelle à l'Église, saint Vincent de Paul fonde les Filles de la charité et les prêtres de Saint-Lazare, que M. Olier établit le séminaire et la compagnie de Saint-Sulpice, que le P. Barré crée la congrégation des Sœurs de l'Enfant-Jésus, Dieu prépare la grande œuvre que devra réaliser son serviteur Jean-Baptiste de la Salle.

Aucune époque n'exigeait plus que le xviie siècle la réforme de l'enseignement populaire et la création d'un corps d'instituteurs à la fois savants et chrétiens.

Le siècle de Louis XIV se trouve compris entre deux périodes de ruines et de malheurs : le xvie siècle, par les erreurs protestantes et les guerres de religion, a mis le désordre dans les âmes comme dans le pays; les écoles, et surtout dans les villes, ont souffert les premières de ce terrible ébranlement. Les unes, ce sont les plus nombreuses, ont complètement disparu; les autres ont perdu le véritable esprit chrétien et laissent fort à désirer comme maîtres et comme enseignement. Malgré l'activité et le dévouement montrés par de saintes âmes au cours du xviie siècle, le relèvement matériel et moral des écoles populaires était trop lent, trop incomplet pour que l'enseignement primaire fût en état de résister aux épreuves du xviiie siècle, où la guerre hypocrite d'abord, violente et sanglante ensuite, se déchaîne contre la religion et ses œuvres. Pour être sauvées, les écoles avaient besoin d'être restaurées sur les bases de la science et de la sainteté. Ce fut à ce moment que Dieu donna à la France le sauveur, le saint attendu; il lui envoya Jean-Baptiste de la Salle.

Quand il commença son œuvre, l'humble créateur des écoles de Reims et de Rouen ne songeait pas à fonder un institut universel pour l'instruction populaire; il ne se croyait pas appelé à devenir le père de cette grande famille religieuse d'instituteurs qui couvre aujourd'hui la France et qui s'est propagée en Afrique, en Asie et en Amérique. Mais le modeste initiateur de l'instruction chrétienne populaire comprit qu'il fallait pourvoir à la direction des petites écoles au moyen d'une institution destinée à leur fournir des maîtres convenablement formés et zélés, au lieu de tous ces maîtres isolés et improvisés qu'il y avait auparavant dans les diverses écoles locales.

Ce fut là sa conception de génie, ou plutôt l'inspiration providentielle qui lui vint d'en haut. Il vit clairement que le succès des écoles populaires dépendait surtout de la formation des maîtres, et que la seule manière d'avoir, pour le présent et pour l'avenir, des instituteurs capables et animés de l'esprit de zèle et de dévouement nécessaires, était de réunir les sujets aptes à cette fonction en société, sous une règle, et de leur donner une discipline professionnelle.

Tout entier à l'exécution de son dessein, il entreprit résolument de faire ce qui eût paru alors impossible à tout autre. Il commença petitement, ne cherchant qu'à faire le bien qu'il pouvait autour de lui. On peut même dire qu'il se mit à l'œuvre comme à tâtons, ne voyant bien nettement que le but, et peu fixé d'abord sur le moyen d'y arriver. Sa conception était claire. Il comprenait parfaitement, avec cet instinct des besoins de l'avenir que Dieu avait mis en lui, qu'il fallait pour pourvoir à l'instruction populaire, non seulement des maîtres dévoués, comme le clergé paroissial et les ordres religieux en avaient pu fournir autrefois pour les petites écoles, mais de véritables instituteurs spécialement formés pour leur emploi, et ayant reçu, avec l'esprit chrétien de dévouement et de zèle, une préparation pédagogique convenable.

Dans son humilité, ne songeant pas à devenir le fondateur d'une congrégation religieuse enseignante, établie selon ses vues, qui devait compter un jour jusqu'à quinze mille membres, il était préoccupé de créer des sortes d'écoles destinées à la formation des instituteurs primaires, comme il les voulait. Et c'était là pour lui le seul moyen d'étendre et de perpétuer le bien qu'il essayait de faire.

Cette idée d'écoles normales d'instituteurs était la vue la plus intelligente et la plus féconde qu'il y eût eu jusqu'alors pour assurer le développement de l'instruction primaire. Jean-Baptiste de la Salle l'avait mise d'abord en pratique, en réunissant autour de lui, dans sa propre maison, quelques hommes de bonne volonté, quelques jeunes gens bien doués, dont il voulait faire ses futurs instituteurs, en donnant à ces premiers disciples une règle et en s'appliquant à leur inculquer ses principes, et surtout son esprit de zèle et de foi. Il ne savait pas alors que cette petite communauté, formée sous sa direction et vivant de la vie religieuse, allait devenir la grande pépinière d'instituteurs pour les enfants du peuple, la grande école normale de l'avenir.

Après des essais contrariés par diverses difficultés, Jean-Baptiste de la Salle sentit que l'œuvre, humainement irréalisable, ne réussirait qu'autant qu'il prendrait lui-même la condition de ceux qu'il appelait à l'accomplir. Il renonça à sa dignité de chanoine; il se sépara du monde et de sa famille, vendant tous ses biens, dont il distribua le prix aux pauvres, se fit pauvre lui-même, embrassa la règle qu'il avait donnée à ses disciples, et devint le premier maître d'école de la petite congrégation. Il fut, avec son caractère de prêtre en plus, le religieux instituteur dont il avait conçu le type, pour le service de l'instruction populaire. Ainsi fut fondé l'institut nouveau des Frères des écoles chrétiennes.

Une œuvre aussi providentielle ne devait pas uniquement s'étendre à Reims et à ses environs. Les circonstances conduisirent le Bienheureux à Paris : la première école dont se chargea M. de la Salle fut l'école de charité de la paroisse Saint-Sulpice ; il y installa ses frères dès le commencement de 1688. Le Bienheureux ne tarda pas à perfectionner son œuvre en fondant des écoles normales, pour la préparation de ses Frères.

Frappé des difficultés que rencontraient, pour faire ou achever leurs études primaires, les jeunes gens obligés au travail durant la journée, le Bienheureux établit les premières classes du soir, appelées depuis « cours d'adultes ». Une dernière idée de Jean-Baptiste de la Salle fut la création d'écoles professionnelles, destinées aux élèves se préparant à des carrières pour lesquelles la connaissance des langues anciennes était inutile. La merveilleuse charité du Bienheureux lui faisait trouver chaque jour quelque vue nouvelle et féconde d'où naissait bientôt une méthode, un perfectionnement de plus pour l'instruction des enfants qu'il aimait tant. Les systèmes connus aujourd'hui sous le nom d'enseignement mutuel et d'enseignement simultanés, et annoncés à grand fracas comme des découvertes modernes, sont nés des recherches de Jean-Baptiste de la Salle.

Grâce à ces efforts, grâce à ces créations et à ces procédés, grâce surtout aux bénédictions du Ciel, l'œuvre du Bienheureux prospéra, en dépit des obstacles et des traverses. A la mort de J.-B. de la Salle, survenue le 7 avril 1719, les écoles étaient au nombre de cent vingt-trois, desservies par deux cent quatre-vingt-un frères et fréquentées par neuf mille élèves. Six ans après, l'existence de l'Institut était également reconnue par lettres patentes, et des éloges publics lui étaient décernés pour ses services rendus.

En janvier 1880, la statistique des établissements des Frères constatait l'existence, pour la France seulement, de deux mille cent cinquante-sept écoles, comprenant sept mille sept cent sept classes, dans lesquelles se pressaient trois cent cinquante-cinq mille sept cent cinquante-deux élèves, dirigés et instruits par douze mille huit cents frères. L'étranger n'est pas moins bien partagé, puisque l'Institut y compte deux cent cinq maisons, répandues depuis les États-Unis jusqu'en Chine, en passant par l'Égypte et les Indes anglaises. L'enseignement, sauf en ce qui touche les langues anciennes, s'y donne à tous les degrés : chaque année, ces écoles sont brillamment représentées dans tous les concours, récompensées aux expositions dans tous les pays.

D'autres congrégations religieuses enseignantes se sont fondées sur le modèle de l'Institut de J.-B. de la Salle, et rivalisent avec lui de zèle et de succès.

La Révolution supprima le modeste Institut des Frères des Écoles chrétiennes et les autres congrégations. Au plus fort de la Terreur, un des disciples du B. de la Salle, le F. Martin, comparut devant le tribunal révolutionnaire d'Angers. Aux questions du président sur sa profession, il répondit : « Je suis un instituteur au service des enfants pauvres. Si vos protestations de fraternité sont sincères, mes fonctions me justifient et vous commandent la gratitude. » L'échafaud fut sa récompense. Pendant ce temps, le supérieur général, le F. Agathon, subissait dix-huit mois de détention, et ne devait son salut qu'à la réaction du 9 thermidor.

Quelques années avant, un des coryphées de l'athéisme, la Chalotais, écrivait dans son *Essai d'éducation nationale* : « Le bien de la société demande que les connaissances du peuple ne s'étendent pas plus loin que ses occupations... Pour les gens du peuple, il n'est presque nécessaire de savoir lire et écrire qu'à ceux que ces arts aident à vivre. » A quoi Voltaire lui répondait : « Je trouve toutes vos vues utiles. Je vous remercie de proscrire l'étude chez les laboureurs. Moi, qui cultive la terre, je vous présente requête pour avoir des manœuvres et non des clercs tonsurés. Envoyez-moi surtout des frères ignorantins pour conduire mes charrues et les atteler. » (Lettre du 28 février 1763.)

Une autre fois, le même philosophe écrivait : « Il me paraît essentiel qu'il y ait des gueux ignorants. » (Lettre du 1er août 1766).

On ne peut mieux conclure que par ces lignes d'un écrivain peu suspect de sympathie pour les œuvres catholiques : « Une manufacture séculaire, construite, approvisionnée par vingt générations de bienfaiteurs, donnait gratis, ou bien au-dessous du cours, le premier pain de l'intelligence à plus de douze cent mille enfants. On l'a démolie; à sa place, quelques fabriques improvisées et misérables distribuent çà et là une mince ration de pain indigeste et moisi. » C'est ainsi que M. Taine terminait une étude sur l'état de l'enseignement en 1800. Cette comparaison pittoresque et vive fait ressortir l'action bienfaisante de l'Église en France, dans le domaine de l'instruction populaire, pendant les siècles qui ont précédé 1789.

FIN

TABLE

PREMIÈRE PARTIE

LES AGENTS DE LA CHARITÉ

I

L'ACTION SOCIALE DE LA CHARITÉ

La pauvreté dans le monde. — L'Évangile et les pauvres. — La charité chrétienne. — — Les pauvres dans le paganisme. — Pas d'assistance publique chez les Romains. — L'ère de la charité commence avec le christianisme. — La fraternité chrétienne. — Économie politique nouvelle. — Changement de société par le changement de doctrine. La loi de charité d'après l'Évangile. — Le pauvre dans la société chrétienne. — Théorie chrétienne de la pauvreté. — Le pauvre dans l'ancienne France. — Sa place sociale. — Union des classes. — Pas de question sociale dans le passé. — Admirable épanouissement de la charité en France. — Ses transformations et ses diverses applications. — L'histoire de la charité se confond avec celle de la civilisation. — Les grandes époques de la charité 7

II

LE CLERGÉ

Organisation de l'Église pour la charité. — Les évêques et les diacres. — Premières communautés chrétiennes. — Extension du christianisme en Gaule. — Le patrimoine des Églises. — La part des pauvres. — La charité des premiers évêques. — Leur rôle social pendant et après les invasions des Barbares. — L'organisation de l'assistance publique. — Les Conciles. — Les premières institutions ecclésiastiques de charité. — Le ministère épiscopal et ses œuvres. — Établissement et développement des paroisses sous le régime féodal. — Constitution du revenu des églises. — Le clergé principal agent de la charité à l'époque féodale et dans les temps modernes. — Le budget du culte dans le paganisme et à l'époque chrétienne. — Exemples de charité chez les évêques. — Les Chapitres. — Les testaments du clergé. — La prédication, source de charité. — Les sermons. — La décoration des églises. — L'influence de la confession. — L'exercice de la médecine gratuite par le clergé. — Les études médicales encouragées dans l'Église. — Le concours du clergé pour les mesures d'hygiène et de santé. — Les biens ecclésiastiques. — Leur emploi charitable. — Services publics à la charge du clergé. — La spoliation par la Révolution. — Le clergé est resté le grand agent de la charité. — Le curé, père des pauvres 23

III

LES INSTITUTS RELIGIEUX

Les deux clergés. — Origine du monachisme en France. — Les premiers ordres religieux. — Les monastères sont les premières maisons de charité. — Les moines auxiliaires des évêques. — Les paroisses monastiques. — Bienfaits des moines. — La charité était une des règles de tous les ordres religieux. — Pratique de cette vertu. — L'hospitalité dans les abbayes. — L'assistance des pauvres. — La propriété monastique. — Le travail manuel dans les monastères. — Services rendus aux campagnes et à l'agriculture par les moines. — Emploi charitable des biens des ordres religieux. Distributions régulières de secours aux pauvres. — Les chefs d'ordres et les seigneurs. — Les monastères remplissent le rôle d'institutions de prévoyance dans les campagnes. — L'exercice de la médecine dans les abbayes. — Instituts religieux voués aux œuvres particulières de charité. — L'ordre des Trinitaires et l'ordre de la Merci, pour le rachat des captifs. — Les ordres mendiants au XIIIe siècle. — Saint Dominique, saint François d'Assise et les tiers ordres. — L'ordre hospitalier du Saint-Esprit. — Petites communautés hospitalières. — Les frères et les sœurs des Hôtels-Dieu. — Les béguines. — Saint Vincent de Paul et les Filles de la charité. — Les grandes congrégations charitables de femmes. — Disparition des petites associations du moyen âge. — Les religieux hospitaliers de saint Jean de Dieu et de saint Camille de Lellis. — Les Frères des Écoles chrétiennes et les congrégations similaires 57

IV

LES AUTORITÉS CIVILES

Concours du pouvoir civil à l'œuvre de charité. — Législation bienfaisante des empereurs chrétiens. Son influence en Gaule. — Formation de la France. — Clovis. — Esprit de charité des rois francs — Fondations et dotations royales sous la première race. — Les ministres des rois mérovingiens. — Charité des grands personnages de l'époque franque. — Charlemagne. — Ses capitulaires en faveur des pauvres. — La féodalité. — Système de protection sociale. — La chevalerie et ses règles de charité. — Libéralités des seigneurs envers les églises et les pauvres. — Beaux exemples. — La charité dans les châteaux. — Les aumôneries. — Les charges seigneuriales. — Les testaments féodaux. — Églises et monastères fondés par les seigneurs. — Exemples à Lyon. — Participation des villes à l'assistance publique. — Les communes. — Les confréries de charité. — Les aumônes générales. — Le rôle des municipalités dans les administrations hospitalières. — L'élément communal dans la charité. — Origine charitable des octrois. — Les taxes pour les pauvres. — Dévouement des magistrats des cités. — Le prix des fêtes employé en fondations charitables 89

V

LES AUTORITÉS CIVILES (SUITE)

L'action de la royauté à l'époque féodale. — La trêve de Dieu. — L'affranchissement des communes. — La diminution de la misère. — Saint Louis. — La politique de la charité. — Admirable charité du roi. — Exemples et préceptes. — Les fondations charitables de saint Louis. — La bienfaisance de la justice. — Le régime de la charité en France avant 1789. — La part de l'autorité publique. — Intervention du pouvoir civil dans l'administration hospitalière. — Le grand aumônier du roi. — Admission par l'Église de l'élément laïque. — Le concile de Vienne. — La législation charitable de la royauté. — Libéralités royales aux hospices et hôpitaux. — Les circonstances expliquent la sécularisation du régime hospitalier. — Lettres patentes et édits de

Louis XI et de François Ier. — Suprématie du grand aumônier au xvie siècle. — L'ordonnance de Blois. — Édits postérieurs. — Immixtion croissante du Parlement dans l'administration hospitalière. — Extension de la juridiction royale. — Le concile de Trente. — La réforme des hôpitaux sous Charles IX et Henri IV. — Le xviie siècle, grand siècle d'organisation de l'assistance publique. — Les idées de réforme. — Saint Vincent de Paul et la royauté. — Les hôpitaux généraux. — Louis XIV. — Unité et régularité de l'administration hospitalière. — Ordonnance de 1698. — Édit de Louis XV en faveur des hôpitaux. — Les idées philanthropiques du xviiie siècle. — Confirmation des privilèges des hospices et hôpitaux par Louis XVI. — La Révolution détruit toute l'ancienne organisation de la charité 115

VI

LES PARTICULIERS

La France, nation catholique par excellence. — Rôle des particuliers dans l'œuvre française de la charité. — Documents des premiers siècles. — Les deux doctrines de l'Évangile et du paganisme. — Différence des mœurs. — Les œuvres individuelles ont précédé les institutions de charité. — L'action de la charité privée s'efface devant celle de la charité publique. — Elle se montre dans les fondations charitables de toute sorte. — La libéralité des fidèles source de la propriété ecclésiastique. — L'esprit de foi entretenait la charité. — Il était particulièrement stimulé par la prédication. — L'exhortation à la charité était un des sujets ordinaires de la chaire. — Pratique de la charité dans toutes les classes de la société. — Seigneurs et grandes dames. — La bourgeoisie. — Fondations par les bourgeois. — Leur dévouement au service des pauvres. — Maisons particulières changées en hôpitaux. — Traits de mœurs de charité dans le commerce. — La charité dans les classes ouvrières et rurales. — Médecins et avocats. — Les dispositions testamentaires en faveur des œuvres pies et charitables. — Les enseignements et les pratiques de la charité dans la vie de famille. — Les confréries et charités. — Fusion des classes. — Grand nombre et variété de ces pieuses associations. — Leurs emplois charitables. — Les confréries de charité de Saint-Vincent-de-Paul. — Les particuliers fondateurs d'instituts religieux hospitaliers. — Les Dames de la charité. — Le rôle de la femme dans le ministère des bonnes œuvres. — Fécondité du principe d'association pour l'exercice de la charité . . . 141

DEUXIÈME PARTIE

LES ŒUVRES DE LA CHARITÉ

VII

L'ASSISTANCE DES PAUVRES

Économie sociale chrétienne. — Deux grands systèmes de charité. — Ils se trouvent en France. — L'assistance du pauvre à domicile a précédé l'hospitalisation. — Ce second mode se généralise de plus en plus. — Période des établissements de charité. — Obligation pour les villes de nourrir leurs pauvres. — Double loi ecclésiastique et civile concernant le clergé, les seigneurs, les cités. — Extension des fondations charitables. — La liberté de la charité en France. — L'assistance des pauvres n'est pas la suppression de la pauvreté. — Le paupérisme inconnu au moyen âge. — Action personnelle de la charité persistant à côté des établissements charitables. — Distribution de secours. — Confréries de charité. — Intervention administrative. — Bureaux de charité. — Aumônes générales. — La mendicité. — Esprit chrétien de pauvreté. — Les ordres et les saints mendiants. — Réglementation religieuse et civile de la mendicité. — Saint Vincent de Paul et la mendicité. — La création des hôpitaux généraux sous Louis XIV. — Intervention croissante du pouvoir central dans l'assistance publique. — Extension des hôpitaux généraux. — Répression de la mendicité. — Le système des confréries de charité de saint Vincent de Paul préférable à l'hospitalisation des pauvres. — Mesures complémentaires du pouvoir civil pour assurer la subsistance des pauvres. — La taxe des pauvres dans les villes. — Résumé de l'organisation de l'assistance publique aux xviie et xviiie siècles. — L'esprit de charité développé par saint Vincent de Paul se soutient jusqu'à la Révolution. 171

VIII

L'HOSPITALITÉ

L'hospitalité dans l'antiquité. — Caractère de contrat. — Différence avec l'hospitalité chrétienne. — Caractère de charité. — Jésus-Christ dans l'hôte. — L'hospitalité dans la Gaule chrétienne; — à l'époque des invasions et après l'établissement des Francs. — La règle d'hospitalité des monastères bénédictins. — Touchants usages. — Les autres ordres religieux adoptent la règle hospitalière de saint Benoît. — Vaste système d'hospitalité par les couvents. — Édifiants exemples. — Les premières hôtelleries épiscopales et seigneuriales. — L'hôpital-monastère d'Aubrac. — Nécessité de l'hospitalité au moyen âge. — Les conciles et les évêques la recommandent aux curés de campagne. — Capitulaire de Charlemagne à ce sujet. — La pratique de l'hospitalité à l'époque féodale. — Hospices spéciaux pour les pèlerins et les voyageurs. — L'hôpital de la Trinité, à Paris. — Origine du théâtre en France. — Les pèlerinages et les confréries de pèlerins. — La confrérie de Saint-Jacques, à Paris. — Hospices sur la route des pèlerinages. — A l'époque moderne, l'hospitalité passe aux hôpitaux. — Elle est devenue moins nécessaire. — Lits pour les étrangers et les pèlerins dans les hôpitaux. — Les hospices ruraux. — L'hospitalité persiste dans les couvents jusqu'à la fin. — Saint Vincent de Paul et la maison de Saint-Lazare. — Derniers hospices pour étrangers et pèlerins au xviie siècle. — L'institution des hôpitaux généraux et la répression du vagabondage mettent fin à l'ère de l'hospitalité. — Persistance de la coutume antique dans les familles chrétiennes. — Trait du bienheureux Grignon de Montfort. 194

IX

ÉTABLISSEMENT DE CHARITÉ

Caractère privé de la charité à l'origine. — Premiers établissements publics de charité en Gaule aux ve et vi^e siècles. — L'hôpital Saint-Landry, à Paris. — Les fondations d'hôpitaux à l'époque mérovingienne et à l'époque carolingienne. — Le rôle de l'Église. — Saints fondateurs. — Participation des fidèles. — Multiplication des Maisons-Dieu au temps de la féodalité et des communes. — Statistique des établissements hospitaliers au moyen âge. — Hôpitaux des villes, hôpitaux des campagnes. — Comparaison avec l'état présent. — La crise du xvie siècle. — Réorganisation du régime hospitalier au xviie siècle. — L'administration des hôpitaux. — Droit des fondateurs. — L'Église. — Les particuliers. — La législation du concile de Trente. — Le pouvoir civil s'immisce dans l'administration hospitalière. — L'administration des hôpitaux devient mi-ecclésiastique, mi-séculière. — Service des hôpitaux. — Personnel. — Congrégations de Frères et de Sœurs. — Leurs règles. — Le régime commun des hôpitaux. — Constitution des petites communautés hospitalières. — Vie et discipline intérieures. — Organisation similaire des hôpitaux des villes et de ceux de la campagne. — Types d'hôpitaux ruraux. — Gonesse. — Écouché. — Le gouvernement des établissements hospitaliers 225

X

ÉTABLISSEMENTS DE CHARITÉ (SUITE)

Condition des établissements hospitaliers. — Leurs biens et leurs revenus. — Fondations et aumônes. — Casuel. — Construction et aménagement des Maisons-Dieu. — Tenue de l'intérieur. — Lits. — Hygiène. — Service médical. — Visite du Tasse à l'hôpital de Bayonne. — Approvisionnement des hôpitaux. — L'hôpital d'Hesdin. — Destination des hôpitaux à la ville et à la campagne. — Asiles spéciaux. — Conditions d'admission à l'hôpital. — Mode de réception. — La confession et la communion du malade. — Théorie chrétienne de la maladie. — Le péché d'après l'Évangile. — Le service du pauvre à l'hôpital. — Règlement. — Durée de séjour. — Distribution de secours par les hôpitaux. — L'Aumône générale de Lyon, son organisation et son fonctionnement. — L'Hôtel-Dieu de Lyon, type des anciennes fondations hospitalières. — Réorganisation hospitalière au xviie siècle. — Centralisation. — L'hôpital change de caractère. — Constructions fastueuses du xviiie siècle. — Installation intérieure défectueuse. — L'Hôtel-Dieu de Dijon établissement modèle. — Projets de réforme de Louis XVI dans l'administration hospitalière. 249

XI

SECOURS AUX MISÈRES EXCEPTIONNELLES

État habituel de prospérité de la France. — Calamités exceptionnelles. — Guerres, famines et pestes. — L'époque des invasions. — Action charitable des évêques et des moines. — Concours du pouvoir civil. — Les grandes famines du xe au xiiie siècle. — Dévouement et bienfaisance du clergé et des ordres religieux. — La vente des vases sacrés. — Secours fournis par les abbayes et les hôpitaux en temps de calamité. — Les grandes pestes. — La peste noire de 1348 et l'invasion anglaise. — Dévouement général. — Héroïsme des religieuses de l'Hôtel-Dieu de Paris. — Les pestes sous Louis XIII. — Guerres et disettes. — Saint Vincent de Paul. — Son action admirable en Lorraine, en Picardie, en Champagne, dans le Berry, en Poitou. — La charité et la politique. — La lèpre au moyen âge. — Tendresse particulière des saints pour les lépreux. — Compassion charitable dans toutes les classes. — Héroïsme de saint Louis. — Hospices pour les lépreux. — Nombre considérable de léproseries et de maladreries. — Disparition graduelle de la peste au xviie siècle. — Retours terribles. — La peste de Marseille de 1720. — Le dévouement de Belzunce. — Action charitable des évêques au xviiie siècle. — Leur intervention dans tous les fléaux. — Charité des familles chrétiennes. 269

XII

ŒUVRES DE LIBÉRATION ET DE PATRONAGE

L'esclavage avant l'ère chrétienne. — Le christianisme tempère d'abord l'esclavage. — L'égalité religieuse principe de l'égalité civile. — Sentiments nouveaux de justice et de pitié pour les esclaves. — L'action du clergé favorise les affranchissements. — Recrudescence de l'esclavage à l'époque du mahométisme. — Le rachat des esclaves. — Rôle des évêques. — Beau trait de saint Césaire, d'Arles. — Charité des riches particuliers. — Saint Eptade, évêque d'Autun; saint Éloi, saint Félix de Nantes. — L'exemple du travail donné par les moines aux esclaves. — Action de l'Église pour la transformation de l'esclavage en servage. — Origine de la féodalité. — Persistance de l'esclavage par le mahométisme. — La traite des esclaves. — L'ordre de la Trinité pour la rédemption des captifs. — Saint Jean de Matha et saint Félix de Valois. — Extension de l'Ordre. — Ses résultats immenses. — Saint Vincent de Paul ajoute l'œuvre de la mission à celle du rachat des esclaves. — Les Lazaristes à Alger et à Tunis. — Travaux des Trinitaires aux xviie et xviiie siècles. — Avec les Lazaristes ils préparent l'occupation de l'Algérie par la France. — La visite des prisons. — Les enfants trouvés. — Usages païens. — Changement apporté par le christianisme. — Réforme de la législation civile. — Les églises reçoivent les enfants abandonnés. — Conciles en leur faveur. — Maisons spéciales pour eux. — Devoirs des seigneurs. — L'ordre hospitalier du Saint-Esprit. — Participation des villes à l'assistance des enfants abandonnés. — La maison de la *Couche* à Paris. — Saint Vincent de Paul et son œuvre. — L'hôpital des Enfants-Trouvés. — Les Filles de la Charité. — Accroissement du nombre des enfants abandonnés au XVIIIe siècle. 295

XIII

INSTITUTIONS DE PROTECTION ET DE PRÉVOYANCE

Afflictions particulières. — Vieillards pauvres. — Assistance domiciliaire. — Asiles publics. — L'hôpital du Nom-de-Jésus. — Veuves. — Leur condition dans le passé. — Les Haudriettes. — Orphelins. — Entretenus par les seigneurs et les villes. — L'hospice du Saint-Esprit. — Aveugles. — Secours individuellement puis recueillis dans des asiles. — Congrégation d'aveugles. — Saint Louis et « les Quinze-Vingts ». — Établissements analogues. — Les « aveugleries ». — Valentin Haüy et l'éducation des aveugles. — L'institution des jeunes aveugles. — Sourds-muets. — Le moine Ponce de Léon en Espagne et l'abbé de l'Épée en France. — Méthode d'éducation des sourds-muets. — L'abbé Sicard. — Aliénés. — On commence à les traiter au XVIe siècle. — Saint Vincent de Paul et la maison de Saint-Lazare. — Les frères de Saint-Jean-de-Dieu et autres religieux employés au soin des fous. — Besoins accidentels par suite de chômage ou de pénurie de ressources. — Organisation charitable de l'ancienne société. — Les corporations et les confréries, sociétés de secours mutuels. — Constitution et fonctionnement des *Charités*. — Associations pour la paix. — Assistance publique par les monastères. — Greniers de réserve. — Institutions de prêt. — La Bourse de saint Èvre. — Les Monts-de-piété. — Institutions d'assistance, de mutualité et de prévoyance au XVIIIe siècle. — Le rôle des évêques. — Assurances contre l'incendie. — Les religieux pompiers. — Œuvres d'amélioration sociale. 328

XIV

L'ENSEIGNEMENT POPULAIRE

Reproches adressés à l'Église. — Mission charitable de l'Église dans l'enseignement primaire. — Conception chrétienne et caractère de cet enseignement. — Existence générale des écoles populaires. — Fondation et entretien de ces écoles par les évêques, les monastères, l'autorité royale, les communes, les simples particuliers, les écoles rurales. — Le personnel enseignant : curés, vicaires, maîtres laïques ; condition de ces derniers. — Matières d'enseignement. — Régime des petites écoles. — Organisation intérieure : aspect d'une école, récompenses et punitions, congés et fêtes. — Instruction des filles. — État de l'enseignement populaire ; goût pour cet enseignement. — Nombre des écoles à chaque époque : dans les provinces, à Paris. — Statistique des conjoints. — Changement profond dans le personnel enseignant, à la fin du XVIIe siècle. — Création de congrégations enseignantes, spécialement pour les filles. — Précurseurs du Bienheureux de la Salle : le P. Barré, le Bienheureux de Montfort, l'abbé Démia, M. Bourdoise. — Le Bienheureux Jean-Baptiste de la Salle. — Caractères et opportunité de son œuvre. — Création et débuts de l'Institut des Frères des écoles chrétiennes. — Épreuves et difficultés. — Premières écoles. — L'Institut à Paris. — Perfectionnement de l'enseignement primaire. — Méthodes et idées nouvelles. — Résultats. Diffusion des Frères ; extension de l'œuvre. — Services rendus par l'Institut. — Conclusion 359

26160. — Tours, impr. Mame.